楞嚴經

賴永海  主編
劉鹿鳴◆譯注

總序

佛教有三藏十二部經、八萬四千法門，典籍浩瀚，博大精深，即便是專業研究者，用其一生的精力，恐也難閱盡所有經典。加之，佛典有經律論、大小乘之分，每部佛經又有節譯、別譯等多種版本，因此，大藏經中所收錄的典籍，也不是每一部佛典、每一種譯本都非讀不可。因此之故，古人有「閱藏知津」一說，意謂閱讀佛典，如同過河、走路，要先知道津梁渡口或方向路標，才能順利抵達彼岸或避免走彎路；否則只好望洋興嘆或事倍功半。《佛教十三經》編譯的初衷類此。面對浩如煙海的佛教典籍，究竟哪些經典應該先讀，哪些論著可後讀？哪部佛典是必讀，哪種譯本可選讀？哪些經論最能體現佛教的基本精神，哪些撰述是隨機方便說？凡此等等，均不同程度影響著人們讀經的效率與效果。為此，我們精心選擇了對中國佛教影響最大、最能體現中國佛教基本精神的十三部佛經，認為舉凡欲學佛或研究佛教者，均可從「十三經」入手，之後再循序漸進，對整個中國佛教作進一步深入的了解與研究。

「佛教十三經」的說法，由來有自。楊仁山、梅吉慶以及中國佛學院都曾選有「佛教十三經」，所選經典大同小異。上述三家都選錄的經典有：《金剛經》、《維摩詰經》、《法華經》、《楞伽經》、《楞嚴經》；被兩家選錄的經典有：《心經》、《勝鬘經》、《觀經》、《無量壽經》、《圓覺經》、《金光明經》、《梵網經》、《壇經》。此外，《四十二章經》、《佛遺教經》、《解深密經》、《八大人覺經》、《大乘密嚴經》、《地藏菩薩本願經》、《菩薩十住行道品經》、《大毗盧遮那成佛神變加持經》為一家所選錄。本著以上所說的「對中國佛教影響最大、最能體現中國佛教基本精神」的原則，這次我們選擇了以下十三部經典：《心經》、《金剛經》、《無量壽經》、《圓覺經》、《梵網經》、《壇經》、《楞嚴經》、《解深密經》、《維摩詰經》、《楞伽經》、《金光明經》、《法華經》、《四十二章經》。

佛教發展至今已有兩千多年的歷史，就其歷史發展、思想內容說，有大乘、小乘之分。《佛教十三經》所收錄之經典，除了《四十二章經》外，多為大乘經典。此中之緣由，蓋因佛法之東漸，雖是大小二乘兼傳，但是，小乘佛教在傳入中國之後，始終成不了氣候，且自魏晉以降，更是日趨式微；直到十三世紀以後，才有南傳上座部佛教在雲南一帶的流傳，且範圍十分有限。與此相反，大乘佛教自傳入中土後，先依傍魏晉玄學，後融匯儒家的人性、心性學說而蔚為大宗，成為與儒道二教鼎足而三、對中國社會各方面產生著巨大影響的一股重要的社會思潮。既然中國佛教的主體在大乘，《佛教十三經》所收錄的佛經自然以大乘經典為主。

對於大乘佛教，通常人們又因其思想內容的差異把它分為空、有二宗。空宗的代表性經典是「般若經」。中國所見之般若類經典，以玄奘所譯之《大般若經》為最，有六百卷之多。此外還有各類小本「般若經」的編譯與流傳，其中以《金剛經》與《心經》最具代表性與影響力。

「般若經」的核心思想是「空」。但佛教所說的「空」，非一無所有之「空」，而是以「緣起」說「空」，亦即認為，世間的萬事萬物，都是條件（「緣」即「條件」）的產物，都會隨著條件的變化而變化。條件具備了，它就產生了（「緣起」）；條件不復存在了，它就消亡了（「緣滅」）。世間的一切事物，都不是一成不變的，而是一個念念不住的過程，因此都是沒有自性的，無自性故「空」。《金剛經》和《心經》作為般若經的濃縮本，「緣起性空」同樣是其核心思想，但二者又進一步從「對外掃相」和「對內破執」兩個角度去講「空」。《金剛經》的「對外掃相」思想集中體現在「一切有為法，如夢幻泡影，如露亦如電，應作如是觀」這個偈句上，「對內破執」則有「應無所住而生其心」這一點睛之筆。《心經》則是以「色不異空，空不異色；色即是空，空即是色；受想行識亦復如是」來對外破五蘊身，以「心無罣礙」來破心執。兩部經典都從掃外相、破心著的角度去說「空」。

有宗在否定外境外法的客觀性方面與空宗沒有分歧，差別僅在於，有宗雖然主張「外境非有」，但又認為「內識非無」，倡「三界唯心」、「萬法唯識」，認為一切外境、外法都是「內識」的變現。在印度佛教中，有宗一直比較盛行，但在中國佛教史上，唯有玄奘、窺基創立的「法相唯識宗」全力弘揚「有宗」的思想，並把《解深密經》等「六經十一論」作為立宗的根據，《佛教十三經》選錄了對「唯識宗」影響較大的《解深密經》進行注譯。

《解深密經》的核心思想在論證一切外境外法與識的關係，認為一切諸法乃識之變現，阿賴耶識是生死輪迴的主體，是萬物生起的種子。經中還提出了著名的「三性」、「三無性」問題，並深入地論述了一切虛妄分別相與真如實性的關係。

與印度佛教不盡相同，中國佛教的主流或主體不在純粹的「空宗」或「有宗」，而在大乘佛教基本精神與中國傳統文化（特別是儒家心性學說）匯集交融而成的「真常唯心」思想，這種「真常唯心」思想也可稱之為「妙有」的思想。首先創立並弘揚這種「妙有」思想的，是智者大師創建的天臺宗。

天臺宗把《法華經》作為立宗的經典依據，故又稱「法華宗」。《法華經》的核心思想，是「開權顯實，會三歸一」，倡聲聞乘、緣覺乘、菩薩乘同歸一佛乘，主張一切眾生悉有佛性。《法華經》是南北朝之後，中國佛教走向以大乘佛教為主流的重要經典依據，也是中國佛教佛性理論確立以一切眾生悉有佛性、都能成佛為主流的重要經典依據。而《法華經》的「諸法實相」也成為中國佛教「妙有」思想的重要思想資源和理論依據。

中國佛教注重「妙有」之思想特色的真正確立，當在禪宗。慧能南宗把天臺宗肇端的「唯心」傾向推到極致，作為標誌，則是《壇經》的問世。《壇經》是中國僧人撰寫的著述中唯一被冠以「經」的一部佛教典籍，其核心思想是「即心即佛」、「頓悟成佛」。《壇經》在把佛性歸諸心性、把人變成佛的同時，倡導「即世間求解脫」，主張把入世與出世統一起來，而這種思想的經典根據，則是《維摩詰經》。

《維摩詰經》可以說是對中國佛教影響最大的一部佛經，不論是作為中國佛教代表的禪宗，還是成為現、當代佛教主流的人間佛教，《維摩詰經》中的「心淨則佛土淨」及「亦入世亦出世」、「在入世中出世」的思想，都是其最為重要的思想資源和經典依據。尤其值得一提的是，貫穿於整部《維摩詰經》的一根主線——「不二法門」，更是整個中國佛教的方法論依據。

《楞伽經》也是一部對禪宗、唯識乃至整個中國佛教有著重大影響的佛經。《楞伽經》思想有兩個重要特點，一是融匯了空、有二宗，既注重「二無我」，又講「八識」、「三自性」；二是把「如來藏」和「阿賴耶識」巧妙地統合起來。因此之故，《楞伽經》既是「法相唯識宗」借以立宗的「六經」之一，又被菩提達摩作為「印心」的依據，並形成一代楞伽師和在禪宗發展史上頗具影響的「楞伽禪」。

《楞嚴經》則是一部對中國佛教之禪、淨、律、密、教都有著廣泛而深刻影響的大乘經典。該經雖有真偽之爭，但內容十分宏富，思想體系嚴密，幾乎把大乘佛教所有重要理論都囊括其中，故自問世後，就廣泛流行。該經以理、行、果為框架，謂一切眾生都有「菩提妙明元心」，但因不明自心清淨，故流轉生死，如能修禪證道，即可成就無上正等正覺。這一思想對中國佛教的各宗各派都產生了極其深刻的影響。

《圓覺經》是一部非常能夠體現中國佛教注重「妙有」思想特色的佛經。該經主張一切眾生都具足圓覺妙心，本當成佛，無奈為妄念、情欲等所覆蓋，才於六道中生死輪迴；如能頓悟自心本來清淨，此心即佛，無須向外四處尋求。該經所明為大乘圓頓之理，故對華嚴宗、天臺宗、禪宗都有十分重要的影響。

《金光明經》對中國佛教的影響，主要體現在其「三身」、「十地」思想、大乘菩薩行之捨己利他、慈悲濟世思想、金光明懺法及懺悔思想、以及天王護國思想。由於經中所說的誦持本經能夠帶來不可思議的護國利民功德，故長期以來被視為護國之經，在所有大乘佛教流行的地區中都受到了廣泛重視。

《無量壽經》是根據「十方淨土」的思想建立起來的淨土類經典，也是淨土宗所依據的「三經」之一。經中主要敘述過去世法藏菩薩歷劫修行成無量壽佛的經過，及西方極樂世界的種種殊勝。淨土信仰自宋之後就成為與禪並駕齊驅的兩大佛教思潮之一，到近、現代更出現「家家阿彌陀，戶戶觀世音」的景象，故《無量壽經》在中國佛教史上的影響至為廣泛和深遠。

《梵網經》在佛教「三藏」中屬「律藏」，是大乘戒律之一，在中國佛教大乘戒律中，《梵網經》的影響最大。經中主要講述修菩薩的階位（發趣十心、長養十心、金剛十心和體性十地）和菩薩戒律（十重戒和四十八輕戒），是修習大乘菩薩行所依持的主要戒律。另外，經中把「孝」與「戒」相融通、「孝名為戒」的思想頗富中國特色。

所以把《四十二章經》也收入《佛教十三經》，主要因為該經是中國最早譯出的佛教經典，而且是一部含有較多早期佛教思想的佛經。經中主要闡明人生無常等佛教基本教義和講述修習佛道應遠離諸欲、棄惡修善及注重心證等重要義理，且文字平易簡明，可視為修習佛教之入門書。

近幾十年來，中國佛教作為中國傳統文化的重要組成部分，以其特殊的文化、社會價值逐漸為人們所認識，研究佛教者也日漸增多。而要了解和研究佛教，首先得研讀佛典。然而，佛教名相繁複，義理艱深，文字又晦澀難懂，即便有相當文史基礎和哲學素養者，讀來也頗感費力。為了便於佛學愛好者、研究者的閱讀和把握經中之思想義理，我們對所選錄的十三部佛典進行了如下的詮釋、注譯工作：一是在每部佛經之首均置一「前言」，簡要介紹該經之版本源流、內容結構、核心思想及其歷史價值；二是在每一品目之前，都撰寫了一個「題解」，對該品目之內容大要和主題思想進行簡明扼要的提煉和揭示；三是採取意譯與音譯相結合的原則，對所選譯的經文進行現代漢語的譯述。這樣做的目的，是希望它對原典的閱讀和義理的把握能有所助益。當然，這種做法按佛門的說法，多少帶有「方便設施」的性質，但願它能成為「渡海之舟筏」，而不至於淪為「忘月之手指」。

賴永海

庚寅年春於南京大學

目次

總序 i
卷一 1
卷二 59
卷三 119
卷四 171
卷五 227
卷六 275
卷七 321
卷八 365
卷九 427
卷十 485
延伸閱讀 529

卷一

卷一內容是本經的發起以及三番破識、十番顯見等，這三個內容又是透過佛陀從頂上、面門和胸前卍字的三次放光而逐次宣說的。

本經的發起是由於阿難尊者的一段因緣。序分中說，在七月十五解夏自恣日這一天，按照印度的習俗，民眾普遍供養僧眾，阿難因故沒參加集體應供，單獨外出托鉢乞食，結果途中遭遇摩登伽女的大幻術，險些毀戒失身，佛派文殊菩薩持咒解救了阿難，文殊菩薩把阿難和摩登伽女帶到佛前，阿難懇請佛陀慈悲開示，佛於是宣說了這部《楞嚴經》。這個發起因緣，按照傳統注疏的解釋，喻示了本經的幾個重要主題：（一）破魔。從開始文殊菩薩持楞嚴咒幫助阿難破除魔障，到中間抉擇正見以摧破邪見，至最後佛陀特別講說五十陰魔，使得本經成為了著名的破魔大全。（二）禪定修習。阿難遭魔的原因是由一向求多聞而未能實修禪定，故在境界面前無力破除，因此請佛陀詳細開示能夠成就菩提的「妙奢摩他、三摩、禪那最初方便」，佛告訴阿難「有三摩提，名大佛頂首楞嚴王，具足萬行，十方如來一門超出，妙莊嚴路」，開啟了本經詳細講述禪定修習法門，並分為抉擇真見、圓通法門、楞嚴咒、菩提道次第等科而詳細解說，使得本經成為了著名的禪修寶典。（三）護戒。阿難因為遭魔而險些破了不淫欲戒，幸得楞嚴咒以破除，因此本經特別強調持清淨戒律，而且本經歷來被認為對於護戒具有重要意義。

在回答阿難提出的禪定法門最初方便中，佛陀首先抉擇正見——「如來密因」，即「一切眾生從無始來，生死相續，皆由不知常住真心，性淨明體，用諸妄想，此想不真，故有輪轉」。隨後透過辨析真妄而破除妄識，逐步顯示此常住真心之真見。分為三個內容：（一）破妄顯真。佛七次徵問阿難「心在何處」，從而辨析說明：一心不在身內；二心不在身外；三心不潛根裡；四心不隨明暗開合；五心不是思維體，隨與外境相合而有；六心不在中間；七不能以一切無著名之為心。此即是《楞嚴經》膾炙人口的「七處徵心」。（二）抉擇一切眾生的二種根本：「一者無始生死根本」，即眾生無始以來都以妄想攀緣心為自心性，這是眾生流轉生死的根本原因；「二者無始菩提涅槃元清淨體」，即眾生本具的常住真心、妙明心體，這是眾生解脫的根本原因。以上兩個內容，有的注家也以「三番破識」來解釋。（三）十番顯見。「見」即「見性」，眼根能看見之所依根性。在眼根為「見性」，在耳根為「聞性」，實際上即是覺性。透過十個方面的層層遞進抉擇，顯示心之真性：一顯見是心；二顯見不動；三顯見不滅；四顯見不失；五顯見無還；六顯見不雜；七顯見無礙；八顯見不分；九顯見超情；十顯見離見。其中一、二在卷一。

如是我聞❶。一時❷，佛在室羅筏城祇桓精舍❸，與大比丘眾千二百五十人俱❹，皆是無漏大阿羅漢❺。佛子住持❻，善超諸有❼，能於國土，成就威儀。從佛轉輪，妙堪遺囑，嚴淨毗尼❽，弘範三界❾，應身無量，度脫眾生，拔濟未來，越諸塵累。其名曰大智舍利弗、摩訶目犍連、摩訶拘絺羅、富樓那彌多羅尼子、須菩提、優波尼沙陀等而為上首❿。復有無量辟支無學⓫，並其初心⓬，同來佛所，屬諸比丘⓭，休夏自恣⓮；十方菩薩⓯，諮決心疑⓰，欽奉慈嚴⓱，將求密義。即時如來敷座宴安⓲，為諸會中宣示深奧。法筵清眾得未曾有，迦陵仙音遍十方界⓳。恆沙菩薩來聚道場，文殊師利而為上首。

【譯文】

這部經是我親自聽佛講的。有一天，佛在舍衛城的祇園精舍，與大比丘眾一千二百五十人在一起，都是已斷除一切生死煩惱、證得無漏果位的大阿羅漢。這些大比丘乃是真佛子，住持如來正法，善於出離三界，能於此娑婆國土，三業無虧，六塵不染，成就種種清淨威儀。他們從佛受教，智慧深妙，堪能繼承佛的遺願，轉正法輪，度化眾生；各戒行嚴淨，堪為三界眾生之師範；他們示現各種應化之身，度生濟世，利益未來世的眾生，超越塵累而得解脫。其中，大智舍利弗、大目犍連、大拘絺羅、富樓那彌多羅尼子、須菩提、優波尼沙陀等為上首弟子。當時，適值夏安居期滿之日，還有許多緣覺眾及初發心的學人也來到佛的住所，會合到比丘僧團中，參加夏安居期滿的自恣法會；十方世界的菩薩也前來親近佛陀，諮決心中疑問，都恭敬奉事如來，想要探求佛法之深義奧旨。其時佛陀展坐具安詳趺坐，為與會大眾開示佛法奧旨。法席大眾同沾法益，得未曾有。

佛說法的聲音像迦陵頻伽鳥的鳴叫聲一樣柔和美妙，遍至十方。無數的菩薩都聞聲前來參加法會，其中，以文殊師利菩薩而為上首。

【注釋】

❶ 如是我聞：意為如此的教法是我阿難親自從佛陀那裡聽聞的。這是為了使聽法的人生起信順。據佛教經論上記載，釋迦牟尼佛將要入滅的時候，阿難請問四事：「一佛滅度後，諸比丘等以何為師？二諸比丘依何住？三惡性比丘云何共居？四一切經首置何字？」佛回答說：「一依四念處住。二以戒為師。三默擯惡性比丘。四一切經首置『如是我聞』等言。」（《大智度論》卷二）又佛經篇首的通序具備六項內容：如是、我聞、說法的時間、說法人、地點、聽眾等，這稱為「六事成就」。即：「如是」，是信成就；「我聞」，是聞成就；「一時」，是時成就；「佛」，是主成就；「室羅筏城祇桓精舍」，是處成就；「與大比丘眾千二百五十人俱」，是眾

成就。此六事是所有佛經通用的序分，故稱「通序」；又因其乃證實該經確為佛說，誠屬可信，故又稱「證信序」。

❷ 一時：指佛說法的那時，不能定指何時，唯以機教相投，師資會合之際，總名「一時」。

❸ 室羅筏城：即舍衛城（Sravasti），北憍薩羅國（Kosala）之都城。佛陀在世時，波斯匿王統治此國。佛陀在此前後居止二十五年，留有許多佛教勝跡。祇桓精舍：即「祇樹給孤獨園」之略稱，也稱「祇園精舍」（Jetavana），在舍衛城之南。此精舍是由給孤獨長者以金布地購買祇陀太子之園而建精舍，供養佛陀及弟子，而祇陀太子也以園中之樹供養，故合稱「祇樹給孤獨園」。佛陀曾於此度過許多雨季，講說了《阿含經》、《彌勒下生經》、《彌勒上生經》、《阿彌陀經》、《文殊般若經》、《金剛般若經》等諸多大小乘經典。「祇桓精舍」與王舍城的「竹林精舍」並稱為佛教早期的兩大精舍。

❹ 比丘：梵文「bhiksu」的音譯，又譯「苾芻」等，意譯作「乞士」、「除士」等，指受了具足戒的男性出家者。又比丘語義有五種：一、乞士（行乞食以清淨自活者）；二、破惡（破煩惱）；三、出家人；四、淨持戒；五、怖魔（《大智度論》卷三）。又「大比丘」指已證得阿羅漢道的比丘僧。千二百五十人：佛陀的常隨眾，共一千二百五十五人，這裡是取整數而言。

❺ 無漏：漏，即是煩惱之異名。貪、嗔等煩惱，日夜由眼、耳等六根門漏洩不止，故稱為「漏」。又煩惱能令人落入三惡道，也稱為「漏」。因此稱有煩惱之法為「有漏」；稱離煩惱垢染之清淨

法為「無漏」，如涅槃、菩提及一切能斷除三界煩惱之法，均為無漏。阿羅漢：梵文「arhat」的音譯，其義為：一、應，應斷煩惱、應受供養、應不復受分段生，通常只說應供；二、殺賊，能斷三界見思惑，殺煩惱之賊；三、無生，煩惱不再生起，不再來三界受生。阿羅漢為小乘之最高果位，然通於三乘。又阿羅漢分為「慧解脫」和「俱解脫」兩種，慧解脫阿羅漢是依慧力證入法性，無明等障得解脫；俱解脫阿羅漢則同時獲得定、慧解脫，故滅盡定之力，使貪愛等障也得解脫，獲得三明六通等殊勝功德。經中的「大阿羅漢」，通常即指俱解脫阿羅漢。

❻ 佛子：指能紹繼佛法，拔濟眾生。《法華經》卷二：「真是佛子，從佛口生，從法化生，得佛法分，堪紹佛種。」這裡是指大阿羅漢們。住持：持佛法藏，令法久住。

❼ 諸有：指迷界之萬象差別。可分三有、四有、七有、九有、二十五有等。三有，即欲有、色有、無色有，義同「三界」。一、欲有，欲界天、人、阿修羅、畜生、餓鬼、地獄，各隨其業因而受果報，稱為「欲有」；二、色有，色界四禪諸天，雖離欲界粗染之身，而有清淨之色，稱為「色有」；三、無色有，無色界四空諸天，雖無色質為礙，亦隨所作之因，受其果報，稱為「無色有」。

❽ 毗尼：梵文「Vinaya」的音譯，新譯「毗奈耶」，佛教戒律之總稱。

❾ 三界：即欲界、色界、無色界。

❿ 舍利弗：釋迦牟尼佛的十大弟子之一，以「智慧第一」著稱。摩訶目犍連：「摩訶」即「大」之

義，釋迦牟尼佛的十大弟子之一，以「神通第一」著稱。摩訶拘絺羅：即舍利弗的舅父長爪梵志，在佛的弟子中，以四辯才著稱。富樓那彌多羅尼子：又稱「富樓那」，意譯為「滿慈子」，釋迦牟尼佛的十大弟子之一，以「說法第一」著稱。須菩提：意為「空生」、「善現」，釋迦牟尼佛的十大弟子之一，以「解空第一」著稱。優波尼沙陀：意為「塵性」，因悟塵性是空而得道。

⓫ 辟支：辟支佛，梵文「pratyeka-buddha」的音譯，意譯為「緣覺」、「獨覺」，指無師而能自覺自悟的聖者。有二義：一、獨覺辟支佛，出生於無佛之世，但因前世修行的因緣，自以智慧得道；二、因緣覺辟支佛，不從他聞而自出智慧，藉飛花落葉等因緣而覺悟得道（《大智度論》卷十八）。無學：「有學」之對稱，又稱「無學位」。若已知佛之教法，但未斷惑，尚有所學者，稱為「有學」。若已解脫一切煩惱，證盡智、無生智，更無可學的阿羅漢果，則稱為「無學」。又緣覺及佛亦斷盡一切煩惱，無可學，故亦稱「無學」。

⓬ 初心：初發心學佛者。

⓭ 屬：會合，聚集。

⓮ 休夏：即解夏，七月十五日結束夏安居。佛制比丘每年四月十六日至七月十五日進行夏安居，即固定在某處靜修而不外出乞食行化。夏安居三月期滿當日，僧眾齊集，當眾作自我檢討，或聽任他人來檢舉自己的過失，此謂「自恣」（恣：恣任、聽任、任憑）。舉行自恣儀式的這一天，稱為「自恣日」。

⓯ 菩薩：梵文「bodhi-sattva」音譯，「菩提薩埵」的略稱，新譯為「覺有情」。菩提，覺、智、道之意；薩埵，眾生、有情之義，即求大覺的有情眾生，大道心有情。

⓰ 諮：同「咨」，徵詢。

⓱ 欽：恭敬。慈嚴：喻慈母嚴父。

⓲ 如來：梵文「tathagata」，音譯「多陀阿伽陀」等。意為由真理而來（如實而來），由真如而成正覺，故尊稱佛陀為「如來」。又作「如去」，為佛十號之一。

⓳ 迦陵仙音：迦陵頻伽，印度的仙鳥，音聲和雅美妙，以其比喻佛之妙音。

　時波斯匿王❶，為其父王諱日營齋❷，請佛宮掖❸，自迎如來，廣設珍饈無上妙味，兼復親延諸大菩薩❹。城中復有長者居士同時飯僧❺，佇佛來應❻。佛敕文殊分領菩薩及阿羅漢應諸齋主❼。唯有阿難先受別請❽，遠遊未還，不遑僧次❾，既無上座及阿闍黎❿，途中獨歸。

【譯文】

那天正是波斯匿王之父的逝世紀念日，波斯匿王為超薦其父王，特地在宮中舉辦了盛大的齋會，準備了豐盛的美味佳餚，親自到佛的住所恭迎佛陀到宮中應供，同時也親自恭迎諸大菩薩一起來應供。其時，舍衛城的許多長者居士也同時設齋，大家都熱切地等候佛陀及諸大菩薩、阿羅漢前來應供。佛即命文殊菩薩率領與會的諸大菩薩和阿羅漢，分別到各處去應供。只有阿難一人，自恣之前先受別請，遠出沒有回來，未能趕上僧眾應供的行列，沒有上座比丘和親教師同行，途中獨自一人歸來。

【注釋】

❶ 波斯匿王：中印度憍薩羅國國王，與釋迦牟尼同時代人，住舍衛城，為佛教僧團的人外護。

❷ 諱日：即忌日，逝世紀念日。

❸ 宮掖：即指皇宮。掖，偏殿或後宮，宮掖即指正宮與後宮等，統指皇宮。

❹ 延：邀請，迎接。

❺ 長者：印度一般指豪族、巨富，或年高德劭者為長者。居士：居財之士或居家有道之士，後指歸依佛門的在家眾。古來常與所稱之長者混同。

❻ 佇：等候。

❼ 敕：令也。

❽ 阿難：又譯「阿難陀」，意為「慶喜」等。係佛陀的堂弟，出家後二十餘年間為佛的侍者，對於

佛的說法多能明記，故在佛的十大弟子中被譽為「多聞第一」。佛入滅之後結集三藏時，阿難誦出經藏。阿難是本經的當機者。

❾ 逮：及，趕上。

❿ 上座：對出家比丘戒臘超過十夏或二十夏者的尊稱。阿闍黎：梵文「acarya」，意為「軌範師」，即教授弟子使行為端正合宜，而自身又堪為師範楷模，故又稱「導師」。

其日無供，即時阿難執持應器❶，於所遊城，次第循乞。心中初求最後檀越以為齋主❷，無問淨穢❸，剎利尊姓及旃陀羅❹，方行等慈❺，不擇微賤，發意圓成一切眾生無量功德。阿難已知，如來世尊訶須菩提及大迦葉❻，為阿羅漢心不均平，欽仰如來開闡無遮，度諸疑謗，經彼城隍❼，徐步郭門❽，嚴整威儀，肅恭齋法。

【譯文】

這天阿難因沒有參加應供，即捧持鉢器，於所經過的城中，按戶依次乞食。阿難心想，今天托鉢，但求最後一家尚未供佛菩薩的施主作為齋主，而不論施主是淨家，還是穢家，是屬於剎帝利尊姓之族，還是屬於旃陀羅低賤之族，效法佛陀平等慈悲，不揀擇種姓微賤之家，讓他們都有種福修善的機會，發心圓成一切眾生的無量功德。阿難知悉佛曾訶責須菩提和大迦葉身為阿羅漢，行乞時心仍存有捨貧就富和捨富就貧之差別，十分欽敬佛陀的無量慈心和平等胸襟，從而避免了諸多無端猜疑和誹謗，想著想著，不知不覺已走到城邊，於是阿難整肅威儀，謹遵乞食的律儀，徐步進城。

【注釋】

❶ 應器：應量器，梵文「patra」，音譯「鉢多羅」，略稱「鉢」。其材料、顏色、大小均有定制，為如法之食器，應受人天供養所用之食器，又為應腹分量而食之食器，故稱「應量器」。

❷ 檀越：即施主。檀，即梵文「檀那」，布施之義；越，超越，布施獲福而超越貧窮，故稱施主為「檀越」。

❸ 淨穢：指淨家和穢家。淨家，指高種姓之家。穢家，指低種姓之家以及娼優家、屠戶、賣酒家、妓院等。

❹ 剎利尊姓：古印度是一個嚴分種姓的社會，分為婆羅門、剎帝利、吠舍、首陀羅四種姓。「剎利」即「剎帝利」種姓，是王者貴族種姓。旃陀羅：是首陀羅種姓中的賤族，意為「屠者」、「惡人」。

❺ 方：法也，效法。

❻ 訶須菩提及大迦葉：過去須菩提乞食，捨去貧家，專乞富家。因為怕富家墮落了善根，讓他們繼

續種福田。大迦葉則專乞貧家，不乞富家。因為憐憫貧家，讓他們多種福田，好轉貧為富。如來為此曾責備他們二人，身為阿羅漢應當以平等心對待一切，不應當心不均平，分別乞食。大迦葉，意為「飲光」，釋迦牟尼佛的十大弟子之一，以「頭陀第一」著稱。佛陀入滅後，於王舍城主持召集第一次經典結集。

❼城隍：城牆和護城河、城壕。此處指城邊。

❽郭門：外城門。郭，外城。

爾時，阿難因乞食次，經歷淫室，遭大幻術。摩登伽女以娑毗迦羅先梵天咒攝入淫席❶，淫躬撫摩，將毀戒體。如來知彼淫術所加，齋畢旋歸。王及大臣、長者居士，俱來隨佛願聞法要。於時，世尊頂放百寶無畏光明❷，光中出生千葉寶蓮，有佛化身❸，結跏趺坐❹，宣說神咒。敕文殊師利將咒往護。惡咒銷滅，提獎阿難及摩登伽，歸來佛所。

【譯文】

這時，阿難不擇貴賤次第乞食，不料經過一娼妓之家，遭遇了大幻術。被摩登伽女用娑毗迦羅先梵天咒迷惑，趁阿難迷迷糊糊時將他擄入寢室，之後百般誘惑、撫摩，眼看就要毀失戒體。佛陀已知阿難被幻術所迷，用齋之後，立即趕回精舍。波斯匿王和眾大臣及諸長者居士也跟著佛陀回到精舍，十分希望能夠聆聽佛陀為他們開示說法。此時，佛陀頭頂放出百寶色的無畏光明，光中生出千葉寶蓮，蓮花中有尊化身佛，結跏趺坐，宣說楞嚴神咒。於是佛陀敕令文殊師利菩薩持神咒前去救護阿難。神咒一至，惡咒頓時就失效了，阿難方才清醒，文殊菩薩就把阿難和摩登伽女一起帶回佛的住所。

【注釋】

❶ 摩登伽女：下賤種姓之賣淫女，名「鉢吉蹄」。娑毗迦羅：古印度的黃髮外道，善咒術。

❷ 世尊：梵語「bhagavat」，音譯「薄伽梵」，又譯作「婆伽婆」等，意譯作「世尊」，如來十號之一。《大乘義章》卷十二說：「佛備眾德，為世欽重，故號世尊。」即為世間所尊重者之意，亦指世界中之最尊者。在印度一般用為對尊貴者之敬稱，即「富有眾德、眾佑、威德、名聲、尊貴者」之意，若於佛教，則特為佛陀之尊稱。

❸ 化身：指佛菩薩為教化救濟眾生而變化示現各種形相之身。關於佛身，有一身、二身、三身，乃至十身之說；依三身說，佛有法身、報身、化身。

❹ 跏趺：佛教的禪定坐法。即互交二足，足心向上。

阿難見佛，頂禮悲泣，恨無始來一向多聞，未全道力❶。殷勤啟請十方如來，得成菩提❷，妙奢摩他、三摩、禪那最初方便❸。於時，復有恆沙菩薩及諸十方大阿羅漢、辟支佛等俱願樂聞，退坐默然，承受聖旨。

【譯文】

阿難見到佛，頂禮佛足，悲傷啜泣，悔恨從無始以來，只求廣記多聞，而未修定慧，道力不夠，遭此邪咒的迷惑。於是殷勤啟請佛陀慈悲開示，為大家講說十方如來成就菩提及修習深妙的奢摩他、三摩鉢提、禪那等止觀法門的最初方便。其時，在座的眾多菩薩及十方大阿羅漢、緣覺等也一起懇請佛陀慈悲開示，並圍坐在佛陀的四周，靜靜地等待著聆聽法要。

【注釋】

❶ 道力：即定慧之力。

❷ 菩提：梵文「bodhi」的音譯，意為「覺道」。

❸ 奢摩他：梵文「samatha」，意為「止」，亦云「寂靜」。三摩：此處「三摩」後略字，諸家解釋不同，或云略「提」字，或云略「地」字，或云略「鉢底」字。今結合長水子璿《首楞嚴經疏》、蕅益智旭《楞嚴經文句》及《楞嚴經疏解蒙鈔》等觀點，譯文採用「三摩鉢提（鉢底）」

（samatha），意為「觀」、「等至」。禪那：梵文「dhyana」，意為「靜慮」。本經所言「妙奢摩他、三摩、禪那」，是經中首楞嚴大定的進修次第和綱要，諸注家多會合《圓覺經》三法、《涅槃經》三相或天臺宗三觀而予解釋。

爾時，世尊在大眾中，舒金色臂摩阿難頂，告示阿難及諸大眾：「有三摩提❶，名大佛頂首楞嚴王❷，具足萬行，十方如來一門超出，妙莊嚴路。汝今諦聽❸。」阿難頂禮，伏受慈旨。❹

【譯文】

其時，世尊在大眾中，伸出金色手臂，摩阿難頭頂，告訴阿難及與會大眾：「有三摩提，名大佛頂首楞嚴王，乃三昧之王，總攝一切修行法門，是十方如來一門超出生死苦海，證得涅槃聖果的妙莊嚴路。你現在仔細諦聽。」阿難向佛屈身頂禮，領受佛陀的慈悲教旨。

【注釋】

❶ 三摩提：梵文「samadhi」，又譯「三摩地」，或「三昧」，意為「定」、「等持」。

❷ 首楞嚴：梵文「surangama」，意為一切事究竟堅固，本經則指首楞嚴三昧、首楞嚴大定，乃是佛的定境界。

❸ 諦：仔細，如實。

❹ 按，此段文字原在「故我在堂得遠瞻見」後，依圓瑛法師《講義》觀點，當是錯簡，應在「退坐默然，承受聖旨」之後，故移此。

佛告阿難：「汝我同氣❶，情均天倫。當初發心，於我法中見何勝相，頓捨世間深重恩愛？」阿難白佛：「我見如來三十二相勝妙殊絕❷，形體映徹，猶如琉璃。常自思惟，此相非是欲愛所生。何以故？欲氣粗濁，腥臊交遘❸，膿血雜亂，不能發生勝淨妙明紫金光聚❹，是以渴仰，從佛剃落。」佛言：「善哉！阿難。汝等當知，一切眾生從無始來，生死相續，皆由不知常住真心，性淨明體，用諸妄想，此想不真，故有輪轉❺。汝今欲研無上菩提，真發明性，應當直心酬我所問❻。十方如來同一道故，出離生死，皆以直心。心言直故，如是乃至終始地位，中間永無諸委曲相。阿難，我今問汝，當汝發心，緣於如來三十二相，將何所見？誰為愛樂？」阿難白佛言：「世尊，如是愛樂，用我心目，由目觀見如來勝相，心生愛樂，故我發心，願捨生死。」佛告阿難：「如汝所說，真所愛樂，因於心目。若不識知心目所在，則不能得降伏塵勞❼。譬如國王為賊所侵，發兵討除，是兵要當知賊所在。使汝流轉，心目為咎❽。吾今問汝：唯心與目，今何所在？」

【譯文】

佛告訴阿難：「你我同一血脈，情同手足。當初你於佛法中見有何殊勝之處，所以決定捨去世間的深重恩愛，而出家修行？」阿難對佛說：「我當初看到如來三十二相妙好莊嚴，世間無與倫比，身體如同琉璃，晶瑩凝潤，光彩映徹。我私下就想，這種莊嚴妙相，絕非世間愛欲所生。為什麼呢？世間粗濁愛欲所成的肉身，父精母血腥臊交合、膿血雜亂而成，不能生出如此勝妙清淨的紫金光身相，所以十分渴求仰慕，就跟隨佛陀剃髮出家。」佛說：「善哉！阿難。你們應當知道，一切眾生，從無始以來，一直在六道中輪迴，在生死中流轉，都因為不知常住真心，這是吾人本具的清淨光明之性體，卻沉迷於妄想分別之中，導致種種虛妄假相並誤以為真，故有輪迴流轉。你現在要想修習無上菩提，真實開發明悟自心的清淨本性，應當直心回答我提出的問題。十方如來，同出一道，都以直心而超越生死。正因為心直言直，表裡如一，自初始發心，至終證成妙果，中間沒有任何迂曲不實之心態。阿難，我現在問你，你當初發心出家，是因為看到如來三十二妙相，那麼，你當時是用什麼去看的？愛樂之想又是從何而起的呢？」阿難回答道：「世尊，這種愛樂，是用我的心和眼。由眼觀見如來的勝妙之相，心中生起愛樂，因而發心出家，願能捨離生死流轉。」佛告訴阿難：「如你所說，真正生起愛樂乃因你的心和眼，因此，如果不知心和眼之所在，就不能降伏煩惱塵勞。這有如一個國王被賊寇侵擾，要發兵討除，首先應當知道賊寇之所在。一切凡俗眾生所以在六道中輪迴，在生死中流轉，乃因心和眼之誤導。我現在問你，你可知心和眼在何處？」

【注釋】

❶ 同氣：同一祖宗之血脈氣質。

❷ 三十二相：又稱「三十二大丈夫相」、「三十二大人相」。佛菩薩之應化身所具有的不同於凡俗眾生的三十二種殊勝妙相，如「足下平滿」、「垂手過膝」、「頂成肉髻」等，是福、慧兩種功德之表徵。

❸ 遘：合也。

❹ 紫金光聚：佛的三十二大人相之一為「身金色相」，膚體柔軟細滑如紫磨金色。

❺ 輪轉：即生死輪迴。

❻ 酬：有版本作「訓」，答也。

❼ 塵勞：煩惱之異稱。宗密《圓覺經疏鈔》解釋為二義：一、「塵」為「六塵」，由其境界令心起煩惱勞倦；二、「塵」指染汙心，「勞」指勤苦，煩惱能染汙心且令勤苦。

❽ 咎：過錯。

阿難白佛言：「世尊！一切世間十種異生❶，同將識心居在身內❷。縱觀如來，青蓮花眼，亦在佛面。我今觀此，浮根四塵❸，只在我面，如是識心，實居身內。」佛告阿難：「汝今現坐如來講堂❹，觀祇陀林今何所在❺？」「世尊，此大重閣清淨講堂在給孤園，今祇陀林實在堂外。」「阿難，汝今堂中，先何所見？」「世尊，我在堂中，先見如來，次觀大眾，如是外望，方矚林園❻。」「阿難，汝矚林園，因何有見？」「世尊，此大講堂戶牖開豁❼，故我在堂得遠瞻見。」

【譯文】

阿難回答佛說：「世尊！一切世間的十類眾生，識心都居於身體之內，至於眼睛，即使是世尊的青蓮花眼，也長在臉面之上；我自己浮根四塵之眼根，自然是長在面上，而我能知覺的識心，實居於身體之內。」佛問阿難：「你現在坐在如來講堂內，觀看祇陀林，是在何處？」阿難答：「世尊，這個大重閣清淨講堂在給孤獨園中，那麼祇陀林當在講堂之外。」佛又問：「阿難，你在講堂中，先見到了什麼？」阿難答：「世尊，我在講堂中，首先看見如來，其次看見與會大眾，再往外望，才看到園林。」佛說：「阿難，你看到園林，是在什麼條件下才得看見？」阿難答道：「世尊，此大講堂的門窗都開著，所以我在講堂中可以看見遠處的園林。」

【注釋】

❶ 異生：舊譯為「凡夫」，新譯為「異生」。凡夫輪迴六道，受種種別異之果報；又凡夫起變異而生邪見造惡，故稱「異生」。「十種異生」通常指卵生、胎生、濕生、化生、有色生、無色生、有想生、無想生、非有想生、非無想生。

❷ 識心：指六識或第八識。

❸ 浮根四塵：浮根，即浮塵根，又作「扶根」、「扶塵根」、「扶根塵」。小乘有部等將眼、耳、鼻、舌、身五根分為「扶塵根」與「勝義根」，扶塵根即指眼球、耳穴、鼻柱等可見部分，具有扶持助成之功能，皆為色、香、味、觸四塵所成之器官，其體粗顯，本身無感覺認識作用；勝義根則以扶塵根為所依處，取外界之境，而於內界發起識，其體清淨微妙，非肉眼所能見，乃四大種所造極微之集合。四塵，與四大種俱生的四種色法，指色塵、香塵、味塵及觸塵。

❹ 講堂：佛教早期僧團中，佛陀在世時已設有講堂，供大眾集會講法之用。據《分別功德論》卷二載，須達多長者為祇園精舍建有七十二座講堂。

❺ 祇陀林：即祇園中的樹林，是祇陀太子所布施。

❻ 矚：看。

❼牖：窗戶。

爾時，世尊在大眾中，舒金色臂摩阿難頂，告示阿難及諸大眾：「有三摩提，名大佛頂首楞嚴王，具足萬行，十方如來一門超出，妙莊嚴路。汝今諦聽。阿難頂禮，伏受慈旨。」❶

【注釋】

❶按，此段依圓瑛法師《楞嚴經講義》的觀點，當是錯簡，在前文「退坐默然，承受聖旨」之後。此處不譯。

佛告阿難：「如汝所言，身在講堂，戶牖開豁，遠矚林園。亦有眾生在此堂中，不見如來，見堂外者？」阿難答言：「世尊，在堂不見如來，能見林泉，無有是處！」「阿難，汝亦如是。汝之心靈，一切明了。若汝現前所明了心，實在身內，爾時先合了知內身；頗有眾生先見身中，後觀外物？縱不能見心肝脾胃，爪生髮長❶，筋轉脈搖，誠合明了，如何不知？必不內知，云何知外？是故應知，汝言覺了能知之心，住在身內，無有是處。」

【譯文】

佛告訴阿難：「如你所說，身在講堂中，門窗開著，就能望見外面的園林。那麼，是否有人身在講堂，能看見堂外的園林，卻看不見如來呢？」阿難答道：「身在堂中，能看見堂外的林泉，卻看不見堂內的如來，無有此理！」佛說：「阿難，你就是這樣啊。你的心靈，內外一切明了。若是你的靈明之心實在身內，就應先能了知身內；可有哪個人是先見身內之物，後見身外之物？縱然不能看見自己體內的心肝脾胃，但體外爪生髮長，筋骨轉動，血脈跳動，總該明見了知吧，為何卻不知呢？如果靈明之心不能觀知身內，又如何能觀知外物呢？所以你應知道，你所說的能知能覺之心居於身內，是沒有道理的。」

【注釋】

❶ 爪：指甲。

阿難稽首而白佛言：「我聞如來如是法音，悟知我心實居身外。所以者何？譬如燈光然於室中，是燈必能先照室內，從其室門，後及庭際。一切眾生，不見身中，獨見身外，亦如燈光居在室外，不能照室。是義必明，將無所惑，同佛了義，得無妄耶？」

【譯文】

阿難頂禮並對佛說：「我聽了如來的法音，明白了心識實居身外，不在身內。為什麼這樣呢？譬如燈燭，燃於室內，必然先照室內，然後從其門窗，照及室外、庭院。一切眾生，不見身內，獨見身外，這有如燈光位於室外，不能照及室內。這個道理顯然分明，不再有所疑惑，與佛所說的義理相同，應該不會錯吧？」

佛告阿難：「是諸比丘，適來從我室羅筏城循乞摶食❶，歸祇陀林。我已宿齋❷，汝觀比丘，一人食時，諸人飽不？」阿難答言：「不也，世尊！何以故？是諸比丘，雖阿羅漢，軀命不同。云何一人能令眾飽？」佛告阿難：「若汝覺了知見之心，實在身外，身心相外，自不相干，則心所知，身不能覺；覺在身際，心不能知。我今示汝兜羅綿手❸，汝眼見時，心分別不？」阿難答言：「如是，世尊！」佛告阿難：「若相知者，云何在外？是故應知，汝言覺了能知之心，住在身外，無有是處。」

【譯文】

佛告訴阿難：「這些比丘剛才跟隨我到舍衛城乞食後回到祇陀林。我今已用過齋，你看看這些比丘，一人吃飯，其他人也都會飽嗎？」阿難答：「不會的，世尊！為什麼呢？這些比丘，雖然是阿羅漢，但各有自己的身體。怎麼會一人吃飯，眾人皆飽呢？」佛對阿難說：「如果你的能知能覺之心確實在身外，身與心各自分開，互不相干，則心有所知，身不能覺知；身有所覺，心也不能覺知。現在我把手伸給你看，你眼見手時，心裡同時覺知分別了嗎？」阿難答：「是的，世尊！」佛對阿難說：「既然眼見手時，心能同時感覺到，身心互知，怎麼能說心在身外呢？所以你應知道，你所說的能知能覺的心居於身外，是沒有道理的。」

【注釋】

❶ 摶食：也作「團食」，古印度、西域以手團食而食，又譯「段食」。

❷ 宿齋：即結齋。宿，止。

❸ 兜羅綿手：佛的三十二相之一。兜羅綿是古印度所產的一種質地柔軟的細香綿，此喻佛手之柔軟。

阿難白佛言：「世尊，如佛所言，不見內故，不居身內；身心相知，不相離故，不在身外。我今思惟，知在一處。」佛言：「處今何在？」阿難言：「此了知心，既不知內，而能見外，如我思忖❶，潛伏根裡❷。猶如有人，取琉璃碗合其兩眼❸，雖有物合，而不留礙，彼根隨見，隨即分別。然我覺了能知之心，不見內者，為在根故；分明矚外無障礙者，潛根內故。」佛告阿難：「如汝所言，潛根內者猶如琉璃，彼人當以琉璃籠眼，當見山河，見琉璃不？」「如是，世尊。是人當以琉璃籠眼，實見琉璃。」佛告阿難：「汝心若同琉璃合者，當見山河，何不見眼？若見眼者，眼即同境，不得成隨。若不能見，云何說言此了知心潛在根內，如琉璃合？是故應知，汝言覺了能知之心潛伏根裡，如琉璃合，無有是處。」

【譯文】

阿難對佛說：「世尊，如您所說，心不能見體內，所以心不在身內；又因身與心能相互感知，不相離的緣故，所以心也不在身外。我現在思考，悟知心在什麼地方了。」佛問：「在什麼地方？」阿難說：「此能知能覺之心，既然不知體內，卻能見到身外，那麼我思維，應是潛藏在眼根之內。就好比有人拿透明的琉璃碗罩在眼上，雖然有東西蓋在眼睛上，卻不會阻礙視線，眼根隨便看什麼，心裡隨即能覺知分別。那麼，這能知能覺之心不能看見身內之心肝脾胃等，是因為潛藏於眼根之內；能分明瞻視外境而無障礙，因為心潛在眼根內，而眼根猶如琉璃碗，不相妨礙之故。」佛又問阿難：「如你所說，心潛藏於眼根之內，而眼根好比琉璃碗無有障礙，那麼，當有人用琉璃碗罩在眼外，看見外面的山河，試問，此時能同時看見琉璃碗嗎？」阿難答道：「是的，世尊。此人用琉璃碗罩住眼睛時，確實能看見琉璃碗。」佛對阿難說：「如果你的心潛在眼根，如同琉璃籠眼一樣，當看見山河之時，為何看不見眼根？如果看見山河時能同時看見眼根，則眼根即等同於所見的外境，而不是能見之根，而說眼根隨見，心隨即分別，不能成立。如果不能同時看見眼根，又怎麼能說此能知能覺之心潛藏於眼根之內，如同琉璃碗合眼一樣呢？所以你應知道，你所說的能知能覺之心潛藏於眼根之內，如同琉璃碗合眼，是沒有道理的。」

【注釋】

❶ 忖：思量，揣度。

❷ 根裡：根指眼根，即肉眼之內。

❸ 琉璃碗：類似玻璃眼鏡。碗，有版本作「椀」。

阿難白佛言：「世尊，我今又作如是思惟，是眾生身，腑藏在中❶，竅穴居外❷。有藏則暗，有竅則明。今我對佛，開眼見明，名為見外；閉眼見暗，名為見內。是義云何？」佛告阿難：「汝當閉眼見暗之時，此暗境界為與眼對？為不對眼？若與眼對，暗在眼前，云何成內？若成內者，居暗室中，無日月燈，此室暗中，皆汝焦腑❸。若不對者，云何成見❹？若離外見，內對所成，合眼見暗，名為身中，開眼見明，何不見面？若不見面，內對不成。見面若成，此了知心及與眼根，乃在虛空，何成在內？若在虛空，自非汝體，即應如來今見汝面，亦是汝身。汝眼已知，身合非覺，必汝執言身、眼兩覺，應有二知，即汝一身，應成兩佛。是故應知，汝言見暗，名見內者，無有是處。」

【譯文】

阿難又對佛說：「世尊，我現在又有這樣的想法，眾生的身體，五臟六腑在內，七竅等在外。有臟腑在身內則有暗境，有竅穴通身外則有明境。現在我在佛面前，開眼見到明境，此為見外；閉眼見到暗境，此為見內。不知這個道理可以成立嗎？」佛告訴阿難道：「當你閉眼見到暗境之時，此暗境是與眼相對的外境？還是不相對？如果與眼相對，暗境就在眼前，怎麼能說是見內呢？如果眼前的暗境可以稱為見內，那假如你居於暗室中，沒有日月和燈的光明，則此室中的暗境都成了你身內的三焦六腑。如果暗境不與眼相對，所見不存在，又怎麼能成其為『看見』呢？如果離開眼對外境的外對之見，即開眼見明之見外，則成眼對內境的內對之見，即合眼見暗之見內，此時合眼見到暗境，稱為是看到了身中的臟腑，即合眼見到身內之物，那麼，當開眼見到明境之時，為何看不見自己的臉面呢？如果開眼見不到自己的臉面，那麼合眼內對時見到身中臟腑等物也不能成立。假如說開眼能夠看見自己的臉面，則此能知能覺之心及眼根等，應是處於身外的虛空之中，怎麼能是在內呢？如果是在虛空之中，自然就不是你的身體了。如果你認為離體的知覺不妨還是你的身體，若那樣，即如現在如來看見你面，如來的身體也成為你的身體。你在虛空的眼睛已有知覺，所見的身體應該沒有知覺，而如果你一定認為身與眼二者各有知覺，那就應有兩個獨立的知覺之體，如此說來，則你阿難一人之身有兩個知覺之體，應該能成就為兩尊佛了。所以你應知道，你所說的見暗稱為見內，是沒有道理的。」

【注釋】

❶ 腑藏：即五臟六腑。藏，同「臟」，指五臟。

❷ 竅穴：此處指七竅之孔穴。

❸ 焦腑：「焦」指三焦，「腑」指六腑。這裡喻指身內。腑，有版本作「府」。焦府，六府之一，為命之府。

❹ 若不對者，云何成見：凡眼睛看見，必定要眼根與外境相對，暗境也是一個對境。此為世間共許。因此，如果暗境不與眼相對，則所見無有，能見也就一無所見而不能成立了。

阿難言：「我常聞佛開示四眾❶，由心生故，種種法生，由法生故，種種心生。我今思惟，即思惟體，實我心性，隨所合處，心則隨有，亦非內、外、中間三處。」

【譯文】

阿難又說：「我常聽世尊開示四眾，因為心生的緣故，而有種種法生；因為法生的緣故，而有種種心生。我現在想，這個能思維的自體，實為我的心性，隨其與外境相合而隨有種種心出生；也就是心的所在之處，然並不是在身體的內、外、中間三處。」

【注釋】

❶四眾：指構成佛教教團之四種弟子眾，即出家二眾比丘、比丘尼，在家二眾優婆塞、優婆夷，合稱「四眾」。

佛告阿難：「汝今說言『由法生故，種種心生，隨所合處，心隨有者』；是心無體，則無所合。若無有體而能合者，則十九界因七塵合❶，是義不然。若有體者，如汝以手，自挃其體❷，汝所知心，為復內出？為從外入？若復內出，還見身中；若從外來，先合見面。」阿難言：「見是其眼，心知非眼，為見非義。」佛言：「若眼能見，汝在室中，門能見不❸？則諸已死，尚有眼存，應皆見物；若見物者，云何名死？阿難，又汝覺了能知之心，若必有體，為復一體？為有多體？今在汝身，為復遍體？為不遍體？若一體者，則汝以手挃一肢時，四肢應覺。若咸覺者，挃應無在。若挃有所，則汝一體自不能成。若多體者，則成多人，何體為汝？若遍體者，同前所挃。若不遍者，當汝觸頭，亦觸其足，頭有所覺，足應無知，今汝不然。是故應知，隨所合處，心則隨有，無有是處。」

【譯文】

佛告訴阿難：「你現在說『因為法生的緣故，而有種種心生，隨其與外境相合而隨有種種心出生』；如果是這樣，應知這個心其實本來沒有自體，既無自體，則也沒有所謂的心與外境相合。如果心沒有自體而又能與外境相合，則豈不是想用本無其體的第七塵與十八界相合而成十九界，這種說法不能成立。如果心有自體，那麼你自己用手去觸捏自己的身體，這種能知覺之心是從身體內出？還是從身體外入？如果是從體內而出的，應當先見到身中臟腑；如果是從體外而來，就應先見到自己的臉面。」阿難說：「『見』是眼的功能，心的功能為知覺而非眼見，今以心說『見』，似於理不合。」

佛說：「如果僅有眼便能見，那麼你在室內，門能夠看見嗎？若不用心而眼便能見，那麼已死之人，其眼尚存，應該都能見物；如果他還能見物，又怎能叫作死人呢？還有，阿難，你那能知能覺之心，如果必有自體，那麼是一個體？還是有多個體？現在能知能覺之心在你身，此心體之知覺是遍布全身？還是不遍布全身？如果心之自體是一個體，那麼你用手觸挃一肢時，四肢應該都有感覺。如果四肢同時都有感覺，那麼觸挃處應當無法確定位置所在。如果觸挃處有確定位置所在，那麼你認為心是『一體』的說法就不能成立。如果心之自體是多個體，則成了多個人，那麼哪一個體是你呢？如果說心之自體遍布全身，與前面所說的心是『一體』道理相同，是錯誤的。如果心之自體不遍布全身，那麼當你觸挃頭時，同時也觸挃腳，應該是頭有知覺而腳沒有知覺，但實際情形並不是這樣。所以你應知道，你所說的心體隨其與外境相合而隨有種種心出生，是沒有道理的。」

【注釋】

❶ 十九界因七塵合：六根（眼、耳、鼻、舌、身、意）、六塵（色、聲、香、味、觸、法）、六識（眼識、耳識、鼻識、舌識、身識、意識）合之為「十八界」。六塵外更加一本無其體的第七塵乃是無體虛名，而以第七塵合十八界而成十九界，則更是同於龜毛兔角，不能成立。

❷ 挃：撓挃，觸摸。

❸ 門能見不：《楞嚴經正脈》解釋「門能見不」，乃是以「門為室眼」作為比喻，圓瑛法師《楞嚴

經講義》等諸家多有引用。然此解釋頗為曲折。成觀法師《楞嚴經義貫》的解釋：以眼與心一起才能見門，若只用眼而不用心，則視而不見。

阿難白佛言：「世尊，我亦聞佛與文殊等諸法王子談實相時❶，世尊亦言『心不在內，亦不在外』。如我思惟，內無所見，外不相知。內無知故，在內不成；身心相知，在外非義。今相知故，復內無見，當在中間。」佛言：「汝言中間，中必不迷，非無所在。今汝推中，中何為在？為復在處？為當在身？若在身者，在邊非中，在中同內。若在處者，為有所表？為無所表？無表同無，表則無定。何以故？如人以表，表為中時，東看則西，南觀成北。表體既混，心應雜亂。」

【譯文】

阿難對佛說：「世尊，我曾聽過您與文殊菩薩等諸大士談論諸法實相，當時您曾說過『心不在內，也不在外』。由此我想，若說心在身內，則於身內一無所見；若說心在身外，則又會落得身心不相知，於理不合。見不到身內，故說心在身內不成立；身心又相知，故說心在身外也沒有道理。現在既然身心相知，而且心又見不到身內，所以，心既不在身內，也不在身外，應該是在中間吧。」佛說：「你說心在中間，既是中間，必然不是迷昧無所，不是沒有一個確定的處所。現在你推想在中間，這中間的確定處所又在哪裡呢？是在身外的某一處呢？還是在身上呢？若是在身上，那麼是在身體的邊緣處？還是在身體中？如果是在身體的皮膚邊緣處，就不能說是在中間；如果是身體中，那就同於前面所說的『在內』了。如果是在身外的某一處所，那麼該處是可以用方位來標示？還是不可以用方位來標示？如果沒有標示，那就等同於沒有方位處所，也就談不上中間所在了；如果有所標示，也同樣沒有一個固定的中間之處。為什麼這樣說呢？比如有人在某處立一標示，稱此為中，但如果從東邊看去，它則為西，從南邊看去，它則成北。所立方位標示既是混亂不定，心之處所也應是雜亂不定。」

【注釋】

❶ 法王子：以佛為法王，菩薩為佛之真子，故稱「法王子」。實相：一切萬法真實不虛之體相，或究竟真實之理體，大乘或謂之為空性，或謂之為清淨心體，然皆以無相之相論之。

阿難言：「我所說中，非此二種。如世尊言，眼色為緣❶，生於眼識。眼有分別，色塵無知，識生其中，則為心在。」佛言：「汝心若在根塵之中❷，此之心體為復兼二？為不兼二？若兼二者，物體雜亂，物非體知，成敵兩立，云何為中？兼二不成，非知、不知，即無體性，中何為相？是故應知，當在中間，無有是處。」

【譯文】

阿難說：「我所說的中間，不是指這兩種。如世尊所說的，眼根與色塵相互為緣，產生眼識。眼根有分別之功能，而色塵乃無知覺之物，識生於根塵相接之中，則是心的所在之處。」佛說：「你所說的心若是在根塵之中間，那麼這個心之體是同時兼有根與塵二者之性呢？還是不兼有二者之性？如果同時兼有二者之性，則色塵無知之物與眼根有知之體，混合雜亂；也就是說，塵非有知，根體有知，則知與不知，成為敵對，兩相對立，這時你所說的心體，一半有知，一半無知，敵對而立，怎麼能夠稱為中間呢？所以說同時兼有二者之性不能成立，如果不兼有二者之性，則這個心體既非根之有知，也非塵之無知，即落於無有體性，則你所謂的心在中間，究竟以何為相呢？所以你應知道，你所說的心在根塵中間，是沒有道理的。」

【注釋】

❶ 眼色：六根對六塵為緣而產生六識。故此處「眼色」指六根之眼根對六塵之色塵而產生眼識。

❷ 根塵：即「六根」與「六塵」之並稱。塵，又稱「境」。

阿難白佛言：「世尊，我昔見佛與大目連、須菩提、富樓那、舍利弗四大弟子共轉法輪❶，常言覺知分別心性，既不在內，亦不在外，不在中間，俱無所在，一切無著，名之為心。則我無著，名為心不？」佛告阿難：「汝言覺知分別心性，俱無在者，世間虛空水陸飛行❷，諸所物象，名為一切，汝不著者，為在？為無？無則同於龜毛兔角❸，云何不著？有不著者，不可名無。無相則無，非無則相，相有則在，云何無著？是故應知，一切無著，名覺知心，無有是處。」

【譯文】

阿難又對佛說：「我從前見佛與大目犍連、須菩提、富樓那、舍利弗四大弟子宣講佛法的時候，常說此能知覺分別的心性，既不在內，也不在外，也不在中間，任何處所都無所在，一切皆無住著，乃稱之為心。那麼，這個一切無著的心境，可以稱作就是心嗎？」佛告訴阿難：「如果你所說的能知覺分別的心性，於一切處無所住著，然而世間虛空、水陸飛行等所有物象，稱為世間的一切，你的心都不住著，那麼，此心是離一切物象，別有心體存在，但不去住著一切？還是說此心是離一切物象，本無心體存在，故稱為不著一切？如果此心體本不存在，那就如同龜毛兔角，僅是假名而已，怎麼還能說著與不著呢？如果此心於不著一切物象之外，別有心體所在，則不可稱為無著。若此心完全沒有體相，本無所有，也就沒有什麼著與不著；若此心不是虛無則應有體相，有體相則應有所在住著之處，怎麼能說是無著呢？所以你應知道，你所說的於一切處無所住著之心境，名為能知覺之心性，是沒有道理的。」

【注釋】

❶ 轉法輪：「法輪」是對於佛法的喻稱。「轉法輪」最初指佛之說法，後泛指佛法之宣揚流行。

❷ 世間虛空水陸飛行：「世間」指山河大地等，「虛空」指虛空界。水、陸、飛行，分別指水中、陸地、空中的生物種類。「世間虛空」是依報，「水陸飛行」是正報，依、正二報，品類差殊，所有物象，名為一切。

❸ 龜毛兔角：龜之毛，兔之角，喻子虛烏有。

爾時，阿難在大眾中即從座起，偏袒右肩，右膝著地，合掌恭敬而白佛言：「我是如來最小之弟，蒙佛慈愛，雖今出家，猶恃憍憐，所以多聞，未得無漏，不能折伏娑毗羅咒，為彼所轉，溺於淫舍，當由不知真際所詣❶。唯願世尊，大慈哀愍，開示我等奢摩他路❷，令諸闡提❸，隳彌戾車❹。」作是語已，五體投地，及諸大眾，傾渴翹佇，欽聞示誨。

【譯文】

這時，阿難在大眾中即從座位而起，偏袒右肩，右膝跪地，合掌恭敬對佛說：「我是如來最小的兄弟，蒙佛陀慈愛，得以出家修行。雖然出家了，還倚仗著佛的憐愛，只圖多聞廣記，未能精修禪定而證得無漏聖果，所以不能折服娑毗羅咒術，為其魔咒所迷惑，幾乎陷溺於淫舍之中，這都是由於我不知道真心所在而造成的。唯願世尊發大慈心，哀憐憫念我等，為我們開示奢摩他正定之路，使一切眾生，包括那些斷善根者、墮落於邊地的無知邪見之輩，都能捨棄一切邪知見，生起正信。」說罷，阿難五體投地，虔誠禮拜，與會諸大眾也都以仰慕誠敬之心，渴望著聆聽佛陀的教誨。

【注釋】

❶ 詣：至也，符也。又有版本作「指」。

❷ 奢摩他：意為「止」，詳見頁十四注❸。常與毗鉢舍那（梵語「vipasyana」，意為「觀」）並用。

❸ 闡提：即「一闡提」，梵文「icchantika」之音譯，意為「斷善根、不具信之人」。

❹ 隳：通「墮」，墮落。彌戾車：梵文「Mleccha」之音譯，又譯「蔑戾車」、「彌離車」等，意為

邊地之卑賤無知種族。按，此句意為，令諸闡提斷善根者、墮落邊地之無知邪見者等，皆生起正信。「隳彌戾車」下似有缺文。

爾時，世尊從其面門放種種光，其光晃耀，如百千日，普佛世界六種震動❶，如是十方微塵國土一時開現。佛之威神令諸世界合成一界，其世界中所有一切諸大菩薩，皆住本國，合掌承聽。

【譯文】

那時，佛陀從其面門放出種種光，光明晃耀，有如百千日之光芒，普遍十方的諸佛世界都發生六種震動，十方微塵數之多的國土頓時都顯現出來。佛以其威神力，使微塵數的世界合成一世界，此一大世界中的所有一切諸大菩薩，都不離本住國土，合掌恭聽佛陀說法。

【注釋】

❶ 六種震動：指大地震動的六種相，此代表六識妄心將破。《大品般若經》卷一序品，依地動之方向，舉出東湧西沒、西湧東沒、南湧北沒、北湧南沒、邊湧中沒、中湧邊沒等六相。《華嚴經》

卷十六則舉出動、起、湧、震、吼、擊等六相，各相復分小、中、大等三種，故計有動、遍動、等遍動，起、遍起、等遍起，湧、遍湧、等遍湧，震、遍震、等遍震，吼、遍吼、等遍吼，擊、遍擊、等遍擊等十八相。

佛告阿難：「一切眾生從無始來種種顛倒，業種自然，如惡叉聚❶。諸修行人不能得成無上菩提，乃至別成聲聞、緣覺❷，及成外道、諸天魔王及魔眷屬❸，皆由不知二種根本，錯亂修習；猶如煮沙，欲成嘉饌❹，縱經塵劫❺，終不能得。

【譯文】

佛對阿難說：「一切眾生，從無始以來，不識本心，而生種種顛倒妄想，業習種了自然感果，由惑造業，由業招果，惑、業、苦三者不相捨離，如惡叉聚果一樣。諸修行人之所以不能得成無上菩提，乃至只能證果聲聞、緣覺，甚至墮入外道、諸天以及魔王及諸魔眷屬，就是因為不懂得二種根本而盲修瞎練。這有如欲煮沙而想成為佳餚一樣，縱然經過微塵數劫的時間，終究不能得成正果。

【注釋】

❶ 惡叉聚：印度的一種樹，所結果實皆三粒同一蒂。喻惑、業、苦三者必同聚。

❷ 聲聞、緣覺：同為佛教中的小乘。又稱「二乘」，是相對大乘而言。聲聞，由聽聞佛說法而悟道。緣覺，自觀十二因緣而成道者。

❸ 外道：指佛教之外的其他宗教派別或思潮，如佛陀時代的六師外道等。諸天：佛教把世間分為三界——欲界、色界、無色界，其中，欲界有六天，色界有四禪十八天，無色界有四天；此外尚有日天、月天、韋馱天等諸天神，這些總稱為諸天。魔王：天魔之王，即欲界第六天之他化自在天主，其名為「波旬」。

❹ 饌：食物。

❺ 塵劫：塵沙數之劫，即無數劫。

「云何二種？阿難，一者無始生死根本，則汝今者與諸眾生用攀緣心為自性者❶；二者無始菩提涅槃元清淨體❷，則汝今者識精元明❸，能生諸緣，緣所遺者。由諸眾生，遺此本明，雖終日行❹，而不自覺，枉入諸趣❺。

【譯文】

「那麼，是哪二種根本呢？阿難，一者是無始以來一切眾生在生死中流轉的根本，就如你現前與所有眾生那樣，是以攀緣心為自心性；二者是無始以來一切眾生本具的真性菩提、性淨涅槃之本來清淨體，就是你現前與所有眾生本具的識精元明之體，此體本自元明清淨，但因眾生無明妄動而生起諸緣識，攀緣馳逐外境不休，反把此妙明本心迷失遺忘了。由於眾生迷失這本然妙明心體，雖終日依此造作諸行，但日用而不知，不能覺悟此妙明本心，結果墮入六道生死流轉之中而枉受輪迴。

【注釋】

❶ 攀緣心：即前七轉識，表現為妄想知覺之心。第七識恆緣第八識而成我執染汙意，第六意識遍緣五塵落謝之影像，五識緣外塵。

❷ 涅槃：梵文「nirvana」之音譯，又作「泥洹」等，意譯作「滅」、「寂滅」、「滅度」、「無生」，指煩惱之火滅盡，完成悟智（即菩提）的境地。此為超越生死（迷界）之悟界，也是佛教終極的實踐目的，故被列為三法印之一，稱「涅槃寂靜」。小乘有「有餘涅槃」、「無餘涅槃」二義，大乘又有「自性涅槃」、「無住涅槃」等義。

❸ 識精：第八識之精明體。精，多指識體之覺性精微明妙。

❹ 行：造作，流遷。

❺ 諸趣：通常指六趣，即天、人、阿修羅、畜生、餓鬼、地獄等六道。趣，所往，造業所往之果報。

「阿難，汝今欲知奢摩他路，願出生死，今復問汝。」即時如來舉金色臂，屈五輪指❶，語阿難言：「汝今見不！」阿難言：「見。」佛言：「汝何所見？」阿難言：「我見如來舉臂屈指，為光明拳❷，耀我心目。」佛言：「汝將誰見？」阿難言：「我與大眾，同將眼見。」佛告阿難：「汝今答我，如來屈指為光明拳，耀汝心目，汝目可見，以何為心，當我拳耀❸？」阿難言：「如來現今徵心所在❹，而我以心推窮尋逐，即能推者，我將為心。」佛言：「咄❺！阿難，此非汝心！」阿難矍然❻，避座合掌，起立白佛：「此非我心，當名何等？」佛告阿難：「此是前塵虛妄相想，惑汝真性。由汝無始至於今生，認賊為子❼，失汝元常，故受輪轉。」

【譯文】

「阿難，你現在欲知正定之路，願出生死輪迴，我再問你。」這時如來舉起金色手臂，屈五輪指為拳，對阿難說道：「你看見了嗎！」阿難說：「看見了。」佛說：「你看見什麼？」阿難說：

「我看見如來舉臂屈指，成為光明拳，照耀我的心目。」佛說：「你用什麼見呢？」阿難說：「我與大眾都是以眼而見。」佛告訴阿難：「你現在回答我，如來屈指為光明拳，照耀你的心日。你以眼睛看見，但對著光明拳時，你的心在哪裡呢？」阿難說：「世尊現在詢問我心之所在，我便用心極力推究追尋，我以為這個能推究的應該就是我的心。」佛聽後喝道：「咄！阿難，這不是你的心！」阿難聞言驚懼，離座起立合掌，對佛說：「這不是我的心，又應叫作什麼呢？」佛告訴阿難：「你所說的心，實是現前塵境的虛妄相上所生起的分別妄想，正是此顛倒妄想，迷惑了你的真心本性。由於你從無始以來至於今生，一直認賊為子，迷失了你的本元常住真心，故而枉受輪迴之苦。」

【注釋】

❶ 五輪指：如來手指端有千輻輪相，故稱「輪指」；又五指各對應地、水、火、風、空輪，故稱「五輪指」。

❷ 光明拳：此言如來之拳有光芒，或如來拳放光芒。若按禪宗觀點，則如來舉拳，拷問對此何心，此有特殊的接引意義。

❸ 當：對也。即當面對光明拳時，眼可以看見，而此時的心是什麼！「汝今見不！」用感嘆號，其意非在眼見，乃在心見。圓瑛法師《楞嚴經講義》中以禪宗觀點解釋此段說：「世尊舉手擎拳，原欲以無言之道，向上一著，接引阿難，令向見色，聞聲處，親見自己本來面目也。奈阿難直指

不會，只得再加曲指，重行審問：『汝何所見？』一審也。『汝將誰見？』二審也。世尊則循循善誘，阿難則處處膠著，不能認見為心，而反認見屬眼，世尊見其始終不悟，只得落草盤根，更徵之曰：『汝目可見，以何為心，當我拳耀？』此三審也。」

❹徵：詢問，質詢。

❺咄：呵斥聲。

❻矍然：驚異狀。

❼賊：即六識，劫奪自性法財，有如賊人。

阿難白佛言：「世尊，我佛寵弟，心愛佛故，令我出家。我心何獨供養如來，乃至遍歷恆沙國土，承事諸佛及善知識，發大勇猛，行諸一切難行法事，皆用此心。縱令謗法，永退善根，亦因此心。若此發明不是心者，我乃無心，同諸土木。離此覺知，更無所有，云何如來說此非心？我實驚怖，兼此大眾無不疑惑。唯垂大悲，開示未悟。」

【譯文】

阿難對佛說：「世尊，我是佛的寵弟，因為心中愛佛的緣故，才隨佛陀出家。我不但是以此心供養如來，乃至遍歷無數國土，奉事諸佛及善知識，發大勇猛去做一切難行法事，用的都是此心。縱使誹謗佛法，或永斷善根，也因此心所致。如果如來闡明這是顛倒妄想而不是真心，我豈不成了無心之人，同於泥塑木雕。離此能知能覺的心，我更沒有其他的心了，為什麼如來說這不是我的真心？這實在令我驚恐惶怖，就連在座大眾對此也無不疑惑。唯願世尊大悲垂示，開示我等未悟之輩。」

爾時，世尊開示阿難及諸大眾，欲令心入無生法忍❶，於師子座摩阿難頂而告之言❷：「如來常說：諸法所生，唯心所現，一切因果、世界、微塵，因心成體。阿難，若諸世界一切所有，其中乃至草葉縷結❸，詰其根元❹，咸有體性；縱令虛空，亦有名貌，何況清淨妙淨明心，性一切心❺，而自無體？若汝執吝分別覺觀所了知性❻，必為心者，此心即應離諸一切色、香、味、觸諸塵事業，別有全性。如汝今者，承聽我法，此則因聲而有分別；縱滅一切見聞覺知，內守幽閒，猶為法塵分別影事。我非敕汝執為非心，但汝於心微細揣摩。若離前塵有分別性，即真汝心。若分別性離塵無體，斯則前塵分別影事。塵非常住，若變滅時，此心則同龜毛兔角，則汝法身同於斷滅，其誰修證無生法忍？」即時，阿難與諸大眾默然自失。佛告阿難：「世間一切諸修學人，現前雖成九次第定❼，不得漏盡成阿羅漢，皆由執此生死妄想，誤為真實。是故汝今雖得多聞，不成聖果。」

【譯文】

這時，世尊將要開示阿難及與會諸大眾，令他們都悟入無生法忍，就在獅子座上伸手摩阿難頂，告訴他說：「如來常說：一切諸法之生起，唯心所現；一切因果，以及大至整個世界，小至微塵，也都是依此真心而成體性。阿難，如所有世界的一切事物，其中乃至草葉、縷結，追根究底，也都有其體性；縱然是虛空，也有其名稱形貌，何況這清淨妙明真心，能令一切法得其所依體性，怎麼會自己沒有體性呢？如果你固執不捨，認定這個能分別尋伺的了知性就是你的真心，那麼，此心就應該即使是離開一切色、香、味、觸等六塵事相造作，而別有完全獨立的體性。就如你現在聽我說法，則因為聽到了說法聲音才有了心的分別，離開聲音外塵則能分別的心畢竟無體；縱使你令六根不緣外塵而止滅一切見聞覺知，讓心內守幽閒寂靜的境界，這仍然屬於獨頭意識對法塵所做的分別塵影之事，而非你的真心。我不是一定要你承認執此緣塵的分別心不是真心，但你對於這個心應細細揣摩。如果離開現前六塵境相而仍有分別覺知之性，即真正是你的心；然而，如果分別覺知之性，離開六塵境相就沒有體性了，那它不過是現前六塵的分別塵影之事，是虛幻而不是真心。六塵境相不是常住不變的，如果六塵變滅時，這個分別覺知之心失去所緣境相而不復存在，如同徒具假名的龜毛兔角，那麼這時你的法身也同樣斷滅不存，又是誰去修證無生法忍呢？」這時，阿難與諸大眾無語可對，默然自有所失，然而還是不識真心。佛對阿難說：「世間一切修學佛法的人，即使現前已經成就九次第定，仍未得諸漏滅盡而成就阿羅漢果位，其原因在於執著此作為生死根本的分別妄想識心，誤以為是真實之常住真心，所以你雖然多聞廣記，卻仍未能成就聖果。」

【注釋】

❶ 無生法忍：無生法，遠離生滅之真如實相理體。忍，即智。真智安住於真如理而不動，謂之「無生法忍」。

❷ 師子座：師子，即「獅子」。師子座，即佛的法座位，喻佛無畏說法猶如獅子。摩頂：佛以手摩弟子頂，有三義：一是授記，二是安慰，三是加持。此處為後二義。

❸ 縷結：如絲麻之類。

❹ 詰：追問，質問，推究。

❺ 性一切心：性，此處作動詞，義為賦予體性。能令一切法得其體性之心。

❻ 吝：吝惜，不捨。覺觀：新譯為「尋伺」。覺，即尋，心之粗相。觀，即伺，心之細相。

❼ 九次第定：四禪（初禪、二禪、三禪、四禪）、四定（空無邊處定、識無邊處定、無所有處定、非想非非想處定）、滅盡定，次第而進，故名「九次第定」。四禪四定屬凡夫定，滅盡定則是小乘聖者所證。

阿難聞已，重復悲淚，五體投地，長跪合掌而白佛言：「自我從佛發心出家，恃佛威神，常自思惟，無勞我修，將謂如來惠我三昧❶，不知身心本不相代，失我本心，雖身出家，心不入道，譬如窮子，捨父逃逝❷。今日乃知，雖有多聞，若不修行，與不聞等，如人說食，終不能飽。世尊，我等今者二障所纏❸，良由不知寂常心性。惟願如來哀愍窮露，發妙明心，開我道眼。」即時如來，從胸卍字湧出寶光❹，其光晃昱❺，有百千色，十方微塵普佛世界一時周遍，遍灌十方所有寶剎諸如來頂，旋至阿難及諸大眾。告阿難言：「吾今為汝建大法幢❻，亦令十方一切眾生，獲妙微密性淨明心，得清淨眼❼。」

【譯文】

阿難聽了佛陀這些話後，又悲感流淚，五體投地，合掌長跪，對佛說：「自從我跟隨佛陀發心出家以來，依恃佛的威神，心裡經常有這樣一種想法，以為不需要我自己精勤修行，如來也會惠賜我三昧定力，卻不知彼此身心不能相互替代，故迷失了自己的本心，身雖出家，心不入道；譬如一個窮子，不知父家有無盡珍寶卻逃出流浪，不知返回。現在我懂得，雖聽聞許多佛法，若不精勤修行，與不聞一樣，如人說食，終不能飽。世尊，我們現在被二障所纏縛，實在是由於不懂得寂湛真常的妙明心性。唯願如來哀憫我們如窮子一樣孤露無依，顯發我等妙明真心，開啟我等道眼。」這時，如來從胸前卍字，湧出無量寶光，其光明耀熾盛，有百千種顏色，一時普照十方微塵數的諸佛世界，遍灌十方所有寶剎中的諸如來頂，然後又回旋來觀照阿難及與會諸大眾。佛告訴阿難說：「我現在為你建立大法幢，也使十方世界一切眾生都能獲得妙明微密的自性清淨圓明本心，得清淨道眼。」

【注釋】

❶三昧：「定」的梵文「samadhi」音譯，有「三昧」、「三摩地」二詞，其中「三昧」是早期譯名，並一直沿用，後來較常用來指稱大乘定境；「三摩地」是在玄奘新譯之後才普遍使用。

❷譬如窮子，捨父逃逝：「窮子」比喻六識妄心，「父」比喻本心真性。父家有無盡珍寶而窮子卻外出流浪，不知返回。

❸二障：指煩惱障與所知障。以諸我執煩惱能障涅槃，故稱「煩惱障」；以諸法執無明能障菩提，故稱「所知障」。又障正知見之惑名為理障，即所知障；而令生死相續之惑為事障，即煩惱障。

❹胸卍字：卍為佛胸前的吉祥相，佛三十二相之一，意為「吉祥海雲」、「吉祥喜旋」。古來鳩摩羅什、玄奘等師譯為「德」字，菩提流支則譯為「萬」字，武則天始制定此字，讀音為「萬」，意為「吉祥萬德之所集」。

❺昱：明耀。

❻法幢：幢者，幢幡、旌旗之類。猛將建幢旗以示勝利，故以法幢比喻佛菩薩說法能摧邪顯正，降伏魔軍，高樹正法。

❼清淨眼：即大開圓解之智慧眼。

「阿難，汝先答我見光明拳，此拳光明，因何所有？云何成拳？汝將誰見？」阿難言：「由佛全體閻浮檀金❶，赩如寶山❷；清淨所生，故有光明。我實眼觀五輪指端，屈握示人，故有拳相。」佛告阿難：「如來今日實言告汝，諸有智者要以譬喻而得開悟。阿難，譬如我拳，若無我手，不成我拳，若無汝眼，不成汝見。以汝眼根，例我拳理，其義均不？」阿難言：「唯然，世尊。既無我眼，不成我見，以我眼根❸，例如來拳，事義相類❹。」佛告阿難：「汝言相類，是義不然。何以故？如無手人，拳畢竟滅，彼無眼者，非見全無。所以者何？汝試於途詢問盲人：『汝何所見？』彼諸盲人必來答汝：『我今眼前唯見黑暗，更無他矚。』以是義觀，前塵自暗，見何虧損？」阿難言：「諸盲眼前，唯睹黑暗，云何成見？」佛告阿難：「諸盲無眼，唯觀黑暗，與有眼人處於暗室，二黑有別？為無有別？」「如是，世尊，此暗中人與彼群盲，二黑校量，曾無有異。」「阿難，若無眼人全見前黑，忽得眼光，還於前塵見種種色，名眼見者；彼暗中人全見前黑，忽獲燈光，亦於前塵見種種色，應名燈見。若燈見者，燈能有見，自不名燈。又則燈觀，何關汝事？是故當知，燈能顯色，如是見者，是眼非燈；眼能顯色，如是見性，是心非眼。」

【譯文】

佛繼續說道：「阿難，前面我伸臂舉拳，你回答說眼睛看見光明拳，那麼，這拳的光明因何而有？為何成拳？你因何而見？」阿難說：「由於世尊全身如閻浮檀金色一般，光豔無比，有如大寶山；這是由清淨心所生，故有光明。再者，我實以眼睛看見世尊的五輪指，伸臂屈握而成拳相。」佛告訴阿難：「如來現在如實告訴你，凡有智慧的人，應以譬喻而得開悟。阿難，比如我這個拳相，若無我手，就不成我的拳相，若無你眼，就不成你的所見。以你眼根之能見，類比我拳相之屈握，二者道理相同嗎？」阿難說：「是的，世尊。若無我眼，就不成我的所見。以我眼根來類比如來拳相，二者的道理相同。」佛告訴阿難：「你說二者道理相同，其實不然。為什麼呢？比如無手的人，拳相完全沒有了；而那些沒有眼的盲人，並不是全無其『見』。原因何在呢？你試著在路上詢問那些盲人：『你們看見什麼了？』那些盲人一定回答說：『我眼前只見一片黑暗，別無所見。』以此道理來看，是眼前的塵境自暗，見性又何曾虧缺呢？」阿難說：「那些盲人眼前只見黑暗，怎麼能成有所見呢？」佛對阿難說：「那些盲人沒有眼睛，只看到黑暗，這與有眼人處於暗室中，眼前也是一片黑暗，二者是有區別？還是沒有區別？」阿難說：「是的，世尊，處於暗室中的有眼人與那些盲人，二者所見黑暗相比較，原來並無不同。」佛說：「阿難，若那些盲人，原本眼前全見黑暗，忽然眼睛得到光明，見到眼前塵境中的種種色相，如果這就稱為『眼見』，那麼，那些處於暗室中的有眼人也是眼前全見黑暗，忽然獲得燈光，見到眼前塵境中的種種色相，類似的就應該稱為『燈見』了。如果能夠稱為『燈見』，燈既然自能有所見，自然就不能稱為無情之物的『燈』，而應該屬於有情之物了。再說，既然是燈在看見種種色相，又何關你的事呢？所以應當知道，燈的作用只是顯現種種色相，而能夠看見種種色相的，是眼而不是燈；同樣，眼的作用也只是顯現種種色相，而能夠看見種種色相的見性，是心而不是眼。」

【注釋】

❶閻浮檀金：指流經閻浮樹間之河流所產之砂金。其色赤黃兼帶紫焰氣，為金中之最高貴者。

❷赩：大紅色。

❸以我眼根：有版本無此四字。參見《楞嚴經疏解蒙鈔》所引釋文。

❹類：類似，相同。

阿難雖復得聞是言，與諸大眾，口已默然，心未開悟，猶冀如來慈音宣示❶，合掌清心，佇佛悲誨。爾時，世尊舒兜羅綿網相光手❷，開五輪指，誨敕阿難及諸大眾：「我初成道，於鹿園中❸，為阿若多五比丘等及汝四眾言❹：一切眾生不成菩提及阿羅漢，皆由客塵煩惱所誤。汝等當時因何開悟，今成聖果？」時憍陳那起立白佛：「我今長老，於大眾中獨得解名，因悟『客塵』二字成果。世尊，譬如行客，投寄旅亭，或宿或食，宿食事畢，俶裝前途❺，不遑安住❻；若實主人，自無攸往❼。如是思惟，不住名客，住名主人，以不住者名為客義。又如新霽❽，清暘升天❾，光入隙中，發明空中諸有塵相，塵質搖動，虛空寂然。如是思惟，澄寂名空，搖動名塵，以搖動者名為塵義。」佛言：「如是！」

【譯文】

阿難雖然聽了佛的這番教言，和與會大眾一樣，口中默然無語，心裡卻未開悟，還希望如來再宣示慈音，都合掌清心，等待佛陀繼續給予慈悲教誨。這時，世尊伸出兜羅綿網相光手，展開五輪指，教誨指示阿難和與會大眾說：「我初成道時，在鹿野苑為阿若多等五比丘及四眾弟子說法：一切眾生所以不能成就菩提及證得阿羅漢果，都是由於妙明真心為客塵煩惱覆蓋所誤。你們當時因什麼而開悟，證得了聖果？」這時憍陳那站起來對佛說：「我現在作為長老，在大眾中獨得『解本際』之名，是因為悟了『客塵』二字而證得聖果。世尊，譬如路上行客，投宿旅舍，或食或宿，食宿完畢，又整裝前行，不會常住下來；若是旅舍的主人，自然不會行往他方。我這樣思考，不能常住的稱為客人，能夠常住的稱為主人，因此凡是不能常住的就稱為『客』的含義。又如雨後初晴，太陽照耀天空，陽光照入縫隙中，可以看到虛空中塵埃飛揚的景象，微塵搖動不停，而虛空則寂然不動。我這樣想，澄明寂靜的稱為虛空，搖動不止的稱為微塵，因此凡是搖動不止的就稱為『塵』的含義。」佛讚許憍陳那說：「是的！」

【注釋】

❶ 冀：希望。

❷ 兜羅綿網相光手：兜羅綿，西域細綿。佛手柔軟，加以指間縵網相連，似此綿。

❸ 鹿園：即鹿野苑，在波羅奈國，佛成道後最初為五比丘講法的初轉法輪處。

❹ 阿若多五比丘等：當初悉達多太子出家後，其父淨飯王乃遣憍陳如等五人伴隨太子學道。佛陀成道後，前往波羅奈國鹿野苑，為五比丘講法，初轉法輪，始有佛教僧團。五比丘之名，諸經記載不一。據《佛本行業經》，五比丘為憍陳如、跋提梨迦、摩訶那摩、波沙波、阿耆踰時。阿若多，即憍陳如，又譯「憍陳那」、「阿若憍陳如」等，意為「解本際」，故下文憍陳那云「於大眾中獨得解名」。又阿若多是佛陀弟子中最早出家證果的，故下文稱「我今長老」。

❺ 俶裝：整理行裝。俶，整也。

❻ 遑：閒暇，安閒。

❼ 攸：住所。

❽ 霽：雨止天晴。

❾ 暘：日出，天晴，明亮。

即時如來於大眾中，屈五輪指，屈已復開，開已又屈，謂阿難言：「汝今何見？」阿難言：「我見如來百寶輪掌，眾中開合。」佛告阿難：「汝見我手眾中開合，為是我手有開有合？為復汝見有開有合？」阿難言：「世尊寶手眾中開合，我見如來手自開合，非我見性有開有合❶。」佛言：「誰動誰靜？」阿難言：「佛手不住，而我見性尚無有靜，誰為無住？」佛言：「如是。」如來於是從輪掌中飛一寶光在阿難右，即時阿難回首右盼；又放一光在阿難左，阿難又則回首左盼。佛告阿難：「汝頭今日何因搖動？」阿難言：「我見如來出妙寶光，來我左右，故左右觀，頭自搖動。」「阿難，汝盼佛光，左右動頭，為汝頭動？為復見動？」「世尊，我頭自動，而我見性尚無有止，誰為搖動？」佛言：「如是。」於是如來普告大眾：「若復眾生，以搖動者名之為『塵』，以不住者名之為『客』。汝觀阿難，頭自動搖，見無所動；又汝觀我，手自開合，見無舒卷。云何汝今以動為身，以動為境，從始洎終❷，念念生滅，遺失真性，顛倒行事；性心失真，認物為己，輪迴是中，自取流轉。」

【譯文】

這時如來在大眾中屈五輪指，屈後復開，開後又屈，對阿難說：「你現在見到什麼？」阿難說：「我見如來百寶輪拳，在大眾中又開又合。」佛對阿難說：「你見我手在眾中開合，究竟是我的手有開有合，還是你的見性有開有合？」阿難答道：「世尊寶手在大眾中開合，我見如來的手自開自合，並不是我的見性有開有合。」佛說：「二者誰動誰靜？」阿難說：「佛的寶手開合不住，而我的見性，靜相尚不可得，又哪來開合不住的動相呢？」佛說：「是的。」如來於是從輪掌中飛出一道寶光，照在阿難右邊，阿難這時便回首看右邊；如來又放一道寶光，照於阿難左邊，阿難又回首看左邊。佛對阿難說：「你的頭因何左右搖動？」阿難說：「我見如來手中放出奇妙寶光，照射在我的左右兩邊，所以左顧右盼，頭自然就左右搖動了。」佛說：「阿難啊，你顧盼佛光，頭左右搖動，那麼，究竟是你的頭在動，還是你的見性在動？」阿難說：「世尊，只是我的頭在動，而我的見性，尚且沒有靜止之相，哪來的搖動之相呢？」佛說：「是的。」於是如來普告大眾說：「如果已有眾生明白了以搖動不止的稱為『塵』，以不能常住的稱為『客』，就應進一步明了不動、常住的含義。你們看阿難，頭雖左右搖動，而見性並無所動；又看我的手，雖自開自合，而見性並無舒卷開合。既然如此，為什麼你們還以變遷不停為實身，以變化無常為實境，一生從始到終之中，總是處於念念生滅的狀態，遺失真性，顛倒行事；既令自性真心失其本真，又妄認內外諸物為己，在顛倒中輪迴，自取生死流轉，未能獲得解脫。」

【注釋】

❶ 有開有合：有版本作「自開自合」。

❷ 洎：至，到。

卷二

卷二接「十番顯見」之「三～十」：三顯見不滅；四顯見不失；五顯見無還；六顯見不雜；七顯見無礙；八顯見不分；九顯見超情；十顯見離見。「十番顯見」的辨析過程細膩縝密，層層深入，極其精彩。明代交光法師《楞嚴經正脈疏》評論說：「初番顯其脫根、脫塵，迥然靈光獨耀；二番顯其離身、離境，凝然本不動搖；三番顯其盡未來際，究竟常住不滅；四番顯其從無始來，雖顛倒而不失；五番顯其無往無還，挺物表而常住；六番顯其不雜不亂，超象外以孤標；七番顯其觀大觀小，轉物自在無礙；八番顯其無是無非，見真妄情自息；九番顯其諸情不墮，遠越外計、權宗，十番顯其自相亦離，轉入純真無妄。顯見至此，可謂顯之至矣！」其中第五番的「明還日輪，……暗還黑月，通還戶牖，壅還牆宇，緣還分別，頑虛還空，鬱埲還塵，清明還霽」，即是著名的「八還辨見」；而第六番之「見吾不見」、第十番之「見見之時，見非是見，見猶離見，見不能及」，特別為禪宗所重視，成為了著名的禪宗公案而被參究。

「十番顯見」以常情中眼根之「見性」（又稱「見精」）為出發點來辨析，最終抉擇勝義中的妙明真心正見，這其中以「三種月」比喻見地抉擇中的三種見，對於理解禪宗「指月」的參究理路極為有益。如下圖：

妙覺明心——見性（見精）——妄心
真月　　　　第二月　　　　水中月
真如性心　　帶妄之真（覺性）虛妄

「十番顯見」之後，接著講述了眾生世界的兩種業緣：「別業妄見」和「同分妄見」。「十番顯見」起初於動靜中抉擇靜性，於生滅中抉擇不生滅性，於顛倒中抉擇不變性，進而於「三種月」中抉擇真月，從而揭示真性絕待，無有一切大小、是非等差別相，妙明真心與一切山河大地之不一不異、即相離相，最後過渡到抉擇妙明真心之非因非緣、非自然性，非和合生及不和合，從而引出正見抉擇中的另外一個重要論題：五陰、六入、十二處、十八界等一切有為法諸幻化相，「因緣和合，虛妄有生，因緣別離，虛妄名滅」，本來皆是如來藏妙真如性。本卷討論了「五陰本如來藏妙真如性」。

爾時，阿難及諸大眾，聞佛示誨，身心泰然，念無始來失卻本心，妄認緣塵分別影事，今日開悟，如失乳兒，忽遇慈母。合掌禮佛，願聞如來顯出身心真妄虛實，現前生滅與不生滅二發明性。

【譯文】

這時，阿難及與會大眾聽了佛的開示教誨，身心泰然，回想自己從無始以來迷失了本具的妙明真心，妄認所緣六塵境而產生種種虛妄分別塵影之事為真實，今日蒙佛教誨，始得開悟，就像一時失乳的幼兒忽然遇到了慈母一般。大家合掌禮佛，誠願聽聞如來進一步開顯出身心的真與妄、虛與實，以及現前身心的生滅與不生滅，由此二者開發顯明身心中什麼是虛妄生滅的無常性，什麼是真實不生滅的真常性。

時波斯匿王起立白佛：「我昔未承諸佛誨敕，見迦旃延、毗羅胝子❶，咸言『此身死後斷滅，名為涅槃』。我雖值佛，今猶狐疑：云何發揮證知此心不生滅地？今此大眾諸有漏者，咸皆願聞。」佛告大王：「汝身現在❷，今復問汝：汝此肉身為同金剛常住不朽？為復變壞？」「世尊！我今此身終從變滅。」佛言：「大王！汝未曾滅，云何知滅？」「世尊！我此無常變壞之身雖未曾滅，我觀現前，念念遷謝，新新不住，如火成灰，漸漸銷殞❸。殞亡不息，決知此身，當從滅盡。」佛言：「如是，大王！汝今生齡已從衰老，顏貌何如童子之時？」「世尊！我昔孩孺❹，膚腠潤澤❺；年至長成，血氣充滿；而今頹齡，迫於衰耄❻，形色枯悴，精神昏昧，髮白面皺，逮將不久，如何見比充盛之時！」

【譯文】

這時波斯匿王站起來對佛說：「我過去沒有接受佛陀教誨的時候，曾見外道論師迦旃延和毗羅胝子等，都說『我們這個身體死後即斷滅壞盡，稱之為涅槃』。我現在雖然有幸聽聞佛陀說法，但心中仍有疑問：究竟如何發揮佛所說的道理而證知此心的不生不滅常住真性境地？現在與會大眾，那些還未斷盡煩惱的有漏學人，都希望聆聽世尊您的教誨。」佛告訴國王說：「你現今身體健在，我且問你：你這個肉身，是同金剛一樣常存不朽呢？還是要日漸變壞？」波斯匿王回答說：「世尊！我現在這個身體，終歸是要變壞散滅的。」佛說：「大王！你現在還未壞滅，怎麼知道日後終將變壞散滅呢？」波斯匿王說：「世尊！我這個無常而隨時變壞的身體，雖然現在還未壞滅，但我觀察現前這個身體，念念遷流，新新不住，如同火滅成灰，漸漸消亡。這個壞滅消亡的過程從不停息，因此我決定了知此身將會壞死滅盡。」佛說：「是的，大王！你現在的年齡已走向衰老，你的面容形貌與童年時候相比如何？」波斯匿王答道：「世尊！我孩童之時，肌膚細嫩潤澤；及至成年，血氣充滿；而今到了衰頹的年齡，迫近衰老，形貌和膚色都已枯槁憔悴，精神昏昧，髮白面皺，恐將不久於人世了，如何能與壯盛之年相比！」

【注釋】

❶ 迦旃延：意為「剪髮」，印度外道六師之一，主張一切皆是自在天所造。毗羅胝子：意為「不作」，披髮灰身的苦行外道，外道六師之一，主張苦樂等報，現在無因，未來無果。

❷ 在：有版本作「存」。

❸ 殞：損毀，死亡。

❹ 孺：幼兒。

❺ 腠：肌肉之紋理。

❻ 耄：年七十曰耄。

佛言：「大王，汝之形容應不頓朽？」王言：「世尊！變化密移，我誠不覺，寒暑遷流，漸至於此。何以故？我年二十，雖號年少，顏貌已老初十歲時；三十之年又衰二十；於今六十又過於二，觀五十時，宛然強壯。世尊，我見密移，雖此殂落❶，其間流易，且限十年。若復令我微細思惟，其變寧唯一紀、二紀❷，實為年變；豈唯年變，亦兼月化；何直月化，兼又日遷。沉思諦觀，剎那剎那❸，念念之間，不得停住。故知我身終從變滅。」

【譯文】

佛說：「大王，你的形體容貌，應該不是突然衰老的吧？」波斯匿王答道：「世尊！這變化微密潛移，我實在不曾覺察到，隨著歲月寒來暑往的流遷，漸漸到了今天這個老衰之相。為什麼呢？當我二十歲時，雖說是年少，但容顏相貌已老成於十歲時；三十歲時又老成於二十歲時；現在我已六十二歲了，回看五十歲時，身體還是很強壯。世尊，我見身體隨歲月暗自遷移，雖已日趨衰老，其間的遷流變易，權且以十年為限來觀察即見明顯變化。如果我再細細思維觀察，則其變化豈止是十年二十年一變，實則是每年都在變；豈止是每年在變，而且每月都在變化；豈止是每月在變化，又有每日的變遷。進一步深入思維，如實觀察，實在是剎那剎那、念念之間都在變化，沒有一時一刻停住不變。所以可以知道，我這個身體終歸是要變壞散滅的。」

【注釋】

❶ 殂落：凋零。

❷ 一紀：古代以十二年為一紀。

❸ 剎那：須臾，念頃，時之最少者，即一個心念起動之間。

佛告大王：「汝見變化，遷改不停，悟知汝滅；亦於滅時，汝知身中有不滅耶❶？」波斯匿王合掌白佛：「我實不知。」佛言：「我今示汝不生滅性。大王，汝年幾時見恆河水？」王言：「我生三歲，慈母攜我謁耆婆天❷，經過此流，爾時即知是恆河水。」佛言：「大王，如汝所說，二十之時衰於十歲，乃至六十，日月歲時，念念遷變，則汝三歲見此河時，至年十三，其水云何？」王言：「如三歲時，宛然無異；乃至於今，年六十二，亦無有異。」佛言：「汝今自傷髮白面皺，其面必定皺於童年；則汝今時觀此恆河，與昔童時觀河之見，有童耄不？」王言：「不也，世尊！」佛言：「大王，汝面雖皺，而此見精❸，性未曾皺。皺者為變，不皺非變；變者受滅，彼不變者元無生滅，云何於中受汝生死？而猶引彼末伽梨等❹，都言此身死後全滅！」王聞是言，信知身後捨生趣生，與諸大眾踴躍歡喜，得未曾有。

【譯文】

佛告訴波斯匿王：「你看到了身體變化，變遷不停，因而悟知你的身體終將壞滅；但在你身體變化壞滅的同時，你是否知道身中還有不滅的東西存在嗎？」波斯匿王合掌稟告佛說：「我實不知。」佛說：「我現在為你抉擇顯示生滅身中的不生滅性。大王，你多大年齡時看見恆河水？」波斯匿王說：「我三歲時，母親帶我去拜謁耆婆天，經過恆河，那時就知道了恆河水。」佛說：「大王，如你所說，二十歲時比十歲要衰老些，乃至到六十歲，其間的每年每月每日每時，身體都在念念流遷變化著；但是，你在三歲時見到的恆河水，與你十三歲又見到的恆河水，二者有什麼不同嗎？」波斯匿王答道：「與三歲時見到的全然無異；甚至到今天我六十二歲時所見到的恆河水，也沒有什麼不同。」佛說：「你現在感傷自己髮白面皺，面容當然比童年時更皺一些了；但是，你現在看見恆河，與童年時看見恆河，這個『見性』也有老幼變化的區別嗎？」波斯匿王說：「沒有區別，世尊！」佛說：「大王，你的面容雖然變皺，但這個『見精』，其本性卻未曾有過起皺變化。能皺的屬於變化，不皺的屬於不變；變化的終將壞滅，而那個不變的本來就屬於不生滅性，怎麼會在身中隨著你身體的生死而生滅呢？而你卻還引用外道末伽梨他們的說法，說什麼這個身體死後全都消滅不存了呢！」波斯匿王聽了佛陀的這番開示後，才確然知道這個身體死後，雖捨此生，仍趣他生，並非全然斷滅；因此和諸大眾都歡喜踴躍，得到從未曾有的法喜。

【注釋】

❶ 汝知：有版本作「知汝」。

❷ 耆婆天：意為「命天」，即長壽天。此天為帝釋天左右之侍衛。西域諸國風俗，皆事長命天神，子生三歲，即謁此天之廟，以求長命百歲。

❸ 見精：即見性，眼根能見之精妙覺性。

❹ 末伽梨：古印度六師外道之一，主張眾生的苦樂不由因緣，自然產生，死後一切皆滅。

阿難即從座起，禮佛合掌，長跪白佛：「世尊，若此見聞必不生滅，云何世尊名我等輩遺失真性，顛倒行事？願興慈悲，洗我塵垢。」即時如來垂金色臂，輪手下指，示阿難言：「汝今見我母陀羅手❶，為正？為倒？」阿難言：「世間眾生以此為倒，而我不知誰正誰倒。」佛告阿難：「若世間人以此為倒，即世間人將何為正？」阿難言：「如來豎臂，兜羅綿手上指於空，則名為正。」佛即豎臂，告阿難言：「若此顛倒，首尾相換，諸世間人一倍瞻視；則知汝身與諸如來清淨法身，比類發明，如來之身名正遍知❷，汝等之身號性顛倒。隨汝諦觀，汝身佛身稱顛倒者，名字何處號為顛倒？」

【譯文】

這時，阿難即從座起，合掌禮佛，長跪對佛說：「世尊，如果見性是不生不滅的，那世尊為什麼呵斥我等遺失真性，顛倒行事？願佛大興慈悲，以甘露法水洗滌我等的心頭塵垢。」這時如來垂下金色手臂，五輪手指向地面，對阿難說：「你現在看我的結印之手，是正還是倒？」阿難答道：「世間眾生都以此為倒，但我不知道何者為正，如何為倒？」佛告訴阿難：「如果世間人以此為倒，那世間人認為怎樣才是正呢？」阿難說：「如果如來豎起手臂，把手向上指向天空，世間人則稱此為正。」佛隨即豎起手臂，告訴阿難說：「若把手臂上下顛倒一下，不過是首尾相換而已，本無所謂正倒，而世間人卻執著這樣為正，那樣為倒，這不過是一種顛倒妄想的雙重迷執；類比就可以明白，你的五蘊身與如來清淨法身的關係也是這樣，如來法身叫作正遍知，你們的生身叫作性顛倒，然二者實同一真性，差別僅在於迷悟之間。請你們詳審觀察，你的身與如來清淨身相比而稱為顛倒，既稱顛倒之名，那麼，究竟是顛倒在什麼地方？」

【注釋】

❶ 母陀羅手：意譯為「印相」、「契印」，即結印之手。

❷ 正遍知：音譯作「三藐三普提」，佛十號之一。新譯為「正等覺」、「正等正覺」。

於時阿難與諸大眾瞪曹瞻佛❶，目睛不瞬，不知身心顛倒所在。佛興慈悲，哀愍阿難及諸大眾，發海潮音遍告同會：「諸善男子，我常說言，色心諸緣及心所使❷，諸所緣法，唯心所現。汝身汝心，皆是妙明真精，妙心中所現物。云何汝等遺失本妙，圓妙明心，寶明妙性，認悟中迷！晦昧為空，空晦暗中，結暗為色，色雜妄想，想相為身。聚緣內搖，趣外奔逸，昏擾擾相，以為心性。一迷為心，決定惑為色身之內。不知色身，外洎山河虛空大地，咸是妙明真心中物。譬如澄清百千大海，棄之，唯認一浮漚體❸，目為全潮，窮盡瀛渤❹。汝等即是迷中倍人，如我垂手，等無差別，如來說為可憐愍者！」

【譯文】

此時，阿難及與會諸大眾各瞠目結舌，目不轉睛地望著佛，不知身心究竟顛倒在何處。佛見阿難及諸大眾皆茫然不知所對，實堪哀憐，興大慈悲，發海潮音，普告阿難及與會諸大眾：「諸善男子，我經常說，色法、心法以及能生二法的諸緣，乃至一切的心所有法和心不相應行法，都是妙明真心所現的幻影。包括你們的身、你們的心等所造作的一切，也都是這個妙明真精妙心的所現之物。你等為何遺失了這個本妙、圓妙之妙明真心，清淨堅固之妙性，反而在妙明本悟中妄認虛妄分別之一點迷情？由於這一點迷情妄動而無明生起，迷失了圓明妙性而轉為晦暗昏昧的頑空之相，頑空相中由於妄想迷情的緣故，暗相凝結而幻化出地水風火四大等物質色法，進而妄想心攬取少分的四大幻色而雜合，妄想堅執顯相而假合為五蘊根身。既有妄身而集聚心識諸緣，內緣五塵落謝的影子，計度分別，搖動不休；外緣五塵諸境之法，趣向外境，奔馳縱逸，於是就把這個由妄想迷情而生起的昏擾擾相誤認為是自己的心性。一旦迷執這個昏擾擾相為自心，決定會迷執妄認心在色身之內。殊不知，這個五蘊色身，乃至色身之外的一切山河虛空大地，皆是妙明真心中所現之物，無一超出自心之外。譬如雖有澄清的百千大海卻棄之不顧，而唯認得一個浮漚水泡，以為這即是窮盡了一切海水的大海全潮。你們就是這樣的迷而又迷之人，與我前面垂手舉手，而你們卻妄起顛倒迷執沒有什麼兩樣。本無所謂正與倒卻定要妄分正與倒，本來沒有身心內外卻認妄為真，所以如來說你們是最可憐憫的人！」

【注釋】

❶ 瞪瞢：睜眼愣視貌。此處意為直視。

❷ 心所使：即心所有法。因是受心王所驅使者，所以稱為「心所使」，共有五十一個。

❸ 漚：水中浮泡。

❹ 瀛渤：瀛，海也；渤，海之旁出。

阿難承佛悲救深誨，垂泣叉手而白佛言：「我雖承佛如是妙音，悟妙明心，元所圓滿，常住心地❶。而我悟佛現說法音，現以緣心，允所瞻仰❷，徒獲此心，未敢認為本元心地。願佛哀愍，宣示圓音，拔我疑根，歸無上道。」

【譯文】

阿難承蒙佛的慈悲救拔和深切教誨，合掌悲泣而對佛說：「我雖然承蒙佛如此妙音開示，悟得妙明真心乃是本自圓滿的常住心地，但是，我還是用這緣慮分別之心悟解佛現說法音，由此生起淨信仰慕，因此對於妙明心只是獲得了分別意識的解悟而已，實未真正證得此心，所以未敢認其為自己的本元心地。唯願佛哀憫，更為宣示圓妙法音，拔我疑根，使我歸向無上道。」

【注釋】

❶心地：心為萬法之本，能生一切諸法，故曰「心地」。修行者依心而近行，故曰「心地」。

❷允：信，誠。

佛告阿難：「汝等尚以緣心聽法，此法亦緣，非得法性❶。如人以手，指月示人，彼人因指，當應看月。若復觀指，以為月體，此人豈唯亡失月輪，亦亡其指。何以故？以所標指為明月故。豈唯亡指，亦復不識明之與暗。何以故？即以指體為月明性，明暗二性無所了故。汝亦如是。若以分別我說法音為汝心者，此心自應離分別音有分別性❷。譬如有客寄宿旅亭，暫止便去，終不常住，而掌亭人都無所去，名為亭主。此亦如是。若真汝心，則無所去，云何離聲無分別性？斯則豈唯聲分別心；分別我容，離諸色相，無分別性。如是乃至分別都無，非色非空，拘舍離等昧為冥諦❸，離諸法緣無分別性。則汝心性各有所還，云何為主？」

【譯文】

佛告訴阿難：「你們尚且以緣慮之第六意識心聽我說法，這個法音也是所緣塵境，仍然屬於緣生法，並不是不生滅之法性。就如有人用手指指月給別人看，那人應循著手指去看月亮。如果僅看手指而以為這就是月亮，此人豈止是亡失了月亮，也同時亡失了手指的含義。為什麼呢？因為他把作為標示的手指當作了明月。又豈止是亡失了手指的含義，也不能認識明與暗的含義。為什麼呢？因為他以手指形體當作月亮的明性，對於明、暗二性都沒有了知的緣故。阿難，你也是如此。如果將能分別我說法聲音的分別之心當作是自己的真心，此心就應該在即使離開所分別的說法聲音之時，仍然具有能分別之自性。譬如有客人寄宿於旅店，暫住幾日便會離去，終究不會常住，而掌管旅店的人卻不會離去，因此稱作店主人。心也是如此。如果它真是你的真心，就應該常住不去，沒有生滅來去，然而卻為什麼離開了所分別的聲音就沒有了能分別之自性呢？如此則不但是對聲音的分別心；其他比如能分別我容貌的分別心，離開那些所分別的容貌色相，也沒有能分別之自性。如此乃至分別心完全沒有的非色非空的寂靜境界——拘舍離等外道錯誤地認為這是造物最初之冥諦，如果離開所緣之幽寂法塵，也沒有能分別之自性。如此則你所認為的分別心性，緣境而有，隨境而滅，各有所還滅之處，怎能稱為是心性之主呢？」

【注釋】

❶ 法性：諸法的本性。這種諸法的本性，在有情方面，叫作「佛性」；在無情方面，即叫作「法性」。「法性」也就是「實相」、「真如」、「法界」、「涅槃」的別名。

❷ 分別性：分別是推量思維之意，即心及心所（精神作用）對境起作用時，取其相而思維量度之。「分別性」即心能夠思維的特性、性質。

❸ 拘舍離：意譯為「牛舍」，古印度外道六師之一。冥諦：為古代印度六派哲學中之數論哲學派所立二十五諦之第一諦，是為萬物之本源，冥漠無諦，故曰「冥諦」，又作「冥性」、「冥初」，以此作為諸法生滅變異之根本原因。又以此為諸法之實性，故又稱「冥性」、「自性」。

阿難言：「若我心性各有所還❶，則如來說妙明元心，云何無還？惟垂哀愍，為我宣說。」佛告阿難：「且汝見我，見精明元，此見雖非妙精明心，如第二月，非是月影。汝應諦聽，今當示汝無所還地。阿難，此大講堂洞開東方，日輪升天，則有明耀；中夜黑月，雲霧晦暝，則復昏暗；戶牖之隙，則復見通；牆宇之間，則復觀壅❷；分別之處，則復見緣；頑虛之中，遍是空性；鬱埻之象❸，則紆昏塵❹；澄霽斂氛❺，又觀清淨。阿難，汝咸看此諸變化相，吾今各還本所因處。云何本因？阿難，此諸變化，明還日輪。何以故？無日不明，明因屬日，是故還日。暗還黑月，通還戶牖，壅還牆宇，緣還分別，頑虛還空，鬱埻還塵，清明還霽，則諸世間一切所有不出斯類。汝見八種，見精明性，當欲誰還？何以故？若還於明，則不明時，無復見暗。雖明暗等種種差別，見無差別。諸可還者，自然非汝，不汝還者，非汝而誰？則知汝心，本妙明淨，汝自迷悶，喪本受輪，於生死中，常被漂溺，是故如來，名可憐愍。」

【譯文】

阿難說：「如果我的心性都隨著所緣外境而隨處發生、隨處還滅，各有所還滅之處，那麼如來所說的妙明真心為什麼沒有還滅？唯願佛垂示哀憫，為我們宣說。」佛告訴阿難：「就如現前你看見我，是因為見精的妙明本元作用，此『見』雖然不是本元心地的妙精明心，但也有如捏住眼睛所見的第二月，並不是月亮的影子。你現在注意聽，我為你們開演無所還去的本元心地。阿難，這座大講堂門開東方，太陽升起時就有明亮光耀之相；夜半黑月時，或雲霧朦朧時，就變為昏暗之相；從窗戶的縫隙中，能夠看到光線通達之相；牆宇之間則只能看到壅塞之相；從眼前有可分別物之處，能夠看到種種事物的差別之相；而在空無所有之中看到的則全部是虛空之相；塵霧飛揚，就看到一片混沌之相；雨過天晴，則顯現出一片清淨之相。阿難，你們都看到了這些變化之相，我現在各自還歸它的本來起因。什麼是本來的起因呢？阿難，這些變化，明亮還歸於太陽。為什麼呢？沒有太陽就不會有明亮，明亮因而起於太陽，因此歸因於太陽。同理，昏暗歸因於看不到月亮的黑夜，通達歸因於門窗，壅塞歸因於牆壁，差異的物象歸因於分別，空無所有歸因於虛空，混沌歸因於塵土，清明歸因於雨後的晴天，如此則世間的一切現象都不出這八種類別。而你能夠看見這八種現象的見精明性，又應當歸因於誰呢？為什麼如此問呢？如果歸因於明，那麼沒有光明之時，就應該見不到黑暗。雖然有明暗等種種差別，但見性卻並無差別。那些可以還滅的，自然不是你的見性；而不會還滅的，不是你的真性又是什麼？如此看來，你的心本來妙覺明淨，你自己卻迷惑不知，喪失了本妙真心而遭受輪迴，常常漂流在生死的大海之中，因此如來說你們實在是可憐人。」

【注釋】

❶ 還：經文中有「還滅」、「還歸」、「歸因」、「歸結」等多種意思，當以「還滅」為正義。

❷ 壅：堵塞，阻擋。
❸ 鬱：氣結曰「鬱」，塵飛曰「孛」。遊氣隨塵土飛揚。
❹ 紆：縈迴，圍繞。
❺ 霽：明朗，晴朗。

阿難言：「我雖識此見性無還，云何得知是我真性？」佛告阿難：「吾今問汝，今汝未得無漏清淨，承佛神力，見於初禪❶，得無障礙；而阿那律見閻浮提如觀掌中菴摩羅果❷；諸菩薩等見百千界，十方如來窮盡微塵清淨國土，無所不矚；眾生洞視不過分寸。阿難，且吾與汝觀四天王所住宮殿，中間遍覽水陸空行，雖有昏明種種形像，無非前塵分別留礙，汝應於此分別自他。今吾將汝擇於見中，誰是我體？誰為物象？阿難，極汝見源，從日月宮，是物非汝；至七金山❸，周遍諦觀，雖種種光，亦物非汝；漸漸更觀雲騰鳥飛，風動塵起，樹木山川，草芥人畜，咸物非汝。阿難，是諸近遠諸有物性，雖復差殊，同汝見精清淨所矚；則諸物類自有差別，見性無殊，此精妙明，誠汝見性。

【譯文】

阿難說：「我雖然認識到了此見性沒有還滅，但又如何得知這就是我的真性呢？」佛告訴阿難說：「我現在問你，你並未證得無漏清淨的聖果，只是承佛的神力，見到初禪的境界，得以沒有障礙；而阿那律觀見閻浮提，就如同觀看掌中的庵摩羅果一樣；諸菩薩能觀見成百上千的世界，十方如來窮盡微塵數那樣多的清淨國土，沒有看不到之處；而眾生的肉眼觀看範圍卻不過是分寸之地。阿難，我與你一起觀看四天王所住的宮殿，遍觀其間水居、陸居、空行的一切存在，雖然有或明或暗的種種形像，但無一不是因眼前塵境而妄起的分別之相，你應該從中分別出何為自性，何為他物。現在我引導你從能見和所見之中，抉擇出誰是我的自性之體？誰為物象？阿難，盡你所能來周遍觀察，從遠處的日月宮殿來看，是物而不是你的見性；再看圍繞須彌山的七金山，周遍細看，雖有種種光芒，也是物而不是你的見性；你再逐漸觀看雲騰鳥飛、風動塵起、樹木山川、草芥人畜等等，這些都是物而不是你的見性。阿難，這些遠近所有物象，雖然千差萬別，但都是見精的清淨矚望之境；因此這些物類自有差別，而見性卻沒有差別，這個見精妙淨明體，確實就是你的見性。

【注釋】

❶ 初禪：四禪之一。修行者初離欲界而心感喜受，身感樂受，故稱「離生喜樂」。

❷ 阿那律：佛陀十大弟子之一，以「天眼第一」著稱。阿那律出家後，曾於佛說法時酣睡，為佛所

訶責，遂立誓不眠而罹眼疾，至於失明。然以修行益進，心眼漸開，最終成為佛弟子中天眼第一，能見到天上、地下六道眾生的相狀。閻浮提：又譯「贍部洲」，即佛教中所說人類世界所居住的娑婆世界。庵摩羅果：又作「菴摩羅果」。「庵」與「菴」同。印度藥果之名。《玄應音義》卷二十一說：「阿末羅，舊言庵摩羅，亦作阿摩勒。其葉似小棗，花亦白小，果如胡桃，其味酸而甜，可入藥分。經中言如觀掌中者也。」

❸ 七金山：位於須彌山及鐵圍山間的七座山，其山悉由金寶所成，故有此稱。

「若見是物，則汝亦可見吾之見。若同見者，名為見吾；吾不見時，何不見吾不見之處？若見不見，自然非彼，不見之相。若不見吾不見之地，自然非物，云何非汝？又則汝今見物之時，汝既見物，物亦見汝，體性紛雜，則汝與我並諸世間，不成安立。阿難，若汝見時，是汝非我，見性周遍，非汝而誰？云何自疑汝之真性，性汝不真，取我求實？」

【譯文】

「如果見性是一物，那麼你應該能夠看見我的見性。如果由於你我見到同樣的東西，就叫看見了我的見性；那麼，我不看物時，你為何看不見我不見物時的見性所在之處呢？如果你能夠見到我不見物時的見性所在之處，則你所看到的自然就不是我見性不見物時的相狀，因為此時是無能見所見之對待的無所見之相，而你這時則出現了能見與所見相對待的有所見之相。如果你見不到我不見物時的見性所在之地，見性自然就不是外物，既然不是外物，怎麼不是你的真性呢！再說，如果見性是一物，那麼你現在見物之時，你既然看見了物，物也應該看見你，這樣一來，無情之物與有情見性之物，二者體性紛然雜亂，那你之見與我之見以及世間一切事物，都無法安立了。阿難，如果你見物時，是你的見性在見，而不是我的見性在見，既然見性周遍，但它既不屬於物，也不屬於我，那麼，這個見性不是你的真性而是誰的呢？為什麼你自己懷疑你的真性，真性在你而不敢認為真，反而取我言說以求證實呢？」

阿難白佛言：「世尊，若此見性必我非餘，我與如來觀四天王勝藏寶殿，居日月宮，此見周圓，遍娑婆國❶；退歸精舍，只見伽藍❷，清心戶堂，但瞻檐廡❸。世尊，此見如是，其體本來周遍一界，今在室中唯滿一室；為復此見縮大為小，為當牆宇夾令斷絕？我今不知斯義所在，願垂弘慈，為我敷演。」

【譯文】

阿難對佛說：「世尊，如果此見性本來周遍，必定是我真性而非其他，我與如來同觀四天王勝藏寶殿，在日月宮中，此見性能夠周遍觀察娑婆世界所有國土；但回到精舍卻只見到伽藍，進入講堂清心靜坐卻只見到屋檐和走廊等。世尊，見性是不是這樣，見性之體本來可以周遍一個世界，現今在室中卻只能見到一室；到底是這個見性由大縮小，還是被牆宇隔斷了呢？我不知其中的道理所在，唯願佛陀慈悲，為我開演解說。」

【注釋】

❶ 娑婆國：即「娑婆世界」，即釋迦牟尼進行教化之現實世界。娑婆，堪忍之義。

❷ 伽藍：全譯為「僧伽藍摩」，意譯「眾園」，又稱「僧園」、「僧院」。原意指僧眾所居之園林，然一般用以稱僧侶所居之寺院、堂舍。

❸ 檐廡：代指房屋。檐，屋檐。廡，堂下周圍的走廊、廊屋。

佛告阿難：「一切世間大小、內外諸所事業，各屬前塵❶，不應說言見有舒縮。譬如方器，中見方空。吾復問汝，此方器中所見方空，為復定方，為不定方？若定方者，別安圓

器，空應不圓；若不定者，在方器中，應無方空。汝言不知斯義所在，義性如是，云何為在？阿難，若復欲令入無方圓，但除器方，空體無方。不應說言，更除虛空方相所在。若如汝問，入室之時，縮見令小，仰觀日時，汝豈挽見，齊於日面？若築牆宇，能夾見斷，穿為小竇，寧無續迹？是義不然。一切眾生從無始來，迷己為物，失於本心，為物所轉，故於是中，觀大觀小。若能轉物，則同如來，身心圓明，不動道場，於一毛端遍能含受十方國土。」

【譯文】

佛告訴阿難：「一切世間的大小、內外等等所有事相變化，各屬於現前的六塵境象，不能說見性有擴大縮小。譬如方形的器皿，從中可以看見方形的虛空。我現在問你，從方形器皿中所見的方形虛空，是一定為方形？還是不一定為方形？如果說一定為方形，那麼另外安放一個圓形器皿，則裡面的空間就不應再變成圓的；如果不一定為方形，那麼，方形器皿中就應該沒有確定的方形空間。你說不知這個道理所在，實際上見性的道理性質就是這樣，如同方器見方、圓器見圓而虛空實無方圓，見性在大見大、在小見小而見性實無大小，為什麼還要問其所在呢？阿難，如果要讓虛空入於無有方圓之相，但除去的器皿方圓即可，而虛空的體性則本無方圓。不應說，拿走器皿之外還有一個虛空的方圓相所在之處要去除。如果像你所問的那樣，進入室內時，便收縮見性使其變小；那麼仰觀太陽時，你豈不要將見性拉長到太陽的表面呢！如果築起牆宇，就能隔斷見性；那麼在牆上穿一個小洞，見性為何沒有接續的痕跡呢？事實卻不然。一切眾生從無始以來，迷失自己真性而誤認心所變現之境為心外實有之物，將心屬物，認物為己，失卻了本心，以致心隨物轉，觸處成障，因此在外物中觀大觀小，妄起分別。若悟萬物都是真心顯現，則心夠轉物，就同於如來，身心即是法界，圓明周遍，而為寂然不動的道場，就可以於一毛端遍能含受十方國土。」

【注釋】

❶ 前塵：現前的六塵境相。

阿難白佛言：「世尊，若此見精必我妙性，今此妙性現在我前，見必我真，我今身心復是何物？而今身心分別有實，彼見無別分辨我身。若實我心，令我今見，見性實我，而身非我，何殊如來先所難言『物能見我』？惟垂大慈，開發未悟。」

【譯文】

阿難對佛說：「世尊，如果此見精必定是我的妙明真性，那現在這妙明真性就顯現在我眼前；

這見性既然必定是我的真實本性，那我現在的身心又是何物呢？而今身心的能分別作用真實存在，那見性卻沒有分別的功能作用以分辨我的身心。如果見性確實是我的真心，現前顯現令我能見到它，而它卻不能分辨我，難道說見性是真實的我，而能分別的身心反而不是我？這何異於如來先前所駁斥的『物能見我』的觀點呢？唯願世尊發大慈悲，啟發我等未悟之人。」

佛告阿難：「今汝所言，見在汝前，是義非實。若實汝前、汝實見者，則此見精既有方所，非無指示。且今與汝坐祇陀林，遍觀林渠及與殿堂，上至日月，前對恆河。汝今於我師子座前，舉手指陳是種種相，陰者是林，明者是日，礙者是壁，通者是空。如是乃至草樹纖毫，大小雖殊，但可有形，無不指著。若必其見，現在汝前，汝應以手確實指陳何者是見！阿難當知，若空是見，既已成見，何者是空？若物是見，既已是見，何者為物？汝可微細披剝萬象，析出精明淨妙見元，指陳示我，同彼諸物，分明無惑。」

【譯文】

佛告訴阿難：「你所說的，見性在你眼前，這個道理是錯誤的。如果見性確實在你面前，你確實可以見到，那麼此見精既然有方所，就不應該沒有標示。那麼，我現在與你坐在祇陀林中，周遍觀察這些樹林、河渠與殿堂，上至日月，前對恆河。你就在我的獅子座前，舉手指出這種種的物象，陰暗的是樹林，明亮的是太陽，阻礙的是牆壁，通達的是虛空。如此類舉乃至草木纖毫微細之物，大小雖然不同，只要是有形相的，都可以指陳出來。如果見性必定能夠顯現在你面前，你應該用手確實指陳出哪個是見性！阿難，你應當知道，如果說空是見性，既然已成為見性，那什麼是空呢？如果說物是見性，物既然已成了見性，什麼又是物呢？你可以細緻剖析世間萬象，從中分析出精明淨妙的見元，指陳給我，就如同指陳其他物象一樣，歷歷分明，毫無疑惑。」

阿難言：「我今於此重閣講堂，遠洎恆河，上觀日月，舉手所指，縱目所觀，指皆是物，無是見者。世尊，如佛所說，況我有漏初學聲聞，乃至菩薩亦不能於萬物象前剖出精見，離一切物別有自性。」佛言：「如是，如是。」

【譯文】

阿難說：「我在這重閣講堂中，遠望恆河，上觀日月，舉手所指，放眼所觀，所見的都是物象，沒有一樣是這個見性，所以無法指稱出。世尊，如佛所說的，不要說我這樣的有漏初學聲聞，乃至菩薩也不能在萬物象前剖析出精妙的見性，剖析出一個離開一切物象之外而別有自性的見性。」佛說：

「是這樣，是這樣。」

佛復告阿難：「如汝所言，無有見精❶，離一切物別有自性；則汝所指是物之中，無是見者。今復告汝，汝與如來，坐祇陀林，更觀林苑，乃至日月，種種象殊，必無見精受汝所指。汝又發明，此諸物中何者非見？」阿難言：「我實遍見此祇陀林，不知是中何者非見。何以故？若樹非見，云何見樹？若樹即見，復云何樹？如是乃至，若空非見，云何見空？若空即見，復云何空？我又思惟，是萬象中，微細發明，無非見者。」佛言：「如是，如是。」

【譯文】

佛又告訴阿難：「正像你所說的，並無見性能夠離開一切物象之外而別有自性；然則你所指陳的這些物象之中也無此見性。我再告訴你，你與如來坐在祇陀林的講堂中，又觀察林苑，乃至日月等種種不同的物象，必定沒有見性由你指陳而顯示出來。那麼，現在你再進一步觀察闡明，這種種物象之中又有哪一個不屬於見性呢？」阿難說：「我如實周遍觀察了這祇陀林中的一切物象，不知其中哪一個不屬於見性。為什麼呢？如果樹不屬於見性，為何能看見樹呢？如果樹就是見性，又為何說是樹呢？如此類推，乃至如果空不是見性，為何能看見空呢？如果空就是見性，又為何說是空呢？我又思考，這萬象之中，如果細微地觀察明辨，沒有哪一個不屬於見性的。」佛說：「是這樣，是這樣。」

【注釋】

❶ 見精：有版本作「精見」。

於是，大眾非無學者聞佛此言，茫然不知是義終始，一時惶悚❶，失其所守。如來知其魂慮變慴❷，心生憐愍，安慰阿難及諸大眾：「諸善男子，無上法王是真實語，如所如說，不誑不妄，非末伽梨四種不死矯亂論議❸。汝諦思惟，無忝哀慕❹。」

【譯文】

這時，與會大眾中尚未證得無學位的人，聽佛所說，都茫然不知義理的始終來由，一時間心中惶恐不安，不知所從。如來知道他們六神無主，思緒不定，心生憐憫，安慰阿難及諸大眾說：「諸位善男子，無上法王是真實語者，如其所證，如實而說，不誑語，不妄語，並非像末伽梨外道所說的四種不死矯亂詭辯理論。你們應如實思維，不要辜負了佛對你們的哀憫和你們對聖道的仰慕。」

【注釋】

❶惶悚：惶恐。

❷魂慮變懾：神魂驚變而不安，思慮憂懾而不定。

❸末伽梨四種不死矯亂論議：為印度古代外道所執六十二見之一，對於不死的問題，自己並非如實了知卻矯亂回答他人。此類外道共四種，故又稱「四種不死矯亂論」、「四不死矯亂論」。四種是：一、就善惡業報之問題，隨一己所理解者而答覆他人。二、就他世有無之問題，隨問者之所見而答以如是如是。三、就善不善法之問題，答以非善非惡。四、取他人之見解而作為問題之答案。

❹忝：有愧於。

是時文殊師利法王子愍諸四眾，在大眾中即從座起，頂禮佛足，合掌恭敬，而白佛言：「世尊，此諸大眾，不悟如來發明二種精見、色空，是、非是義。世尊，若此前緣色空等象，若是見者，應有所指；若非見者，應無所矚。而今不知是義所歸，故有驚怖，非是疇昔善根輕鮮。唯願如來大慈發明，此諸物象與此見精元是何物，於其中間無『是』、『非是』。」

【譯文】

這時，文殊師利法王子哀憫四眾，在大眾中即從座位起來，頂禮佛足，合掌恭敬而對佛說：「世尊，此諸大眾不悟如來發明精見、色空二者究竟是『是義』，即指『色空等物象是見性』，還是『非是義』，即指『色空等物象不是見性』。世尊，如果前緣色空等是見性，應該有相狀可以指陳；如果前緣色空等不是見性，應該沒有什麼東西可以被看到。而今與會大眾不知義理的究竟，故有驚怖，不是這些大眾往昔的善根淺薄。唯願如來發大慈悲，啟發指明這些色空物象與此見精原本是什麼樣的存在，為什麼在中間沒有『是義』與『非是義』的區別。」

佛告文殊及諸大眾：「十方如來及大菩薩，於其自住三摩地中，見與見緣並所想相，如虛空華本無所有。此見及緣元是菩提妙淨明體，云何於中有『是、非是』？文殊，吾今問汝，如汝文殊，更有文殊是文殊者？為無文殊？」「如是，世尊。我真文殊，無是文殊。何以故？若有是者，則二文殊。然我今日非無文殊，於中實無是非二相。」

【譯文】

佛告訴文殊菩薩以及諸大眾：「十方如來及大菩薩們在他們自己所安住的禪定境界中，能見之見性與見性所緣之六塵境相以及意識妄想相等，都如同病眼所見的虛空幻花，本來就是不存在的。此見性及所緣塵境原本都是菩提妙淨明體所現之物，還說什麼二者之中有『是義』與『非是義』的區別呢？文殊啊，我現在問你，比如像你文殊，現在在你之外又有一位文殊，他是文殊、還是不是文殊呢？還是說根本就沒有另外的這個文殊？」文殊菩薩回答：「是的，世尊！我是真文殊，沒有另外的那個文殊。為什麼呢？如果另外又有一位文殊也是文殊，那麼就有兩個文殊了。然而我現在也不是說沒有一個真文殊，但是其中實在是沒有『是文殊、不是文殊』兩種虛妄戲論之相。」

佛言：「此見妙明，與諸空塵，亦復如是。本是妙明無上菩提淨圓真心❶，妄為色空及與聞見。如第二月，誰為是月？又誰非月？文殊，但一月真，中間自無是月非月。是以汝今觀見與塵，種種發明，名為妄想，不能於中出『是』、『非是』。由是真精妙覺明性，故能令汝出『指』、『非指』。」

【譯文】

佛說：「此妙明見性與諸前塵色空，二者的關係也是如此，無是義無非義，但一體真。本來都是妙明無上菩提淨圓真心，由於最初一念無明妄動，致使由真起妄，妄現為所見的色空與能聞能見的見性。譬如捏目所見的第二月，隨後又加以虛妄分別哪個是真月？哪個不是真月？文殊啊，只有一月是真，其中自然沒有『是真月』與『非真月』的虛妄分別。因此，你現在觀察見性與色空塵境，由此而有的種種闡發明辨，都是虛妄想相，不能從中超出『是』與『非是』。若悟了見性與塵境都是真精妙覺明性真心，則能使你超出『指陳』、『非指陳』的二法分別妄想境界。」

【注釋】

❶按，對於「妙明真心」的用詞，本經各處多有不同，如云「菩提妙淨明體」、「妙明無上菩提淨圓真心」、「真精妙覺明性」等，分別顯示真性之妙德無盡，其實真義完全相同。妙，法身德；淨，無垢涅槃德；明，常照般若德。三德圓明，故稱「妙明」。又云「覺」者、般若德；言「精」者，微妙不測。

阿難白佛言：「世尊，誠如法王所說，覺緣遍十方界，湛然常住，性非生滅；與先梵志娑毗迦羅所談冥諦❶，及投灰等諸外道種❷，說有真我遍滿十方，有何差別？世尊亦曾於楞伽山為大慧等敷演斯義❸：『彼外道等常說自然❹，我說因緣，非彼境界。』我今觀此覺性自然，非生非滅，遠離一切虛妄顛倒，似非因緣，與彼自然。云何開示，不入群邪，獲真實心，妙覺明性？」

【譯文】

阿難對佛說：「世尊，誠如法王您所說，覺明能緣的見性充遍十方界，湛然常住，其性本不生滅；這種說法，與從前梵志娑毗迦羅外道所談的冥諦，以及投灰等諸外道種姓者所說的『真我遍滿十方』的觀點，有什麼差別呢？世尊也曾經在楞伽山為大慧菩薩等廣為開演這個義理：『那些外道等常說自然論，認為一切事物，自然而生，自然而滅，無因無緣，我則宣說諸法因緣生、因緣滅的甚深義理，這不是外道所能了知的境界。』我現今觀思這明覺見性，也是自然，非生非滅，遠離一切虛妄顛倒，好像不是從因緣而有，而同於外道所說的自然論。應如何開發闡示，方能使眾生不墮入諸外道的邪見網中，並獲得真實心地、妙覺明性呢？」

【注釋】

❶ 娑毗迦羅：又作「劫毗羅」。譯為「黃髮」、「金頭」或「龜種」。印度古仙人名，為數論派之祖。因其鬚髮面色皆黃赤，故號為「黃赤色仙人」。

❷ 投灰：指苦行外道，為求解脫或達到某種願望而採取折磨自己的修行方式。

❸ 楞伽山：《慧苑音義》謂楞伽山在南天竺南界，近海岸，佛陀在此講說《楞伽經》。大慧：《楞

伽經》會上的上首菩薩。

❹ 自然：六師外道中之末伽梨、阿耆多等執自然無因論，否認萬物依因緣所生。佛教亦批判此種觀點。

佛告阿難：「我今如是開示方便，真實告汝，汝猶未悟，惑為自然！阿難，若必自然，自須甄明❶，有自然體。汝且觀此妙明見中，以何為自？此見為復以明為自？以暗為自？以空為自？以塞為自？阿難，若明為自，應不見暗；若復以空為自體者，應不見塞。如是乃至諸暗等相以為自者，則於明時，見性斷滅，云何見明？」

【譯文】

佛告訴阿難：「我現在如此方便開示，將真性如實之相告訴你，你卻仍然未能了悟，反而迷惑認為其同於自然論！阿難，如果見性必定是自然，自須甄別察明，當有一個自然之體存在。你且觀察此妙明見性之中，究竟是以什麼作為自體？此見性難道是以『明』為自體？還是以『暗』為自體？是以『空』為自體？還是以『塞』為自體？阿難，如果是以『明』為自體，應該不能見到『暗』；如果是以『空』為自體，應該不能見到『塞』。如此乃至以諸如『暗』等相為自體，那麼在『明』時，見性應該就斷滅了，又怎麼能見到『明』呢？」

【注釋】

❶ 甄：鑒明。

阿難言：「必此妙見，性非自然。我今發明是因緣生，心猶未明，咨詢如來，是義云何合因緣性？」佛言：「汝言因緣，吾復問汝：汝今因見，見性現前。此見為復因明有見，因暗有見，因空有見，因塞有見？阿難，若因明有，應不見暗；如因暗有，應不見明。如是乃至因空因塞，同於明暗。復次，阿難，此見又復緣明有見，緣暗有見，緣空有見，緣塞有見？阿難，若緣空有，應不見塞；若緣塞有，應不見空。如是乃至緣明緣暗，同於空塞。當知如是精覺妙明，非因非緣，亦非自然，非不自然，無非不非，無是非是；離一切相，即一切法。汝今云何於中措心，以諸世間戲論名相而得分別❶？如以手掌撮摩虛空❷，只益自勞，虛空云何隨汝執捉？」

【譯文】

阿難又說：「這妙明見性，既然其性決定不屬自生，我現在想應當是從因緣生，但心中還是未能明了，請問如來，這個見性真常不生不滅的義理為何合於因緣性？」佛說：「你說見性當是因緣而生，我再問你：你現在是因為見到了明、暗、空、塞等境相，見性的作用才現前。那麼，此見性是因為有『明相』為生因而有見性作用的生起，還是因為有『暗相』為生因才有能見生起？是因為『空相』才有，還是因為『塞相』才有？阿難，如果是因為有『明相』為生因才有見性作用的生起，那麼見性就應該不能看到『暗相』；如果因為有『暗相』才有，就應該不能看到『明相』。如此類推，乃至以『空相』、『塞相』為生因的情況同於因有『明』、『暗』二相的道理。還有，阿難，此見性是因為緣於『明相』而有見性作用的生起，還是因為緣於『暗相』而有能見生起？是緣於『空相』而有，還是緣於『塞相』而有？阿難，如果是因為緣於『空相』而有能見生起，應該不能看到『塞相』；如果是因為緣於『塞相』而有能見生起，應該不能看到『空相』。如此類推，緣於『明相』、『暗相』的情況同於緣『空』、『塞』二相的道理。你應當了知，這精覺妙明的見性，非是因生，非是緣生，也非是自然而有；也不能說不是因緣，或不是自然；本沒有非與不非，也沒有是與非是；它出離一切妄情計度之相，又圓融一切法，全體法界，不一不異。你怎麼在這妙明真性中，仍依識情妄想用心，以世間的戲論名相而去分別真性呢？如同以手掌去捉摩虛空，不過徒自勞苦，虛空怎麼會隨你去執捉到呢？」

【注釋】

❶ 戲論：謂錯誤無意義的言論，即違背真理、不能增進善法而無意義的言論。名相：名，指事物之名稱，能詮顯事物之本體。相，指事物之相狀。以名能詮顯事物之相狀，故稱「名相」。

❷ 撮：抓取。

阿難白佛言：「世尊，必妙覺性非因非緣，世尊云何常與比丘宣說見性具四種緣？所謂因空、因明、因心、因眼，是義云何？」佛言：「阿難，我說世間諸因緣相，非第一義❶。阿難，吾復問汝：諸世間人說『我能見』，云何名見？云何不見？」阿難言：「世人因於日月燈光見種種相，名之為見。若復無此三種光明，則不能見。」「阿難，若無明時名不見者，應不見暗！若必見暗，此但無明，云何無見？阿難，若在暗時不見明故，名為不見；今在明時不見暗相，還名不見。如是二相，俱名不見。若復二相自相陵奪，非汝見性於中暫無。如是則知，二俱名見，云何不見？

【譯文】

阿難對佛說：「世尊，如果妙明覺性必定是非因非緣，世尊為何常給比丘宣說見性具有四種緣呢？所謂因空、因明、因心、因眼而有見性，道理何在？」佛說：「阿難，我所宣說的世間法乃是因緣聚合而生之相，非是第一義。阿難，我再問你：通常世間人說『我能見』，什麼叫作『見』，什麼叫『不見』呢？」阿難回答：「世人因為有日、月、燈三種光明而見到種種相狀，稱之為『見』。如果沒有這三種光明，就不能見到，稱之為『不見』。」佛說：「阿難，如果沒有光明時，就稱為『不見』，那就應該也見不到『暗』。如果說沒有日月燈光時也一定能見到『暗』，那麼這只能說僅是沒有光明而已，怎麼能說沒有『見』呢？阿難，如果在暗時，因為不見光明的緣故，稱為『不見』；那麼現在在明時，不見暗相，同樣應該稱為『不見』。這樣一來，無論『明』、『暗』二相都稱為『不見』。如果『明』、『暗』二相交互出現，相互中斷，但此時並不會是你的見性在其中有所中斷而暫時消失。如此可知，兩種情況都應該稱為『見』，怎麼能稱為『不見』呢？

【注釋】

❶ 第一義：指究竟真理。

「是故，阿難，汝今當知，見明之時，見非是明；見暗之時，見非是暗；見空之時，見非是空；見塞之時，見非是塞。四義成就。汝復應知：見見之時，見非是見，見猶離見，見不能及，云何復說因緣、自然及和合相？汝等聲聞狹劣無識，不能通達清淨實相。吾今誨汝，當善思惟，無得疲怠妙菩提路❶。」

【譯文】

「因此，阿難，你現在應當知道，看見明相之時，見性非是因明而有；看見暗相之時，見性非是因暗而有；看見空相之時，見性非是因空而有；看見塞相之時，見性非是因塞而有。見性究竟離於明、暗、空、塞四緣的義理成立。你更應了知：當修行人以觀行力照見『見性』之時，能見之觀照本身還不是『見性』，見性乃是完全超離於能見與所見，見性不是能見與所見之二法分別觀照所能及，怎麼又說見性屬於因緣、自然及和合相呢？你們聲聞眾，見地狹小，心志拙劣，無有甚深智慧，不能通達清淨實相。我現在教誨你們，應當善自思維，不要在勝妙的菩提大道上疲怠。」

【注釋】

❶ 怠：懶惰，鬆弛。

阿難白佛言：「世尊，如佛世尊為我等輩宣說因緣及與自然、諸和合相與不和合，心猶未開；而今更聞『見見非見』，重增迷悶。伏願弘慈，施大慧目，開示我等覺心明淨。」作是語已，悲淚頂禮，承受聖旨。

【譯文】

阿難對佛說：「世尊，如佛世尊為我等輩宣說見性不屬於因緣、自然以及諸和合相、不和合相等義理，我們心中仍未悟解；而現在又聽佛宣說『見見非見』的義理，更增加了迷惑。懇請世尊您發大慈悲，賜予我們大智慧眼目，開示我等悟解覺心明淨。」說了這些話後，阿難悲感垂淚，頂禮佛陀，等待接受佛陀的教誨。

爾時，世尊憐愍阿難及諸大眾，將欲敷演大陀羅尼❶，諸三摩提妙修行路，告阿難言：「汝雖強記，但益多聞，於奢摩他微密觀照，心猶未了。汝今諦聽，吾當為汝分別開示，亦令將來諸有漏者獲菩提果。

【譯文】

這時，世尊憐憫阿難及諸大眾，將要廣為開演大陀羅尼、諸大定的勝妙修行之路，告訴阿難說：「你雖強於記憶，但只是增益見聞而已，對於奢摩他定中的微密觀照，心中尚未了悟。你現在仔細聽，我將為你抉擇分別，演說開示，也使將來諸有漏學人能獲得菩提果。

【注釋】

❶ 陀羅尼：即咒語，梵文意譯為「總持」。

「阿難，一切眾生輪迴世間，由二顛倒分別見妄，當處發生，當業輪轉。云何二見？一者眾生別業妄見❶，二者眾生同分妄見❷。

【譯文】

「阿難，一切眾生輪迴世間的原因，是由於二種顛倒分別妄見而生出種種妄相所致，隨一念心動而當處發生，循妄造業而當業輪轉。哪兩種妄見呢？一是眾生的別業妄見，二是眾生的同業妄見。

【注釋】

❶別業：與「總業」相對之語。指眾生殊別的業因，隨眾生感各異之果。妄見：虛妄不實的見解。

❷同分：此處為「眾同分」之略稱，指有情眾生之共性或共因。

「云何名為別業妄見？阿難，如世間人目有赤眚❶，夜見燈光，別有圓影，五色重疊。於意云何？此夜燈明所現圓光，為是燈色，為當見色？阿難，此若燈色，則非眚人何不同見？而此圓影，唯眚之觀。若是見色，見已成色，則彼眚人見圓影者，名為何等？復次，阿難，若此圓影，離燈別有，則合傍觀屏帳几筵有圓影出；離見別有，應非眼矚，云何眚人目見圓影？是故當知，色實在燈，見病為影，影見俱眚，見眚非病。終不應言是燈是見，於是中有非燈非見。如第二月，非體非影。何以故？第二之觀，捏所成故。諸有智者不應說言：此捏根元，是形非形，離見非見。此亦如是，目眚所成，今欲名誰是燈是見？何況分別非燈非見？

【譯文】

「什麼叫別業妄見呢？阿難，譬如世間有人眼中長了赤翳，夜晚見到燈光之時，看到燈的周邊另有一個五彩重疊的圓影光暈。應該如何認識這種現象呢？這燈光周邊的圓影光暈，是燈光本身的色彩呢？還是病眼妄見所成的顏色呢？阿難，這圓暈如果是燈光本身的顏色，那麼沒有眼翳病的人為何不能同樣見到圓暈呢？而實際上這圓暈僅僅只是眼翳病人所看到的。如果說這圓暈是眼翳病人妄見所成的顏色，既然能見之性已經成為圓暈的顏色，那麼，眼翳病者所見到的圓暈又是什麼呢？再者，阿難，如果說這圓暈離開燈而另有存在，那麼觀看旁邊的屏風、衣帳、几案等都應該有圓暈出現；如果說離開病眼妄見而別有圓暈存在，就應該不是患翳病眼所見，怎麼能說僅是眼翳病人才見到圓暈呢？因此應當知道，光色確實是由燈發出，由於眼翳而使得眼見誤觀為圓影光暈，圓暈和見病都是由於眼翳所致，但能了知眼翳的見性之體卻並沒有病誤。因此，究竟言之，不應該說圓暈是燈色，還是見色，並進而在其中分別圓暈非是離燈別有，非是離妄見別有。就如前面所說的第二月，既不是月體本身，也不是月亮的影子。為什麼呢？第二月的觀見，是由於捏目所觀成。那些有智慧的人就不應當說：這個由於捏目之根元病誤而所見的第二月，是真月形或非是真月形，離開見性別有，或非離開見性別有。這看見圓暈的道理，也是如此，本來就是眼翳病目所造成，現在怎麼能稱名論說圓暈是燈色，還是見色？更何況去分別圓暈非是離燈別有，非是離見別有呢？

【注釋】

❶ 眚：眼睛生白翳之病狀。

「云何名為同分妄見？阿難，此閻浮提除大海水，中間平陸有三千洲，正中大洲，東西括量，大國凡有二千三百，其餘小洲在諸海中，其間或有三兩百國，或一或二至於三十、四十、五十。阿難，若復此中有一小洲，只有兩國，惟一國人同感惡緣，則彼小洲當土眾生，睹諸一切不祥境界：或見二日，或見兩月，其中乃至暈適珮玦、彗孛飛流、負耳虹蜺❶，種種惡相。但此國見，彼國眾生本所不見，亦復不聞。

【譯文】

「什麼叫同分妄見呢？阿難，這閻浮提內，除大海水外，中間的平原陸地有三千洲，正中間的大洲從東到西計算共有兩千三百個大國，其餘的小洲都在諸海之中，其間或有二三百個國家，或有一個，或有兩個，乃至或有三十、四十、五十個國家。阿難，如果這閻浮提中有一個小洲，只有兩個國家，其中一個國家的人共同感招惡緣，那麼，在這個小洲上居住的眾生，就看到一切不祥的境界：或者看見兩個太陽，或者看見兩個月亮，其中乃至看見了日食、月食、日月上出現了如同珮玦一樣的光環，彗星隕落，流星飛逝，出現像耳環一樣的虹彩，如此等等種種惡相。唯有這個國家的眾生見到這些惡相，其他國家的眾生，本來就沒有看見，同時也沒有聽聞。

【注釋】

❶暈適珮玦：環匝曰「暈」，薄蝕曰「適」。珮玦，近日月災氣之狀也。彗孛飛流：星之災象。星芒偏指曰「彗」，四出曰「孛」，横去曰「飛」，下注曰「流」。負耳虹蜺：單是日之災象，夾日而成負耳，映日而成虹蜺。

「阿難，吾今為汝，以此二事，進退合明。阿難，如彼眾生別業妄見，矚燈光中所現圓影，雖現似境，終彼見者目眚所成。眚即見勞❶，非色所造。然見眚者，終無見咎。例汝今日以目觀見山河國土及諸眾生❷，皆是無始見病所成；見與見緣，似現前境，元我覺明見所緣眚。覺見即眚。本覺明心，覺緣非眚；覺所覺眚，覺非眚中。此實見見❸，云何復名覺聞知見？是故汝今見我及汝並諸世間十類眾生，皆即見眚，非見眚者。彼見真精，性非眚者，故不名見❹。

【譯文】

「阿難，我現在以別業妄見圓暈和同業妄見災祥的這兩種事例，為你說明見性真妄的道理。阿難，像前述那些眾生的別業妄見，觀看燈光而出現環繞燈光的圓影，即便好像是實有的外境，但到底還是觀看者眼睛翳障所成的幻影。而眼翳所見的光色就是見病妄發勞相，即是能見之性動擾於塵境而有的動擾擾昏亂相，並非是燈色所造。然而能覺觀眼翳病相的見性之體，終究沒有見病的過咎。以此類比你今日眼觀山河國土及諸多眾生，不過都是你無始以來見病所成的妄境；能見的見性與所緣的外境，像似實有現前外境，卻都似有實無，原是我們本覺妙明真心忽然一念妄動，所產生的能見妄見與所緣妄境。本覺明心一念妄動而起見分之妄見，就如同眼中生出翳障一樣，是無明不覺的根由。本覺明心、覺照能緣的見性本自無病，然見性妄動而起能覺，覺於所覺，就如同眼生翳病而妄見幻影，而真覺之體則不在能所眚病之中。這無能所的真覺見性方是真實見見，怎麼能說是見聞覺知的妄見呢？因此，你現在所看見的我、你，以及種種世間的十類眾生，都是見帶眚病的妄見，並不是照見眚病妄見的真覺見性。此見性真覺精妙，其真性不墮於能見所見的眚病之中，所以就不能名之為見。

【注釋】

❶ 勞：「見勞」、「勞相」，「勞」，動也，煩勞、繁複之動，如云昏擾擾之紛亂動相。《義貫》云：「勞，病也。」「見勞」，即見病之義。

❷ 例：動詞，類比。

❸ 此實見見：真實地證見了見性之體、本覺明心，離於能見所見，寂而常照，照而常寂。如前文云「見見之時，見非是見」。

❹故不名見：此與前文「見見之時，見非是見」互參。「此實見見」是進一步說明「見見之時」；「故不名見」則是進一步說明「見非是見」。

「阿難，如彼眾生同分妄見，例彼妄見別業一人，一病目人，同彼一國。彼見圓影眚妄所生，此眾同分所現不祥，同見業中瘴惡所起，俱是無始見妄所生。例閻浮提三千洲中，兼四大海，娑婆世界，並洎十方諸有漏國，及諸眾生，同是覺明無漏妙心，見聞覺知，虛妄病緣，和合妄生，和合妄死。若能遠離諸和合緣及不和合，則復滅除諸生死因，圓滿菩提不生滅性，清淨本心，本覺常住。

【譯文】

「阿難，眾生的同分妄見，可以類比一個人的別業妄見，一個眼生翳障的人觀見妄境的道理，同理適用於一國人的共業所見。這個眼有翳障的人所見的圓影，既是因眼病妄見而生；那麼，這一國人所共同見到的不祥災象，同樣是由共業中的瘴厲惡緣而生起，二者都是無始以來的妄見所生。同理類推，閻浮提三千洲中以及四大海、娑婆世界，並至十方諸有漏國土及諸眾生，同樣是由這本覺圓明無漏妙心之體上，因一念妄動而生起見聞覺知的虛妄分別見病，緣於外境，於是和合妄生，和合妄死。

如果能夠遠離諸和合緣和不和合緣，就可以滅除一切生死的因，從而圓滿菩提的不生滅性，也就是清淨本心，也名為本覺常住。

「阿難，汝雖先悟本覺妙明，性非因緣非自然性，而猶未明如是覺元，非和合生及不和合❶。阿難，吾今復以前塵問汝：汝今猶以一切世間妄想和合諸因緣性，而自疑惑證菩提心和合起者。則汝今者妙淨見精，為與明和，為與暗和？為與通和，為與塞和？若明和者，且汝觀明，當明現前，何處雜見？見、相可辨，雜何形像？若非見者，云何見明？若即見者，云何見見？必見圓滿，何處和明？若明圓滿，不合見和。見必異明，雜則失彼，性、明名字❷；雜失明、性，和明非義。彼暗與通，及諸群塞，亦復如是。

【譯文】

「阿難，你雖然已經悟知本覺妙明的真心，其真性本來就不是因緣所生，也並非自然所成，但你仍然未能明了這個本覺明元妙心也並非和合以及不和合而生。阿難，我現在還用前面所說的眼見四種塵境問你：你現今還是以一切世間諸法都是妄想和合的諸因緣性而生起的道理，而自生疑惑，那證得菩提心也應是和合而起。如果是這樣，那麼，你現在的妙淨見精，是與『明』和呢，還是與『暗』

和？是與『通』和呢，還是與『塞』和？如果是與『明』和，那觀見明相之時，當明相顯現出來的時候，究竟在何處雜和『見性』呢？當見明相之時，見性和明相仍可分別辨明其各自原來的形像，如果二者是雜和，應該是個什麼形像呢？如果說雜和後的形像不是『見性』，若見性沒有了，如何去見明相呢？如果說雜和後的形像即是『見性』，若明相沒有了，又如何去見其所見的明相呢？如果說見性本自周遍圓滿，則在何處與『明』和呢？如果說明相本自周遍圓滿，就不應仍能與見性相和。如果說見性必定異於明相，雜和就應當失去各自本有的屬性，這樣也就失去了『見性』、『明相』的名義；若因雜和而失去了明相、見性的名義，再說見與明和就失去了意義。其他如見與暗、通以及塞和，也是這個道理。

【注釋】

❶ 和合：此段中，先論「和」，次論「合」，所以首先要清楚「和」與「合」之同異。「和」者，雜和也，融和也，如水與泥和在一起；「合」者，相合也。

❷ 按，如水土相和，則失彼水、土本名，轉名為泥。

「復次，阿難，又汝今者妙淨見精，為與明合，為與暗合？為與通合，為與塞合？若明合者，至於暗時，明相已滅，此見即不與諸暗合，云何見暗？若見暗時，不與暗合，與明合者，應非見明。既不見明，云何明合，了明非暗？彼暗與通，及諸群塞，亦復如是。」

【譯文】

「其次，阿難，你現在的妙淨見精，是與『明』合呢，還是與『暗』合？是與『通』合呢，還是與『塞』合？如果是與『明』合，待到『暗』時，明相已經消失了，這時見性就應該不與『暗』合，怎麼能夠看到暗呢？如果看見『暗』時，可以不與『暗』合，那麼與『明』合時，就應該不是見到『明』。既然不是見到『明』，又怎麼能說與『明』合，怎麼能了知這是『明』而不是『暗』呢？其他如見與『暗』、『通』以及『塞』合，也是這個道理。」

阿難白佛言：「世尊，如我思惟，此妙覺元與諸緣塵及心念慮非和合耶？」佛言：「汝今又言覺非和合，吾復問汝：此妙見精非和合者，為非明和？為非暗和？為非通和？為非塞和？若非明和，則見與明必有邊畔。汝且諦觀，何處是明？何處是見？在見在明，自何為畔？阿難，若明際中，必無見者，則不相及，自不知其明相所在，畔云何成？彼暗與通，及諸群塞，亦復如是。

【譯文】

阿難對佛說：「世尊，依我的思維，難道這妙覺元明的見性與所緣塵境及心之念慮功能是處於非和合狀態嗎？」佛說：「你現在又說，這本覺妙性並非和合相。我現在問你：如果這本覺妙明的見性並非和合相，是不與『明』和，還是不與『暗』和？是不與『通』和，還是不與『塞』和？如果是不與『明』和，那麼在『見性』與『明相』之間就必然有邊界。你不妨仔細觀察，哪個範圍是『明相』？哪個範圍是『見性』？屬於『見性』還是屬於『明相』，自哪裡作為邊界呢？阿難，如果在『明相』的邊際之內，一定沒有『見性』，那麼，『明相』與『見性』就不相及，自然就無法知曉那明相的所在，邊界如何建立呢？其他如非與『暗』、『通』以及『塞』和，也是如此。

「又妙見精非和合者，為非明合？為非暗合？為非通合？為非塞合？若非明合，則見與明性相乖角，如耳與明了不相觸。見且不知明相所在，云何甄明合非合理？彼暗與通，及諸群塞，亦復如是。

【譯文】

「還有，如果這本覺妙明的見性不是和合相，是不與『明』合，還是不與『暗』合？是不與

『通』合，還是不與『塞』合？如果是不與『明』合，那麼，『見性』與『明相』相互對立，永遠不相接觸，就如同耳朵與『明』永遠不相接觸一樣。見性尚且不知明相所在的地方，又怎麼來甄別『見』與『明』是和合相還是非和合相呢？其他如非與『暗』、『通』以及『塞』合，也是如此。

「阿難，汝猶未明一切浮塵，諸幻化相，當處出生，隨處滅盡，幻妄稱相，其性真為妙覺明體。如是乃至五陰、六入，從十二處至十八界，因緣和合，虛妄有生，因緣別離，虛妄名滅。殊不能知生滅去來，本如來藏常住妙明，不動周圓妙真如性。性真常中，求於去來、迷悟、生死❶，了無所得。

【譯文】

「阿難，你還未明白世間一切虛浮不實的塵境，所有虛假幻化之境相，都是當緣聚處出生，隨緣散處滅盡，不過是幻化虛妄之相而作種種的假名分別，其真實體性乃是妙覺圓明之體。如此乃至五陰、六入、十二處、十八界，都是因緣和合而有虛妄境相之假名為生，因緣離散而有虛妄境相之假名為滅。世間眾生實在是不懂得這些虛妄境相的生滅去來，原本其真實體性乃是不生不滅、常住妙明的如來藏性，也即是常寂不動、周遍法界的妙真如性。在這真常妙性中去尋求生滅去來、迷悟生死的諸幻化相，了不可得。

【注釋】

❶生死：有版本作「死生」。

「阿難，云何五陰本如來藏妙真如性？

「阿難，譬如有人以清淨目觀晴明空，唯一晴虛，迥無所有。其人無故，不動目睛，瞪以發勞，則於虛空別見狂花，復有一切狂亂非相。色陰當知，亦復如是。阿難，是諸狂花非從空來，非從目出。如是，阿難，若空來者，既從空來，還從空入；若有出入，即非虛空。空若非空，自不容其花相起滅。如阿難體，不容阿難。若目出者，既從目出，還從目入；即此花性，從目出故，當合有見。若有見者，去既花空，旋合見眼。若無見者，出既翳空❶，旋當翳眼；又見花時，目應無翳，云何晴空號清明眼？是故當知，色陰虛妄，本非因緣，非自然性。

【譯文】

「阿難，為什麼說五陰本是如來藏妙真如性呢？

「阿難，譬如有人以清淨明亮的眼睛去看明朗的晴空，唯見碧空萬里，更無他物。假若這個人沒什麼緣由，目不轉睛地直視天空，瞪眼成勞，就在虛空中看見狂花飛舞，或又看見一些奇形怪狀的亂相。當知色陰，也是如此。阿難，眼前這些狂花亂相，既不是從空中來的，也不是從眼睛產生出來。因為是這樣，阿難，如果說是從空中來的，既然是從空中出來，最後還會回入空中；如果有來去出入，那就不是虛空了，虛空是沒有來去出入的。而如果虛空不是空的，便是實體，自然不能容納這些狂花之相在其中生滅去來了。正如你阿難的身體中，不容再有一個阿難的身體。如果說是從眼中來的，既然是從眼中出來，最後還會回入眼中；此花既從眼出，眼以能見為性，此花也應有見性，也應該能看見東西。如果此花真有見性，能看見東西，出去時既為花於空中，旋歸眼時應當見到眼睛。如果此花沒有見性，不能看見東西，出去時既然成為空中翳障，旋歸眼時也應當成為眼中翳障；若那樣，當眼睛又見到狂花時，狂花翳障已從眼中出去而為花於空中，這時眼睛應該沒有翳障，應該可以被稱為清明眼；可是卻為什麼眼見狂花被稱為翳眼，而必見晴空萬里才被稱作清明眼呢？因此應當知道，色陰是虛妄而無自性，本非因緣所生，也非無因緣而自有的自然性。

【注釋】

❶ 翳：遮蔽，障礙；目疾引起的障膜。

「阿難，譬如有人手足宴安，百骸調適，忽如忘生，性無違順。其人無故，以二手掌於空相摩，於二手中，妄生澀滑、冷熱諸相。受陰當知，亦復如是。阿難，是諸幻觸，不從空來，不從掌出。如是，阿難，若空來者，既能觸掌，何不觸身？不應虛空，選擇來觸。若從掌出，應非待合。又掌出故，合則掌知，離即觸入，臂腕、骨髓應亦覺知入時蹤跡。必有覺心，知出知入，自有一物，身中往來，何待合知要名為觸？是故當知，受陰虛妄，本非因緣，非自然性。

【譯文】

「阿難，譬如有人四肢舒暢，身體調和，忽然間好像忘了自身的存在，心中沒有了諸如苦樂順逆等感受。這個人隨便之間，以二手掌相互摩擦，就在兩手掌間妄生澀滑、冷熱等相。當知所謂受陰，也是如此。阿難，這種種幻觸，既不是從虛空中來，也不是自手掌中生出的。阿難，這種種幻觸如果是從虛空中來的，那它既然能夠觸及手掌，為什麼不觸及身體的其他部分呢？不應說虛空能夠有選擇地來觸及。如果是從手掌中生出的，那就應該不必等到兩手相合摩擦後才產生。又，如果幻觸是從掌中生出，那麼兩掌合時知道幻觸從掌出，兩手分開時，也應該知道幻觸從掌入，那臂腕、骨髓也應覺知幻觸進入時的蹤跡。如果有一個這樣的能覺知之心，知道幻觸之出與入，就應該自成一物，在身中進出往來，又何須等到兩掌相互摩擦產生感受後才稱名為『觸』呢？因此應當知道，受陰是虛妄而無自性，本非因緣所生，也非無因緣而自有的自然性。

「阿難，譬如有人，談說酢梅❶，口中水出；思踏懸崖，足心酸澀。想陰當知，亦復如是。阿難，如是酢說，不從梅生，非從口入。如是，阿難，若梅生者，梅合自談，何待人說？若從口入，自合口聞，何須待耳？若獨耳聞，此水何不耳中而出？想踏懸崖，與說相類。是故當知，想陰虛妄，本非因緣，非自然性。

【譯文】

「阿難，譬如有人一談說酸梅時，口中就生出口水來；一想到腳踏懸崖時，腳掌心就會感到酸澀。當知所謂想陰，也是這樣。阿難，因談酸梅而生出口水，這水既不是由酸梅所生，也不是由外從口而入。所以，阿難，如果是酸梅所生，那麼，梅應該自己談說而生出水來，何必等人來談說才生出水來？如果是自外從口而入，自當口聞，又何須等耳朵聽聞後口中才生出水呢？而如果唯有耳朵才能聽聞，此水又為何不從耳中生出？至於一想腳踏懸崖就足底酸楚，此中道理與此相類似。因此應當知道，想陰是虛妄而無自性，本非因緣所生，也非無因緣而自有的自然性。

【注釋】

❶ 酢：有版本作「醋」。「酢」為「醋」的異體字。

「阿難，譬如暴流，波浪相續，前際後際，不相逾越。行陰當知，亦復如是。阿難，如是流性，不因空生，不因水有，亦非水性，非離空、水。如是，阿難，若因空生，則諸十方無盡虛空，成無盡流，世界自然俱受淪溺。若因水有，則此暴流，性應非水，有、所有相，今應現在。若即水性，則澄清時，應非水體。若離空、水，空非有外，水外無流。是故當知，行陰虛妄，本非因緣，非自然性。

【譯文】

「阿難，譬如滾滾流水，後浪推前浪，前際後際相續，不相超越。當知行陰，也是這樣。阿難，這滾滾流水的流動性，並不是從虛空中生出，也不是因水而有，也不是水的本性如此，但又不是離開虛空與水而別有存在。因此，阿難，如果這瀑流是虛空所生，那麼十方無盡虛空，就會成為無盡的水流汪洋，世界自然界都將為滾滾流水所淹沒。如果這瀑流因水而有，那麼，瀑流之性體，必與水各異，則能生相與所生相兩者各自之體相，今應呈現在眼前，但實際上並非如此。若說瀑流奔流的流動性就是水的本性，那麼，當水止不流、澄清靜止時，應該就不是水的自體了。如果說離開虛空與水另有瀑流，應該知道，虛空之外了無一物，而水之外更無瀑流。因此應當知道，行陰是虛妄而無自性，本非因緣所生，也非無因緣而自有的自然性。

「阿難，譬如有人取頻伽瓶❶，塞其兩孔，滿中擎空，千里遠行，用餉他國。識陰當知，亦復如是。阿難，如是虛空非彼方來，非此方入。如是，阿難，若彼方來，則本瓶中，既貯空去，於本瓶地應少虛空。若此方入，開孔倒瓶，應見空出。是故當知，識陰虛妄，本非因緣，非自然性。」

【譯文】

「阿難，譬如有人拿一個頻伽瓶，將其兩端之孔塞起來，瓶中盛的盡是虛空，他遠行千里，以此盛滿虛空的瓶饋送他人。當知識陰也是這樣。阿難，這個瓶中的虛空，並不是自遠方帶來，也不是從此方裝進去的。所以，阿難，如果是從遠方帶來的，則此瓶中既然在遠方盛走了一部分虛空，那麼，該地方理應少卻被盛走的那部分虛空。如果此虛空是從本地裝進去的，那麼，當開口倒瓶時，就應該看到原先的虛空從瓶中被倒出來。因此應當知道，識陰是虛妄而無自性，本非因緣所生，也非無因緣而自有的自然性。」

【注釋】

❶ 頻伽瓶：以形狀似頻伽鳥而得名。瓶，喻業識；兩空，喻理事二端；所盛的虛空，喻空性。

卷三

本卷中，繼續討論「六入、十二處、十八界、七大」等，皆本來是如來藏妙真如性，「本非因緣，非自然性」。此中，「五陰、六入、十二處、十八界、七大」涵蓋了根、塵、識，世間的一切有為法，也就是說，實際是抉擇一切有為法之「性真相妄」。一切有為法就其相而言，都是虛妄幻化之相，因緣和合而有，因緣消散而亡；就其性而言，則為妙覺明體，皆本於如來藏妙真如性。就其性而言，本非因緣所生；就其相而言，也非無因緣而自有的自然性。故一切法性相圓融無礙，無有少法可得，也無少法可捨，如是乃至一切迷悟、去來、生死、涅槃等皆本來是如來藏妙真如性，「一切世間諸所有物皆即菩提妙明元心，心精遍圓，含裹十方」。這是本經抉擇正見的甚深要義，也是圓悟如來密因、圓修菩薩萬行、圓證楞嚴大定之樞要。

又通常「蘊（陰）、處、界」稱為「三科」，本經加「六入」，則合稱「四科」。

又「七大」即地、水、風、火、空、根（見）、識，這是本經的特別講法。傳統稱「六大」，其中地、水、風、火、空「五大」屬色法，識大則屬心法，本經加「根大（見大）」而稱「七大」。「大」指周遍法界。「根大」，指六根的功能作用，也稱「見大」，是舉見根代表其餘諸根，意思還是指根大。蕅益大師言，「見大」是舊科之名，新科則名「根大」。

又本卷最後阿難所說的「妙湛總持不動尊，首楞嚴王世希有」之贊佛偈，後來被列入漢傳佛教早課中而普遍流傳。

「復次，阿難，云何六入本如來藏妙真如性？

「阿難，即彼目睛瞪發勞者❶，兼目與勞同是菩提瞪發勞相。因於明、暗二種妄塵，發見居中，吸此塵象，名為見性。此見離彼明暗二塵，畢竟無體。如是，阿難，當知是見，非明、暗來，非於根出，不於空生。何以故？若從明來，暗即隨滅，應非見暗。若從暗來，明即隨滅，應無見明。若從根生，必無明、暗。如是見精，本無自性。若於空出，前矚塵象，歸當見根。又空自觀，何關汝入？是故當知，眼入虛妄，本非因緣，非自然性。

【譯文】

「其次，阿難，為什麼說六入本是如來藏妙真如性呢？

「阿難，如前所說，眼睛瞪視虛空而發生勞累錯覺，就會看見空花亂飛，實際上，與此同樣的道理，就連眼根與因勞累所見的狂花，都是菩提自性一念妄動所成的勞擾虛妄之相。因於明暗兩種虛妄塵境，引發眼睛的能見功能在其中吸收相應的境相，這種功能就稱為見的性能。這個見的性能離開了明暗兩種妄塵，畢竟沒有獨立的自體存在。這樣，阿難，應當知道，此見的性能不是從明、暗來，也不是由眼根而出，也不是虛空自己生出。為什麼呢？假如它是從明而來，暗時就應當隨即謝滅，就應該看不見暗，但實際上，明和暗都是可以看到的。假如它是從暗而來，明時就應當隨即謝滅，就應該看不見明，實際上也非如此。假如此見的性能是從眼根產生，那即使完全沒有明、暗二境，單獨的眼根也應該有所見，但實際上眼根離開了明暗二塵等外境而並不能有所見。這樣看來，此能見之精，本來就沒有自性。假如此見的性能是從虛空產生，既然前面可以看見境相，迴轉過來也應該看見自己的眼睛，實際也不是這樣。再說，如果此見的性能真的是從虛空產生，即是虛空自己能有所觀見，與你的眼根又有什麼關係呢？因此應當知道，眼入是虛妄而無自性，本非因緣所生，也非無因緣而自生的自然性。

【注釋】

❶ 勞：此處「勞」字有二義，勞倦、疲勞是比喻之意，真正的含義是擾動、昏擾之相。下同。

「阿難，譬如有人以兩手指急塞其耳，耳根勞故，頭中作聲。兼耳與勞同是菩提瞪發勞相。因於動、靜二種妄塵，發聞居中，吸此塵象，名聽聞性。此聞離彼動、靜二塵，畢竟無體。如是，阿難，當知是聞，非動、靜來，非於根出，不於空生。何以故？若從靜來，動即隨滅，應非聞動。若從動來，靜即隨滅，應無覺靜。若從根生，必無動、靜。如是聞體，本無自性。若於空出，有聞成性，即非虛空。又空自聞，何關汝入？是故當知，耳入虛妄，本非因緣，非自然性。

【譯文】

「阿難，譬如有人用兩手指急速塞住兩耳孔，久之耳根疲勞，頭腦中嗡嗡作聲。實際上，這耳根與勞倦所聽到的嗡嗡聲音，都是菩提自性一念妄動所成的勞擾虛妄之相。因於動、靜兩種虛妄塵境，引發耳根的聽聞功能在其中吸收相應的境相，稱之為聽聞性。此聽聞性離開了動、靜兩種塵象，畢竟沒有獨立的自體。因此，阿難，應當知道，這聽聞性不是從動、靜來，也不是由耳根而出，也不是虛空自己生出。為什麼呢？假如此聽聞性是從靜而來，則動時就應當隨即謝滅，就應該聽不到動的聲音，但實際上，動和靜時的聲音都可以聽到。假如此聽聞性是從動而來，則靜時應當隨即謝滅，就應該不能感覺到靜境，實際上也非如此。假如此聽聞性是從耳根產生，那即使完全沒有動、靜二境，單獨的耳根也應該有所聞聽，但實際上耳根離開了動、靜二塵等外境而並不能有所聞聽。如此看來，此聽聞性自體，本來就沒有自性。假如此聽聞性是從虛空產生，如此一來，虛空既然具有聽聞性，也就成為根性，既成為根性，也就不再是虛空了。再說，虛空既然自己能有所聞聽，又與耳根有什麼關係呢？因此應當知道，耳入是虛妄而無自性，本非因緣所生，也非無因緣而自生的自然性。

「阿難，譬如有人急畜其鼻，畜久成勞，則於鼻中聞有冷觸。因觸分別通、塞、虛、實，如是乃至諸香、臭氣。兼鼻與勞同是菩提瞪發勞相。因於通、塞二種妄塵，發聞居中，吸此塵象，名嗅聞性。此聞離彼通、塞二塵，畢竟無體。當知是聞，非通、塞來，非於根出，不於空生。何以故？若從通來，塞則聞滅，云何知塞？如因塞有，通則無聞，云何發明香、臭等觸？若從根生，必無通、塞。如是聞機，本無自性。若從空出，是聞自當回嗅汝鼻。空自有聞，何關汝入？是故當知，鼻入虛妄，本非因緣，非自然性。

【譯文】

「阿難，譬如有人急速抽搐鼻子，久之鼻根疲勞，就在鼻中產生冷氣衝入的感覺。因為有了這種觸覺，便分別出鼻子的通與塞、虛與實，以及香與臭等氣味。實際上，這鼻根與勞倦產生的冷觸，都是菩提自性一念妄動所成的勞擾虛妄之相。因於通、塞兩種虛妄塵境，引發鼻根的嗅聞功能在其中吸收相應的境相，稱之為嗅聞性。此嗅聞性離開了通、塞兩種塵象，畢竟沒有獨立的自體。應當知道，這嗅聞性不是從通、塞來，也不是由鼻根而出，也不是虛空自己產生。為什麼呢？假若此嗅聞性是因通而來，則鼻塞時感知的功能就應消失，為何仍能知曉鼻塞呢？假如此嗅聞性是因鼻塞而來，則鼻通時就當沒有嗅聞的功能，為何仍能辨明香、臭等感受呢？假如此嗅聞性是從鼻根生出，那即使完全沒有通、塞兩種境相，單獨的鼻根也應該有所嗅聞，但實際上鼻根離開了通、塞兩種境相就不能有所嗅聞。這樣看來，嗅聞性本來就沒有自性。假如此嗅聞性是從虛空所生出，那它就應當能迴轉過來嗅到自己的鼻子。即便如此，這是虛空自己有嗅覺，與你的鼻根又有什麼相干呢？因此應當知道，鼻入是虛妄而無自性，本非因緣所生，也非無因緣而自生的自然性。

「阿難，譬如有人以舌舐吻，熟舐令勞。其人若病，則有苦味，無病之人，微有甜觸。由甜與苦，顯此舌根，不動之時，淡性常在。兼舌與勞同是菩提瞪發勞相。因甜苦、淡，二種妄塵，發知居中，吸此塵象，名知味性。此知味性，離彼甜苦及淡二塵，畢竟無體。如是，阿難，當知如是，嘗苦淡知，非甜苦來，非因淡有，又非根出，不於空生。何以故？若甜苦來，淡則知滅，云何知淡？若從淡出，甜即知亡，復云何知甜苦二相？若從舌生，必無甜淡及與苦塵。斯知味根，本無自性。若於空出，虛空自味，非汝口知。又空自知，何關汝入？是故當知，舌入虛妄，本非因緣，非自然性。

【譯文】

「阿難，譬如有人用舌舔自己的嘴唇，久之舌根疲勞。這個人若有病，就有苦味；若無病，就會略微感覺有甜味。因為有了甜與苦之味覺，方顯出舌根的嘗覺功能，而舌根不動的時候，非甜非苦的淡性常在。但實際上，這舌根與因舌疲勞所產生的甜苦味覺，都是菩提自性一念妄動所成的勞擾虛妄之相。因於甜苦有味和淡之無味的兩種虛妄塵境，引發舌根的味覺功能在其中吸收相應的境相，稱之為知味性。此知味性離開了甜苦、淡兩種虛妄塵境，畢竟沒有獨立的自體。因此，阿難，你應當知道，這能夠嘗甜苦、淡的知味性，不是從甜苦來，也不是從淡性而來，不是從舌根生出，也不是虛空自己產生。為什麼呢？假如此知味性是從甜苦來，則感受無味時，這個味覺就應消失，何以仍能感受到淡味呢？假如此知味性是從淡性產生出來，則嘗到甜味時，這個味覺也應消失，為何仍能感受到甜苦兩種味道呢？假如此知味性是由舌根產生，那即使完全沒有甜苦、淡兩種境相，單獨的舌根也應該有所味覺，但實際上舌根離開了甜苦、淡等兩種境相就不能有所味覺。這樣看來，知味性本來就沒有自性。假如此知味性是由虛空所生出的，那虛空自己能夠覺知味道，並不是非得經過口、舌不可。況且，既是虛空自己有所知味，又與你的舌根有什麼相干呢？因此應當知道，舌入是虛妄而無自性，本非因緣所生，也非無因緣而自生的自然性。

「阿難，譬如有人以一冷手觸於熱手，若冷勢多，熱者從冷；若熱功勝，冷者從熱。如是以此合覺之觸，顯於離知。涉勢若成，因於勞觸。兼身與勞同是菩提瞪發勞相。因於離、合二種妄塵，發覺居中，吸此塵象，名知覺性。此知覺體，離彼離合、違順二塵，畢竟無體。如是，阿難，當知是覺，非離合來，非違順有，不於根出，又非空生。何以故？若合時來，離當已滅，云何覺離？違、順二相，亦復如是。若從根出，必無離、合、違、順四相❶，則汝身知，元無自性。必於空出，空自知覺，何關汝入？是故當知，身入虛妄，本非因緣，非自然性。

【譯文】

「阿難，譬如有人用一隻冷的手去接觸另一隻熱的手，若冷勢多，熱手的溫度便跟著下降；若熱勢多，冷手的溫度便跟著上升。這樣，以此二手相合時有了觸覺，對顯出二手離開後依然有覺知存在，能夠知道是離開了。二手冷熱交涉後，因而身根產生觸久勞倦妄相。實際上，這身根與勞倦妄相，都是菩提自性一念妄動所成的勞擾虛妄之相。因於離、合的兩種虛妄塵境，引發身根的知覺功能在其中吸收相應的境相，稱之為知覺性。此知覺之體離開了離合、違順兩種虛妄塵境，畢竟沒有獨立的自體。因此，阿難，你應當知道，這個知覺性，不是從離合來，也不是從違順而來；不是從身根生出，也不是虛空自己產生。為什麼呢？如果此知覺性是由身根相合接觸而來，當其離開時，觸覺就應隨之消失，又何以仍能知曉身根與外塵相離呢？對於違、順二相，也是這個道理。如果此知覺性是從身根產生，那即使完全沒有離、合、違、順四種境相，單獨的身根也應該有所知覺，但實際上身根離開了離合、違順等境相就不能有所觸覺，由此可見，你身根的知覺性本來就沒有自性。如果此知覺性是從虛空產生的，虛空自己具有觸覺功能，與你的身根又有什麼關係呢？因此應當知道，身入是虛妄而無自性，本非因緣所生，也非無因緣而自生的自然性。

【注釋】

❶ 四相：離、合二塵各有違、順二相，故成四相——離違相、離順相、合違相、合順相。

「阿難，譬如有人勞倦則眠，睡熟便寤。覽塵斯憶，失憶為忘。是其顛倒生、住、異、滅。吸習中歸，不相逾越，稱意知根。兼意與勞同是菩提瞪發勞相。因於生、滅二種妄塵，集知居中，吸撮內塵，見聞逆流，流不及地❶，名覺知性。此覺知性離彼寤寐、生滅二塵，畢竟無體。如是，阿難，當知如是覺知之根，非寤寐來，非生滅有，不於根出，亦非空生。何以故？若從寤來，寐即隨滅，將何為寐？必生時有，滅即同無，令誰受滅？若從滅有，生即滅無，誰知生者？若從根出，寤、寐二相隨身開合，離斯二體，此覺知者同於空花，畢竟無性。若從空生，自是空知，何關汝入？是故當知，意入虛妄，本非因緣，非自然性。

【譯文】

「阿難，譬如有人勞倦了就睡眠，睡足了就醒來。回想所見境相塵影稱為回憶，若失去印象、不能記憶稱為忘記。這些忽眠忽醒、或憶或忘都是意根顛倒而有的生、住、異、滅之相。收攝此憶忘、生滅等習氣，全歸心內，熏習不斷，次第遷流，前後不雜，稱為意知根。實際上，意知根與所生的顛倒知覺勞相，都是菩提自性一念妄動所成的勞擾虛妄之相。因於生、滅兩種虛妄塵境，意根與前五根的覺知功能集聚在心內，吸攝內在的法塵於意根之中；前五根取外塵境的見聞覺知等，剎那流入意地，意識逆流返緣五根的落謝塵影，乃至緣於思不及處，稱為意根的覺知性。此覺知性離開了寤與寐、生與滅兩種虛妄塵境，畢竟沒有獨立的自體。因此，阿難，你應當知道，這個覺知性的根源，不是從寤寐來，也不是從生滅而有；不是從意根生出，也不是虛空自己產生。為什麼呢？如果此覺知性是從寤而來，那麼寐時就應當隨即謝滅，又怎麼知道是寐呢？如果一定是意念生起時才有，那麼意念謝滅時就應該等同於沒有意識，又是誰在領受意念的生滅呢？如果此覺知性是意念謝滅時才有，那麼意念生起時即是滅相已經沒有了，又是誰在知道意念生起呢？如果此覺知性是從意根生出，寤、寐二相乃是隨著身體而開合的，離開了身體的開合二相，此覺知功能就等於空花，畢竟沒有獨立的自性。如果此覺知性是從虛空中生出來的，便是虛空自己具有覺知功能，與你的意根又有什麼關係呢？因此應當知道，意入是虛妄而無自性，本非因緣所生，也非無因緣而自生的自然性。

【注釋】

❶ 流不及地：意根是以過去之五塵為所緣，以思憶為能緣的。如此便有忘失等現象，故而眼、耳、鼻、舌、身等五根的感覺內容並不能全部及於意根之地。

「復次，阿難，云何十二處本如來藏妙真如性？

「阿難，汝且觀此祇陀樹林及諸泉池。於意云何？此等為是色生眼見？眼生色相？阿難，若復眼根生色相者，見空非色，色性應銷，銷則顯發一切都無；色相既無，誰明空質？

空亦如是。若復色塵生眼見者，觀空非色，見即銷亡，亡則都無，誰明空色？是故當知，見與色空，俱無處所。即色與見二處虛妄，本非因緣，非自然性。

【譯文】

「其次，阿難，為什麼說十二處本是如來藏妙真如性呢？

「阿難，你現在看祇陀園中的樹林和泉池。你以為這些到底是色塵生出眼根能見之性？還是眼根生出所見的色相？阿難，如果是眼根生出色相，則當眼睛觀見虛空時，沒有色相，這時眼根能生色相功能的色性應該消亡，如此則所顯發出來的一切色相都應該沒有了；色相既然消亡，同是色法的眼根也應消亡，又是誰來觀見明了虛空呢？眼根生出虛空也是同樣道理。如果認為是色塵生出眼見，則當眼睛觀看虛空時，沒有了色相，則能生出眼見的色塵也應沒有了，所生出的眼見即消亡，如此能生與所生都沒有了，又是誰來明了虛空與色相呢？因此應當知道，眼根能見之性與色相、虛空，都沒有定在的處所。也就是說，色處和眼處這二處都是虛妄而無自性，本非因緣所生，也非無因緣而自生的自然性。

「阿難，汝更聽此祇陀園中，食辦擊鼓，眾集撞鐘，鐘鼓音聲，前後相續。於意云何？

此等為是聲來耳邊？耳往聲處？阿難，若復此聲來於耳邊，如我乞食室羅城，在祇陀林則無有我；此聲必來阿難耳處，目連、迦葉應不俱聞，何況其中一千二百五十沙門，一聞鐘聲，同來食處。若復汝耳往彼聲邊，如我歸住祇陀林中，在室羅城則無有我；汝聞鼓聲，其耳已往擊鼓之處，鐘聲齊出，應不俱聞，何況其中象馬牛羊種種音響。若無來往，亦復無聞。是故當知，聽與音聲俱無處所。即聽與聲二處虛妄，本非因緣，非自然性。

【譯文】

「阿難，你再聽聽祇陀園裡，過堂吃飯時擊鼓，集合大眾時撞鐘，鐘鼓音聲，前後相續，你怎樣認識呢？你能聽到此等鐘鼓之聲，究竟是聲音來到你耳邊呢？還是你耳根的聽覺去往鐘聲所在之處？阿難，如果是聲音來到你耳邊，那麼譬如我往室羅筏城乞食，此時在祇陀林就不會有我身在，因為我只有一個身體，在此處就不能去彼處；同樣的道理，此聲之體亦只有一個，若說這聲音一定是來入阿難你的耳處，目犍連和大迦葉應不能同時聽到，更何況在林中的一千二百五十比丘，一聽鐘鼓聲都來到集會處。如果是你耳根的聽覺去往聲音處，那麼如同我乞食回到祇陀林中，室羅筏城就不會有我身在；你聽到鼓聲，耳根聽覺既然已去往擊鼓之處，就不能去往撞鐘之處，那麼當鐘鼓齊鳴之時，應該不能同時聽到，更何況還有象馬牛羊等種種音響夾雜其中。如果說根本沒有聲音與聽覺的來往，聲音也不來，聽覺也不往，那就沒有聲音能被聽到了。因此應當知道，聽覺和聲音都沒有定在的處所。也就是說，耳處和聲處二處都是虛妄而無自性，本非因緣所生，也非無因緣而自生的自然性。

「阿難，汝又嗅此爐中旃檀❶。此香若復然於一銖，室羅筏城四十里內同時聞氣。於意云何？此香為復生旃檀木？生於汝鼻？為生於空？阿難，若復此香生於汝鼻，稱鼻所生，當從鼻出，鼻非旃檀，云何鼻中有旃檀氣？稱汝聞香，當於鼻入，鼻中出香，說聞非義。若生於空，空性常恆，香應常在，何藉爐中爇此枯木❷？若生於木，則此香質，因爇成煙，若鼻得聞，合蒙煙氣！其煙騰空，未及遙遠，四十里內云何已聞？是故當知，香鼻與聞俱無處所。即嗅與香二處虛妄，本非因緣，非自然性。

【譯文】

「阿難，你現在再聞此爐中所燃的旃檀香。這種香僅點燃一銖，室羅筏城內就會香氣四溢，方圓四十里同時可以聞到香味。你怎樣認識呢？此香味到底是生於旃檀木？生於你的鼻根？還是生於虛空中？阿難，如果此香味是從鼻根產生，既然稱言為鼻根所生，則應當是從鼻而出，可鼻根不是旃檀木，怎麼鼻中會有旃檀香的氣味？既然稱言是你聞到香味，就應當從鼻吸入才對，如果說鼻中放出香氣，而又稱言為聞香，這樣講不符合『聞』的本義。若說此香味是從虛空中生出，而虛空的本性是恆常不變，那麼香味也應常在不滅，何必還要透過爐中燃的旃檀木才有香味呢？如果說香味是由旃檀木產生，而此香木質，因燃燒而成煙，如果說鼻得聞香味，合當蒙受煙氣！況且煙氣騰空，並沒有傳到多遠的地方，而室羅筏城方圓四十里內的人為什麼卻都能聞到此味呢？因此應當知道，香味、鼻根與嗅覺都沒有定在的處所。也就是說，鼻處和香處二處都是虛妄而無自性，本非因緣所生，也非無因緣而自生的自然性。

【注釋】

❶ 旃檀：香木名。

❷ 爇：燃燒。

「阿難，汝常二時，眾中持鉢，其間或遇酥酪醍醐❶，名為上味。於意云何？此味為復生於空中？生於舌中？為生食中？阿難，若復此味生於汝舌，在汝口中只有一舌，其舌爾時已成酥味，遇黑石蜜應不推移。若不變移，不名知味；若變移者，舌非多體，云何多味一舌之知？若生於食，食非有識，云何自知？又食自知，即同他食，何預於汝，名味之知？若生於空，汝噉虛空，當作何味？必其虛空若作鹹味，既鹹汝舌，亦鹹汝面，則此界人同於海魚。既常受鹹，了不知淡，若不識淡，亦不覺鹹，必無所知，云何名味？是故當知，味、舌與嘗俱無處所。即嘗與味，二俱虛妄，本非因緣，非自然性。

【譯文】

「阿難，你常於早晨、中午二時與大眾一起托鉢至各處乞食，有時會得到酥、酪、醍醐等種種上等滋味。你怎麼認識？這些味覺到底是生於虛空中？或生於舌根中？還是生於食物中呢？阿難，若說此味覺是生於你的舌頭，可你口中只有一個舌頭，如果它此時已成為酥的味道，再遇到黑石蜜糖，味道就不應該轉移。假若味道沒有變化，那舌頭就不能稱為知味；假若味道變化了，舌頭又不是多個，怎麼多種味一個舌頭就能了知其不同味道呢？如果說這個味覺是生於食物中，食物沒有知覺分別，又怎麼能自知味道呢？況且，如果食物自知味道，就如同他人吃飯一樣，與你有何相干，又怎能稱為你的舌頭有嘗味的知覺呢？如果說這個味覺生於虛空，那你嘗一嘗虛空，當是什麼味道？如果虛空必定是鹹味，它既然能夠鹹了你的舌，也應同時鹹了你的面孔，那這個世界的人就應該全同海魚一樣了。既然常常受著鹹味，就應徹底不知道淡味，可如果不識知淡味，也就不會知覺鹹味了；這樣連鹹淡都無所知覺，怎麼能稱為知味呢？因此應當知道，味、舌根與嘗都沒有定在的處所。也就是說，嘗與味二處都是虛妄而無自性，本非因緣所生，也非無因緣而自生的自然性。

【注釋】

❶ 酥酪醍醐：都是牛羊等乳精製而成。所謂從牛出乳，從乳出酪，從酪出生酥，從生酥出熟酥，從熟酥出醍醐，而醍醐最為上味。

「阿難，汝常晨朝以手摩頭。於意云何？此摩所知，誰為能觸？能為在手？為復在頭？若在於手，頭則無知，云何成觸？若在於頭，手則無用，云何名觸？若各各有，則汝阿難應有二身。若頭與手一觸所生，則手與頭當為一體，若一體者，觸則無成；若二體者，觸誰為在？在能非所，在所非能，不應虛空與汝成觸。是故當知，覺、觸與身俱無處所。即身與觸，二俱虛妄，本非因緣，非自然性。

【譯文】

「阿難，你時常在晨起時用手摩自己的頭。你以為如何？這個摩觸所生的觸覺，何處是能覺知所在？能覺知的觸覺是在手？還是在頭？若是在手，那單是手就有觸覺了，頭則沒有觸的知覺，怎麼還要手摩頭才成為摩觸呢？若是在頭，那單是頭就能有觸覺了，手則沒有用處，怎麼能夠稱為摩觸呢？若頭與手各自都有一個知覺體，那你一人應有兩個身體才是。若頭與手的知覺為同一觸覺覺知體所生，那頭與手應當是一體，若真的為一體，就沒有能觸和所觸的區分，能所既泯，對待斯絕，也就不成其為觸了；若說手與頭是二體，那觸覺覺知究竟應在誰處呢？若在能摩之手，即非屬於所摩之頭；若在所摩之頭，即非屬於能摩之手，那說頭與手的知覺是同一觸覺就不合道理了，總不應說是虛空來給你作所觸之塵境吧！因此，應當知道，觸覺、接觸與身體都無真實的處所。也就是說，身處與觸處二處都是虛妄而無自性，本非因緣所生，也非無因緣而自生的自然性。

「阿難，汝常意中所緣善、惡、無記三性生成法則❶。此法為復即心所生？為當離心，別有方所？阿難，若即心者，法則非塵，非心所緣，云何成處？若離於心，別有方所，則法自性為知？非知？知則名心，異汝非塵，同他心量？即汝即心，云何汝心更二於汝？若非知者，此塵既非色、聲、香、味、離、合、冷、暖及虛空相，當於何在？今於色、空都無表示，不應人間更有空外？心非所緣，處從誰立？是故當知，法則與心俱無處所。則意與法，二俱虛妄，本非因緣，非自然性。

【譯文】

「阿難，你常在意根中攀援五塵落謝影像而生起善、惡、無記三性，進而生成法塵之軌則。此法塵應是意根之心中所生？還是離心以外別有一個所生之處？阿難，如果法塵是從心中生出，此法就不是外塵，故不是心之所緣；心所緣的對象才叫作『處』，因而此法塵怎麼能成為『意處』呢？若說此法塵離開自心另有所生之處，那麼法塵的自性是覺知性呢？還是非覺知性呢？如果是有覺知性就應叫作心，此時法塵既異於你心，又不是外塵，那豈不是同於他人的心量了嗎？如果認為離於心且有知覺之法塵是你的心，為何你的心更分為了兩個呢？如果是無有覺知性，則此法塵既無色聲香味四塵，又無離合冷暖之觸塵以及虛空之相，法塵究竟應在何處呢？此法塵在五塵色法、虛空之中都無所顯示，你該不會認為人世間更有虛空之外作為法塵的處所吧？色法有內外之別，虛空豈有內外！此法塵既然不是心之所緣，非心非境，法處從何建立呢？因此應當知道，法則與心都沒有定在的處所。也就是說，意與法二處都是虛妄而無自性，本非因緣所生，也非無因緣而自生的自然性。

【注釋】

❶ 善、惡、無記：此三者合稱「三性」。善，指其性安穩，能於現在世、未來世中，給予自他利益之白淨法。惡，即能招感苦果或可厭毀之不善法，及惡思之所作。無記，即非善非不善者，因其不能記為善或惡，故稱「無記」。

「復次，阿難，云何十八界本如來藏妙真如性？

「阿難，如汝所明，眼、色為緣，生於眼識。此識為復，因眼所生，以眼為界？因色所生，以色為界？阿難，若因眼生，既無色空，無可分別，縱有汝識，欲將何用？汝見又非青黃赤白，無所表示，從何立界？若因色生，空無色時，汝識應滅，云何識知是虛空性？若色變時，汝亦識其色相遷變，汝識不遷，界從何立？從變則變，界相自無；不變則恆，既從色生，應不識知虛空所在。若兼二種，眼、色共生，合則中離，離則兩合，體性雜亂，云何成界？是故當知，眼、色為緣生眼識界，三處都無。則眼與色及色界三，本非因緣，非自然性。

【譯文】

「其次，阿難，為什麼說十八界本是如來藏妙真如性呢？

「阿難，像你所知道的，眼根與色塵相互為緣而生出眼識。那麼此眼識，是依眼根所生而以眼所見為識之界？還是依色塵所生而以所見色法為識之界呢？阿難，若是依眼根而生，既然沒有作為識所緣對象的色相和虛空，沒有可以被分別的對象，縱然你有眼識，又如何起作用呢？你的見性中又沒有青黃赤白等差別相，無從表示你所見的範疇，如此則從何處確立眼識之界呢？如果說眼識是依色塵而生，那麼當眼見虛空無任何色相時，你的眼識應當隨即謝滅，這樣能識別色相的主體謝滅了，又怎麼識知辨別這個虛空性呢？如果色塵變遷時，你也識知色相的變遷，可你的眼識並不隨色法變遷，則色與識一變一不變，無有對待之相，又從何建立眼識界呢？但若說眼根隨著色塵變遷而變遷，二者都在變動，界相自然無從建立；若說眼識不隨色相變遷而為恆常存在，既然是從色塵而生，應當不能識知虛空的所在。然而事實不然，眼識確能識知虛空所在，故眼識並非無覺知性。如果說眼識是兼眼根與色塵二者共同生成，那麼，當眼根與色塵相合時，和合生出識之中界，離出根境之外，如此則此識之中界必然是根境『兩合』而成，都會造成體性雜亂，怎麼能成立為一個界呢？因此，應當知道，眼根、色塵為緣生眼識界，三處推究都無所得。也就是說，眼根、色境及眼識三界都是依如來藏自體而起的虛妄暫有的現象，本非因緣所生，也非無因緣而自生的自然性。

「阿難，又汝所明，耳、聲為緣生於耳識。此識為復因耳所生，以耳為界？因聲所生，以聲為界？阿難，若因耳生，動、靜二相既不現前，根不成知；必無所知，知尚無成，識何形貌？若取耳聞，無動、靜故，聞無所成，云何耳形？雜色觸塵，名為識界？則耳識界復從誰立？若生於聲，識因聲有，則不關聞；無聞則亡聲相所在。識從聲生，許聲因聞而有聲相，聞應聞識！不聞非界，聞則同聲？識已被聞，誰知聞識？若無知者，終如草木。不應聲、聞雜成中界。界無中位，則內外相復從何成？是故當知，耳、聲為緣生耳識界，三處都無。則耳與聲及聲界三，本非因緣，非自然性。

【譯文】

「阿難，又如你所知道的，耳根和聲塵相互為緣生出耳識。那麼此耳識是依耳根所生而以耳所聞為界？還是依聲塵所生而以所聞聲塵為界？阿難，若是依耳根而生，則聲塵須具有運動和靜止兩種狀態，才能形成耳識，動、靜兩種相狀若不現前，單獨耳根不能成其聽覺；必定沒有所聞知的對象，聽覺尚不能成立，更何談耳識是什麼形貌呢？若耳識是從耳聽聞而來，那當沒有動、靜兩種聲塵之時，聽聞無所成立，怎麼能生耳識呢？若說是有形的耳朵能生耳識，可肉耳屬於身根的色相，身根的對象應是觸塵，因此怎麼能把耳朵雜上身根色相與觸塵，稱為能生耳識之界呢？若以上都不能成立，則耳識界又從何處成立呢？若耳識產生於聲塵，耳識因聲音而有，則與能聞的耳根無關；若無耳根之能聞，則所聞的聲相便亡失其所在，既然沒有聲塵所在，耳識從何而立呢？若一定說耳識從聲塵而生，就應當許可聲塵本身具有聽聞性，並因聽聞性而有所聞的聲相，如此則聲塵於聽聞之時也應該能聽到耳識！然而豈有無情之聲塵反過來聽聞有情之識的？如果此聲塵的聽聞性並不能聽聞到耳識，當然就不能成立耳識界；倘若能夠聽聞到耳識，那麼耳識豈不是同於聲塵了嗎？進而，耳識既然已被聽聞，識已成境，則沒有能覺知之識，又是誰來覺知此聞識呢？如果說沒有能覺知聞識的，那人豈不是等同於草木了。也不應說聲塵與能聞之耳根相雜合而成為中間的耳識界。因為所謂雜合的中界並不成立，這樣，既然耳識界並沒有中界之位可得，則內根外塵之界相又從何而成呢？因此，應當知道，耳根與聲塵互相為緣生耳識的說法，從三處推究都無所得。也就是說，耳根、聲境、耳識三界都是依如來藏真如自體而起的虛妄作用，本非因緣所生，也非無因緣而自生的自然性。

「阿難，又汝所明，鼻、香為緣生於鼻識。此識為復因鼻所生，以鼻為界？因香所生，以香為界？阿難，若因鼻生，則汝心中以何為鼻？為取肉形雙爪之相？為取嗅知動搖之性？若取肉形，肉質乃身，身知即觸，名身非鼻，名觸即塵，鼻尚無名，云何立界？若取嗅知，又汝心中以何為知？以肉為知，則肉之知元觸非鼻。以空為知，空則自知，肉應非覺，如是則應虛空是汝；汝身非知，今日阿難應無所在。以香為知，知自屬香，何預於汝？若香臭氣必生汝鼻，則彼香、臭二種流氣不生伊蘭及旃檀木❶。二物不來，汝自嗅鼻，為香為臭？臭則非香，香則非臭；若香、臭二俱能聞者，則汝一人應有兩鼻，對我問道有二阿難，誰為汝體？若鼻是一，香、臭無二，臭既為香，香復成臭，二性不有，界從誰立？若因香生，識因香有，如眼有見，不能觀眼；因香有故，應不知香。知即非生，不知非識。香非知有，香界不成；識不知香，因界則非從香建立。既無中間，不成內外，彼諸聞性畢竟虛妄。是故當知，鼻、香為緣生鼻識界，三處都無。則鼻與香及香界三，本非因緣，非自然性。

【譯文】

「阿難，又如你所知道的，鼻根與香塵互相為緣生出鼻識。此鼻識是依鼻根所生而以鼻所聞為界？還是依香塵所生而以所聞香塵為界？阿難，如果因於鼻根而生，則你心中是以什麼為鼻呢？是以如雙垂爪的肉形為鼻？還是以嗅知香塵之性能為鼻？若取雙垂爪的肉形為鼻，然肉質之鼻乃屬身根，其覺知對象是觸塵，應該稱為身根而不是鼻根，這樣，鼻根之名尚且得不到，又如何立鼻識界呢？若取嗅知為鼻，則你心中是以什麼為嗅知呢？如果以肉形之鼻為能嗅知者，但肉形之鼻的覺知本來屬於身根之觸覺而不是鼻之嗅覺。如果以虛空為能嗅知者，則是虛空自己具有覺知，而肉形之鼻應該沒有感覺，若這樣，則應該說虛空就是你的身體；進而，若你的身體沒有覺知，那今天阿難你就應該無處可以存在了。如果以香塵為能嗅知者，則此覺知之性屬於香塵，與你何干？如果香、臭氣味都是從你鼻根生出，則這兩種香、臭的流動氣味應該不須生於伊蘭樹和旃檀木。這兩種氣味不來的時候，你自己聞鼻中，其中氣味是香還是臭？是臭味就不應是香味，是香味就不應是臭味；如果香臭兩種氣味都能嗅到，則你一人應有兩個鼻子，向我問道的就應有兩個阿難，那麼哪個是你的真體呢？如果說鼻只是一個，鼻根又同時生出香、臭二氣，則香、臭已混和為一，無有二性了，若是這樣，臭既可成為香，香又可成為臭，香臭二性不能確定，則鼻識界從何建立呢？如果鼻識因於香塵而生，鼻識因香塵而有；如同眼有能見的功能卻不能自觀其眼；同樣的道理，鼻識既然從香塵而生，也應該不能自己覺知其香味才是。若是鼻識能夠覺知香味，就不能說香塵生出鼻識；若是鼻識不能覺知香味，那就不能叫作鼻識了。若香塵不能被鼻識所覺知，則香界就不能成立；若鼻識不能覺知香塵，則產生鼻識的因界就不是從香塵而建立。既然沒有中間的鼻識界可得，也就不能成立內根外塵二界和合生識，那麼能聞、所聞之性即是究竟虛妄的了。因此應當知道，鼻、香為緣生鼻識界的說法，向三處推究都不能確立，所以，鼻根、香境、鼻識都是虛妄暫有的現象。也就是說，鼻根、香境、鼻識三界都是依如來藏自體而起的功能、作用，本非因緣所生，也非無因緣而自生的自然性。

【注釋】

❶ 伊蘭：又作「伊羅」、「黳羅」、「堙羅那」等，樹名。花可愛，氣味甚惡，其惡臭及四十里。經論中多以伊蘭喻煩惱，以旃檀之妙香比菩提。

「阿難，又汝所明，舌、味為緣生於舌識。此識為復因舌所生，以舌為界？因味所生，以味為界？阿難，若因舌生，則諸世間甘蔗、烏梅、黃連、石鹽、細辛、薑、桂❶，都無有味。汝自嘗舌，為甜為苦？若舌性苦，誰來嘗舌？舌不自嘗，孰為知覺？舌性非苦，味自不生，云何立界？若因味生，識自為味，同於舌根，應不自嘗，云何識知是味非味？又一切味非一物生，味既多生，識應多體；識體若一，體必味生，鹹淡甘辛和合俱生，諸變異相同為一味，應無分別。分別既無，則不名識，云何復名舌味識界？不應虛空生汝心識！舌、味和合，即於是中元無自性，云何界生？是故當知，舌、味為緣生舌識界，三處都無。則舌與味及舌界三，本非因緣，非自然性。

【譯文】

「阿難，如你所知道的，舌根與舌塵為緣而生出舌識。此舌識是依舌根所生而以舌塵為界？還是依味塵所生而以所嘗味覺為界？阿難，如果舌識是舌根所生，則諸世間的甘蔗、酸梅、黃連、食鹽、細辛、生薑、肉桂等都應該沒有味了。那你就嘗嘗自己的舌頭，其味是甜，還是苦？若說舌性是苦味，誰來嘗知舌性是苦味呢？如果舌不能自己嘗自己，又是誰來知覺苦味呢？若說舌性沒有苦等諸味，而味自己也不會從舌根生出，如此則舌中了無味覺，如何成立舌識界呢？如果舌識因於味塵而生，則舌識自身即為味塵，同於前述舌根應不能自嘗其舌的道理一樣，味塵也不能識知味塵，又如何能識知是有味，還是無味呢？再者，一切諸味有許多種類，但並不是從一個物體中生出，味既然是從多種物體中產生，而你認為舌識生於味塵，那麼多種味塵生出的舌識相應地也應有多體了；如果你認為舌識之體只有一個，且其體必然從味塵而生，這樣，能生之味也只能有一種，如此，則鹹、淡、甘、辛等味只能和合在一起產生，這多種味混合變異，就呈現為同一味道，應該沒有什麼味的差別。味的分別既然沒有了，就不能稱其為識，又如何稱名為舌味識界呢？總不能認為是從虛空中生出你的心識吧！因此，舌根與味塵和合，在其中本來就沒有自性，識界從何處建立呢？因此應當知道，舌、味為緣生舌識，向三處推究都不能確定，三者都是虛妄暫有的現象。也就是說，舌根、味境、舌識三界都是依如來藏自體而有的功能、作用，本非因緣所生，也非無因緣而自生的自然性。

【注釋】

❶ 細辛：多年生草本植物，性溫，味辛。

「阿難，又汝所明，身、觸為緣生於身識。此識為復因身所生，以身為界？因觸所生，以觸為界？阿難，若因身生，必無離合二覺觀緣，身何所識？若因觸生，必無汝身，誰有非身知合離者？阿難，物不觸知，身知有觸。知身即觸，知觸即身。即觸非身，即身非觸。身、觸二相元無處所，合身即為身自體性，離身即是虛空等相。內、外不成，中云何立？中不復立，內、外性空，則汝識生，從誰立界？是故當知，身、觸為緣生身識界，三處都無。則身與觸及身界三，本非因緣，非自然性。

【譯文】

「阿難，又如你所理解的，身根和觸塵為緣而生出身識。此識是依身根所生而以身體覺受為界？還是因於觸塵所生而以所覺觸塵為界？阿難，如果身識是依身根而生，假使說沒有了身體與外界的離、合二相以及依此產生的覺、觀兩種心理活動等緣，又如何生起身識呢？如果身識是依觸塵而生，那應該是不需你的身體就能產生身識，但哪有人能不需身體就能覺知離、合呢？阿難，如果此識以根塵共為界限而生識，物必不能自觸而生知，須與身合方知有觸，此為共生。如果因觸而知覺有身，則此知覺即是從觸塵而生；如果因身而知覺有觸，則此知覺即是從身而生。如果此知覺是從觸塵所生，則非從身出；如果此知覺是從身根所出，則非從觸塵生。如此，身與觸塵二相互奪，不能成立二者對立共生之處所，則能生者不可得，怎麼能生識呢？且此知在身在觸塵之二相，原無一定的處所，如果此知離於觸塵而合於身根，則即為身根自己的體性功能，而不需要有外境了；如果離於身而合於觸塵，則離身之觸不過即是虛空相，無有內根，從何而立！內之身根和外之觸塵不能成立，中間所生之身識又從何處建立呢？中間的身識不能成立，則內、外的根和塵都不能成立，又從何處建立身識界呢？因此，應當知道，身根和觸塵為緣而生身識界，向三處推究都不能成立，三者同是虛妄暫有的現象。也就是說，身根、觸塵、身識三界都是依如來藏真如自體而起的功能、作用，本非因緣所生，也非無因緣而自生的自然性。

「阿難，又汝所明，意、法為緣生於意識。此識為復因意所生，以意為界？因法所生，以法為界？阿難，若因意生，於汝意中必有所思，發明汝意，若無前法，意無所生；離緣無形，識將何用？又汝識心與諸思量兼了別性，為同為異？同意即意，云何所生？異意不同，應無所識。若無所識，云何意生？若有所識，云何識意？唯同與異二性無成，界云何立？若因法生，世間諸法不離五塵，汝觀色法及諸聲法、香法、味法及與觸法，相狀分明，以對五根，非意所攝。汝識決定依於法生，汝今諦觀法法何狀？若離色空、動靜、通塞、合離、生滅，越此諸相，終無所得。生則色空諸法等生，滅則色空諸法等滅。所因既無，因生有識，作何形相？相狀不有，界云何生？是故當知，意、法為緣生意識界，三處都無。則意與法及意界三，本非因緣，非自然性。」

【譯文】

「阿難，又如你所理解的，意根與法塵互相為緣生出意識。此意識是依意根所生而以意所思維為界？還是依法塵所生而以所思法塵為界？阿難，如果意識是依意根而生出，則在你的意根中必定有所思的法塵存在，來發明你的想像，如果沒有所思的法塵對象，意識就不能生起；離於所緣法塵則意根無形可得，根塵雙泯，意識又如何起作用呢？再者，你的識心與諸思量、了別性是相同的？還是相異的？如果是相同的，意識若等同於意根則即是意根，怎麼還說意根生出意識呢？如果是不相同的，意識異於諸思量、了別性，則應該像無知的外塵一樣無所識知。假如的確是無所識知的，那怎能說是意根生識呢？假如你認為是有所識知，則意根與識心都具有了別性，怎麼可以分出何者是意根的了別性，何者是意識的了別性呢？所以，意根與識心無論是相同或相異，意根與意識二者的自性都無法成立，又怎麼能由此建立意識界呢？如果說意識是依法塵而生出，那麼，世間一切諸法都不離色、聲、香、味、觸五塵，而你觀察色法、聲法、香法、味法以及觸法，都是相狀分明，以對應於五塵各自相應的五根，並不是意根所攝之法。如果說你的意識決定是依於法塵而生，你現在仔細觀察法塵之法到底是什麼相狀？如果離開了色與空、動與靜、通與塞、合與離、生與滅，超越了這些相狀，終無所得，沒有自體。法塵若生則與五塵一同生，若滅則與五塵一同滅。所因的法塵既然無有自體，因此而生出的意識，又作何形相呢？相狀尚且沒有，則意識界又以何建立呢？因此應當知道，意根和法塵為緣而生意識的說法，向三處推究都不能成立。也就是說，意根、法塵、意識三界都是虛妄暫有的現象，都是依如來藏真如自體而起的功能、作用，本非因緣所生，也非無因緣而自生的自然性。」

阿難白佛言：「世尊，如來常說和合因緣，一切世間種種變化皆因四大和合發明❶。云何如來因緣、自然二俱排擯？我今不知斯義所屬，惟垂哀愍，開示眾生中道了義、無戲論法。」

【譯文】

阿難對佛說：「世尊，如來常說因緣和合生一切法，一切世間的種種變化都是由於地、水、火、風四大和合而顯發出現。究竟是什麼原因，如來現在將因緣和自然二種生因都排除在外？我今不知其中的義理所在，懇請如來哀憫，再為我等一切眾生開示中道了義、無戲論的法義。」

【注釋】

❶ 四大：地、水、火、風。此四者廣大，造作生出一切之色法（物質），故名「四大」。

爾時，世尊告阿難言：「汝先厭離聲聞、緣覺諸小乘法，發心勤求無上菩提，故我今時為汝開示第一義諦。如何復將世間戲論、妄想因緣而自纏繞？汝雖多聞，如說藥人，真藥現前，不能分別，如來說為真可憐愍。汝今諦聽，吾當為汝分別開示，亦令當來修大乘者通達實相。」阿難默然承佛聖旨。

【譯文】

這時，世尊告訴阿難：「你先前厭離聲聞、緣覺等小乘法，發心勤求無上菩提。因此，我現在為你開示大乘妙法第一義諦。可是你為何又被這些世間戲論、分別妄想因緣之法而纏繞自心呢？你雖廣見多聞，卻如同一個口說藥名的人，真藥出現在眼前，卻反而不能辨別認識，如來說這種人真可憐憫。你現在仔細聽，我將為你分別法義，開示精要，也讓將來修習大乘法的人通達實相。」阿難默然，準備領受佛宣示法要。

「阿難，如汝所言『四大和合發明世間種種變化』。阿難，若彼大性，體非和合，則不能與諸大雜和，猶如虛空不和諸色。若和合者，同於變化，始終相成，生滅相續。生死死生，生生死死，如旋火輪，未有休息。阿難，如水成冰，冰還成水。

【譯文】

「阿難，如你所說的『四大和合產生了世間種種變化』。阿難，如果四大之體性不是和合而成，那就不能與四大之相雜和，這樣就是性在相外，如同虛空不與一切種類的色相和合一樣。如果四大之體性是和合而成的，就同於四大之相的變化不住，即生住異滅的始終相成，前後相續。生了死，死了生，生生死死，如同旋轉的火輪沒有止息。阿難，這四大之性與相的關係就像水結成冰，冰又化成水一樣。

「汝觀地性：粗為大地，細為微塵，至鄰虛塵❶，析彼極微，色邊際相，七分所成，更析鄰虛，即實空性。阿難，若此鄰虛析成虛空，當知虛空出生色相。汝今問言：由和合故，出生世間諸變化相。汝且觀此一鄰虛塵用幾虛空和合而有？不應鄰虛合成鄰虛。又鄰虛塵析入空者，用幾色相合成虛空？若色合時，合色非空。若空合時，合空非色。色猶可析，空云何合？汝元不知，如來藏中，性色真空，性空真色，清淨本然，周遍法界；隨眾生心，應所知量，循業發現。世間無知，惑為因緣及自然性，皆是識心分別計度，但有言說，都無實義。

【譯文】

「你且觀察地大之性：粗的為大地，細的為微塵，析解微塵作七分，七分之一稱為極微塵，進一步析解極微塵作七分，到達了色塵的邊際，稱為鄰虛塵；這樣分析至於鄰虛塵，再析解細分下去，色塵名義失去，依如來權教所說，即是真實的虛空之性。阿難，如果此鄰虛塵可以析解成虛空，同理應當可知虛空能夠生出色法之相。你現在問的意思：由於和合的緣故，產生了世間的種種變化之相。你試觀察這一鄰虛塵，用了多少虛空和合而成？不應該是鄰虛塵合成了鄰虛塵吧。又如果說是鄰虛塵不斷析解而成了虛空，那麼，究竟是用多少鄰虛塵色相合成了虛空？若是色相與色相相合，合成之物仍是色法，不會成為虛空。若是虛空與虛空相合，合成之物仍是虛空而不是色法。色法還可以析解，而虛空無相又怎麼能相合呢？你原本不知，如來藏性中，性具之色即是真空，而性具之空即是真色，此如來藏本然清淨，周遍於法界；隨著眾生之心性的不同，以及相應知量的大小，因循眾生的業感不同而顯發呈現不同的差別外境。世間無知的人，迷惑本性而誤認為是因緣性以及自然性，這些都是眾生識心的分別計度妄想，僅僅只是言說戲論，並沒有真實的意義。

【注釋】

❶ 鄰虛塵：新譯曰「極微」。色法之最極少分，鄰似虛空者，即已接近虛空的微塵，此為色法之根本。

「阿難，火性無我，寄於諸緣。汝觀城中未食之家，欲炊爨時❶，手執陽燧❷，日前求火。阿難，名和合者，如我與汝一千二百五十比丘，今為一眾。眾雖為一，詰其根本，各各有身，皆有所生氏族名字，如舍利弗，婆羅門種姓❸，優樓頻螺❹，迦葉波種❺，乃至阿難，瞿曇種姓❻。阿難，若此火性因和合有，彼手執鏡於日求火，此火為從鏡中而出？為從艾出？為於日來？阿難，若日來者，自能燒汝手中之艾，來處林木皆應受焚。若鏡中出，自能於鏡出然於艾，鏡何不鎔？紆汝手執尚無熱相，云何融泮？若生於艾，何藉日鏡光明相接，然後火生？汝又諦觀，鏡因手執，日從天來，艾本地生，火從何方遊歷於此？日鏡相遠，非和非合，不應火光無從自有。汝猶不知如來藏中性火真空，性空真火，清淨本然，周遍法界，隨眾生心，應所知量。阿難，當知世人一處執鏡，一處火生，遍法界執，滿世間起。起遍世間，寧有方所？循業發現。世間無知，惑為因緣及自然性，皆是識心分別計度，但有言說，都無實義。

【譯文】

「阿難，火性沒有自體，它是寄託於眾緣才顯現。你觀察一下城中還未用餐的人家，將要燒火做飯時，手中拿著陽燧在太陽下求取火種。阿難，所謂和合的意思，就如同我和你們一千二百五十位比丘，現在合為一個大眾集體。雖是一個大眾集體，但究其根本，卻各有自己的身體，都有所出生的氏族名字，如舍利弗是婆羅門種姓，優樓頻螺是迦葉波種姓，乃至阿難為瞿曇種姓。阿難，如果此火性因和合而有，那人手拿陽燧鏡在陽光下求火，那麼，這個火是從鏡中而生出呢？還是從艾草中而生出？或者是從太陽中而來呢？阿難，如果火是從太陽而來的，那麼既然自能燒著手中的艾草，所經過之處的林木也應該都被焚燒。如果是從鏡中生出，那麼既然能從鏡中出火點燃艾草，鏡子為何卻沒被熔化呢？執鏡之手尚且沒有熱的感覺，怎能熔化鏡子呢？如果火是從艾草中生出，為何還要借助於日光與陽燧鏡光明相接才生出火呢？你再仔細觀察，鏡子拿在手中，日光從天空來，艾草由地長出，那麼，火究竟是從何方遊歷到這裡的？太陽與鏡子相距很遠，既不能相和，也不能相合，總不應該說火是無因無緣自然而有的吧。你原本不知，如來藏中，性具之火即是真空，而性具之空即是真火。此如來藏本然清淨，周遍於法界，並且隨著眾生之心性以及相應知量的大小而顯現。阿難，當知世間人在一處執鏡求火，就有一處火生出；假如是遍法界的人都持鏡求火，那麼整個世間都應有火生起。火既然遍世間到處都有生起，怎能說都有一定的所來處所呢？火只是因循眾生的業感不同而顯現的。世間無知的人，迷惑本性而誤認為是因緣性以及自然性，這些都是眾生識心的分別計度妄想，僅僅只是言說戲論，並沒有真實的意義。

【注釋】

❶ 爨：燒火煮飯。

❷ 陽燧：古代利用取火的銅鏡。

❸ 婆羅門：印度四姓中，最上位之僧侶、學者階級。

❹ 優樓頻螺：佛陀弟子的三迦葉之一，「迦葉」為其姓。

❺ 迦葉波：又作「迦攝波」。佛弟子名，古佛名，童子名，仙人名，律部名。此處指種姓。

❻ 瞿曇：為印度刹帝利種中之一姓，瞿曇仙人之苗裔，即釋尊所屬之本姓。又作「喬答摩」、「瞿答摩」、「俱譚」、「具譚」，意譯作「地最勝」、「泥土」、「地種」、「暗牛」、「牛糞種」、「滅惡」。

「阿難，水性不定，流息無恆。如室羅城迦毗羅仙、斫迦羅仙及鉢頭摩、訶薩多等諸大幻師❶，求太陰精，用和幻藥。是諸師等於白月晝手執方諸❷，承月中水。此水為復從珠中出？空中自有？為從月來？阿難，若從月來，尚能遠方令珠出水，所經林木皆應吐流。流則何待方諸所出？不流，明水非從月降。若從珠出，則此珠中常應流水，何待中宵承白月晝？若從空生，空性無邊，水當無際，從人洎天皆同滔溺，云何復有水陸空行？汝更諦觀，月從天陟❸，珠因手持，承珠水盤本人敷設，水從何方流注於此？月珠相遠，非和非合，不應水精無從自有。汝尚不知，如來藏中性水真空，性空真水。清淨本然，周遍法界，隨眾生心，應所知量。一處執珠，一處水出，遍法界執，滿法界生。生滿世間，寧有方所？循業發現。世間無知，惑為因緣及自然性，皆是識心分別計度，但有言說，都無實義。

【譯文】

「阿難，水性不定，流動止息無常態。就如室羅筏城中的迦毗羅仙、斫迦羅仙及鉢頭摩、訶薩多等大幻師，欲求取太陰精用以和合製作幻藥。這些幻師於月明如白晝之時，手執方諸承接月中之水。此水是從水晶珠中生出？還是空中自然而有？還是從月亮來的呢？阿難，如果此水是從月亮來的，月亮既然尚能於如此遙遠的地方使珠出水，那月光所經過的林木都應該有水流出。若有水流出則何必再依靠水晶珠出水呢？若林木之中並無水流出，就表明了此水不是從月中降下的。如果此水是從水晶珠中生出，則此珠應該常常有水流出，何必等到午夜月明之時呢？如果此水是從空中生出，虛空無有邊際，那所出的水也應當無有邊際，這樣，從人間到天上都應被洪水淹沒，怎麼還會有水、陸、空行的生命呢？你再仔細觀察一下，月從天空升起，水晶珠以手執持，承接水晶珠出水的水盤本是人為安放設置的，那麼，水是從何方流注於這個盤中呢？月亮與水晶珠相距很遠，不能和合，總不應說所求的水精是無所從來、自然而有的吧。你原本不知，如來藏性中，性具之水即是真空，而性具之空即是真水。此如來藏本然清淨，周遍於法界，並且隨著眾生之心性以及相應知量的大小而顯現。阿難，當知世間人在一處執珠求水，就有一處水生出；假如是遍法界的人都持珠求水，那麼整個世間都應有水生起。水既然遍世間到處都有生起，怎能說都有一定的所來處所呢？水只是因循眾生的業感不同而顯現的。世間無知的人，迷惑本性而誤認為是因緣性以及自然性，這些都是眾生識心的分別計度妄想，僅僅只是言說戲論，並沒有真實的意義。

【注釋】

❶ 迦毗羅仙：數論外道之祖，稱「黃髮外道」。斫迦羅仙：為「圓輪外道」。鉢頭摩：為「蓮花池外道」。訶薩多：為「事水外道」，均是古印度外道之師，都善幻術。

❷ 方諸：水晶珠。為古人於月夜使用方術求取水的器具，狀如珠子。

❸ 陟：由低處向高處走。與「降」相對。

「阿難，風性無體，動靜不常。汝常整衣，入於大眾，僧伽梨角動及旁人，則有微風拂被人面。此風為復出袈裟角？發於虛空？生彼人面？阿難，此風若復出袈裟角，汝乃披風，其衣飛搖，應離汝體。我今說法，會中垂衣，汝看我衣，風何所在？不應衣中有藏風地。若生虛空，汝衣不動，何因無拂？空性常住，風應常生；若無風時，虛空當滅。滅風可見，滅空何狀？若有生滅，不名虛空；名為虛空，云何風出？若風自生被拂之面，從彼面生，當應拂汝；自汝整衣，云何倒拂？汝審諦觀，整衣在汝，面屬彼人，虛空寂然，不參流動，風自誰方鼓動來此？風、空性隔，非和非合，不應風性無從自有。汝宛不知，如來藏中，性風真空，性空真風，清淨本然，周遍法界，隨眾生心，應所知量。阿難，如汝一人微動服衣，有微風出，遍法界拂，滿國土生，周遍世間，寧有方所？循業發現。世間無知，惑為因緣及自然性，皆是識心分別計度，但有言說，都無實義。

【譯文】

「阿難，風性沒有自體，動靜無常。你常常整理僧衣，進入大眾，若袈裟衣角飄動觸到旁邊的人，則有微風吹拂這人的臉面。此風可是從袈裟衣角中生出？還是發自虛空？還是生於他人臉面？阿難，此風如果是從袈裟衣角中生出，那你就等於把風披在身上，這樣袈裟衣飛動飄搖時，應該吹離你的身體而飛去才是。我現在說法，在法會中垂下僧衣，你看我的僧衣垂下不動之際，此時風在何處呢？不應說於靜止時衣中有藏風之地吧。如果風是從虛空中生出，若你的僧衣不動時，為何虛空沒有產生風來拂面呢？再說，虛空之性常住，風應該時時生出才是；反過來說，若無風之時，虛空也應該消亡才對。風之消亡可以看見，而虛空的消亡又該是什麼樣子呢？虛空如果有了生滅，就不能稱為虛空；既然稱為是虛空，就不應有生滅，沒有能生與所生，如此則為何說風於此生出呢？如果風是自己從被拂人的臉面生出來的，既是從他的臉面生出的，應當順著吹拂到你；然而，自然是你自己在整衣，從他面上生出風來吹拂你的袈裟又拂觸其人，這豈不是倒拂？你仔細觀察，整理僧衣的是你，然衣中無風，被拂之面是屬於他人，彼面亦不生風，虛空寂靜不參與任何流動，空亦不生風，風究竟是從何方鼓動而來此處的呢？風與虛空二者體性隔異，不能和合，總不應說風性是無所從來、自然而有的吧！你原本不知，如來藏中，性具之風即是真空，而性具之空即是真風，此如來藏本然清淨，周遍於法界，並且隨著眾生之心性以及相應知量的大小而顯現。阿難，像你一人微微動一下衣服，就有微風生出；假如遍法界的人都拂動衣服，那麼整個國土都應有風生出。風既然遍世間到處都有生起，怎能說都有一定的所來處所呢？風只是因循眾生的業感不同而顯現的。世間無知的人，迷惑本性而誤認為是因緣性以及自然性，這些都是眾生識心的分別計度妄想，僅僅只是言說戲論，並沒有真實的意義。

「阿難，空性無形，因色顯發。如室羅城去河遙處，諸剎利種及婆羅門、毗舍、首陀兼頗羅墮、旃陀羅等新立安居❶，鑿井求水。出土一尺，於中則有一尺虛空；如是乃至出土一丈，中間還得一丈虛空。虛空淺深，隨出多少。此空為當因土所出？因鑿所有？無因自生？阿難，若復此空無因自生，未鑿土前，何不無礙？惟見大地，迥無通達❷。若因土出，則土出時，應見空入。若土先出，無空入者，云何虛空因土而出？若無出入，則應空、土，元無異因；無異則同，則土出時，空何不出？若因鑿出，則鑿出空，應非出土。不因鑿出，鑿自出土，云何見空？汝更審諦，諦審諦觀，鑿從人手，隨方運轉，土因地移，如是虛空因何所出？鑿、空虛實，不相為用，非和非合，不應虛空無從自出。若此虛空性圓周遍，本不動搖，當知現前地水火風，均名五大，性真圓融，皆如來藏，本無生滅。阿難，汝心昏迷，不悟四大元如來藏。當觀虛空，為出？為入？為非出入？汝全不知，如來藏中，性覺真空，性空真覺。清淨本然，周遍法界，隨眾生心，應所知量。阿難，如一井空，空生一井，十方虛空，亦復如是，圓滿十方，寧有方所？循業發現。世間無知，惑為因緣及自然性，皆是識心分別計度，但有言說，都無實義。

【譯文】

「阿難，虛空之空大種性無有形相，隨著色塵對待烘托之緣而顯現發明。就如室羅筏城距離河流很遠，城中的王族、婆羅門教士、商人、農夫以及工匠、屠夫等安立新居後，就掘井求水。若掘出一尺的土，其中就有一尺的虛空；這樣乃至掘出一丈的土，中間就有一丈的虛空。其地下虛空的淺深，與掘出泥土的多少而相應。此空到底是由於土所出呢？還是由鑿而有呢？此空是由所出之土生出的呢？還是由開鑿之力鑿出的呢？還是無因而自己生出？阿難，如果此空是無因自生的，則還未鑿土掘井之前，為何地中不現出通達無礙的空相呢？唯見大地之中全無通達之相。如果此空是因土而出，則挖出土時，應該看見有虛空進入才對。如果土先挖出，卻並無虛空進入，怎麼能說虛空是因土而出呢？如果此空本來無有出入，則虛空與土二者應該沒有差別；沒有差別則是相同，那麼土被挖出之時，虛空為何不同時出來呢？若是因鑿而出現虛空，就應該開鑿出空而不是挖出土來。如果不是因為開鑿而生出虛空，開鑿只是挖出土來，為何卻見到空呢？你再仔細如實觀察，開鑿是由人手完成，隨其方向，運轉施工，土從地中移出，若是這樣，虛空究竟是從何處產生的呢？鑿是實有，空是虛無，一虛一實，不能互相為用，非和非合，總不能說虛空是無所從來、自然而有的吧！如果虛空之性圓融周遍，本不動搖，則虛空與現前的地水火風都稱為五大，其體性真實圓滿，都是如來藏妙真如性，本來沒有生滅。阿難，你的心昏迷，不悟四大本來都是如來藏妙真如性的作用顯現。你應當觀察虛空究竟是出？是入？還是非出非入？你全然不知，如來藏中，性覺即是真空，而性空即是真覺。此如來藏本然清淨，周遍於法界，並且隨著眾生之心性以及相應知量的大小而顯現。阿難，如一井之土被挖出，便有與一井等量的虛空，十方虛空，也是如此。虛空圓融遍滿十方，豈有一定之方所呢？虛空只是隨著眾生的業感不同而顯現的。世間無知的人，因迷惑而將其認作因緣和合而生，或當作無因自生的自然之性，這些都是眾生識心分別計度的結果，僅僅只是言說戲論，並沒有真實的意義。

【注釋】

❶ 毗舍：指商人。首陀：指農夫。頗羅墮：泛指各種工匠。旃陀羅：指屠夫。

❷ 迥：全然。

「阿難，見覺無知，因色空有。如汝今者，在祇陀林，朝明夕昏，設居中宵，白月則光，黑月便暗，則明、暗等，因見分析。此見為復與明暗相並太虛空，為同一體？為非一體？或同非同？或異非異？阿難，此見若復與明與暗及與虛空元一體者，則明與暗二體相亡，暗時無明，明時無暗。若與暗一，明則見亡，必一於明，暗時當滅。滅則云何見明、見暗？若明、暗殊，見無生滅，一云何成？若此見精與暗與明非一體者，汝離明暗及與虛空，分析見元，作何形相？離明離暗及離虛空，是見元同龜毛兔角。明、暗、虛空，三事俱異，從何立見？明、暗相背，云何或同？離三元無，云何或異？分空分見，本無邊畔❶，云何非同？見暗見明，性非遷改，云何非異？汝更細審，微細審詳，審諦審觀：明從太陽，暗隨黑月，通屬虛空，壅歸大地，如是見精，因何所出？見覺、空頑，非和非合，不應見精無從自出。若見、聞、覺、知，性圓周遍，本不動搖，當知無邊不動虛空，並其動搖地、水、火、風，均名六大，性真圓融，皆如來藏，本無生滅。阿難，汝性沉淪，不悟汝之見、聞、覺、知本如來藏。汝當觀此見、聞、覺、知，為生？為滅？為同？為異？為非生滅？為非同異？汝曾不知，如來藏中，性見覺明，覺精明見。清淨本然，周遍法界，隨眾生心，應所知量。如一見根，見周法界，聽、嗅、嘗觸、覺觸、覺知，妙德瑩然，遍周法界，圓滿十虛，寧有方所？循業發現。世間無知，惑為因緣及自然性，皆是識心分別計度，但有言說，都無實義。

【譯文】

「阿難，見性本無能所分別之知，只因色空等外塵為緣，方有見聞覺知顯發。就如你現在所住的祇陀林，早晨光明，傍晚昏暗，假設在夜半之時，有月亮則有光明，無月亮便見昏暗，則明、暗等現象，因為見性而分辨明析。此見性與明、暗以及太虛空究竟是同為一體呢？還是並非一體？或者是既同又不同？或者是既異又非異呢？阿難，此見性如果與明、暗以及虛空本來同為一體，那麼，明與暗二體更相消亡，不能共存，暗時無明，明時無暗。此見性若與暗同為一體，明時則見性消亡；若說見性一定是與明同為一體，暗時就應謝滅。見性既然謝滅則怎麼能夠見明、見暗呢？如果說明與暗雖有差別，而見性卻並無生滅，那見性與明暗同為一體的義理怎麼能成立呢？如果此見性與明暗等並非是一體，那麼，你試著離開明暗及虛空等塵境，而去分析此見性，看看它到底是什麼形相呢？如果離於明、離於暗以及離於虛空等塵境，這個能見之性原來如同龜毛兔角一樣，虛妄無實，無有自體。明、暗、虛空三種塵境都離開，沒有了所見外境，又如何成立見性呢？明、暗二者之性本相反，互相陵替，怎能說見性與明暗二者有時而同？若離開明、暗、虛空三者，原無獨立之見性，怎能說見性與三者有時而異呢？若分析虛空和分析見性，本來各自都沒有邊畔疆界，怎可說見性與虛空非混同一體呢？見性能夠見暗見明，而見性卻並無遷改變化，又怎能說見性與明、暗非相異呢？你再仔細審量，細微地研究，如實觀察：明跟從太陽，暗隨從黑月，通屬於虛空，塞歸於大地，如此則見性究竟是從何處所出呢？見性有覺知，虛空則頑鈍，體性各異，非和非合，總不能說見性是無所從來、自然而出的吧。因而，見、聞、覺、知之性，圓滿周遍，本不動搖，當知其與無邊際、無動搖的虛空和地、水、火、風，都稱為六大種性；其體性真實圓融，都是如來藏妙真如性，本來沒有生滅。阿難，你心性沉淪，不悟你的見、聞、覺、知功能都是如來藏妙真如性的作用顯現。你應當觀察此見、聞、覺、知功能是有生？是有滅？與塵境是相同？還是相異？或是非生滅？或是非同異呢？你原本不知，如來藏中，性具之見性即是本明的覺體，本覺之性即是妙明真見。此如來藏本然清淨，周遍於法界，並且隨著眾生之心性以及相應知量的大小而顯現。就像這一見根，其見覺性周遍法界，則耳根之聽覺性、鼻根之嗅覺性、舌根之嘗覺性、身根之觸覺性、意根之知覺性，妙德明通，周遍法界，圓滿遍在於十方虛空，怎麼會有一定的所來處所呢？它只是隨著眾生的業感不同而顯現。世間無知的人，因迷惑而將其認作因緣和合而有，或當作無因自生的自然之性，這些都是眾生識心的分別計度的結果，僅僅只是言說戲論，並沒有真實的意義。

【注釋】

❶ 畔：界限，疆界。

「阿難，識性無源，因於六種根塵妄出。汝今遍觀此會聖眾，用目循歷。其目周視，但如鏡中，無別分析；汝識於中，次第標指，此是文殊，此富樓那，此目犍連，此須菩提，此舍利弗。此識了知，為生於見？為生於相？為生虛空？為無所因，突然而出？阿難，若汝識性生於見中，如無明暗及與色空，四種必無，元無汝見；見性尚無，從何發識？若汝識性生於相中，不從見生，既不見明，亦不見暗，明暗不矚，即無色空；彼相尚無，識從何發？若生於空，非相非見。非見無辨，自不能知明暗色空；非相滅緣，見聞覺知無處安立。處此二非，空則同無，有非同物，縱發汝識，欲何分別？若無所因，突然而出，何不日中別識明月？汝更細詳，微細詳審：見托汝睛，相推前境，可狀成有，不相成無，如是識緣因何所出？識動、見澄，非和非合；聞、聽、覺、知，亦復如是。不應識緣，無從自出。若此識心本無所從，當知了別，見聞覺知，圓滿湛然，性非從所，兼彼虛空、地、水、火、風，均名七大，性真圓融，皆如來藏，本無生滅。阿難，汝心粗浮，不悟見、聞、發明、了知，本如來藏。汝應觀此六處識心為同為異？為空為有？為非同異？為非空有？汝元不知，如來藏中，性識明知，覺明真識。妙覺湛然，遍周法界，含吐十虛，寧有方所？循業發現。世間無知，惑為因緣及自然性，皆是識心分別計度，但有言說，都無實義。」

【譯文】

「阿難，識性並無根源，依憑於六種根、塵而虛妄顯現。你現在遍觀此會的聖眾，用眼睛依次觀覽。你的眼睛周遭環視一遍，但只如同鏡中所現一般，眼識沒有別作分析；而你的意識卻於其間依次標名指相，這是文殊，這是富樓那，這是目犍連，這是須菩提，這是舍利弗。此識的了別覺知之性，是生於見根眼睛？還是生於塵相？還是生於虛空呢？或者是無因突然而自生？阿難，如果你的識性是生於見根之中，假若明、暗以及色塵、虛空等四種塵相皆完全沒有時，就根本不會有你的見性；見性尚且不存在，又從何處發生眼識呢？如果你的識性生於塵相之中，而不是從見根中生出，那麼因為沒有見根，則既不能見明，也不能見暗，若明暗諸相都不能矚視，也就沒有色塵和虛空能被看到；外境諸相尚且沒有，此識從何處發生呢？如果此識性生於虛空，既非塵相，又非見根。若非見根則無有能辨之性，自然無法知道明、暗、色、虛空；若非塵相則所緣之境即滅，見聞覺知就無處安立了。處在這樣非見性、非塵相的情況下，虛空則等同於無，如何能生識？即使你認為虛空還是有，但此有並不能同於一般有具體形相存在的物象之有，又如何能生識？縱使能生發你的識性，識體終究是空無一物，又將如何作分別了知呢？如果此識是無因而突然生出，為何不能在日中之時另外看到明月呢？你再仔細審量，細微觀察：能見作用依託眼睛扶塵根，所見塵相推屬現前所對外境，可見相狀的稱為有相的色塵，不見相狀的稱為無相的虛空，若是這樣，生識之緣究竟從何處而有呢？識之性有分別作用，屬動；見之性無分別，屬澄寂之性，體性各異，二者非和非合；聞、聽、覺、知等五根之性，也是這樣。總不能說識性之緣是無所從來、自然而出的吧。如果此識心本無所從來，非和合而有，當知此了別之識與見、聞、覺、知之性，都是圓滿湛然，其性不是從因緣所生，故此識心連同虛空、地、水、火、風及根大，統名七大；其體性真實圓融，都是如來藏性妙真如性，本來沒有生滅。阿難，你心粗浮，不悟見、聞以及發明、了知之識，本來就是如來藏性的作用顯現。你應當觀察眼、耳、鼻、舌、身、意六處識心是同是異？是空是有？還是非同非異？或者是非空非有？你原本不知，如來藏中，性具之識即是妙明真知，本覺之明即是真識。此如來藏本然清淨，周遍於法界，含吐包裹十方虛空，怎麼會有一定的所來處所呢？它只是隨著眾生的業感不同而顯現。世間無知的人，因迷惑而將其認作因緣和合而生，或當作無因自生的自然之性，這些都是眾生識心分別計度的結果，僅僅只是言說戲論，並沒有真實的意義。」

爾時，阿難及諸大眾蒙佛如來微妙開示，身心蕩然，得無罣礙❶。是諸大眾各各自知，心遍十方，見十方空如觀手中所持葉物。一切世間諸所有物皆即菩提妙明元心，心精遍圓，含裹十方。反觀父母所生之身猶彼十方虛空之中吹一微塵，若存若亡；如湛巨海，流一浮漚，起滅無從。了然自知，獲本妙心，常住不滅。禮佛合掌，得未曾有。於如來前，說偈贊佛：

妙湛總持不動尊❷，首楞嚴王世希有。

銷我億劫顛倒想，不歷僧祇獲法身❸。
願今得果成寶王，還度如是恆沙眾。
將此深心奉塵剎，是則名為報佛恩。
伏請世尊為證明，五濁惡世誓先入。
如一眾生未成佛，終不於此取泥洹❹。
大雄大力大慈悲，希更審除微細惑。
令我早登無上覺，於十方界坐道場。
舜若多性可銷亡❺，爍迦羅心無動轉❻。

【譯文】

這時，阿難及諸大眾聽了佛的微妙開示，身心空徹蕩然，一點罣礙也沒有。與會大眾各都覺悟到真心遍滿十方虛空，親見十方虛空，如同觀看手中所持貝葉一樣。一切世間的所有物象都是此菩提妙明元心之所變現，此心體周遍圓滿，含裹十方世界。反觀父母所生的這個身體，猶如十方虛空之中吹起的一點微塵，若存若亡；又如澄澄湛湛、無邊無際的大海之中所漂流的一個小小的水泡，沉浮起滅不定。大眾如是覺悟，了然自知已證獲本覺妙心，悟到其為常住的不生不滅之心。大眾恭敬禮拜釋迦牟尼佛，得以聽聞前所未有的妙法。大眾於是一同說偈讚嘆佛德：

妙湛總持不動尊，首楞嚴王世希有。
銷我億劫顛倒想，不歷僧祇獲法身。
願今得果成寶王，還度如是恆沙眾。
將此深心奉塵剎，是則名為報佛恩。
伏請世尊為證明，五濁惡世誓先入。
如一眾生未成佛，終不於此取泥洹。
大雄大力大慈悲，希更審除微細惑。
令我早登無上覺，於十方界坐道場。
舜若多性可銷亡，爍迦羅心無動轉。

【注釋】

❶ 罣礙：牽掛。因事或因他人罪案而受牽連。

❷ 妙湛總持不動尊：妙湛，指佛之法身遍滿一切處。總持，佛之報身具般若智，能總一切法，持無量義。不動尊，指佛之應身。

❸ 僧祇：「阿僧祇」之略稱，意譯「無數」。印度數目之一，指極大、不可數之數目。

❹ 泥洹：即涅槃。

❺ 舜若多性：「舜若多」指虛空之實體，「舜若多性」即虛空性。

❻ 爍迦羅心：「爍迦羅」為金剛、堅固之意。「爍迦羅心」即堅固心。

卷四

本卷接著討論一切法與如來藏性之關係，並引出了更為精彩的正見抉擇。首先由佛的十大弟子中說法第一的富樓那尊者提出了兩個問題：一是，如果世間一切法都是如來藏，是本來清淨的無為法，為何忽然生出山河大地等一切有為相，而且次第遷流，終而復始？二是，地水火風空「五大」皆周遍法界，然「五大」之性互相陵滅，如水火不容，為何二者都可以周遍？

第一個問題，是令初學者相當迷惑不解的問題，也是令哲學家困惑難解的問題，也是學修悟解必須參究的問題。經中佛陀解釋了無明惑業之依真起妄，並詳細講說了世界、眾生、業果三種相續生起的原因和過程。古來注家多以《大乘起信論》之「三細」（業相、轉相、現相）、「六粗」（智相、相續相、執取相、計名字相、起業相、業系苦相）來解釋，所謂「無明不覺生三細，境界為緣長六粗」。此問題，經中其後還要多次反覆講說，這是本經十分重要的義理內容。第二個問題中，佛陀由此開示了如來藏三義：非一切法之空如來藏，即一切法之不空如來藏，「離即離非，是即非即」之空不空如來藏。佛陀透過這兩個問題的回答，為說三種相續之因，開示五大圓融之故，顯明性相無礙之理，而又會歸三如來藏於一心。對此，臺家以一心三觀性具義解釋，賢首家以本具真如心解釋，而楞嚴家則以本具楞嚴大定發揮。而富樓那又從佛和眾生等不同角度對這兩個問題繼續提問，佛陀以種種比喻回答，並提出了本經關於修證的重要原則——「歇即菩提」。

至此，本經由抉擇正見逐步轉入修證法門。隨後阿難尊者提問，佛陀宣說了發菩提心之初心二決定義：第一義是，因地發心須以不生不滅之真如性為本修因，由此說「五濁」義，所謂一決定以因同果，澄五濁方可入涅槃；第二義是，決定捐棄諸有為相，審知煩惱根本和根塵顛倒之處，所謂二決定從根解結，脫纏縛乃入圓通。生死根本是六識，然六識須依六根而起，故六根為煩惱根本。根塵顛倒之處在六根，故修楞嚴大定，依不生滅心為本修因，選擇下手功夫就是從根起修，從根解結，這是本經所講的圓修法門。

接著講說六根功德優劣，選擇耳根為圓通根，從耳根解結，一根若返源，六根成解脫。並詳細分析六根生起由來，提倡只選擇一根，一門深入，「隨拔一根，脫黏內伏，伏歸元真」，其他五根隨之圓滿解脫。

又本卷所講的耳根、舌根、意根一千二百功德，眼根、鼻根、身根八百功德，在《法華經》、《大乘莊嚴經論》中也有類似講法。

爾時，富樓那彌多羅尼子在大眾中即從座起，偏袒右肩，右膝著地，合掌恭敬，而白佛言：「大威德世尊，善為眾生敷演如來第一義諦。世尊常推說法人中，我為第一。今聞如來微妙法音，猶如聾人逾百步外聆於蚊蚋，本所不見，何況得聞？佛雖宣明，今我除惑，今猶未詳斯義究竟無疑惑地。世尊，如阿難輩雖則開悟，習漏未除；我等會中登無漏者，雖盡諸漏，今聞如來所說法音，尚紆疑悔。世尊，若復世間一切根、塵、陰、處、界等，皆如來藏清淨本然，云何忽生山河大地諸有為相，次第遷流，終而復始？又如來說，地水火風，本性圓融，周遍法界，湛然常住。世尊，若地性遍，云何容水？水性周遍，火則不生。復云何明，水、火二性俱遍虛空，不相陵滅？世尊，地性障礙，空性虛通，云何二俱周遍法界？而我不知是義攸往，唯願如來宣流大慈，開我迷雲及諸大眾。」作是語已，五體投地，欽渴如來無上慈誨。

【譯文】

這時，富樓那尊者即在大眾中從座位上起來，偏袒右肩，右膝著地，合掌恭敬禮佛而對佛說：「大威德世尊，您最善於為眾生詳細解說如來的第一義諦。世尊常推崇我為說法人中的第一。但我現在聽了您的微妙講解法音，卻猶如聾人在百步外聽蚊蟲的叫聲，本來就不能見到，更何況能聽得到呢？佛雖然宣明法義，令我等除去疑惑，但我現在仍未明白第一義諦的究竟道理，未達到無疑惑的境地。世尊，如阿難等輩雖然開悟，習氣煩惱尚未除盡；就是大會中像我一樣證得無漏果位的阿羅漢眾，雖然有漏煩惱已盡，現在聽了如來所說法音，還紆繞在疑悔之中。世尊，如果世間一切根、塵、陰、處、界等，都是如來藏妙真如性、清淨本然，為何忽然生出山河大地等種種有為相？而且它們次第遷流，終而復始？又如佛所常說，地水火風四大的本性是圓融無礙，周遍法界，湛然常住。世尊，如果地性周遍法界，怎麼可以容水呢？水性周遍法界，火則不能產生。又如何明了水、火二性都遍滿虛空，怎麼不相互陵奪、消滅呢？世尊，地性具障礙相，空性具虛通相，為何又說二性都遍滿法界呢？然而我實不知此義理的歸屬所在，唯願佛以大慈悲教誨我及會中諸大眾，撥開我們心中的迷雲。」富樓那說完這些話後，五體投地，禮敬佛陀，渴望佛賜予無上慈悲的教誨。

爾時，世尊告富樓那及諸會中漏盡無學諸阿羅漢：「如來今日普為此會宣勝義中真勝義性，令汝會中定性聲聞❶，及諸一切未得二空、迴向上乘阿羅漢等❷，皆獲一乘寂滅場地、真阿練若、正修行處❸。汝今諦聽，當為汝說。」富樓那等欽佛法音，默然承聽。

【譯文】

這時，佛告訴富樓那以及會中已斷除煩惱的無學阿羅漢說：「如來今天普為此會大眾宣說勝義法中的真勝義性，讓你們會中的定性聲聞，以及一切還未證得人、法二空卻迴心向上乘的阿羅漢們，都能獲得一乘寂滅道場、真正的阿練若寂靜處、正修行處。你們現在仔細聽著，我將為你們宣說。」富樓那等欽仰佛陀的法音，都肅然恭敬地聆聽。

【注釋】

❶ 定性聲聞：指沉空滯靜、不肯迴小向而趨止涅槃化城的鈍根聲聞乘人。

❷ 二空：人空、法空。人空，又稱「我空」、「生空」，即人我空無之真理。凡夫之人妄計色、受、想、行、識等五蘊是我，強立主宰，引生煩惱，造種種業。佛為破除此一妄執，故說五蘊無我之理，謂我僅為五蘊之假和合，並無常一之主宰。聲聞、緣覺等二乘之人聞之而證入無我之理，稱為「人空」。法空，即諸法空無之真理。二乘之人未達法空之理時猶計五蘊之法為實有者，佛為破除此一妄執，故說般若深慧，令彼等徹見五蘊自性皆空。菩薩聞之而入諸法皆空之理，稱為「法空」。

❸ 一乘：即指佛乘。

佛言：「富樓那，如汝所言，清淨本然，云何忽生山河大地？汝常不聞如來宣說『性覺妙明，本覺明妙』？」富樓那言：「唯然，世尊。我常聞佛宣說斯義。」佛言：「汝稱覺明，為復性明，稱名為覺？為覺不明，稱為明覺？」富樓那言：「若此不明，名為覺者，則無所明。」

【譯文】

佛說：「富樓那，如你所問的，如來藏性清淨本然，為何忽然生出山河大地？你不是時常聽到如來宣說『性覺妙明，本覺明妙』嗎？」富樓那回答：「是的，世尊。我常聽佛宣說此理。」佛問：「你說『覺明』，是其性本然自明而稱之為『覺』呢？還是性不自明，而須覺其不明，而稱之為『明覺』呢？」富樓那回答：「若此真覺本無明相不用明之，沒有能覺與所明就稱名為『覺』，則沒有因所明而覺了。」

佛言：「若無所明，則無明覺。有所非覺，無所非明，無明又非覺湛明性。性覺必明，妄為明覺。覺非所明，因明立所；所既妄立，生汝妄能。無同異中，熾然成異；異彼所異，因異立同；同異發明，因此復立無同無異。如是擾亂，相待生勞，勞久發塵，自相渾濁，由是引起塵勞煩惱。起為世界，靜成虛空。虛空為同，世界為異，彼無同異，真有為法。

【譯文】

佛說：「如你說的，若無能覺與所明，則沒有因明而覺之明覺，必有所明方可稱為明覺。然而，真覺本無能所，若有所明則就不是真覺了；若無所明則就不是明覺了，沒有明覺當然就不是本性真覺的覺湛明性。本性真覺本然自明，不須更以明明之，若必要有所覺明，則這『要有所明』的一念就是妄念，妄念動而轉本然妙明為明覺，此真覺便被當作妄覺了。『真覺』並不是所明之境，因為『要有所明』的妄念作用而妄立了所明對象；所明對象既然妄立，就產生了虛妄能見功能。這樣，在無有同異分別的本然清淨之體中，突然顯現出了種種差別異相的境界；異於這些差別異相，因對異相之境又妄立了同相；同相與異相互相顯發彰明，因此又妄立了無同無異的有情含藏識。本然清淨的如來藏性因為如此妄念一動的擾亂，便在同與異的相互對待中轉生粗識勞慮，勞慮相續而引發塵相，由妄境引發妄心，妄心又分別妄境，分別計度，假立名言，以致自相心水渾濁不清，由此引起塵勞煩惱。這樣，動起有相之處結為世界，靜而無相之處結成虛空。虛空即是同相，世界便是異相，那無同無異相結成有情根識，乃是真有為法。

「覺明空昧，相待成搖，故有風輪執持世界❶。因空生搖，堅明立礙。彼金寶者❷，明覺立堅，故有金輪保持國土。堅覺寶成，搖明風出，風金相摩，故有火光，為變化性。寶明生潤，火光上蒸，故有水輪含十方界。火騰水降，交發立堅。濕為巨海，乾為洲潭❸。以是義故，彼大海中火光常起，彼洲潭中江河常注。水勢劣火，結為高山；是故山石擊則成焰，融則成水。土勢劣水，抽為草木；是故林藪遇燒成土❹，因絞成水。交妄發生，遞相為種，以是因緣，世界相續。

【譯文】

「真覺之體起妄明，遂有晦昧頑空生起，妄明與晦昧之空相待，妄明動搖於內，風大生起於外，從微至著，積成風輪，執持世界，故世界初依風輪而得安立。又因空昧與妄明相待而生動搖，妄明堅執晦昧空體，遂結暗成色，凝成地大質礙之相。那些金寶，都是明覺體上一分堅執而凝結所立的堅礙之相，故有金輪形成，保持國土。堅執妄覺所立的金寶既成，搖動妄明所感的風大又出，風與金相互摩擦而有火光生起，成為變化性。金寶之體明淨而生潤澤之性，火光上升蒸發金輪，融結而有水輪，含受十方世界。火性上騰，水性下降，二者相交而生發成立堅礙之相。濕的成為巨海，乾的成為洲灘。正因為這樣，在大海中常有火光升起，洲灘上常有江河流注。水勢劣於火，就結為高山；因此，山石相擊會產生火花，融化則變成水。土勢劣於水，就抽拔而為草木；因此，林木、草叢遇火燒即成土灰，因絞榨則有汁水。這樣，妄心與妄境交互作用而發生種種境相，遞相為因種，輾轉而相生，因為這樣的諸種因緣，便形成了世界的相續遷流，成住壞空，終而復始。

【注釋】

❶ 風輪：為大地四輪之一，乃世界之最底部。世界之成必先立於虛空之上，稱為「空輪」，依此空輪而上，生風輪、水輪、金輪，合稱「四輪」。

❷ 金寶：即金輪。

❸ 潬：水中沙堆。

❹ 藪：聚集。

「復次，富樓那，明妄非他，覺明為咎，所妄既立，明理不逾。以是因緣，聽不出聲，見不超色。色、香、味、觸，六妄成就，由是分開，見、覺、聞、知。同業相纏，合離成化。見明色發，明見想成，異見成憎，同想成愛，流愛為種，納想為胎。交遘發生，吸引同業，故有因緣，生羯羅藍、遏蒲曇等❶。胎卵濕化，隨其所應。卵唯想生，胎因情有，濕以合感，化以離應。情、想、合、離，更相變易。所有受業，逐其飛沉，以是因緣，眾生相續。

【譯文】

「其次，富樓那，須明了此妄起之因並非其他，而是在性覺本然自明之體上，卻欲有所覺明，妄立所明與能覺，成為過咎所在，所明之妄相相分既已成立，能明之妄見見分於理上就不逾越所見的業相範圍，而有所局限了。因為這樣的因緣，聽不出聲塵範圍，見不出色塵範圍。於是，色、聲、香、味、觸、法等六種妄相相分得以成就；由此遂於一精明之體，區分出見、聞、嗅、嘗、覺、知等六種妄見見分作用。胎生與卵生二類眾生，因父母與自己三者業同，故互相纏縛而投胎託生。濕生與化生二類眾生，因己業力，或合濕成形為濕生，或離舊赴新為化生。以胎生之人道來說，中陰身投胎之時，於同業有緣父母交合處見到一點微明的色境現出，中陰身乘光趨赴，剎那便至，明見妄境，便成欲愛妄想；男見父、女見母就生憎恨心，男見母、女見父就生愛心，流注此想愛於父精母血之中，為受生種子，父母方面納受此想愛，得成為胎。父母交媾發生時，吸引同業有緣的中陰身來入胎，因此以想愛為親因，以父母交合為助緣，而生羯羅藍、遏蒲曇等胎相。胎卵濕化四生，都是隨其業緣所感應而生。卵生唯因妄想多而受生，胎生是因情愛多而受生，濕生是因自己的情想與濕氣相合而產生，化生是隨其業緣所感應，離此托彼而產生。有情眾生於累劫之中，情、想、合、離四種受生處於交互更易之中，並非一定。所有的受生業報，都是隨逐眾生的善惡業因而有，善業則飛升，惡業則沉墮，因為這樣的諸種因緣，便形成了眾生的相續受生，胎卵濕化，流轉不息。

【注釋】

❶ 羯羅藍：意譯作「凝滑」、「和合」、「雜穢」、「胞胎」、「膜」。為胎內五位之一，托胎以後初七日間的狀態，即父母兩精初和合之凝結者，胚、胎之義。遏蒲曇：意譯作「疱」、「腫物」。指胎內五位之一，乃托胎後第二個七日之胎兒狀，即於凝酪中生疱結之位，故稱「疱」或「水泡」。

「富樓那，想愛同結，愛不能離，則諸世間父母子孫相生不斷，是等則以欲貪為本。貪愛同滋，貪不能止，則諸世間卵、化、濕、胎，隨力強弱，遞相吞食，是等則以殺貪為本。以人食羊，羊死為人，人死為羊，如是乃至十生之類❶，死死生生，互來相啖❷，惡業俱生，窮未來際，是等則以盜貪為本。汝負我命，我還汝債，以是因緣，經百千劫，常在生死。汝愛我心，我憐汝色，以是因緣，經百千劫，常在纏縛。唯殺、盜、淫三為根本，以是因緣，業果相續。

【譯文】

「富樓那，一切眾生因過去世的想念恩愛因緣，以同想成愛欲，同為結縛，故受生時流愛為種，則深結生緣；愛欲之貪互相纏結，不能捨離，因而諸世間的父母子孫世世相生，延續不斷，此類眾生是以受生時的愛欲之貪為其生死的根本。由有貪愛而有身命，既有身命則同須滋養其命，因而貪求不止；為貪故殺，食其血肉，用來滋養己命，由此諸世間中的卵生、化生、濕生、胎生四類生物，隨其力量的強弱，以強食弱，互相吞食，此類眾生是以殺貪為其生死的根本。因為人食羊，羊死後轉生為人，人死後又轉生為羊，如此乃至十生之類都是這樣，死死生生，互相吞食，惡業伴隨而生，寃寃相對，盡未來際，此類眾生是以盜貪為其生死的根本。你欠我命，我還你債，以此因緣，雖經百千劫數，常處在生死苦海之中。你愛我心，我憐你色，以此因緣，雖歷百千劫數，常處在情愛纏縛中而不得解脫。所以，眾生只是以殺、盜、淫三種貪習種子為其生死輪迴的根本，以此因緣，業果相續不斷。

【注釋】

❶ 十生：即十類眾生：卵、胎、濕、化、有想、無想、有色、無色、非有想、非無想。

❷ 啖：食也。

「富樓那，如是三種，顛倒相續，皆是覺明，明了知性，因了發相；從妄見生，山河大地，諸有為相，次第遷流；因此虛妄，終而復始。」

【譯文】

「富樓那，如此的世界、眾生、業果三種相續，乃是顛倒之相，都是由真覺妙明而起妄明，由妄明而起虛妄的了知性，因了知性而發生種種境界相；從此妄見生起山河大地等種種有為相的粗境，次第生滅，遷流不息；因為這樣的顛倒虛妄，三種相續生滅流轉，終而復始。」

富樓那言：「若此妙覺，本妙覺明，與如來心不增不減，無狀忽生山河大地諸有為相；如來今得妙空明覺，山河大地有為習漏，何當復生？」佛告富樓那：「譬如迷人，於一聚落❶，惑南為北，此迷為復因迷而有，因悟所出❷？」富樓那言：「如是迷人，亦不因迷，又不因悟。何以故？迷本無根，云何因迷？悟非生迷，云何因悟？」佛言：「彼之迷人，正在迷時，倏有悟人指示令悟❸。富樓那，於意云何？此人縱迷，於此聚落，更生迷不？」「不也，世尊。」「富樓那，十方如來亦復如是。此迷無本，性畢竟空。昔本無迷，似有迷覺；覺迷迷滅，覺不生迷。亦如翳人見空中華，翳病若除，華於空滅。忽有愚人，於彼空華所滅空地，待華更生。汝觀是人為愚為慧？」富樓那言：「空元無華，妄見生滅。見華滅空，已是顛倒，敕令更出，斯實狂痴，云何更名如是狂人為愚為慧？」佛言：「如汝所解，云何問言：『諸佛如來妙覺明空，何當更出山河大地？』又如金礦雜於精金，其金一純，更不成雜；如木成灰，不重為木。諸佛如來菩提涅槃，亦復如是。

【譯文】

富樓那又問佛：「如果此妙覺，是本然妙覺覺明之體，與如來的清淨妙心一樣不增不減，卻無因無故忽然生出山河大地等有為法諸相；如來現在已經證得此妙性真空明覺，那麼，山河大地等諸有為習漏，何時又當無狀復生呢？」佛告訴富樓那：「譬如一個迷失方向的人，在一村落誤認南方為北方，這個迷是因迷而有的呢？還是因悟而產生的呢？」富樓那回答：「這個迷人，既不是因迷而有了迷，也不是因悟而生出迷。為什麼呢？迷本自無有根源，沒有來由，怎麼會因迷而有了迷呢？悟與迷相背，既然為悟就不會生迷，怎麼會因悟而產生迷呢？」佛說：「那個迷人正在迷的時候，忽然有一個悟了的人指示方向，令他悟知。富樓那，你的看法如何？此人縱然在此聚落迷失，經此指示，還再生迷嗎？」富樓那回答：「不會的，世尊。」佛說：「富樓那，十方如來也是如此，悟後不復更生妄迷。這個迷實無本體根源，其性是畢竟空。從前本沒有迷，忽起妄念而似有了迷覺；一旦覺悟所迷則迷覺即滅，覺悟後也不會再生出迷覺。又如眼睛患翳病的人看見空中幻花，翳病若除去，空中幻花自然謝失了。忽然有一個愚人，眼病好後，仍在空中花謝滅之處等待空花重新出現。你看此人是愚昧？還是智慧呢？」富樓那回答：「空中本來就沒有花，因翳病迷妄而看見有花生滅。看到花在空中謝滅，已屬顛倒之見，還要讓花再次出現，這實在是痴狂，怎麼還要說這樣的狂人是愚昧、還是智慧呢？」佛說：「那你既然這樣理解，為什麼還要問：『諸佛如來已證妙覺明空，何時又當再出生山河大地呢？』又如金礦中雜有精金，將其煉成純金之後，就不會再混同雜質了；又如將木燒成灰，就不會再恢復成木了。諸佛如來證得菩提涅槃果位，也是如此。

【注釋】

❶ 聚落：即村落。

❷ 所出：有版本為「而出」。

❸ 倏：疾行貌。

「富樓那，又汝問言：地水火風本性圓融，周遍法界，疑水火性不相陵滅；又徵虛空及諸大地，俱遍法界，不合相容。富樓那，譬如虛空，體非群相，而不拒彼諸相發揮。所以者何？富樓那，彼太虛空，日照則明，雲屯則暗，風搖則動，霽澄則清，氣凝則濁，土積成霾❶，水澄成映。於意云何？如是殊方諸有為相，為因彼生？為復空有？若彼所生，富樓那，且日照時，既是日明，十方世界同為日色，云何空中更見圓日？若是空明，空應自照，云何中宵雲霧之時，不生光耀？當知是明，非日非空，不異空日。真妙覺明，亦復如是。汝以空明，則有空現；地水火風各各發明，則各各現；若俱發明，則有俱現。云何俱現？富樓那，如一水中現於日影，兩人同觀水中之日，東西各行，則各有日隨二人去，一東一西，先無準的。不應難言：此日是一，云何各行？各日既雙，云何現一？宛轉虛妄，無可憑據。

【譯文】

「富樓那，你又問我：地水火風四大的本性圓融無礙，性體周遍法界，你仍疑惑水火二性相剋，為何不會相互陵滅；又徵問虛空和大地一通一礙，都遍滿法界，似乎不應當相容並存。富樓那，譬如虛空之體無相，非是萬物諸相，但卻不排斥萬物諸相在其中發揮作用。原因是什麼呢？富樓那，那太虛空有日照就顯現光明相，烏雲屯積就顯現黑暗相，風吹時就有動相，雨後天晴就有清朗之相，地氣凝聚就現出濁重之相，塵土飛揚就現出陰霾之相，水澄清就會映現諸相。你怎麼看待這些呢？這些

『明』等七種不同的有為相，是從『日』等七緣所生呢？還是虛空自有呢？如果是從『日』等七緣所生，富樓那，那麼就以日照為例，既然顯現的是日的光明相，則十方世界應當同是日的光明色，為何在虛空中又可以見到一個圓日呢？如果是虛空自有光明，虛空應恆常自照，為何半夜及雲霧迷漫之時，不生出光明呢？由此應知，此明相不是定屬於日，也不是定屬於虛空，但卻不離虛、日而有。真妙覺明之如來藏心與諸有為相的關係，也是如此。你若循感空之業而去覺明，則有空相顯現；若循地、水、火、風各不同的業而去顯發覺明，則有各不同的四大相顯現；若諸業一起發明，則諸相一齊顯現。怎樣一齊顯現呢？富樓那，如在一處水中映現出日影，兩人同時觀察水中日影，然後各自分別向東西兩個方向行走，則各有一個日影隨著二人而去，一隨東行，一隨西行，事先並沒有確定的所行之處。你不應當問難說：此日影只是一個，為何各有一日影隨二人同行？各自隨行的日影是兩個，為何水中只顯現一個呢？這樣宛轉說一說二，其實都是虛妄計執，並沒有真實的憑據。

【注釋】

❶ 霾：飛沙蔽天、日色無光貌。

「觀相元妄，無可指陳，猶邀空華，結為空果，云何詰其相陵滅義？觀性元真，惟妙覺明；妙覺明心，先非水火，云何復問不相容者？

【譯文】

「由此觀七大相狀本來虛妄，似有非實，無有實體可以指陳，猶如求其空花再結成空果，直是妄上加妄，怎麼還詰問如來藏中所現諸大為何不相互陵滅的道理呢？觀七大之本元真性，唯一妙覺圓明真心；此妙覺圓明如來藏心中，本來就沒有地水火風空等諸大，但循業而發起顯現諸大之相，怎麼還要追問相互之間是否不相容呢？

「富樓那，汝以色空相傾相奪於如來藏，而如來藏隨為色空，周遍法界；是故於中風動、空澄、日明、雲暗。眾生迷悶，背覺合塵，故發塵勞，有世間相。我以妙明不滅不生，合如來藏，而如來藏唯妙覺明，圓照法界；是故於中，一為無量，無量為一，小中現大，大中現小。不動道場，遍十方界，身含十方，無盡虛空；於一毛端，現寶王剎❶，坐微塵裡，轉大法輪。滅塵合覺，故發真如妙覺明性。

【譯文】

「富樓那，你以為色和空於如來藏中互不相容、互相傾奪，而如來藏則循業隨緣顯發為色、空等境相，並且周遍法界；因此在其中才有風的搖動、空的澄寂、日的光明、雲的昏暗等諸相。眾生迷昧於藏性、昏悶於無明，不通諸法虛妄不實之義，背離本有妙明真覺，而與虛妄塵相相合，故此循業顯發塵勞之相，形成世間諸相。我以妙覺圓明不生不滅之體為始覺因，契合本覺如來藏性，而如來藏性唯是妙淨本覺圓明真心，圓照一真法界；因此，在此如來藏性中，『一』即具足無量法，無量法即包容於『一』中，一多無礙；小者可以顯現大者，大者容攝具足小者，小大無礙。此如來藏性如如不動道場，遍滿十方世界，法身含藏十方無盡虛空；在一微小的毫毛端上，化現出廣大的寶王剎土；坐於一介微塵裡，轉大法輪，教化無量眾生。因為息滅了塵勞妄想而合於清淨寂靜的本覺，所以能夠顯發真如的妙覺明性，一切無礙。

【注釋】

❶ 寶王剎：指佛的剎土，即三千大千一佛世界。

「而如來藏本妙圓心，非心非空，非地非水，非風非火，非眼非耳、鼻、舌、身、意，非色非聲、香、味、觸、法，非眼識界，如是乃至非意識界。非明、無明、明無明盡，如是乃至非老非死，非老死盡。非苦非集，非滅非道，非智非得。非檀那非尸羅❶，非毗梨耶非羼提❷，非禪那非般剌若❸，非波羅蜜多。如是乃至非怛闥阿竭❹，非阿羅訶、三耶三菩❺，非大涅槃，非常非樂非我非淨❻。

【譯文】

「而此如來藏本覺妙淨圓明真心，非是識心，非是空，非是地、水、風、火，非是眼、耳、鼻、舌、身、意，非是色、聲、香、味、觸、法，非是眼識界乃至非是意識界等十八界。非是明，非是無明，非是明、無明盡；如此乃至非是老，非是死，非是老、死盡等十二因緣。非是苦、集、滅、道四諦，非是智，非是得。非是布施、持戒、忍辱、精進、禪定、般若等六度。如此乃至非是如來、應供、正遍知，非是大涅槃，非是常、樂、我、淨。

【注釋】

❶ 檀那：即「布施」。尸羅：即「持戒」。

❷ 毗梨耶：即「忍辱」。羼提：即「精進」。

❸ 禪那：即「禪定」。般剌若：即「般若」。統稱為「六度」。

❹ 怛闥阿竭：即「如來」。

❺ 阿羅訶：即「應供」，佛十號之一。三耶三菩：即「阿耨多羅三藐三菩提」，意為「正遍知」，佛十號之一。

❻ 常、樂、我、淨：大乘涅槃與如來法身所具足之四德。又稱「涅槃四德」。

「以是俱非世、出世故，即如來藏元明心妙，即心即空，即地即水即風即火，即眼即耳、鼻、舌、身、意，即色即聲、香、味、觸、法，即眼識界，如是乃至即意識界。即明、無明、明無明盡；如是乃至即老即死，即老死盡。即苦即集即滅即道，即智即得。即檀那即尸羅，即毗梨耶即羼提，即禪那即般剌若，即波羅蜜多。如是乃至即怛闥阿竭，即阿羅訶、三耶三菩，即大涅槃，即常即樂即我即淨。以是俱即世、出世故，即如來藏妙明心元，離即離非，是即非即；如何世間三有眾生及出世間聲聞、緣覺❶，以所知心測度如來無上菩提，用世語言入佛知見？譬如琴、瑟、箜篌、琵琶❷，雖有妙音，若無妙指，終不能發。汝與眾生，亦復如是。寶覺真心各各圓滿，如我按指，海印發光❸；汝暫舉心，塵勞先起，由不勤求無上覺道，愛念小乘，得少為足。」

【譯文】

「因為全然不是世間、出世間之一切諸法的緣故，那麼此如來藏本然元明真心妙覺，即是識心，即是空，即是地、水、風、火，即是眼、耳、鼻、舌、身、意，即是色、聲、香、味、觸、法，即是眼識界乃至即是意識界等十八界。即是明，即是無明，即是明、無明盡；如此乃至即是老，即是死，即是老、死盡等十二因緣。即是苦、集、滅、道四諦，即是智，即是得。即是布施、持戒、忍辱、精進、禪定、般若等六度。如此乃至即是如來、應供、正遍知，即是大涅槃，即是常、樂、我、淨。因為全然即是世間、出世間之一切諸法的緣故，那麼此如來藏妙明本元真心，離即離非即，是即、是非即；為何世間的三界眾生以及出世間的聲聞、緣覺，還要以所知的意識分別心來妄自測度如來無上正覺的境界，用世間的語言分別來悟入佛之知見呢？譬如琴、瑟、箜篌、琵琶等樂器，雖能發出美妙的聲音，但若無妙指去彈，妙音終究不能發出。你與眾生，也是如此。寶覺妙明真心，一切有情各圓滿具足，唯佛有妙智，發其妙用，如世尊一按手指，即入海印三昧而發出定光，一切十方世界萬象皆顯現其中；而你們隨舉一念心，即落入意識分別之中，塵勞煩惱隨之而起，這都是由於你們不勤求無上覺道，貪愛小乘果位，得少為足的緣故。」

【注釋】

❶ 聲聞：為二乘之一、三乘之一。指聽聞佛陀聲教而證悟之出家弟子。緣覺：又作「獨覺」、「緣

一覺」、「因緣覺」。為二乘之一、三乘之一。指獨自悟道之修行者。即於現在身中，不稟佛教，無師獨悟，性樂寂靜而不事說法教化之聖者。聲聞與緣覺，合稱為二乘；若共菩薩，則為三乘。

❷ 瑟：撥弦樂器。箜篌：古代撥弦樂器名。

❸ 海印：佛所得之三昧。如於大海中印現一切之事物，湛然於佛之智海中印現一切之法。

富樓那言：「我與如來寶覺圓明真妙淨心，無二圓滿，而我昔遭無始妄想，久在輪迴，今得聖乘，猶未究竟。世尊諸妄一切圓滅，獨妙真常；敢問如來：一切眾生何因有妄，自蔽妙明，受此淪溺？」

【譯文】

富樓那說：「我與如來同樣具有寶覺圓明真妙淨心，圓滿具足，無二無別；但我過去由於無始以來的無明妄想纏繞，故久在輪迴生死之中，現在雖證得聖道，但猶未得究竟。世尊您已圓滿滅除一切妄惑、妄業、妄報，獨得妙覺真常淨心；敢問如來：一切眾生是什麼原因而有了無始的無明妄惑，自己遮蔽了妙明真心，而枉受此輪迴之苦呢？」

佛告富樓那：「汝雖除疑，餘惑未盡。吾以世間現前諸事今復問汝：汝豈不聞室羅城中演若達多❶？忽於晨朝以鏡照面，愛鏡中頭，眉目可見，嗔責己頭，不見面目，以為魑魅❷，無狀狂走。於意云何？此人何因無故狂走？」富樓那言：「是人心狂，更無他故。」

【譯文】

佛告訴富樓那：「你雖破除了疑結，但仍有一些微細惑未能除盡。我再以世間現前的一些事例來問你：你難道沒有聽說過室羅筏城中演若達多的事情嗎？有一日早晨，演若達多忽然用鏡子自照其面，喜愛鏡中的頭面，眉目清晰可見，覺得非常可愛，因此怨責自己的頭，為何看不見自己的面目，以為是魑魅作怪，驚嚇得無故發狂亂跑。你看這事如何？此人是什麼原因而無故發狂亂跑呢？」富樓那回答說：「這人是自心發狂，再沒什麼其他原因。」

【注釋】

❶ 演若達多：人名。

❷ 魑魅：古謂能害人的山澤之神怪。亦泛指鬼怪。

佛言：「妙覺明圓，本圓明妙。既稱為妄，云何有因？若有所因，云何名妄？自諸妄想，展轉相因，從迷積迷，以歷塵劫，雖佛發明，猶不能返。如是迷因，因迷自有；識迷無因，妄無所依，尚無有生，欲何為滅？得菩提者，如寤時人說夢中事，心縱精明，欲何因緣取夢中物？況復無因，本無所有。如彼城中演若達多，豈有因緣自怖頭走？忽然狂歇，頭非外得；縱未狂歇，亦何遺失？

【譯文】

佛說：「妙覺圓明的真心，本自圓滿明妙。既然稱其為妄心，怎麼會有生因呢？若有所生因，又怎麼稱其為妄呢？自無始來的無明妄想，輾轉為因，從迷生迷，歷經塵沙劫數，雖有佛的啟發說明，仍不能返迷歸悟。這個迷的原因，實因迷自身而有，乃是忽起無明而心迷，由生妄想，從迷生迷，妄認為有；如果識得迷本無生因，妄心也沒有實體為所依，純屬如虛空花一樣的幻現，則此迷尚且本來沒有所生之處，又要滅除什麼呢？得證菩提聖果的人，就如醒來的人講說夢中的事，心中雖然清明，能說出夢中境相，但要用什麼因緣方法才能把夢中所見之物取來示人呢？更何況妄心本來無因，妄體本無所有。正如那個城中的演若達多，難道有真實的因緣讓他自己害怕自己的頭而狂走嗎？如果忽然狂心頓歇下來，方知自己的頭仍在，並非從外而得，鏡子裡的頭面非是真實；其實，即使在其狂心未歇之時，他的頭也從來沒有遺失過。

「富樓那，妄性如是，因何為在？汝但不隨分別世間、業果、眾生三種相續，三緣斷故，三因不生，則汝心中演若達多狂性自歇，歇即菩提。勝淨明心，本周法界，不從人得，何藉劬勞肯綮修證❶！譬如有人於自衣中繫如意珠，不自覺知，窮露他方，乞食馳走。雖實貧窮，珠不曾失。忽有智者指示其珠，所願從心，致大饒富，方悟神珠非從外得。」

【譯文】

「富樓那，無明妄想之性即是如此不可得，哪有什麼生起的原因呢？你只要不隨妄境而起分別之心，不去分別世間、業果、眾生三種相續，三種能緣的心既斷，三相續之因不再生起，則你心中的演若達多狂性自然停歇，歇即得菩提。殊勝清淨的妙明真心，本然周遍法界，乃是自己本有家珍，不從外得，何須勞苦身心、苦苦追尋無明妄想之因而斷除之修證！譬如有人在自己衣服之中本來繫著一顆如意寶珠，但自己卻不知道，貧窮流落在他方，到處馳走乞討。他雖然實在是貧窮，可衣中寶珠卻未曾失掉。忽然有一位智者給他指示如意寶珠的所在和妙用，能夠實現所有心中所願，達於大富饒，這時，此人方才悟得寶珠本有而不是從外面得來的。」

【注釋】

❶ 劬：勞苦。肯綮：筋骨結合處。比喻要害或關鍵。

即時，阿難在大眾中頂禮佛足，起立白佛：「世尊現說殺、盜、淫業三緣斷故，三因不生，心中達多狂性自歇，歇即菩提，不從人得；斯則因緣皎然明白，云何如來頓棄因緣？我從因緣心得開悟。世尊，此義何獨我等年少有學聲聞，今此會中大目犍連及舍利弗、須菩提等，從老梵志，聞佛因緣，發心開悟，得成無漏。今說菩提不從因緣，則王舍城拘舍梨等所說自然，成第一義。惟垂大悲，開發迷悶。」

【譯文】

這時，阿難在大眾中頂禮佛足，起立對佛說：「世尊現在說由於殺、盜、淫三種業緣斷除，三相續之因不再生起，心中的演若達多狂性自然停歇，歇即自得菩提，不從他人而得；這就是顯然明白地講因緣法，為什麼如來又忽然棄捨因緣呢？我就是從聽佛開示因緣才心得開悟。世尊，此義何獨我等年輕的有學聲聞為然，現在此會中的大目犍連及舍利弗、須菩提等，都是先從老梵志學道之後，得聞佛說的因緣法之理才發明心地而開悟，證得無漏聖果的。現在您說菩提不從因緣生，那王舍城的拘舍梨等外道所說的『自然』的道理，豈不成了第一義諦了。唯願世尊垂示大悲，開啟發明我心中的迷惑。」

佛告阿難：「即如城中演若達多，狂性因緣若得除滅，則不狂性自然而出；因緣、自然，理窮於是。阿難，演若達多，頭本自然，本自其然，無然非自，何因緣故怖頭狂走？若自然頭，因緣故狂，何不自然，因緣故失？本頭不失，狂怖妄出，曾無變易，何藉因緣？本狂自然，本有狂怖，未狂之際，狂何所潛？不狂自然，頭本無妄，何為狂走？若悟本頭，識知狂走，因緣、自然俱為戲論。是故我言：三緣斷故，即菩提心。

【譯文】

佛告訴阿難：「就如城中的演若達多，狂性之無明因緣若得除滅，則不狂之覺性就自然而現出；你所謂的因緣、自然，其理窮究不過如此。阿難，演若達多的頭本來自然就有，本身即是自然的樣子，無時而不自然，是以什麼因緣才怖畏自己無頭而狂走呢？如果本是自然的頭，由於照鏡子的因緣懷疑頭失去而發狂，那麼為何自然本有的頭，沒有因照鏡子的因緣而真的失去呢？本有的頭並沒有失去，不過是因狂怖而生出來的妄想；無論狂起狂歇，其頭曾無絲毫變易，又何須憑借此因緣呢？如果說發狂本是自然，本來就有狂怖存在著，那他尚未發狂之時，狂性潛藏於何處呢？如果說不發狂本是自然，其頭本來不是虛妄的存在，他為何又會發狂而狂走呢？如果領悟此頭本來未失，識知狂走乃是虛幻妄想，與頭實不相干，如此則知因緣、自然之說都是戲論。因此我說：三種能緣之心既斷，三因不生，即得本具之菩提心。

「菩提心生，生滅心滅，此但生滅。滅、生俱盡，無功用道。若有自然，如是則明自然心生、生滅心滅，此亦生滅。無生滅者，名為自然。猶如世間諸相雜和成一體者，名和合性；非和合者，稱本然性。本然非然，和合非合，合然俱離，離合俱非，此句方名無戲論法。

【譯文】

「菩提心生起，生滅心除滅，此還僅是凡情生滅之見，非是真菩提心的不生不滅境界。生滅心之『滅』與菩提心之『生』二者都無著，才是無功用道。但此時也不可作自然想，若仍有任運自然之心，這樣則分明有自然心生、生滅心滅的對待分別，這仍屬生滅境界，不是真的無功用道。滅、生俱盡的無生滅境界才叫作自然。猶如世間各種事相雜和構成一個整體，稱名為和合性；而非和合性稱名為本然性。本然與非本然、和合與非和合以及和合與本然都離而不執，乃至『離』與『合』之念也遣除不著，到此句言語道斷、心行處滅，方得名為無戲論法。

「菩提涅槃，尚在遙遠，非汝歷劫辛勤修證。雖復憶持十方如來十二部經清淨妙理，如恆河沙，只益戲論。汝雖談說因緣、自然，決定明了，人間稱汝多聞第一；以此積劫多聞熏習，不能免離摩登伽難。何須待我佛頂神咒，摩登伽心淫火頓歇，得阿那含❶，於我法中，成精進林，愛河乾枯，令汝解脫？是故阿難，汝雖歷劫憶持如來秘密妙嚴，不如一日修無漏業，遠離世間憎愛二苦。如摩登伽，宿為淫女，由神咒力，銷其愛欲，法中今名性比丘尼。與羅睺羅母耶輸陀羅同悟宿因❷，知歷世因，貪愛為苦，一念熏修無漏善故，或得出纏，或蒙授記。如何自欺，尚留觀聽？」

【譯文】

「阿難，你細惑未除，距離菩提、涅槃還很遙遠，這不是你歷劫辛勤修行、但求多聞所能證得。

你雖能憶持十方如來所說十二部經中如恆河沙數的清淨妙理，但只不過是增益戲論而已。你雖然談說因緣、自然之理，決定明了其義，人間稱讚你多聞第一；然以此累劫的多聞熏習，不能免離摩登伽女的淫欲之難。若僅多聞即有功，何須依靠我的佛頂神咒來解救你，才使摩登伽女的淫念頓歇，並證得阿那含果，於我佛法中成為精進林，愛河乾枯，不再纏縛你，使你得到解脫呢？因此，阿難，你雖歷劫以來憶持如來秘密妙嚴的法義，不如用一日之功去勤修圓頓無漏法門，以遠離世間的憎、愛二苦。如摩登伽女從前本是淫女，由於咒之神力，消除了其愛欲，於如來法中出家證道，現在名為性比丘尼。她與羅睺羅之母耶輸陀羅同悟宿世之因，知曉歷世受生之因，皆因貪、愛心重而成苦業。她們一念覺悟，熏修無漏善法，一個出離愛欲纏縛而解脫生死，一個蒙佛授記而當來作佛。阿難，你為何以戲論之法自欺，還留戀於見聞分別而不能超越呢？」

【注釋】

❶ 阿那含：意譯為「不來」，小乘四果中的第三果。

❷ 羅睺羅：佛陀出家前的兒子。後出家，在佛陀十大弟子中密行第一。耶輸陀羅：佛陀出家前的妻子，羅睺羅的生母。佛陀成道五年後，與佛陀姨母摩訶波闍波提等五百名釋迦族女，也出家受具足戒成為比丘尼。

阿難及諸大眾聞佛示誨，疑惑銷除，心悟實相❶，身意輕安，得未曾有。重復悲淚，頂禮佛足，長跪合掌而白佛言：「無上大悲清淨寶王，善開我心，能以如是種種因緣方便提獎，引諸沉冥出於苦海。世尊，我今雖承如是法音，知如來藏妙覺明心遍十方界，含育如來十方國土清淨寶嚴妙覺王剎。如來復責多聞無功，不逮修習。我今猶如旅泊之人，忽蒙天王賜予華屋，雖獲大宅，要因門入。惟願如來不捨大悲，示我在會諸蒙暗者，捐捨小乘，畢獲如來無餘涅槃本發心路❷；令有學者，從何攝伏疇昔攀緣❸，得陀羅尼，入佛知見。」作是語已，五體投地，在會一心，佇佛慈旨。

【譯文】

阿難及會中大眾聽了佛的開示教誨，心中的疑惑消除，當即悟得實相，身心獲得了從未曾有的輕安。阿難再次感極而泣，頂禮佛足，長跪合掌對佛說：「無上大悲的清淨寶王，善巧開啟我心，能以如此種種因緣方便提攜、獎誘，引導一切沉淪、暗冥的眾生出離苦海。世尊，我今雖然承聽了如此微妙的法音，知道了如來藏妙覺明心遍於十方世界，含藏孕育如來十方國土的清淨寶嚴妙覺王剎。如來又訶責我僅是多聞無有破障之功，不如修習圓頓無漏道業。我今猶如漂泊的旅人，忽蒙天王賜予華麗的房屋，雖獲大宅，仍要得門而入。唯願如來不捨大悲，指示我及在會的迷昧之眾，捨棄小乘，畢竟獲得如來證得無餘涅槃的發心修行之路；讓有學之眾明了從何處入手攝伏從往以來的攀緣意識心，證得陀羅尼總持法門，悟入佛之知見。」說完此語，阿難五體投地禮拜佛，在會中專心一致地等待佛的慈悲開示。

【注釋】

❶ 實相：一切事物真實、常住不變的本性，平等、最高的真理。

❷ 無餘涅槃：即「無餘依涅槃」，身、智都灰滅的涅槃境界。

❸ 疇昔：往日，從前。

爾時，世尊哀愍會中緣覺、聲聞於菩提心未自在者，及為當來佛滅度後末法眾生發菩提心，開無上乘妙修行路，宣示阿難及諸大眾：「汝等決定發菩提心，於佛如來妙三摩提不生疲倦，應當先明發覺初心二決定義。云何初心二義決定？

【譯文】

這時，世尊哀憫會中那些對於菩提妙心仍未證得自在的緣覺、聲聞，也為未來世、佛滅度後末法時代的眾生發起菩提心，開顯最上乘的圓妙修行之路，即對阿難及大眾宣示說：「你們決定不疑地發起菩提心，對於修習如來不可思議妙三摩提，立志勤求，不生疲倦，既然這樣，就應當首先明了發菩提心之初心的兩種決定義。什麼是發菩提心之初心的兩種決定義呢？

「阿難，第一義者：汝等若欲捐捨聲聞，修菩薩乘，入佛知見，應當審觀因地發心與果地覺，為同為異？阿難，若於因地以生滅心為本修因，而求佛乘不生不滅，無有是處。以是義故，汝當照明諸器世間，可作之法皆從變滅。阿難，汝觀世間可作之法，誰為不壞？然終不聞爛壞虛空。何以故？空非可作，由是始終無壞滅故。則汝身中，堅相為地，潤濕為水，暖觸為火，動搖為風。由此四纏，分汝湛圓妙覺明心，為視為聽為覺為察，從始入終，五疊渾濁。

【譯文】

「阿難，第一項決定義是：你們若想捨棄聲聞小乘法而修大乘菩薩法，證入佛之知見，就應當審察因地所發之心與果地所證之覺是相同呢？還是相異呢？阿難，如果在因地以生滅心作為本修因，而企求證入佛境之不生不滅，那是不可能的。因為這個道理，你應當用智慧來觀照明察一切有相世間，凡是可造作之法都要變遷滅壞。阿難，你觀察世間可造作之法，哪一個是不變壞的呢？然而終究沒有聽說過虛空會變壞。為什麼呢？因為虛空不是可造作變化的，由此從始至終都不會變壞。然則你身中，堅固之相屬地大，潤溼之相屬水大，暖觸之相屬火大，搖動之相屬風大。由此四人纏結組成身體，妄有六根，分開了你湛然圓遍的妙覺明心，不生不滅與生滅和合成阿賴耶識，識精元明，映在六根門頭，在眼為視，在耳為聽，在鼻、舌、身為覺，在意為察；這樣，從一精明之始，入六和合之終，心、色和合而成五陰渾濁之體，五重渾濁而成濁相。

「云何為濁？阿難，譬如清水，清潔本然，即彼塵土灰沙之倫，本質留礙，二體法爾性不相循。有世間人，取彼土塵，投於淨水，土失留礙，水亡清潔，容貌汩然❶，名之為濁。汝濁五重，亦復如是。

【譯文】

「什麼叫作『濁』呢？阿難，譬如清水，其性本然清潔，而塵土、灰沙之類本質上是質礙，這兩種物體本來其性各不相同。世間有人若取一撮塵土投入淨水中，土就失去了其質礙，水也失去了其清潔，相狀渾濁擾動，稱之為『濁』。你心中的五重濁相，也是如此。

【注釋】

❶ 汩然：攪渾，引申為混濁。

「阿難，汝見虛空遍十方界，空、見不分。有空無體，有見無覺，相織妄成，是第一重，名為劫濁。汝身現搏四大為體，見聞覺知，壅令留礙，水火風土，旋令覺知，相織妄成，是第二重，名為見濁。又汝心中憶識誦習，性發知見，容現六塵，離塵無相，離覺無性，相織妄成，是第三重，名煩惱濁。又汝朝夕生滅不停，知見每欲留於世間，業運每常遷於國土，相織妄成，是第四重，名眾生濁。汝等見聞元無異性，眾塵隔越，無狀異生，性中相知，用中相背，同、異失準，相織妄成，是第五重，名為命濁。

【譯文】

「阿難，你看見虛空遍滿十方世界，虛空與見性交織不分。虛空未分為四大，故有虛空而無四大質體；見性未分為六根，故有見性而無六根的知覺作用，空、見二者相互交織，妄成劫初時分，即是五濁的第一重，名為劫濁。你這個身體現在摶取四大假合為體，由是分一精明而成見、聞、覺、知等六精，壅蔽覺性而成留礙，如眼只能見、耳只能聽等，各有局礙；而水、火、風、地四大本無覺知，被此精明轉以為境，令生覺受，知與無知二者相互交織，根塵相對而生六識，妄成身見等六十二見，擾亂真性，即是五濁的第二重，名為見濁。又你心中回憶過去、識別現在、誦習未來等境；六識之性托於六根發為見、聞、嗅、嘗、覺、知等六種妄覺，容現六塵之境；六識若離六塵境界則識相不可得；六塵若離六識妄覺則塵性不可得；妄覺與妄塵相互交織，妄成緣塵想念，勞擾不休，即是五濁的第三重，名為煩惱濁。又你的生命從早到晚生滅不停，依我執的知見，每每想恆久留住於世間，無奈被業力運轉，卻常常遷移流轉於六道不同的國土之間，妄身與妄心欲留而常遷，相互交織，妄成生死往來之相，即是五濁的第四重，名為眾生濁。你們的見聞覺知等六精，原是同一性體，無差異性，然而因為攬塵結為六根而各開門戶，無故將同一性體隔為六精知見，故有差異產生，以性體而論，性中六精的覺知相通相知，似同而非異；以用而論，一體既成六用，相互違背，則又異而非同；六精之同異失去定準，一同一異相互交織，妄成六根結滯的生命體，即是五濁的第五重，名為命濁。

「阿難，汝今欲令見聞覺知遠契如來常樂我淨，應當先擇死生根本，依不生滅圓湛性成。以湛旋其虛妄滅生，伏還元覺；得元明覺無生滅性，為因地心，然後圓成果地修證。如澄濁水，貯於靜器，靜深不動，砂土自沉，清水現前，名為初伏客塵煩惱。去泥純水，名為永斷根本無明。明相精純，一切變現，不為煩惱，皆合涅槃清淨妙德。

【譯文】

「阿難，你現在欲令見、聞、覺、知等六根之性，將來證悟契合如來常、樂、我、淨之果德，應當先抉擇生死根本，即虛妄生滅的第六意識攀緣心，依不生滅的圓妙湛然真性作為修行初因，才能證成。即依不生滅的湛然真性，以觀照而旋伏其虛妄生滅之識心，止伏向外攀緣的六識心，迴光返照本源心性，還歸元明覺性；證得元明覺性之無生滅性作為因地修行之心印，然後即可圓滿成就果地的修證。比如要澄清濁水，須將水貯存在靜止的容器中，使其靜止深沉不動，砂土自然沉澱，清水現前，此名為初伏客塵煩惱。去掉沉澱的泥土而得到純淨之水，此名為永斷根本無明。如此修證，清淨明相已達精純，一切變現大用，入生死苦海度化眾生，都不會再起為煩惱，都契合於涅槃的清淨妙德。

「第二義者，汝等必欲發菩提心，於菩薩乘生大勇猛，決定棄捐諸有為相，應當審詳煩惱根本。此無始來發業潤生，誰作誰受？阿難，汝修菩提，若不審觀煩惱根本，則不能知虛妄根塵何處顛倒；處尚不知，云何降伏，取如來位？阿難，汝觀世間解結之人，不見所結，云何知解？不聞虛空被汝隳裂，何以故？空無形相，無結解故。則汝現前眼、耳、鼻、舌及與身、心，六為賊媒，自劫家寶。由此無始眾生世界生纏縛故，於器世間不能超越。

【譯文】

「第二項決定義是，你們決定要發菩提心，對於菩薩乘生起大勇猛心，決定棄捨一切的生滅有為相，就應當詳細審察煩惱的根本所在。此煩惱根本無始以來發起現行的業用，滋潤中陰受生，這其中，是誰在作業？誰在受報？阿難，你發心修證無上菩提，若不審察煩惱根本，就不能知道虛妄的六根、六塵是從何處生起顛倒；顛倒起處尚且不知，如何降伏煩惱，而取證如來果位呢？阿難，你觀察世間解結之人，如果不見結的所在，怎麼知道如何解開呢？從未聽聞虛空被你毀破撕裂，為什麼呢？因為虛空無形相，本來無結，也不須解。則你現前的眼、耳、鼻、舌、身、意六根為賊作媒介，自劫家寶。由此從無始以來於眾生有情世界妄生纏縛的原因，而於器世間妄生罣礙，不能超越。

「阿難，云何名為眾生世界？世為遷流，界為方位。汝今當知，東、西、南、北、東南、西南、東北、西北、上、下為界，過去、未來、現在為世。方位有十，流數有三。一切眾生織妄相成，身中貿遷，世、界相涉。而此界性，設雖十方，定位可明，世間只目東西南北，上、下無位，中無定方。四數必明，與世相涉，三四四三，宛轉十二。流變三疊，一十百千。總括始終，六根之中各各功德有千二百。

【譯文】

「阿難，什麼叫眾生世界呢？『世』是時間的遷流，『界』是空間的方位。你現在應當知道，東、西、南、北、東南、西南、東北、西北、上、下為『界』，過去、未來、現在為『世』，方位的數有『十』，遷流的數有『三』。一切眾生都是由四大與六精相互交織虛妄而成，身中變化遷流，時間與空間相互涉入。而此空間方位『界』的性質，雖然設立十方以明確定位，但世間人只注意東、西、南、北四個方位，上、下及四隅沒有固定的方位。四個正位之數明確界定，與三世相互涉入，三世涉四方，四方涉三世，宛轉相乘，得『十二』之數。這樣，演算流變三疊，乘數由十而百而千，依此推演。總括始終，六根之中各自功德應有一千二百。

「阿難，汝復於中克定優劣。如眼觀見，後暗前明，前方全明，後方全暗，左右旁觀三分之二。統論所作，功德不全，三分言功，一分無德，當知眼唯八百功德。如耳周聽，十方無遺，動若邇遙，靜無邊際，當知耳根圓滿一千二百功德。如鼻嗅聞，通出入息，有出有入，而闕中交。驗於鼻根，三分闕一，當知鼻唯八百功德。如舌宣揚，盡諸世間、出世間智，言有方分，理無窮盡，當知舌根圓滿一千二百功德。如身覺觸，識於違順，合時能覺，離中不知。離一合雙，驗於身根，三分闕一，當知身唯八百功德。如意默容十方三世一切世間、出世間法，唯聖與凡無不包容，盡其涯際，當知意根圓滿一千二百功德。

【譯文】

「阿難，你再於六根中衡定優劣。如眼睛的觀看，後面看不見為暗，前面看見為明，前方全部是明，後方全部是暗，左右旁觀能看到三分之二。統論眼根所作的功德不全，三分說為功德，一分沒有功德，當知眼根只有八百功德。耳根之聞，周遍聽聞十方而無遺漏，動而有聲則不論遠近，靜而無聲則無有邊際，當知耳根圓滿具足一千二百功德。鼻根的功用是嗅聞和通出入息，雖然有出有入，但缺出入息交接轉換的中間。勘驗鼻根功用，三分缺一，當知鼻根只有八百功德。舌根具有語言宣揚的功用，能窮盡所有世間、出世間的智慧，其言辭雖有方域之分，所含義理卻無窮無盡，當知舌根圓滿具足一千二百功德。身根的功用是覺知觸塵，能識知所觸外境是相違、或相順於己情，身根與觸塵相合時才有覺知作用，相離時便不能覺知。根、塵相離時只有身根一種作用，相合時則有兩種作用，勘驗身根功用，三分缺一，當知身根只有八百功德。意根默觀容現十方三世一切世間、出世間諸法，不論聖凡境界，無不包容，盡其邊際，當知意根圓滿具足一千二百功德。

「阿難，汝今欲逆生死欲流，返窮流根，至不生滅；當驗此等六受用根，誰合誰離？誰深誰淺？誰為圓通？誰不圓滿？若能於此悟圓通根，逆彼無始織妄業流，得循圓通，與不圓根，日劫相倍。我今備顯六湛圓明本所功德，數量如是。隨汝詳擇其可入者，吾當發明，令汝增進。十方如來於十八界一一修行，皆得圓滿無上菩提，於其中間亦無優劣。但汝下劣，未能於中圓自在慧，故我宣揚，令汝但於一門深入；入一無妄，彼六知根一時清淨。」

【譯文】

「阿難，你現在想要逆生死欲流，返溯窮究生死欲流的根源，達到不生滅的境地；那麼，應當勘驗此六受用根，哪個是與境相合而有知？哪個是與境相離而有知？再進而勘驗，哪個深隱難測？哪個淺顯易明？再最後抉擇，哪個是圓通根？哪個是不圓滿？如果你能於此悟得圓通根，依此圓通根做逆流功夫，逆彼無始以來妄心與妄境虛妄交織而成的生死業流，那麼，若得依循圓通根修行，與循著不圓通根修行相比，遲速之別，幾有一日與一劫相比的差距。我現在為你完全顯示了六根湛然圓明之性本來所具功德的數量，隨你詳細選擇其中可契入修行的一根作為門徑，我當為你再作闡發，令你漸次深入，增進修行。十方如來於十八界都曾一一作為修行門徑，都證得圓滿了無上菩提，於其中的諸法門也無優劣之分。只是你根器下劣，未能於十八界中隨舉一法門中都能圓滿證得自在智慧，故此我才宣揚選擇圓通根，使你只於一門深入；若能深入一根而證得無妄真覺之地，則六知根即可一時皆得清淨。」

阿難白佛言：「世尊，云何逆流、深入一門，能令六根一時清淨？」佛告阿難：「汝今已得須陀洹果，已滅三界眾生世間見所斷惑，然猶未知根中積生無始虛習，彼習要因修所斷得；何況此中，生住異滅分劑頭數❶！今汝且觀現前六根，為一為六？阿難，若言一者，耳何不見？目何不聞？頭奚不履？足奚無語？若此六根決定成六，如我今會與汝宣揚微妙法門，汝之六根誰來領受？」阿難言：「我用耳聞。」

【譯文】

阿難對佛說：「世尊，如何逆流，深入一根門，而能使六根一時皆得清淨？」佛告訴阿難：「你現今已證得須陀洹果，已滅除了三界眾生世間中的見所斷惑，入見道位，然而還不知諸根中歷生積集的無始以來的虛妄習氣，這些習氣要在修道位中，才能斷得；這些尚屬我執無明，更何況在此菩提修證中，還有法執無明之生、住、異、滅四相，其分劑、頭數還很多！現在你且觀察現前的六根，究竟是一，還是六呢？阿難，若說六根是一，耳為什麼不能見？眼為什麼不能聽？頭為什麼不能走？足為什麼不能言呢？若此六根決定成六，那我現在於會中向你們宣揚微妙法門，你們的六根中是哪一根來領受呢？」阿難回答：「我是用耳來聽聞的。」

【注釋】

❶ 分劑：有版本作「分齊」。

佛言：「汝耳自聞，何關身、口？口來問義，身起欽承。是故應知，非一終六，非六終一；終不汝根，元一元六。阿難，當知是根，非一非六，由無始來顛倒淪替，故於圓湛一六義生。汝須陀洹，雖得六銷，猶未亡一。如太虛空參合群器，由器形異，名之異空；除器觀空，說空為一。彼太虛空云何為汝成同、不同？何況更名是一、非一？則汝了知六受用根，亦復如是。

【譯文】

佛說：「你的耳若自能聽聞，則與你的身、口又有何關呢？可是在聽聞的過程中，還有口來請問法義，身起欽承禮拜，身、口、耳諸根配合默契。所以應當知道，六根不是一，而終究有各別六用；也不是六，而終究有一體之性；終不能說你的六根，本來是一或本來是六。阿難，你應當知道這根，既不是一，也不是六，乃是由於無始以來妄起無明顛倒以及真妄交合淪替，故而在圓明湛然真性之體上，妄起一體與六根的對待分別義。阿難，你證得須陀洹果，雖然六根不取六塵，而得六消；猶迷六根為一體，故未亡一。譬如太虛空中放置各種器皿，由於器皿具有諸如方、圓等各種不同形狀，虛空也就隨不同形狀器皿而稱之為方空、圓空等異空之名；若除去器皿後再觀察虛空，就說虛空乃是一相。而太虛空怎會因你放置或除去器皿而成不同或同？如此則見異見同已屬妄見，何況更妄立名言，而說『虛空』與『異空』是一、還是非一，豈不是妄上加妄？則你應了知，六受用根也是如此。

「由明、暗等二種相形，於妙圓中，黏湛發見，見精映色，結色成根。根元目為清淨四大，因名眼體，如蒲萄朵，浮根四塵，流逸奔色。由動、靜等二種相擊，於妙圓中黏湛發聽，聽精映色，卷聲成根。根元目為清淨四大，因名耳體，如新卷葉，浮根四塵，流逸奔聲。由通、塞等二種相發，於妙圓中黏湛發嗅，嗅精映香，納香成根。根元目為清淨四大，因名鼻體，如雙垂爪，浮根四塵，流逸奔香。

【譯文】

「由明、暗等兩種色塵互相形顯，而於妙覺圓湛性中，『黏起』湛性，而發為妄覺見精，此見精對映色塵，能所交織，遂攬結色塵成勝義根。此根初成時原只名為清淨四大所成，因此勝義根所成的浮塵根名為眼體，形狀如葡萄粒，此浮塵根由四大、四塵所成，於是眾生聚見於眼，見精托根而出，循色流逸，終日奔逐於色塵之境。由動、靜等兩種聲塵互相攻擊，而於妙覺圓湛性中，『黏起』湛性，而發為妄覺聽精，此聽精對映色塵，能所交織，遂攬卷聲塵成勝義根。此根初成時原只名為清淨四大所成，因此勝義根所成的浮塵根名為耳體，形狀如新卷荷葉，此浮塵根由四大、四塵所成，循聲流逸，終日奔逐於聲塵之境。由通、塞等兩種香塵互相顯發，而於妙覺圓湛性中，『黏起』湛性，而發為嗅精，此嗅精對映色塵，遂攬納香塵成勝義根。此根初成時原只名為清淨四大所成，因此勝義根所成的浮塵根名為鼻體，形狀如雙爪下垂，此浮塵根由四大、四塵所成，終日流逸奔逐於香塵之境。

「由恬、變等二種相參，於妙圓中黏湛發嘗，嘗精映味，絞味成根。根元目為清淨四大，因名舌體，如初偃月，浮根四塵，流逸奔味。由離、合等二種相摩，於妙圓中黏湛發覺，覺精映觸，摶觸成根。根元目為清淨四大，因名身體，如腰鼓顙，浮根四塵，流溢奔觸。由生、滅等二種相續，於妙圓中黏湛發知，知精映法，攬法成根。根元目為清淨四大，因名意思，如幽室見，浮根四塵，流逸奔法。

【譯文】

「由恬淡、變味等兩種味塵互相參對，而於妙覺圓湛性中，『黏起』湛性，而發為嘗精，此嘗精對映色塵，遂攬納味塵成勝義根。此根初成時原只名為清淨四大所成，因此勝義根所成的浮塵根名為舌體，形狀如初偃月，此浮塵根由四大、四塵所成，終日流逸奔逐於味塵之境。由離、合等兩種觸塵相摩相交，而於妙覺圓湛性中，『黏起』湛性，而發為覺精，此覺精對映色塵，遂摶取觸塵成勝義根。此根初成時原只名為清淨四大所成，因此勝義根所成的浮塵根名為身體，形狀如腰鼓的鼓腔，此浮塵根由四大、四塵所成，終日流逸奔逐於觸塵之境。由生、滅等兩種法塵交互相續，而於妙覺圓湛性中，『黏起』湛性，而發為知精，此知精對映色塵，遂攬取法塵成勝義根。此根初成時原只名為清淨四大所成，因此勝義根所成的浮塵根名為意思，如人在幽室見物，此浮塵根由四大、四塵所成，終日流逸奔逐於法塵之境。

「阿難，如是六根，由彼覺明，有明明覺，失彼精了，黏妄發光。是以汝今離明離暗，無有見體；離動離靜，元無聽質；無通無塞，嗅性不生；非變非恬，嘗無所出；不離不合，覺觸本無；無滅無生，了知安寄？汝但不循動、靜、合、離、恬、變、通、塞、生、滅、明、暗，如是十二諸有為相；隨拔一根，脫黏內伏，伏歸元真，發本明耀。耀性發明，諸餘五黏應拔圓脫。

【譯文】

「阿難，如此六根，本由妙覺圓明真心，一念妄覺欲有所明，遂轉本覺為妄明妄覺，失去了本有的真精明了之性，真性黏妄塵而發見分之光；原是一精明，因攬塵結根，六根既成，分一精而為見等六用。因此，你現在若離於明、暗二塵，就沒有能見之見性妄體聚結成根；離於動、靜，就沒有能聽之聽性妄體；離於通、塞，嗅性妄體就不會產生；離於變味、淡味，嘗性妄體就無處生出；離於離、合，覺觸性妄體就不存在；離於滅、生，知性妄體在何處寄存呢？只要你不依循動、靜、合、離、恬、變、通、塞、生、滅、明、暗等十二種有為塵相，不順流奔塵；隨擇一根而拔脫於外塵，脫離黏執妄塵，內伏反照自性，伏歸本元真心，則本有智光顯發明耀。明耀之本有性光一旦顯發，其餘五根黏塵之妄也隨應著一根之拔解歸元而都圓成解脫。

「不由前塵所起知見，明不循根，寄根明發，由是六根互相為用。阿難，汝豈不知今此會中，阿那律陀無目而見，跋難陀龍無耳而聽，殑伽神女非鼻聞香，驕梵鉢提異舌知味，舜若多神無身覺觸，如來光中映令暫見，既為風質，其體元無；諸滅盡定得寂聲聞，如此會中摩訶迦葉，久滅意根，圓明了知，不因心念。

【譯文】

「不隨著現前的十二種外塵所起妄知妄見，真覺妙明的大用不依循根元，但只寄託於勝義、浮塵二根而顯發出明覺的功能作用，由此六根可以互相為用，如眼也可聽、耳也可見等。阿難，你難道不知，現在此會中阿那律陀眼雖盲卻能看見，跋難陀龍雖無耳卻能聽見。殑伽神女不是用鼻聞香，驕梵鉢提雖舌異於常人也能知常人之味，舜若多神雖無身體卻能覺觸，借助於如來放光的映現而暫時可見，其身體的性質像風一樣，本來沒有實在的存在；那些住滅盡定、證得滅諦涅槃、成阿羅漢的聲聞乘人，譬如此會中的大迦葉，久已滅除了意根，而能圓明了知諸法，不必依憑意識之心念。

「阿難，今汝諸根若圓拔已，內瑩發光，如是浮塵及器世間諸變化相，如湯銷冰，應念化成無上知覺。阿難，如彼世人聚見於眼，若令急合，暗相現前，六根黯然，頭足相類。彼人以手循體外繞，彼雖不見，頭足一辨，知覺是同。緣見因明，暗成無見；不明自發，則諸暗相永不能昏。根、塵既銷，云何覺明不成圓妙？」

【譯文】

「阿難，你現在六根若圓滿拔脫了黏執妄塵，內心的瑩明覺性顯發智光，心光融鎔，洞徹表裡，如此則虛妄浮塵以及物質世間種種變化相悉皆消殞，就像熱水融化冰雪一樣，應念化成無上正知正覺。阿難，就如世間人聚集見性功能於眼根，若讓他急合其眼，暗相顯現，這時六根黯然渾淪，頭、足像是類似。這人若以手順著身體外繞摸觸，他雖然看不見，但對於是頭是足一摸即能分辨，能辨知是頭是足的知覺與開眼看見而分辨頭足的知覺是相同的。由於見性起作用必因有光明，黑暗時似乎成了沒有見性作用了；然而若是在合眼不明時自有覺性展發知覺的功能，則所有的暗相永遠也不能使見性昏黯無覺。世間根、塵未消之人，見性尚不因明暗外緣而黯昧，那麼，根、塵既已消盡，真覺元明之心怎會不成其圓通妙用呢？」

阿難白佛言：「世尊，如佛說言：『因地覺心欲求常住，要與果位名目相應。』世尊，如果位中，菩提、涅槃、真如、佛性、庵摩羅識、空如來藏、大圓鏡智，是七種名；稱謂雖別，清淨圓滿，體性堅凝，如金剛王常住不壞。若此見聽離於明、暗、動、靜、通、塞，畢竟無體，猶如念心離於前塵，本無所有；云何將此畢竟斷滅以為修因，欲獲如來七常住果？世尊，若離明、暗，見畢竟空，如無前塵，念自性滅；進退循環，微細推求，本無我心及我心所，將誰立因，求無上覺？如來先說湛精圓常，違越誠言，終成戲論。云何如來真實語者？惟垂大慈，開我蒙吝。」

【譯文】

阿難對佛說：「世尊，如佛所說：『因地所發之覺心欲求達於不生滅常住境地，要與果位所證之真覺心在名目意義上相應。』世尊，就如果位中有菩提、涅槃、真如、佛性、庵摩羅識、空如來藏、大圓鏡智等七種名稱；稱謂雖然不同，其含義都是清淨圓滿、體性堅固凝然，猶如金剛王寶一樣常住不壞。如果六根之見性、聽性、嗅性、嘗性、覺觸性、知性等離開明、暗、動、靜、通、塞等十二塵相，畢竟無有自體，猶如識心，乃是前塵分別影事，離於現前塵境，本來無有自體；為何將此畢竟斷滅的見性、聽性等作為因地修因，想依此修行而獲證如來七種名目的常住果位呢？世尊，若離於明、暗二塵，見性畢竟空，若無前塵，識心之自性即滅；如此進退循環，微細推求，本來就不存在我識心和我心處所，將什麼立為因地本修因以求無上正覺呢？如來先前宣說湛然不動、精一不雜、圓滿周遍、常住不滅之真性，與此處言性無自體不同，好像是自語相違，違背誠實之言，終成戲論。怎麼能相信如來是真實語者呢？唯願如來再賜大慈，開啟我的蒙昧執著。」

佛告阿難：「汝學多聞，未盡諸漏。心中徒知顛倒所因，真倒現前，實未能識。恐汝誠心猶未信伏，吾今試將塵俗諸事，當除汝疑。」即時，如來敕羅睺羅擊鐘一聲，問阿難言：「汝今聞不？」阿難、大眾俱言：「我聞。」鐘歇無聲，佛又問言：「汝今聞不？」阿難、大眾俱言：「不聞。」時羅睺羅又擊一聲，佛又問言：「汝今聞不？」阿難、大眾又言：「俱聞。」佛問阿難：「汝云何聞？云何不聞？」阿難、大眾俱白佛言：「鐘聲若擊，則我得聞。擊久聲銷，音響雙絕，則名無聞。」如來又敕羅睺擊鐘，問阿難言：「爾今聲不？」阿難、大眾俱言：「有聲。」少選聲銷，佛又問言：「爾今聲不？」阿難、大眾答言：「無聲。」有頃，羅睺更來撞鐘。佛又問言：「爾今聲不？」阿難、大眾俱言：「有聲。」佛問阿難：「汝云何聲？云何無聲？」阿難、大眾俱白佛言：「鐘聲若擊，則名有聲，擊久聲銷，音響雙絕，則名無聲。」

【譯文】

佛告訴阿難：「你學偏於多聞，但未除盡一切習漏。心中只知迷真執妄為顛倒之因，而疑常為斷的真顛倒現前，你實在未能識得。恐怕你還未能誠心信服，我現在試著以世間易懂的事作例子，當可斷除你的疑惑。」這時，佛讓羅睺羅擊鐘一聲，問阿難說：「你現在聽到了嗎？」阿難及大眾回答：「我聽到了。」過了一會兒，聲音消失了，佛又問：「你現在聽到鐘聲了嗎？」阿難及大眾都回答：「沒有聽到。」這時羅睺羅又擊鐘一聲，佛又問：「你現在聽到了嗎？」阿難及大眾又回答：「都聽到了。」佛問阿難：「你怎樣叫作聽到？怎樣叫作沒聽到？」阿難及大眾一齊回答：「鐘敲起來，有聲音，我們就聽到了。敲過後，聲音和回響消失，我們就聽不到了。」佛又讓羅睺羅擊鐘，問阿難：

「現在有聲音嗎？」阿難及大眾回答：「有聲音。」過了一會兒，聲音消散，佛又問：「現在有聲音嗎？」阿難及大眾回答：「沒有聲音。」過了一會兒，羅睺羅又來撞鐘。佛又問：『現在有聲音嗎？」阿難及大眾都回答：「有聲音。」佛問阿難：「你怎樣叫作有聲？怎樣叫作無聲？」阿難及大眾一齊對佛說：「鐘敲起來，有聲音，就叫作有聲，敲過後，聲音和回響消失，就叫作無聲。」

佛語阿難及諸大眾：「汝今云何自語矯亂？」大眾、阿難俱時問佛：「我今云何名為矯亂？」佛言：「我問汝聞，汝則言聞。又問汝聲，汝則言聲。唯聞與聲，報答無定，如是云何不名矯亂？阿難，聲銷無響，汝說無聞；若實無聞，聞性已滅，同於枯木，鐘聲更擊，汝云何知？知有知無，自是聲塵或無或有，豈彼聞性為汝有無？聞實云無，誰知無者？是故，阿難，聲於聞中自有生滅，非為汝聞聲生聲滅，令汝聞性為有為無。汝尚顛倒，惑聲為聞，何怪昏迷，以常為斷？終不應言，離諸動、靜、閉、塞、開、通，說聞無性。

【譯文】

佛對阿難及諸大眾說：「你們現在怎麼自語顛倒錯亂？」大眾及阿難同時問佛：「我們怎麼顛倒錯亂呢？」佛說：「我問你們『聽到了嗎』，你們回答『聽到了』。又問你們『有聲音嗎』，你們回答『有聲音』。究竟是『聽』還是『聲』，回答無定，這樣答話怎麼不叫作顛倒錯亂呢？阿難，聲響消散，你說沒有聽到；如果確實沒有聽到，就連聽聞之性也已消失了，應該如同枯木一樣，那麼再次擊鐘有聲產生時，你怎麼知道呢？知有或知無，當然是聲塵的或有或無，難道那聽聞之性也隨著或有或無嗎？如果聽聞之性確實是隨著聲響消散而沒有了，那麼又是誰知道無聲的呢？因此，阿難，聲音在聽聞過程中自然有生滅，但並不是你聽到了聲音生、聲音滅，就使你的聽聞之性也隨著為有為無。你尚且顛倒迷惑而錯認聲塵的有無為聽聞之性的有無，更何怪昏迷而誤以常住之聽聞性為斷滅。終不能說，離開聲塵之動、靜、閉、塞、開、通等，就說聽聞沒有體性。

「如重睡人，眠熟床枕，其家有人於彼睡時搗練舂米。其人夢中聞舂搗聲，別作他物，或為擊鼓，或為撞鐘。即於夢時自怪其鐘為木石響。於時忽寤，遄知杵音，自告家人，我正夢時，惑此舂音將為鼓響。阿難，是人夢中豈憶靜、搖、開、閉、通、塞？其形雖寐，聞性不昏。縱汝形銷，命光遷謝，此性云何為汝銷滅！

【譯文】

「譬如有一沉睡的人在床熟睡，其家有人在他睡著時搗布或舂米。此人於夢中聽到舂米聲或搗布聲，將其當作別的事情，或者以為是敲鼓，或者以為是撞鐘。就在夢中他還奇怪這鐘聲怎麼像木石的聲響。正在這時忽然醒了，馬上知道原來是舂搗的聲音，就告訴家人，我正在做夢的時候，誤將舂米的聲音認為是鼓響。阿難，此人夢中難道還憶想聲塵之靜、搖、開、閉、通、塞嗎？其身雖然睡眠，聽聞之性並不昏昧。實在說，縱然你的形體消滅，命光謝滅，此聽聞之性怎麼會隨著你形體的消滅而消滅呢！

「以諸眾生從無始來循諸色聲，逐念流轉，曾不開悟，性淨妙常，不循所常，逐諸生滅。由是生生雜染流轉。若棄生滅，守於真常，常光現前，根、塵、識心應時銷落。想相為塵，識情為垢，二俱遠離，則汝法眼應時清明，云何不成無上知覺？」

【譯文】

「因為一切眾生從無始以來隨順色、聲等塵境而念念流遷，從未開悟性明清淨圓妙常住真心，不知隨順本有常住的妙明真性，隨逐種種生滅之識心，因此生生世世在六道雜染法中流轉輪迴。若能離棄生滅之識心，內守真常清淨之性，真常之心光便會顯現，則六根、六塵、六識一時消融脫落。想之所緣妄相為塵境，識之分別執情為心垢，二者都遠離，則你的法眼即得清明，怎能不成就無上正知正覺呢？」

卷五

本卷繼續討論六根之結、解。首先由十方諸佛共同宣說：輪轉生死結根，唯在六根；證得菩提涅槃，也在六根。也就是說，六根是令眾生流轉生死以及解脫證果之關鍵。為什麼呢？佛陀開示阿難說：六根、六塵同一根源，結縛、解脫本源無二，故舉根即攝塵、識。接著，佛陀以華巾依次綰成六個結為例，以六結比喻六根，向大眾講說了「解結因次第，六解一亦亡」之理。眾生從真起妄，由同一根元而妄有六結，解結之時也須次第而解；初解三結證人空，次解二結證法空，最後解第一結而證無生法忍。同時，解結當從「結心」開始，比喻選擇六根中最圓通之根，一門深入，隨拔一根，六根解脫。對於六結次第，諸注疏又以「動結、靜結、根結、覺結、空結、滅結」作了詳細解釋。

隨後阿難又請問何根是圓通本根，佛陀即請會中的大菩薩和大阿羅漢們說說自己最初成道的方便因緣及所選擇的圓通法門，於是有二十五位聖者宣說了初發心時依何方便法而獲圓通，即是本經著名的二十五圓通法門。「二十五」由六根、六塵、六識等十八界再加七大組成，各有一位聖者因之悟道。二十五圓通法門的宣說次第，以「聲塵圓通」居先，「耳根圓通」殿後，這暗示了本經二十五圓通法門中，以選擇耳根圓通法門最為當機。

又第二十四大勢至菩薩根大圓通所講說的念佛法門，是宋代之後淨土宗的普遍流行法門，這段經文也以《大勢至菩薩念佛圓通章》為題而成為淨土宗的重要經典。

阿難白佛言：「世尊，如來雖說第二義門，今觀世間解結之人，若不知其所結之元，我信是人終不能解。世尊，我及會中有學聲聞亦復如是，從無始際與諸無明俱滅俱生，雖得如是多聞善根，名為出家，猶隔日瘧❶。唯願大慈，哀愍淪溺，今日身心云何是結？從何名解？亦令未來苦難眾生得免輪迴，不落三有。」作是語已，普及大眾五體投地，雨淚翹誠❷，佇佛如來無上開示。

【譯文】

阿難對佛說：「世尊，如來雖已宣說第二決定義門，但現在觀察世間解結之人，如果不知道結的根源，我相信這人終不能解開此結。世尊，我及會中的有學聲聞也是如此，從無始以來即與諸無明俱生俱滅，雖然有這個多聞的善根，名為出家，但如同隔日就復發的瘧疾一樣，暫似解脫，依然被縛，未得究竟解脫。唯願佛以大慈悲心哀憫沉淪眾生，為我們指示現在身心中何處是結？從何處下手解結？也使未來世的苦難眾生得免生死輪迴，不落三界六道。」說完這些話，阿難與大眾五體投地，悲感垂淚，虔誠期待如來的無上開示。

【注釋】

❶ 瘧：病名，瘧疾。

❷ 翹誠：猶虔誠。

爾時世尊，憐愍阿難及諸會中諸有學者，亦為未來一切眾生為出世因，作將來眼；以閻浮檀紫金光手摩阿難頂。即時十方普佛世界六種震動，微塵如來住世界者，各有寶光從其頂出，其光同時於彼世界來祇陀林，灌如來頂。是諸大眾，得未曾有。

【譯文】

這時世尊，憐憫阿難及會中的有學位弟子，也為未來世一切眾生開示修證出世的因地心，作將來修行大乘的眼目；佛即用閻浮檀紫金光手摩阿難的頭頂。就在這時，十方所有的佛世界都發生六種震動，微塵數的如來住於其佛國中，各有寶光從頭頂發出，這些寶光從各佛國同時照射到祇陀林，灌釋迦如來之頂。會中大眾得見如此殊勝的景象，真是從未有過。

於是阿難及諸大眾，俱聞十方微塵如來異口同音告阿難言：「善哉，阿難！汝欲識知俱生無明，使汝輪轉，生死結根，唯汝六根，更無他物。汝復欲知無上菩提，令汝速證安樂解脫、寂靜、妙常，亦汝六根，更非他物。」阿難雖聞如是法音，心猶未明，稽首白佛：「云何令我生死輪迴、安樂妙常，同是六根，更非他物？」佛告阿難：「根、塵同源，縛、脫無二，識性虛妄，猶如空華。阿難，由塵發知，因根有相，相、見無性，同於交蘆❶。是故汝今知見立知，即無明本；知見無見，斯即涅槃、無漏真淨，云何是中更容他物？」

【譯文】

這時，阿難及會中大眾都聽到十方微塵數的如來異口同聲告訴阿難：「善哉，阿難！你想識知俱生無明，使你輪迴流轉，生死結的根元，唯是你的六根，更無他物。你還想識知無上菩提，使你速證安樂、解脫、寂靜、妙常之無餘涅槃，也是你的六根，更不是他物。」阿難雖然聽了如此法音，心中仍然未能明白，頂禮佛陀說：「為什麼令我生死輪迴和安樂解脫的，同樣是六根，更不是他物呢？」

佛告訴阿難：「六根、六塵同一根源，結縛、解脫本源無二，識性本來虛妄，猶如空中幻花。阿難，由於六塵而發起六根知見，因六根知見而顯六塵之相，六塵相分與六根知見都沒有獨立的自體性，相互依存，就像相交而立的束蘆一樣。所以你現在，於本性本明的真知見上更立六根分別知見，此即是無明的根本；若了知六根知見虛妄不實、本來無見，此即是無上涅槃的無漏真淨境界，怎麼還能說在六根根源之中容有他物呢？」

【注釋】

❶ 交蘆：相交而立的束蘆。蘆是植物名，即蘆葦。

爾時，世尊欲重宣此義而說偈言：

真性有為空，緣生故如幻；
無為無起滅，不實如空華。
言妄顯諸真，妄真同二妄；

猶非真非真，云何見所見？
中間無實性，是故若交蘆；
結解同所因，聖凡無二路。
汝觀交中性，空有二俱非；
迷晦即無明，發明便解脫。
解結因次第，六解一亦亡；
根選擇圓通，入流成正覺。
陀那微細識，習氣成暴流；
真非真恐迷，我常不開演。
自心取自心，非幻成幻法；
不取無非幻，非幻尚不生，
幻法云何立？是名妙蓮華，
金剛王寶覺；如幻三摩提，
彈指超無學。此阿毗達磨，
十方薄伽梵，一路涅槃門。

於是，阿難及諸大眾聞佛如來無上慈誨，祇夜、伽陀❶，雜糅精瑩，妙理清徹，心目開明，嘆未曾有。

【譯文】

這時，世尊為了重複解釋此意而說偈頌：

真性有為空，緣生故如幻；
無為無起滅，不實如空華。
言妄顯諸真，妄真同二妄；
猶非真非真，云何見所見？
中間無實性，是故若交蘆；
結解同所因，聖凡無二路。
汝觀交中性，空有二俱非；
迷晦即無明，發明便解脫。
解結因次第，六解一亦亡；
根選擇圓通，入流成正覺。

陀那微細識，習氣成暴流；
真非真恐迷，我常不開演。
自心取自心，非幻成幻法；
不取無非幻，非幻尚不生，
幻法云何立？是名妙蓮華，
金剛王寶覺；如幻三摩提，
彈指超無學。此阿毗達磨，
十方薄伽梵，一路涅槃門。

於是，阿難及大眾聽聞了佛的無上慈悲教誨，以及糅合精義的重頌總結，都感到文句精彩而瑩明，義理清楚透徹，大眾心眼洞開，感嘆得到未曾有的法音。

【注釋】

❶ 祇夜：十二部經之一。舊譯為「重頌」、「重頌偈」。新譯為「應頌」。伽陀：十二部經之一。意為偈頌。

阿難合掌頂禮白佛：「我今聞佛無遮大悲，性淨妙常真實法句，心猶未達六解一亡舒結倫次。惟垂大慈，再愍斯會及與將來，施以法音，洗滌沉垢。」

【譯文】

阿難合掌向佛頂禮，並對佛說：「我今日聽聞佛以無遮大悲心所演說的性淨妙常真實法句，但心中仍未明了六解一亡的解結次第。唯願如來普施大慈，再次憫念此會大眾以及未來世的眾生，施以甘露法音，以洗滌我們心中的沉垢。」

即時，如來於師子座，整涅槃僧❶，斂僧伽梨❷，攬七寶几，引手於几，取劫波羅天所奉華巾❸，於大眾前綰成一結，示阿難言：「此名何等？」阿難、大眾俱白佛言：「此名為結。」於是如來綰疊華巾又成一結，重問阿難：「此名何等？」阿難、大眾又白佛言：「此亦名結。」如是倫次綰疊華巾，總成六結。一一結成，皆取手中所成之結，持問阿難：「此名何等？」阿難、大眾亦復如是次第酬佛：「此名為結。」佛告阿難：「我初綰巾，汝名為結。此疊華巾先實一條，第二、第三，云何汝曹復名為結？」阿難白佛言：「世尊，此寶疊華，緝績成巾❹，雖本一體，如我思惟：如來一綰，得一結名；若百綰成，終名百結；何況此巾只有六結，終不至七，亦不停五。云何如來只許初時，第二、第三，不名為結？」

【譯文】

此時，如來在獅子座上整理好裙衣，斂了斂袈裟，把七寶几案拉至座前，伸手拿起放在几案上的劫波羅天所奉獻的疊華巾，在大眾中將華巾綰了一個結，拿給阿難看，問道：「這個叫什麼？」阿難及大眾都回答說：「這個叫結。」於是，佛接著綰疊華巾又成一結，又問阿難：「這個叫什麼？」阿難及大眾又回答說：「這個也叫結。」佛這樣依次綰疊華巾，總共綰成六個結。每綰成一個結，佛都拿著手中綰好的結問阿難：「這個叫什麼？」阿難及大眾也是這樣依次回答佛：「這個叫結。」佛告訴阿難：「我第一次綰巾，你叫它結。這個疊華巾最初其實只是一條，第二次、第三次綰結後，為何你們仍然叫它結呢？」阿難回答說：「世尊，這個寶疊華巾是織績而成，雖然本是一條，但我這樣想：如來綰一次，得名一個結；如果綰一百次，最後稱為一百結；何況此巾現在只有六個結，沒到七個，也沒停在五個。為什麼如來只許可初次所綰的叫作結，第二次、第三次等所綰的就不叫作結呢？」

【注釋】

❶ 涅槃僧：意譯作「裙」。十三資具衣之一。

❷ 僧伽梨：為三衣之一，即九條以上之衣，為外出及其他莊嚴儀式時著之。

❸ 劫波羅天：意為時分天。

❹ 緝績：緝，指析麻捻接成線。績，指緝麻。

佛告阿難：「此寶華巾，汝知此巾元止一條，我六綰時，名有六結。汝審觀察：巾體是同，因結有異？於意云何？初綰結成，名為第一；如是乃至第六結生，吾今欲將第六結名，成第一不？」「不也，世尊。六結若存，斯第六名，終非第一。縱我歷生盡其明辯，如何令是六結亂名？」佛言：「如是！六結不同，循顧本因，一巾所造，令其雜亂，終不得成。則汝六根，亦復如是：畢竟同中，生畢竟異。」

【譯文】

佛告訴阿難：「此寶華巾，如你所知，原本只是一條，我綰了六次，即名為有六個結。你仔細觀察：巾體本是同一個，是否因綰了結而巾體有所差異呢？你的意思如何呢？初次綰成的結，稱為第一結；這樣依次綰結到第六結綰成，我現在想把第六結稱為第一結，可以嗎？」阿難說：「不行，世尊。六結若都存在，這第六結的名稱終不是第一結。縱然竭盡我歷生的聰明辯才，怎麼能使這六結的名稱錯亂呢？」佛說：「是這樣！六結雖然不同，追溯其本因，原是一巾所成，想使其名稱雜亂，終究也不可能成立。你現在的六根，也是如此：於一相尚不得的畢竟同體性中，而生出畢竟異的六相根境。」

佛告阿難：「汝必嫌此六結不成，願樂一成，復云何得？」阿難言：「此結若存，是非鋒起❶，於中自生，此結非彼，彼結非此。如來今日，若總解除，結若不生，則無彼此，尚不名一，六云何成？」佛言：「六解一亡，亦復如是。由汝無始心性狂亂，知見妄發，發妄不息，勞見發塵。如勞目睛，則有狂華，於湛精明無因亂起。一切世間，山河大地、生死、涅槃，皆即狂勞顛倒華相。」

【譯文】

佛接著說：「你一定嫌此六結各異，不欲其成，而樂意依然成為一巾，又怎樣才能得到呢？」阿難說：「六結如果同時存在，則是非鋒起，其中自然就會產生此結不是彼結、彼結不是此結等爭論。如來現在如果把所有的結都解除，結沒有了，就沒有彼此的區分，一結的名稱尚且不可得，六結的名目又怎麼能成立呢？」佛說：「六解一亡，也是這樣的道理。由於你無始以來心性狂亂，即真心妙性中橫起無明狂惑擾亂，隨起業識，轉為見分，而產生虛妄的知見，妄執心外諸法，相續不斷，知見妄執勞慮轉深，妄生塵相。譬如瞪眼盯視空中，眼睛疲勞而在湛淨清明的虛空中看見狂花幻相，無因亂起。一切世間諸相，無情之山河大地，有情之生死、涅槃，都是狂心勞病所見的虛妄顛倒的空花之相。」

【注釋】

❶ 鋒起：指爭論紛然，如兵戈競鬥。

阿難言：「此勞同結，云何解除？」如來以手將所結巾偏掣其左❶，問阿難言：「如是解不？」「不也，世尊。」旋復以手偏牽右邊，又問阿難：「如是解不？」「不也，世尊。」佛告阿難：「吾今以手左右各牽，竟不能解。汝設方便，云何解成？」阿難白佛言：「世尊，當於結心，解即分散。」

【譯文】

阿難說：「此狂勞同根結，應怎麼解除呢？」如來用手將所綰結的華巾偏掣左邊，問阿難：「這樣能解開嗎？」阿難說：「不能，世尊。」隨後佛又用手偏掣華巾的右邊，問阿難：「這樣能解開嗎？」阿難說：「不能，世尊。」佛告訴阿難：「我現在用手各從左右牽拉，竟然都不能解開。你想一個辦法，怎樣才能成功解開？」阿難回答佛說：「世尊，應當從結的中心去解，這樣結就散開了。」

【注釋】

❶ 掣：牽曳，牽引。

佛告阿難：「如是，如是。若欲除結，當於結心。阿難，我說佛法從因緣生，非取世間和合粗相；如來發明世、出世法，知其本因，隨所緣出；如是乃至恆沙界外一滴之雨，亦知頭數。現前種種，松直、棘曲，鵠白、烏玄❶，皆了元由。是故，阿難，隨汝心中選擇六根，根結若除，塵相自滅，諸妄銷亡，不真何待！」

【譯文】

佛告訴阿難：「是這樣，是這樣。如想解結，當從結心入手。阿難，我說佛法從因緣生，不過，此因緣並不取世間四大和合而成種種境相的粗因緣，而是以不生滅性為因，次第解結修證，還歸本源心地的出世間法的細因緣；如來闡明世間法、出世間法，了知其所依之如來藏妙真如心的究竟本因，隨其所遇因緣而出生染淨十界諸法；這樣即便是恆河沙世界之外遙遠的天空中所下一滴一滴的雨水，也能知道其數量。現前的種種境相，如松樹為什麼是直的，荊棘為什麼是彎曲的，天鵝為什麼是白的，烏鴉為什麼是黑的等等，如來都了知其本末緣由。所以，阿難，隨你心中詳察，選擇六根中的圓通根而一門深入，根結若解開，塵相自然息滅，妄想也都消亡，妄盡真顯，不證得真如妙心，更有何待！」

【注釋】

❶ 鵠白：鵠，通稱天鵝，往往呈白色。烏玄：指烏鴉，往往呈黑色。

「阿難，吾今問汝，此劫波羅巾六結現前，同時解縈❶，得同除不？」「不也，世尊。是結本以次第綰生，今日當須次第而解。六結同體，結不同時，則結解時，云何同除？」佛言：「六根解除，亦復如是。此根初解，先得人空；空性圓明，成法解脫；解脫法已，俱空不生；是名菩薩從三摩地得無生忍。」

【譯文】

佛問阿難道：「阿難，我現在問你，此劫波羅巾現有六結，同時去解結，可以一齊解開嗎？」阿難回答：「不可以，世尊。這些結本來是按照次第一一綰成，現在也應該按照次第一一解開。六結雖是同一巾體，但不是同時綰成，怎麼解結時能一齊解開呢？」佛說：「六根根結的解除，也是這樣。六根初始解結，破除我執，先證得人我空；空性圓明，破除法執，證成法解脫；得法解脫後，進而人空、法空之二空亦空，解除最後的根結；這稱為菩薩從三摩地證得無生法忍的解結次第。」

【注釋】

❶ 縈：回旋纏繞。

阿難及諸大眾蒙佛開示，慧覺圓通，得無疑惑；一時合掌，頂禮雙足，而白佛言：「我等今日身心皎然，快得無礙，雖復悟知一六亡義，然猶未達圓通本根。世尊，我輩飄零，積劫孤露，何心何慮預佛天倫，如失乳兒，忽遇慈母。若復因此際會道成，所得密言，還同本悟，則與未聞無有差別。惟垂大悲，惠我秘嚴，成就如來最後開示。」作是語已，五體投地，退藏密機，冀佛冥授。

【譯文】

阿難及大眾承蒙佛的開示，慧覺圓通，再無疑惑；於是，阿難合掌頂禮佛足，而對佛說：「我們今日都身心清淨，暢快通利，雖然已悟知『一門深入，六根齊脫』的道理，然而還未通達圓通本根的修行道理。世尊，我們歷劫飄零在生死苦海之中，孤露無依，何曾想到能做佛的法眷弟子，得以隨佛出家，猶如失去乳哺的孩兒忽然遇到了慈母。如果因此難遇的因緣際會而能證成菩提道果，則是大幸；所聽聞的解結等密言，若還是同於悟知而未通達發起行證，則與未聽聞沒有差別。唯願世尊垂示大悲，惠賜我等秘嚴妙法，成就如來的最後開示。」阿難說完此語，五體投地，退歸本位，藏其密機，心中默默祈禱佛陀不必顯說，願能密授。

爾時，世尊普告眾中諸大菩薩及諸漏盡大阿羅漢：「汝等菩薩及阿羅漢，生我法中，得成無學。吾今問汝：最初發心，悟十八界，誰為圓通？從何方便，入三摩地？」

【譯文】

這時，世尊普告會中所有的大菩薩以及諸漏已盡的阿羅漢說：「你們菩薩及阿羅漢們，於佛法中已經證得聖道無學果位。我現在問你們，最初發菩提心，悟知十八界，哪一個法門為圓通本根？從什麼方便法門入手起修，證入三摩地？」

時憍陳那五比丘即從座起，頂禮佛足而白佛言：「我在鹿苑及於雞園，觀見如來，最初成道，於佛音聲悟明四諦。佛問比丘，我初稱解，如來印我名阿若多。妙音密圓，我於音聲得阿羅漢。佛問圓通，如我所證，音聲為上。」

【譯文】

這時憍陳那等五比丘即從座而起，頂禮佛足而對佛說：「我在鹿野苑、雞園修行時，看見如來，最初成道後三次為我們講說四聖諦法，我因聽到了佛的音聲而悟明四諦。當時佛問比丘誰已得解，唯我最先稱解知，如來為我印證，並給我命名為阿若多。佛所說的微妙法音其體微密，其用周遍圓融，我於音聲為本修因，證得阿羅漢果位。佛問什麼法門最為圓通，如我所證，以音聲為最上。」

優波尼沙陀即從座起，頂禮佛足而白佛言：「我亦觀佛，最初成道。觀不淨相，生大厭離，悟諸色性。以從不淨、白骨、微塵，歸於虛空，空、色二無，成無學道。如來印我名尼沙陀❶。塵色既盡，妙色密圓，我從色相得阿羅漢。佛問圓通，如我所證，色因為上。」

【譯文】

優波尼沙陀即從座而起，頂禮佛足而對佛說：「我也見佛，最初成道。佛陀教我修不淨觀，由觀身之不淨相而生起大厭離心，了悟諸色法的因緣性。從觀身體不淨開始，進而觀皮肉瘀爛分散留下白骨，進而觀白骨化為微塵，歸於虛空，進而觀空、色二法皆空無自性，由此證得無學聖道。如來為我印證，並給我命名為優波尼沙陀。觀中外塵色法既已空盡，真性妙色其體微密，其用周遍圓融，我從觀色相為本修因，證得阿羅漢果位。佛問什麼法門最為圓通，如我所證，以色塵為最上。」

【注釋】

❶尼沙陀：「優波尼沙陀」之略，譯曰「近少」、「微細」等。古印度形容極少之數量名稱。

香嚴童子即從座起，頂禮佛足而白佛言：「我聞如來教我諦觀諸有為相。我時辭佛，宴晦清齋，見諸比丘燒沉水香，香氣寂然來入鼻中。我觀此氣，非木、非空、非煙、非火，去無所著，來無所從，由是意銷，發明無漏。如來印我得香嚴號。塵氣倏滅，妙香密圓。我從香嚴得阿羅漢。佛問圓通，如我所證，香嚴為上。」

【譯文】

香嚴童子即從座而起，頂禮佛足而對佛說：「我聞聽佛的慈誨，教我如實觀察一切有為相之因緣性。我那時就辭別佛陀，隱跡宴居於清淨齋室，見比丘們燒沉水香，無形無象的香氣悄然飄來，入我鼻中。我觀察此香氣，非從木發，非從空出，非從煙有，非從火生；去無所著，來無所從，緣起如幻，一切不可得，由此因緣當下心意消泯，發明無漏之智，得證聖果。如來印可我，得香嚴名號。香塵之氣倏滅，真性妙香妙密圓通。我從觀香塵而證得阿羅漢果位。佛問什麼法門最為圓通，如我所證，以香塵為最上。」

藥王、藥上二法王子，並在會中五百梵天，即從座起，頂禮佛足而白佛言：「我無始劫為世良醫，口中嘗此娑婆世界草、木、金、石，名數凡有十萬八千，如是悉知苦、酢、鹹、淡、甘、辛等味，並諸和合、俱生、變異，是冷是熱，有毒無毒，悉能遍知。承事如來，了知味性非空非有，非即身心、非離身心，分別味因，從是開悟。蒙佛如來印我昆季藥王、藥上二菩薩名，今於會中為法王子，因味覺明，位登菩薩。佛問圓通，如我所證，味因為上。」

【譯文】

藥王、藥上菩薩二位法王子以及在會中的同行眷屬五百梵天即從座而起，頂禮佛足而對佛說：「我從無始劫以來皆為世間的良醫，親口嘗此娑婆世界的草、木、金、石等類藥物，名稱數目達十萬八千之多。這樣我盡知所有藥物的苦、酸、鹹、淡、甘、辛等味，以及眾味共成、直接採用、煉製炮製等藥物調製方法，以及寒性熱性、有毒無毒等藥性，我全部熟知。後來我們承事如來修習佛法，了知味性非空非有，既不屬於身心，也未離開身心，由此反觀分別味塵之本因，豁然開悟。承蒙如來印可，賜以我們兄弟藥王、藥上二菩薩名號，在此會中，為法王子。我們以味塵為本修因而心地妙覺圓明，證得菩薩果。佛問什麼法門最為圓通，如我所證，以味塵為最上。」

跋陀婆羅並其同伴十六開士即從座起❶，頂禮佛足而白佛言：「我等先於威音王佛聞法出家，於浴僧時隨例入室，忽悟水因；既不洗塵，亦不洗體，中間安然，得無所有。宿習無忘，乃至今時從佛出家，令得無學。彼佛名我跋陀婆羅，妙觸宣明，成佛子住。佛問圓通，如我所證，觸因為上。」

【譯文】

䟦陀婆羅及其同伴十六位開士即從座而起，頂禮佛足而對佛說：「我們從前在威音王佛時，聞法出家，值僧眾沐浴日，隨例入於浴室，就在入水觸身之際，忽然悟知水觸身覺之因緣；水性既不洗塵垢，也不洗身體，於根塵中間，水性安然，了不可得；觸覺之性也是如此，得無所有。我因為微妙的感觸而開悟，至今未忘，我們現今從佛出家，得為無學果位。當時威音王佛為我取名䟦陀婆羅，我因微妙觸覺發悟覺明，證得佛子住的菩薩位。佛問什麼法門最為圓通，如我所證，以觸塵為最上。」

【注釋】

❶ 䟦陀婆羅：賢護菩薩之梵名，十六大菩薩之一，係在家菩薩。

摩訶迦葉及紫金光比丘尼等，即從座起，頂禮佛足而白佛言：「我於往劫，於此界中，有佛出世，名日月燈，我得親近，聞法修學。佛滅度後，供養舍利，然燈續明，以紫光金塗佛形像❶；自爾以來，世世生生，身常圓滿紫金光聚。此紫金光比丘尼等即我眷屬，同時發心。我觀世間六塵變壞，唯以空寂，修於滅盡，身心乃能度百千劫，猶如彈指。我以空法成阿羅漢，世尊說我頭陀為最，妙法開明，銷滅諸漏。佛問圓通，如我所證，法因為上。」

【譯文】

大迦葉及紫金光比丘尼等，即從座而起，頂禮佛足而對佛說：「我在過去劫的時候，當時在此娑婆世界中有一位佛出世，名號為日月燈佛，我得以親近，聞法修學。日月燈佛滅度後，我就供養舍利，於佛像和舍利前，燃燈續明不絕，並用紫光金塗佛形像；自那時以來，生生世世，我的身體常常充滿紫金光芒。此紫金光比丘尼等就是我的眷屬，與我同時發心。我觀察世間六塵的遷變壞滅，終歸寂滅；唯以觀六塵當體空寂而修滅盡定，正入定時，身心乃能度過百千劫，猶如一彈指間。我以修空觀滅盡法塵而證得阿羅漢果位，世尊稱讚我修頭陀行最為第一，因此得以微妙法性開顯明現，息滅了一切有漏煩惱。佛問什麼法門最為圓通，如我所證，以法塵為最上。」

【注釋】

❶ 按，「以紫光金塗佛形像」，或作「紫金光」，誤也。

阿那律陀即從座起，頂禮佛足而白佛言：「我初出家，常樂睡眠，如來訶我為畜生類。我聞佛訶，啼泣自責，七日不眠，失其雙目。世尊示我樂見照明金剛三昧。我不因眼，觀見十方，精真洞然，如觀掌果。如來印我成阿羅漢。佛問圓通，如我所證，旋見循元，斯為第一。」

【譯文】

阿那律陀即從座而起，頂禮佛足而對佛說：「我最初出家時，常樂睡眠，如來訶責我就如畜生類一樣。我聽了佛的訶責後，涕泣自責，七日七夜沒有睡眠，雙目因而失明。世尊於是教我修行樂見照明金剛三昧。我不依眼根，而依見精真性心光，洞達無礙，故觀見十方世界，如觀掌中果。如來印可我，得成阿羅漢果位。佛問什麼法門最為圓通，如我所證，旋轉出流黏塵的妄見而返歸見性，依循元明之真見，此為第一。」

周利槃特迦即從座起❶，頂禮佛足而白佛言：「我闕誦持，無多聞性。最初值佛，聞法出家，憶持如來一句伽陀，於一百日，得前遺後，得後遺前。佛愍我愚，教我安居，調出入息。我時觀息，微細窮盡，生住異滅，諸行剎那；其心豁然，得大無礙，乃至漏盡，成阿羅漢，住佛座下，印成無學。佛問圓通，如我所證，反息循空，斯為第一。」

【譯文】

周利槃特迦即從座而起，頂禮佛足而對佛說：「我生來就缺乏讀誦記憶的能力，沒有廣學多聞的習性。最初遇到佛陀，聽聞佛法後就出家了，背誦如來的一句偈頌，在一百天內，憶前忘後，憶後忘前。佛陀憐憫我的愚鈍，教我安居靜處，觀察調順鼻中的出入息。我在那時依教觀息，功夫純熟，對於出入息的最微細之處，諸如息的生、住、異、滅以及四相遷行的剎那變化等相，窮盡無餘；心地豁然明通，得證大無礙，乃至諸漏斷盡，成阿羅漢果位，在佛座下，蒙佛印可成就無學聖位。佛問什麼法門最為圓通，如我所證，反觀息相，循順心空，此為第一。」

【注釋】

❶ 周利槃特迦：為十六羅漢中第十六尊。又作「注荼半托迦」等，意譯為「小路」。與兄同為佛陀弟子，稟性魯鈍愚笨，凡學習之教法，誦過即忘，故時人稱之為「愚路」。其後，佛陀教示簡短之「拂塵除垢」一語，令其於拂拭諸比丘之鞋履時反覆念誦，遂漸除業障，某日忽然開悟而證得阿羅漢果。

憍梵鉢提即從座起，頂禮佛足而白佛言：「我有口業，於過去劫輕弄沙門，世世生生有牛呞病❶。如來示我一味清淨心地法門，我得滅心，入三摩地。觀味之知，非體非物，應念得超世間諸漏；內脫身心，外遺世界，遠離三有，如鳥出籠；離垢銷塵，法眼清淨，成阿羅漢。如來親印，登無學道。佛問圓通，如我所證，還味旋知，斯為第一。」

【譯文】

憍梵鉢提即從座而起，頂禮佛足而對佛說：「我有口業，在過去劫的時候，見一位年老比丘沒有牙齒吃飯，輕慢嘲笑他如牛吃草，由此口業，生生世世感得牛舌之報，患有牛呞病，即有如同牛一樣反芻的毛病。如來教我修習一味清淨心地法門，我得滅除分別識心，進入正定。我於定中正觀嘗味的覺知，非從舌根自體中生出，非從具有甜苦等味的外物中生出，在此當下一念間頓時悟入，得以超越世間諸有漏；內而脫落身心，外而遺棄世界，能所雙亡，遠離三界，解脫纏縛，如鳥出籠；脫離能取之心垢，消滅所取之塵相，得法眼淨而見道，成就阿羅漢果。如來親自印可我，登無學道位。佛問什麼法門最為圓通，如我所證，還觀味塵，旋轉覺知，此為第一。」

【注釋】

❶ 牛呞病：指人把食物吃進胃裡又吐了出來，猶如牛反芻一樣的病症。呞，即牛反芻。

畢陵伽婆蹉即從座起❶，頂禮佛足而白佛言：「我初發心從佛入道，數聞如來說世間不可樂事。乞食城中，心思法門，不覺路中毒刺傷足，舉身疼痛。我念有知，知此深痛；雖覺覺痛，覺清淨心無痛痛覺。我又思惟，如是一身，寧有雙覺？攝念未久，身心忽空，三七日中諸漏虛盡，成阿羅漢，得親印記，發明無學。佛問圓通，如我所證，純覺遺身，斯為第一。」

【譯文】

畢陵伽婆蹉即從座而起，頂禮佛足而對佛說：「我初發心，隨佛落髮出家學道，常聽佛說世間無常苦空等諸不可樂事，即依教修觀。一日進城乞食途中，心裡觀思法義，不小心路上腳被毒刺刺傷，毒入身中，全身疼痛起來。我念身中有覺知，能感覺到這個劇痛；雖然能覺知者感覺到疼痛，但我本覺清淨心卻不因為身體疼痛感覺而疼痛。我進而思維，這一個身中難道有兩個覺知嗎？這樣，我就收攝痛念歸於無痛之本覺清淨心而觀修，觀修不久，身心忽然脫落，覺得內外完全空掉了；於是我繼續觀修二十一日，一切煩惱習漏銷鎔空盡，成就阿羅漢果位，佛陀親自印可我，證得無學聖位。佛問什麼法門最為圓通，如我所證，純觀本覺，遺棄身覺，此為第一。」

【注釋】

❶ 畢陵伽婆蹉：比丘，舍衛城人、婆羅門種。

須菩提即從座起，頂禮佛足而白佛言：「我曠劫來，心得無礙，自憶受生如恆河沙。初在母胎，即知空寂，如是乃至十方成空，亦令眾生證得空性。蒙如來發性覺真空，空性圓明，得阿羅漢，頓入如來寶明空海，同佛知見，印成無學；解脫性空，我為無上。佛問圓通，如我所證，諸相入非，非所非盡，旋法歸無，斯為第一。」

【譯文】

須菩提即從座而起，頂禮佛足而對佛說：「我從久遠劫以來，就已意根解空，心得無礙，自能憶知捨生受生如恆河沙數之多。今生初在母胎時，即能了知身心本自空寂，這樣乃至出胎之後，由人空而悟法空，十方世界皆成空相，隨佛出家，也宣說空義，令眾生證得空性。承蒙如來顯發性覺真空，性空真覺，空覺之性圓滿明徹，皆歸如來藏圓明妙真如心，得證阿羅漢果位，頓入如來寶明覺性，真空性海，同於佛之知見，如來印可我，證得無學聖位；得真解脫而妙證性空，我為無上。佛問什麼法門最為圓通，如我所證，諸有為相皆入於空，能空與所空亦皆空盡，旋轉有為諸法，復歸第一義空，此為第一。」

舍利弗即從座起，頂禮佛足而白佛言：「我曠劫來，心見清淨，如是受生如恆河沙，世、出世間種種變化，一見則通，獲無障礙。我於路中逢迦葉波兄弟相逐❶，宣說因緣，悟心無際，從佛出家，見覺明圓，得大無畏，成阿羅漢，為佛長子。從佛口生，從法化生。佛問圓通，如我所證，心見發光，光極知見，斯為第一。」

【譯文】

舍利弗即從座而起，頂禮佛足而對佛說：「我從久遠劫以來，就已清淨，這以後捨生受生如恆河沙數之多，世間、出世間無量差別諸法的種種變化，我一見就通達，眼識明利，獲無障礙。一日，我於路途遇到迦葉波三兄弟相隨，宣說佛所講的因緣法義，我一聞便悟明心之無邊，隨即從佛出家，心見覺性得以明徹圓滿，獲得大無畏智慧，成就阿羅漢果位，成為佛的首座弟子。我因聽聞佛說而悟心，是從佛口生，依佛教法長養慧命，是從法化生。佛問什麼法門最為圓通，如我所證，心見清淨而顯發本有智光，智光極處而悟得見覺明圓，此為第一。」

【注釋】

❶ 迦葉波：又作「迦攝波」，佛弟子名。

普賢菩薩即從座起❶，頂禮佛足而白佛言：「我已曾與恆沙如來為法王子，十方如來教其弟子菩薩根者修普賢行，從我立名。世尊，我用心聞，分別眾生所有知見；若於他方恆沙界外有一眾生心中發明普賢行者，我於爾時乘六牙象，分身百千，皆至其處，縱彼障深，未得見我，我與其人暗中摩頂，擁護安慰，令其成就。佛問圓通，我說本因，心聞發明，分別自在，斯為第一。」

【譯文】

普賢菩薩即從座而起，頂禮佛足而對佛說：「我已曾給恆河沙數如來作法王子，十方如來教其弟子中具有菩薩根器者所修的普賢行，即是從我立名。世尊，我用心聞，去分別眾生的所有知見；如果在恆河沙數世界之外，有一眾生顯明妙真如心而入普賢行門，我這時就乘六牙白象，分出百千化身，到各發心者的面前，縱使那人業障深重，未能見到我，我也給他暗中摩頂，消其惑業，擁護安慰，使他成就普賢勝行。佛問什麼法門最為圓通，我說本修因，心聞發明本有智光，隨念分別、普應群機而得大自在，此為第一。」

【注釋】

❶ 普賢菩薩：又曰「普賢薩埵」、「普賢大士」。普賢是具足無量行願、普現於一切佛剎的大乘聖者。在娑婆世界，他與文殊菩薩並為釋迦牟尼的兩大脅侍。在中國，則是四大菩薩（觀音、文殊、地藏、普賢）之一。

孫陀羅難陀即從座起❶，頂禮佛足而白佛言：「我初出家，從佛入道，雖具戒律，於三摩地心常散動，未獲無漏。世尊教我及拘絺羅❷，觀鼻端白。我初諦觀，經三七日，見鼻中氣出入如煙，身心內明，圓洞世界，遍成虛淨，猶如琉璃；煙相漸銷，鼻息成白，心開漏盡，諸出入息化為光明，照十方界，得阿羅漢，世尊記我當得菩提。佛問圓通，我以銷息，息久發明，明圓滅漏，斯為第一。」

【譯文】

孫陀羅難陀即從座而起，頂禮佛足而對佛說：「我最初出家跟佛入道時，雖然具足戒律無所缺犯，而於禪定觀修，心常散動，因此未能以定力斷除惑業而獲得無漏。世尊教我和拘絺羅觀想鼻端氣息之白相。我初時諦觀，經過了二十一天，觀見鼻中氣息出入如煙一樣；身心內明，圓滿洞徹世界，遍成虛明清淨，猶如琉璃一樣；進而，煙相漸漸消散，鼻中出入息成為純白光相，於是，如來藏心開顯，諸漏盡除，所有出入息都化為光明，遍照十方世界，證得阿羅漢果位，世尊印可授記我當會證得菩提正覺。佛問什麼法門最為圓通，我以觀鼻端白而消泯出入息相，消息既久而發明如來藏妙明圓覺心，滅盡諸漏，此為第一。」

【注釋】

❶ 孫陀羅難陀：即難陀，佛之小弟。譯曰「豔喜」，容姿端正，具三十相，與佛相比，唯缺白毫相及耳垂肩相。佛成道後度其出家，證阿羅漢果。

❷ 拘絺羅：佛陀的弟子之一。又作「摩訶俱絺羅」，隨佛陀出家後，得阿羅漢果，證得五蘊皆空之理，故稱「悟空」。

富樓那彌多羅尼子即從座起，頂禮佛足而白佛言：「我曠劫來，辯才無礙，宣說苦、空，深達實相；如是乃至恒沙如來秘密法門，我於眾中微妙開示，得無所畏。世尊知我有大辯才，以音聲輪教我發揚。我於佛前助佛轉輪，因師子吼成阿羅漢，世尊印我說法無上。佛問圓通，我以法音降伏魔怨，銷滅諸漏，斯為第一。」

【譯文】

富樓那彌多羅尼子即從座而起，頂禮佛足而對佛說：「我從久遠劫以來，就已辯才無礙，宣說苦、空妙理，深達諸法實相；這樣乃至於恆河沙數如來的秘密法門，我都能於大眾中作微妙開示，無所畏懼。世尊知我有大辯才，教我以言語音聲發揚佛法。我於佛前代佛說法宣化，輔助佛陀轉正法輪，因說法如獅子吼而成就阿羅漢果位，世尊印可我說法無上。佛問什麼法門最為圓滿，我以舌識法音降伏一切魔怨，消滅諸漏，入於圓通，此為第一。」

優波離即從座起❶，頂禮佛足而白佛言：「我親隨佛逾城出家，親觀如來六年勤苦，親見如來降伏諸魔，制諸外道，解脫世間貪欲諸漏。承佛教戒，如是乃至三千威儀、八萬微細，性業、遮業❷，悉皆清淨，身心寂滅，成阿羅漢。我是如來眾中綱紀，親印我心，持戒修身，眾推為上。佛問圓通，我以執身，身得自在；次第執心，心得通達，然後身心一切通利，斯為第一。」

【譯文】

優波離即從座而起，頂禮佛足而對佛說：「我親隨佛半夜越城出家，親觀如來苦行六年，親見如來降伏諸魔，制服外道，解脫世間的貪欲煩惱等諸漏。承蒙佛教授我小乘眾戒律，如是漸次增進，至大乘菩薩戒法的三千威儀、八萬細行，大小乘戒的性業和遮業，我都受持清淨無缺，身心諸漏寂滅，成就阿羅漢果位。我是如來弟子眾中的律法綱紀，蒙佛親自印可我心戒清淨，持戒修身，眾中推為最上。佛問什麼法門最為圓通，我以身識執持戒律制身，令身離染，身得自在；其次以身識執持心戒，心得通達，然後身心一切通利，入於圓通，此為第一。」

【注釋】

❶ 優波離：佛陀十大弟子之一。出身首陀羅種，實為佛陀廣開門戶，四姓平等攝化之第一步，修持嚴謹，被譽為「持律第一」。

❷ 性業、遮業：有些業其體性本身就是惡的，如殺、盜、淫、妄等，稱為「性業」，制止不做稱為「性戒」。有些業，其本身並不一定是惡，如飲酒、葷食、墾土等，但會成為造惡或犯戒的因緣，故佛制戒「遮止」，這些業稱為「遮業」，制止勿犯稱為「遮戒」。

大目犍連即從座起❶，頂禮佛足而白佛言：「我初於路乞食，逢遇優樓頻螺、伽耶、那提三迦葉波，宣說如來因緣深義，我頓發心，得大通達。如來惠我袈裟著身，鬚髮自落。我遊十方，得無罣礙；神通發明，推為無上，成阿羅漢。寧唯世尊，十方如來嘆我神力，圓明清淨，自在無畏。佛問圓通，我以旋湛，心光發宣，如澄濁流，久成清瑩，斯為第一。」

【譯文】

大目犍連即從座而起，頂禮佛足而對佛說：「我當初未出家時，在路上乞食，遇到優樓頻螺、伽耶、那提三迦葉波兄弟，正在宣說佛因緣法的深義，我一聞偈頓時發明本心，意識圓通，神通引發，得大通達。即投佛出家，佛予慈惠，呼『善來比丘』，我即袈裟著身，鬚髮自落，成為比丘。我以神通遊於十方世界，毫無罣礙；神通展發自在無礙，大眾中推為無上，成就阿羅漢果位。不僅是世尊，十方世界的如來都讚嘆我的神通力，圓明清淨，自在無畏。佛問什麼法門最為圓通，我以旋轉虛妄分別之意識，還歸湛然圓明的常住真心，心光顯發周遍，如澄清濁流，久之而成清淨瑩明的如來藏性，入於圓通，此為第一。」

【注釋】

❶ 大目犍連：常作「摩訶目犍連」，佛十大弟子之一，以「神通第一」著稱。

烏芻瑟摩於如來前❶，合掌頂禮佛之雙足，而白佛言：「我常先憶久遠劫前，性多貪欲。有佛出世名曰空王，說多淫人成猛火聚，教我遍觀百骸四肢諸冷暖氣，神光內凝，化多淫心成智慧火。從是諸佛皆呼召我名為火頭。我以火光三昧力故，成阿羅漢，心發大願，諸佛成道，我為力士，親伏魔怨。佛問圓通，我以諦觀身心暖觸，無礙流通，諸漏既銷，生大寶焰，登無上覺，斯為第一。」

【譯文】

烏芻瑟摩在佛前，合掌頂禮佛的雙足而對佛說：「我常回憶，久遠劫以前身為凡夫時，習性貪愛淫欲。那時有佛出世名叫空王如來，說多淫欲的人，生時熾然欲火，死後業火，故成猛火聚，於是教我遍觀全身百骸四肢的冷暖氣息，神光反觀內照，凝合身內暖觸火大，功夫精純則得火光三昧，轉化多淫心成為智慧火。從此諸佛皆稱呼我名為火頭。我以火光三昧之力，成就阿羅漢果位，心中即發大願，諸佛成道之時，我做金剛力士，擁護佛法，親自降伏各種魔怨。佛問什麼法門最為圓通，我以諦觀身心暖觸火大，使得火大氣息在身內無礙流通，證入三昧，消除諸漏，生起智慧大寶焰，登無上正覺，此為第一。」

【注釋】

❶ 烏芻瑟摩：明王名。譯曰「不淨潔」、「穢跡」、「火頭」等，有轉不淨為清淨之德。

持地菩薩即從座起❶，頂禮佛足而白佛言：「我念往昔普光如來出現於世，我為比丘，常於一切要路、津口、田地險隘，有不如法，妨損車馬，我皆平填，或作橋梁，或負砂土。如是勤苦，經無量佛出現於世。或有眾生於闤闠處要人擎物❷，我先為擎，至其所詣，放物即行，不取其直。毗舍浮佛現在世時，世多飢荒，我為負人，無問遠近，惟取一錢。或有車牛被於泥溺，我有神力為其推輪，拔其苦惱。時國大王延佛設齋，我於爾時，平地待佛。毗舍如來摩頂謂我：『當平心地，則世界地一切皆平。』我即心開，見身微塵與造世界所有微塵，等無差別，微塵自性，不相觸摩，乃至刀兵，亦無所觸。我於法性，悟無生忍，成阿羅漢，迴心今入菩薩位中。聞諸如來宣妙蓮花，佛知見地，我先證明，而為上首。佛問圓通，我以諦觀身界二塵，等無差別，本如來藏，虛妄發塵，塵銷智圓，成無上道，斯為第一。」

【譯文】

持地菩薩即從座而起，頂禮佛足而對佛說：「我憶念過去世普光如來出現於世的時候，我為比丘，常於一切往來重要道路、水陸交通之津口、田地之險隘處等地方，若有不合法度、可能妨礙和損害車馬之處，我都給填平，或者架造橋梁，或者背來砂土對其修補。這樣勤苦勞作，修橋補路，歷經了無量佛出現於世，常行不退。或有眾生在街市處要別人搬運東西，我就先給他搬運，送到要去的地方，放下東西就走，不取任何報酬。毗舍浮佛出現在世的時候，世間多有飢荒，乞食為難，我便作荷負之人，給人背東西，無論遠近，只取一錢的報酬，聊以活命。如有車和牛馬陷於泥淖，我就用神力為他推車輪，拔除他們的苦惱。有一天，國王設齋請佛應供，我在那時就預先平整地面等待佛。毗舍浮如來摩頂對我說：『當平治心地，則世界大地一切皆平。』我一聽後，即刻心開悟解，見自身中地大之微塵與所造世界的所有微塵，無有差別；內外地大微塵的自性皆為如來藏性心法，性色真空，不相接觸和摩擦，乃至外地大之刀兵加於內地大之身體，也不會觸傷。我從地大法性本無自性而悟得無生法忍，成就阿羅漢果位，又迴小乘心，今入大乘菩薩位中。聽聞諸如來所共宣說的妙蓮花如來藏心地法門，乃是佛之知見地，我先已證悟明了，成為會中的上首。佛問什麼法門最為圓通，我以諦觀內身、外界二塵自性平等而無有差別，本是如來藏性而循業虛妄顯發為外塵，塵相若消則本有智光圓明，成就無上聖道，此為第一。」

【注釋】

❶ 持地菩薩：佛為母說法，上忉利天時，此菩薩為作三道之寶階。

❷ 闤闠：街市。

月光童子即從座起❶，頂禮佛足而白佛言：「我憶往昔恆河沙劫，有佛出世，名為水天，教諸菩薩修習水觀，入三摩地。觀於身中，水性無奪。初從涕唾，如是窮盡津液精血，大小便利，身中旋復，水性一同。見水身中與世界外，浮幢王剎，諸香水海，等無差別。我於是時初成此觀，但見其水，未得無身。當為比丘，室中安禪。我有弟子窺窗觀室，唯見清水，遍在室中，了無所見。童稚無知，取一瓦礫，投於水內，激水作聲，顧眄而去。我出定後，頓覺心痛，如舍利弗遭違害鬼。我自思惟，今我已得阿羅漢道，久離病緣，云何今日忽生心痛，將無退失？爾時，童子捷來我前，說如上事。我則告言：汝更見水，可即開門，入此水中，除去瓦礫。童子奉教。後入定時，還復見水，瓦礫宛然，開門除出。我後出定，身質如初。逢無量佛，如是至於山海自在通王如來，方得亡身，與十方界諸香水海，性合真空，無二無別。今於如來得童真名，預菩薩會。佛問圓通，我以水性，一味流通，得無生忍，圓滿菩提，斯為第一。」

【譯文】

月光童子即從座而起，頂禮佛足而對佛說：「我憶念過去恆沙數劫以前，有佛出世名叫水天佛，他教授諸菩薩修習水觀，入三摩地。觀想自身中的水大自性相同並不相傾奪。最初從涕唾開始，這樣漸次觀察，乃至窮盡津液精血、大小便利等，身中水大循環往復，流通不息，其相不一，水性則一同。觀見在身中的水與在世界外諸如華藏世界海中浮幢王剎等所有香水海的水，無有差別。我在那時初步成就此觀，定中但見其水為身，而未證得無身。當時我為比丘，在室中安住禪修水觀。我有個小弟子從窗中偷看，只見室內遍滿清水，並無其他。童子幼稚無知，就拿了一塊瓦礫投於水中，激起水響聲，左右看了看就走了。我出定後，頓時覺得心痛，如同舍利弗遭遇違害鬼所擊，出定感覺頭痛一樣。我自己想，現在我已證得阿羅漢果，很久就已離開了病緣，為何今日忽然有了心痛呢？莫非要退失道果嗎？這時，那個童子跑來我跟前，說了剛才的事。我就告訴他：你再次看見水的時候，可立即開門進入水中，拿出那塊瓦礫。童子遵守我的話。我又入定後，那個童子仍舊看見滿室的水，瓦礫依然在那，他開門入水取走了瓦礫。我出定後，身體恢復如初。這樣值遇無量的佛，跟隨修學，直至山海自在通王如來時，我方證得無自身相，與十方世界香水海的水，皆是性合真空，同一藏性，性水真空，性空真水，無二無別。現今在世尊的座下，我得到童真的名字，預列於菩薩之會。佛問什麼法門最為圓通，我以觀察水性一味流通，證得無生法忍，圓滿無上菩提，此為第一。」

【注釋】

❶月光童子：又作「月光菩薩」，為佛陀時代王舍城長者申日之子。

琉璃光法王子即從座起，頂禮佛足而白佛言：「我憶往昔經恆沙劫，有佛出世，名無量聲，開示菩薩本覺妙明，觀此世界及眾生身，皆是妄緣風力所轉。我於爾時觀界安立，觀世動時，觀身動止，觀心動念，諸動無二，等無差別。我時覺了此群動性，來無所從，去無所至，十方微塵，顛倒眾生，同一虛妄；如是乃至三千大千一世界內所有眾生，如一器中貯百蚊蚋❶，啾啾亂鳴，於分寸中鼓發狂鬧。逢佛未幾，得無生忍，爾時心開，乃見東方不動佛國，為法王子，事十方佛，身心發光，洞徹無礙。佛問圓通，我以觀察風力無依，悟菩提心，入三摩地，合十方佛，傳一妙心，斯為第一。」

【譯文】

琉璃光法王子即從座而起，頂禮佛足而對佛說：「我憶念過去恆河沙數劫以前，有佛出世，名叫無量聲佛，開示菩薩眾如來藏本覺妙明法門，觀照此世界及眾生身體，都是妙明性體上一念無明妄動之妄緣，而有無明風力所轉而起世界眾生。我那時就觀察十方世界的安立，皆由風力執持，觀察三世時間的流動，觀察身體的動止，觀察心動念起之時，皆是風動作用所推，這些動相雖多，從自性而言，唯是風性，因此諸動相的自性無二無別，沒有差別。我當時覺察明了，這諸動相之自性，來無所從，去無所至，當體全空，無有實性，十方微塵世界以及一切顛倒眾生，同一虛妄；這樣乃至三千大千世界每一世界內的所有眾生，如同裝在一個容器裡的百隻蚊子，啾啾亂叫，在很小的方寸空間裡鼓發狂鬧。值逢無量聲佛不久，我證得無生法忍，即時本覺真心開顯，乃得親見東方不動佛國，在不動佛會下為法王子，遍事十方諸佛，身心發光，內外洞徹無礙，如淨琉璃。佛問什麼法門最為圓通，我以觀察風力無依無體而悟入菩提心，得入正定，契合十方諸佛所傳微妙心印，此為第一。」

【注釋】

❶ 蚋：蚊類蟲，體形似蠅而小。

虛空藏菩薩即從座起，頂禮佛足而白佛言：「我與如來定光佛所❶，得無邊身。爾時，手執四大寶珠，照明十方微塵佛剎，化成虛空。又於自心現大圓鏡，內放十種微妙寶光，流灌十方盡虛空際。諸幢王剎，來入鏡內，涉入我身，身同虛空，不相妨礙。身能善入微塵國土，廣行佛事，得大隨順。此大神力，由我諦觀：四大無依，妄想生滅，虛空無二，佛國本同，於同發明，得無生忍。佛問圓通，我以觀察虛空無邊，入三摩地，妙力圓明，斯為第一。」

【譯文】

虛空藏菩薩即從座而起，頂禮佛足而對佛說：「我與世尊您，往昔曾同在定光佛所，供養承事，證得無邊虛空身。那時，我手執四大智慧寶珠，照明十方微塵數的佛剎，一一化為虛空。又於自己本覺真心現出大圓鏡智，內放十種微妙寶光，流灌十方法界，盡虛空邊際。華藏世界海中諸浮幢王剎，都被攝入此智，無一不在大圓鏡智照耀中，由此涉入我身，而我身同於虛空，彼此不相妨礙。我身化身無量，善於進入微塵數的國土，廣行佛事，得恆順眾生的大自在。我有這樣的大神通力，是由諦觀地、水、火、風四大無體，隨眾生妄想而有生滅，當體擊空，與虛空無二，佛國以四大為能依，所以佛國也空，即於空性，發明如來藏性，悟明性覺真空，性空真覺，證得無生法忍。佛問什麼法門最為圓通，我以觀察虛空無邊而得入正定，種種微妙神力圓滿明徹，自在展發，此為第一。」

【注釋】

❶ 定光佛：即燃燈佛。在過去世為釋迦菩薩授記的佛陀。

彌勒菩薩即從座起❶，頂禮佛足而白佛言：「我憶往昔經微塵劫，有佛出世，名日月燈明。我從彼佛而得出家，心重世名，好遊族姓。爾時，世尊教我修習唯心識定，入三摩地。歷劫以來，以此三昧事恆沙佛，求世名心歇滅無有。至然燈佛出現於世❷，我乃得成無上妙圓識心三昧，乃至盡空，如來國土，淨穢有無，皆是我心變化所現。世尊，我了如是唯心識故，識性流出無量如來，今得授記，次補佛處。佛問圓通，我以諦觀十方唯識，識心圓明，入圓成實❸，遠離依他及遍計執❹，得無生忍，斯為第一。」

【譯文】

彌勒菩薩即從座而起，頂禮佛足而對佛說：「我憶念過去微塵數劫以前，有佛出世，名叫日月燈明佛，我跟從彼佛而出家，心好世間名聞利養，喜歡遊走豪族大姓之家。那時，日月燈明佛教我修習唯心識定，得入三摩地。從那時起的歷劫以來，以此三昧，奉事恆河沙數佛，追求世間名聞之心漸漸停歇息滅。直到燃燈佛出現於世，我才證得無上妙圓的識心三昧，徹悟萬法唯識所現，乃至盡虛空的如來國土，有的國土有淨有穢，有的無淨無穢，有的有淨無穢，都是我的識心變化所現。世尊，我因為了知這些國土淨穢唯是心識所現的緣故，故由識性流出無量如來，現在得到世尊授記，次補佛位。佛問什麼法門最為圓通，我以諦觀十方世界一切依正染淨都是唯識所現，了知三界唯心，萬法唯識，識心不二，一體圓明，即證入圓成實性，遠離依他起性和遍計所執性，證得無生法忍，此為第一。」

【注釋】

❶ 彌勒菩薩：意譯作「慈氏」。在未來世降生閻浮提世界，繼釋尊之後將會成佛的菩薩，現住兜率天。

❷ 然燈佛：即「燃燈佛」。詳見頁二六九注❶。

❸ 圓成實：即「圓成實性」。於人空、法空上所顯現的圓滿成就的諸法實性，名為「圓成實性」。

❹ 依他：即「依他起性」，指一切存在都是因緣和合而生，依賴他緣而生起。遍計執，即「遍計所執性」，指對種種由因緣而生起的存在周遍計度，從而妄執其為實體的存在。

大勢至法王子與其同倫五十二菩薩即從座起❶，頂禮佛足而白佛言：「我憶往昔恆河沙劫，有佛出世，名無量光。十二如來相繼一劫，其最後佛名超日月光，彼佛教我念佛三昧。譬如有人，一專為憶，一人專忘，如是二人，若逢不逢，或見非見。二人相憶，二憶念深，如是乃至從生至生，同於形影，不相乖異。十方如來憐念眾生，如母憶子，若子逃逝，雖憶何為？子若憶母，如母憶時，母子歷生，不相違遠。若眾生心，憶佛念佛，現前當來，必定見佛。去佛不遠，不假方便，自得心開。如染香人，身有香氣，此則名曰香光莊嚴。我本因地，以念佛心入無生忍；今於此界，攝念佛人歸於淨土。佛問圓通，我無選擇，都攝六根，淨念相繼，得三摩地，斯為第一。」

【譯文】

大勢至法王子與其同伴五十二位菩薩即從座而起，頂禮佛足而對佛說：「我憶念過去恆河沙數劫以前，有佛出世，名叫無量光佛。此劫中先後有十二位佛相繼出世，最後一位佛名叫超日月光佛，彼佛教我修習念佛三昧。譬如有親友二人，一人專心憶念此親友，另一人則專於世務而忘卻此親友，這樣兩人即使相逢，也同於未逢，即使相見，也同於未見。如果二人互相憶念，二人的憶念就轉深，這樣乃至生生世世，都會形影相依，不相背離。十方如來憐念眾生，就如母親憶念兒子，如果兒子逃走不回家，母親雖日夜憶念又有何用？兒子憶念母親，如果能像母親想念兒子一樣懇切，則母子生生世世不會遠離。眾生若心中，常憶佛念佛，現在或將來，必定見到佛。如果眾生能夠懇切地憶佛念佛，命終之後蒙佛接引而往生極樂，則去佛不遠，這樣就不須假借其他方便，既得往生極樂，自得心地開悟。如同染香的人，身上自然就染有香氣，憶佛念佛雖然還未成佛，但也染有佛的氣分，這就叫香光莊嚴。我在本修因地，以念佛心而證入無生法忍；現在於此娑婆世界，攝受念佛的人同歸淨土。佛問什麼法門最為圓通，我無其他選擇，都攝六根，淨念相繼，得入正定，此為第一。」

【注釋】

❶ 大勢至：此菩薩以智慧光普照一切，令眾生離三塗，得無上力；又彼行時，十方世界一切地皆震動，故稱「大勢至」。與觀世音菩薩同為西方極樂世界阿彌陀佛之脅侍，世稱「西方三聖」。

卷六

本卷接著講說第二十五觀音菩薩耳根圓通法門。二十五圓通法門中，前二十四圓通都是略說，而對於第二十五觀音菩薩耳根圓通法門，則給予詳細敘說，顯示了本經對於耳根圓通法門以及觀音法門的重視。首先由觀音菩薩講述了證入耳根圓通的修行過程：「從聞思修，入三摩地。初於聞中，入流亡所，所入既寂，動、靜二相了然不生。如是漸增，聞、所聞盡，盡聞不住，覺、所覺空，空覺極圓，空、所空滅，生滅既滅，寂滅現前。忽然超越世、出世間，十方圓明。」這段經文所述的禪觀方法，對於悟道證果極為重要，受到了禪宗的高度重視。歷代注家多配合六結來解釋，所謂觸六結，明三空。首先從耳根的聞性入手起修，做入流照性、迴光返照功夫，漸次解除「動、靜、根、覺、空、滅」六結，六結盡解，一根拔除，六根解脫，入一真無妄之地，證得金剛三昧；由此與十方佛如來同一慈力，成就三十二應身、十四種無畏功德、四種不可思議無作妙德，興起利他妙行。又本經所舉三十二應身，與《法華經．普門品》所舉三十三應身意趣不同，《普門品》是佛說，機在持名拔苦；本經是觀音菩薩自說，機在妙應圓通之理。

對此二十五圓通法門，佛陀在之前和之後都說法門平等，無有優劣之差別，所謂「最上」是指對機而言。針對阿難及未來眾生的根機，文殊菩薩奉佛之命，說偈評判二十五圓通，獨選觀音菩薩的耳根圓通法門於此界眾生最為當機。至此，本經二十五圓通法門圓滿。

隨後阿難又請問「安立道場，遠諸魔事」，「救護眾生末劫」之事，佛陀即宣說「修行三決定義」，即戒定慧「三學」，從聞、思、修，入三摩地，嚴持四重戒為基，建立壇場專修楞嚴咒為正行，以證如來藏心楞嚴大定。並首先詳細講解了其心不淫、不殺、不偷、不妄語之四種「決定清淨明誨」。

爾時，觀世音菩薩即從座起❶，頂禮佛足而白佛言：「世尊，憶念我昔無數恆河沙劫，於時有佛出現於世，名觀世音。我於彼佛發菩提心，彼佛教我，從聞思修，入三摩地。

【譯文】

這時，觀世音菩薩即從座而起，頂禮佛足而對佛說：「世尊，憶念我往昔於無數恆河沙劫以前，那時有一位佛出現於世，名叫觀世音如來。我跟從這位尊佛發菩提心，彼佛教導我，從聞、思、修，入三摩地。

【注釋】

❶ 觀世音菩薩：以慈悲救濟眾生為本願之菩薩。又作「觀自在菩薩」、「觀音菩薩」，與大勢至菩薩同為西方極樂世界阿彌陀佛之脅侍，世稱「西方三聖」。

「初於聞中❶，入流亡所，所入既寂，動、靜二相了然不生。如是漸增，聞、所聞盡，盡聞不住，覺、所覺空，空覺極圓，空、所空滅，生滅既滅，寂滅現前。忽然超越世、出世間，十方圓明，獲二殊勝：一者，上合十方諸佛本妙覺心，與佛如來同一慈力；二者，下合十方一切六道眾生，與諸眾生同一悲仰。

【譯文】

「最初於耳根聞性中，返聞照性而入聞性之流，亡失所聞的聲塵；所入的聲塵既寂止，能聞的耳根也寂靜，動、靜兩種聲塵相完全寂止不生。這樣漸修增進，能聞之根和所聞之聲塵皆滅盡不生；

能聞所聞皆滅盡，根塵脫落，解根結，證我空，湛一無邊之境現前，但也於此不住不著，則能覺之智與所覺之湛一境皆歸空寂；智境息滅，空覺究竟圓滿，能空之空也空，能空所空皆歸寂滅，一切生滅法皆滅盡，則本有寂滅妙常覺性自然現前。剎那之間，忽然超越一切世間、出世間，十方世界周遍圓滿，無非本有自性光明，獲得兩種殊勝妙用：一者，上合十方諸佛的本覺妙心，與如來同一慈悲心和神通力；二者，下合十方一切六道眾生的心性，與諸眾生同一悲苦和渴仰。

【注釋】

❶ 按，「聞」者，意在「聞性」，返聞聞自性，這是本經的特別教授。聞性非耳識，更非意識，乃在前所抉擇之根性，六根之根元性，亦稱「覺性」、「圓覺性」。若以「聞、思、修」三慧而論，此屬於「思慧」。

「世尊，由我供養觀音如來❶，蒙彼如來授我如幻聞熏聞修金剛三昧❷，與佛如來同慈力故，令我身成三十二應，入諸國土。

【譯文】

「世尊，由於我供養觀音如來，承蒙觀音如來傳授我如幻聞熏聞修金剛三昧，證得與如來同一慈悲心和神通力的緣故，令我成就三十二種應化身，隨機赴感，遍入一切世界國土。

【注釋】

❶ 觀音如來：觀世音菩薩因地中的本師。

❷ 如幻聞熏聞修金剛三昧：如幻，指依本起因地之如來藏因而修，故能觀與所觀皆如幻如化，不假功用。聞熏聞修，指由本覺聞性入流內熏而熏起始覺修智。金剛三昧，即金剛喻定，等覺菩薩於等覺後心所起之大定，此處亦特指楞嚴大定，以其究竟堅固，不可摧壞，猶如金剛，故稱「金剛三昧」。

「世尊，若諸菩薩入三摩地，進修無漏，勝解現圓，我現佛身而為說法，令其解脫。若諸有學，寂靜妙明，勝妙現圓，我於彼前現獨覺身而為說法，令其解脫。若諸有學，斷十二緣，緣斷勝性，勝妙現圓，我於彼前現緣覺身而為說法，令其解脫。若諸有學，得四諦空，修道入滅，勝性現圓，我於彼前現聲聞身而為說法，令其解脫。若諸眾生欲心明悟，不犯欲塵，欲身清淨，我於彼前現梵王身而為說法，令其解脫。

【譯文】

「世尊，如果有菩薩已入正定，進修無漏道業，勝解將現圓滿之時，我就現佛身而為說法，令他得到解脫。如果有二乘有學，志求獨覺者，身心寂靜，妙慧明通，殊勝妙慧將現圓滿之時，我就在他面前現獨覺身而為說法，令他得到解脫。如果有緣覺有學，志求緣覺道，觀修斷除了十二因緣之流轉，流轉因緣斷除而勝性顯現，殊勝妙性將現圓滿之時，我就在他面前示現緣覺身而為說法，令他得到解脫。如果有聲聞有學在見道位中，證得斷四諦下惑之見惑空，進而入修道位證擇滅無為，滅諦無生之性將現圓滿之時，我就在他面前示現聲聞身而為說法，令他得到解脫。如果有眾生希望心明開悟，持守戒律，不犯淫欲，使得貪欲之身得以離欲清淨，我就在他面前示現梵王身而為說法，令他得到解脫。

「若諸眾生欲為天主，統領諸天，我於彼前現帝釋身而為說法❶，令其成就。若諸眾生欲身自在，遊行十方，我於彼前現自在天身而為說法❷，令其成就。若諸眾生欲身自在，飛行虛空，我於彼前現大自在天身而為說法❸，令其成就。若諸眾生愛統鬼神，救護國土，我於彼前現天大將軍身而為說法❹，令其成就。若諸眾生愛統世界，保護眾生，我於彼前現四天王身而為說法❺，令其成就。若諸眾生愛生天宮，驅使鬼神，我於彼前現四天王國太子身而為說法，令其成就。

【譯文】

「如果有眾生想當天主以統領諸天，我就在他面前現帝釋身而為說法，使他如願成就。如果有眾生希望此身自在，能夠遊行十方國土，我就在他面前現自在天身而為說法，使他如願成就。如果有眾生希望此身自在，能夠在虛空中飛行，我就在他面前現大自在天身而為說法，使他如願成就。如果有眾生喜歡統領鬼神以救護世間國土，我就在他面前現天大將軍身而為說法，使他如願成就。如果有眾生喜歡統領世界，保護眾生，我就在他面前現四天王身而為說法，使他如願成就。如果有眾生喜歡生在天宮中，並能驅使鬼神，我就在他面前現四天王國太子身而為說法，使他如願成就。

【注釋】

❶ 帝釋：即忉利天天主，名「釋提桓因」，居須彌山之頂善見城。

❷ 自在天：指欲界最高之第六天，他化自在天之天主。

❸ 大自在天：指色界之最高天天主，又稱「摩醯首羅天」。

❹ 天大將軍：指欲界天之天將。
❺ 四天王：欲界四大天王，即東方持國天王、南方增長天王、西方廣目天王、北方多聞天王。

「若諸眾生樂為人王，我於彼前現人王身而為說法，令其成就。若諸眾生愛主族姓，世間推讓，我於彼前現長者身而為說法，令其成就。若諸眾生愛談名言，清淨自居，我於彼前現居士身而為說法，令其成就。若諸眾生愛治國土，剖斷邦邑❶，我於彼前現宰官身而為說法，令其成就。若諸眾生愛諸數術，攝衛自居❷，我於彼前現婆羅門身而為說法，令其成就。若有男子好學出家，持諸戒律，我於彼前現比丘身而為說法，令其成就。若有女人好學出家，持諸禁戒，我於彼前現比丘尼身而為說法，令其成就。

【譯文】

「如果有眾生喜歡成為人間的國王、治理國家，我就在他面前現國王身而為說法，使他如願成就。如果有眾生喜歡作一家族之主，以得到人們的尊重，我就在他面前現長者身而為說法，使他如願成就。如果有眾生喜歡討論道理，身常清淨，以道自居，我就在他面前現居士身而為說法，使他如願成就。如果有眾生喜歡治理國家，剖斷各級政務，我就在他面前現宰官身而為說法，使他如願成就。

如果有眾生喜歡諸種數術，調理身心，攝衛自居，我就在他面前現婆羅門身而為說法，使他如願成就。如果有男子好學出家，持守戒律，我就在他面前現比丘身而為說法，使他如願成就。如果有女人好學出家，持守戒律，我就在她面前現比丘尼身而為說法，使她如願成就。

【注釋】

❶ 剖斷邦邑：於大邦或小邑，剖析決斷種種訟案。

❷ 攝衛：調攝衛生，行氣養生。

「若有男子樂持五戒，我於彼前現優婆塞身而為說法❶，令其成就。若有女子五戒自居，我於彼前現優婆夷身而為說法❷，令其成就。若有女人內政立身，以修家國，我於彼前現女主身及國夫人、命婦大家而為說法，令其成就。若有眾生不壞男根，我於彼前現童男身而為說法，令其成就。若有處女愛樂處身，不求侵暴，我於彼前現童女身而為說法，令其成就。若有諸天樂出天倫，我現天身而為說法，令其成就。

【譯文】

「如果有男子樂意受持五戒，我就在他面前現優婆塞身而為說法，使他如願成就。如果有女子樂意受持五戒，我就在她面前現優婆夷身而為說法，使她如願成就。如果有女人內主家政立其身，以修家國之基，我就在她面前現女主身及國夫人身、命婦大家身而為說法，使她如願成就。如果有眾生不近女色，保守童貞，我就在他面前現童男身而為說法，使他如願成就。如果有處女愛樂處女之身，不希望受異性的侵犯，我就在她面前現童女身而為說法，使她如願成就。如果有諸天人樂意出離天趣，我就現天身而為說法，使他們如願成就。

【注釋】

❶ 優婆塞：意為近事男，能發菩提心，受持佛教在家五戒的男子。

❷ 優婆夷：意為近事女，發菩提心，受持佛教在家五戒的女子。

「若有諸龍樂出龍倫，我現龍身而為說法，令其成就。若有藥叉樂度本倫❶，我於彼前現藥叉身而為說法，令其成就。若乾闥婆樂脫其倫❷，我於彼前現乾闥婆身而為說法，令其成就。若阿修羅樂脫其倫❸，我於彼前現阿修羅身而為說法，令其成就。若緊那羅樂脫其倫❹，我於彼前現緊那羅身而為說法，令其成就。若摩呼羅伽樂脫其倫❺，我於彼前現摩呼羅伽身而為說法，令其成就。若諸眾生樂人修人，我現人身而為說法，令其成就。若諸非人，有形、無形，有想、無想，樂脫其倫，我於彼前皆現其身而為說法，令其成就。

【譯文】

「如果有諸龍樂意出離龍趣，我就現龍身而為說法，使他們如願成就。如果有藥叉樂意脫離藥叉類，我就在他面前現藥叉身而為說法，使他如願成就。如果有乾闥婆樂意脫離其本類，我就在他面前現乾闥婆身而為說法，使他如願成就。如果有阿修羅樂意脫離其本類，我就在他面前現阿修羅身而為說法，使他如願成就。如果有緊那羅樂意脫離其本類，我就在他面前現緊那羅身而為說法，使他如願成就。如果有摩呼羅伽樂意脫離其本類，我就在他面前現摩呼羅伽身而為說法，使他如願成就。如果諸眾生樂意保持人身並修行人道，我就現人身而為說法，使他們如願成就。如果一切非人之類——有形與無形、有想與無想，樂意脫離其本類，我就在他們面前現相應之身而為說法，使他們如願成就。

【注釋】

❶ 藥叉：梵語「yaksa」，又譯作「夜叉」，天龍八部眾之一，通常與「羅剎」並稱。意譯「輕捷」、「勇健」，指住於地上或空中，以威勢惱害人，或守護正法之鬼類。

❷乾闥婆：又作「健達縛」等，八部眾之一，意譯為「食香」、「尋香行」，指與緊那羅同奉侍帝釋天而司奏雅樂之神，又作「尋香神」、「樂神」、「執樂天」。

❸阿修羅：略稱「修羅」，為六道之一，八部眾之一，十界之一。意譯為「非天」、「不端正」。此神性好鬥，有天福而無天德，常與帝釋戰。

❹緊那羅：又名「緊捺洛」，八部眾之一。似人而有角，故又名「人非人」，乃是天使神、歌神。新譯曰「歌神」，即樂神名。

❺摩呼羅伽：又名「莫呼落伽」，八部之一，即大蟒神。

「是名妙淨三十二應❶，入國土身，皆以三昧聞熏聞修無作妙力，自在成就。

【譯文】

「這就是妙淨三十二應化身，能入十方一切國土，隨類各應，無剎不現，都是以金剛三昧，本覺聞熏、始覺聞修，所成就的無作妙用神力，自在得以成就。

「世尊，我復以此聞熏聞修金剛三昧無作妙力，與諸十方三世六道一切眾生同悲仰故，令諸眾生於我身心獲十四種無畏功德。一者，由我不自觀音，以觀觀者，令彼十方苦惱眾生，觀其音聲，即得解脫。二者，知見旋復❶，令諸眾生設入大火，火不能燒。三者，觀聽旋復，令諸眾生大水所漂，水不能溺。

【注釋】

❶ 妙淨：隨類各應曰「妙」，所現身相不著於相曰淨。又妙者不可思議，淨者無所染著。

【譯文】

「世尊，我又以此聞熏聞修金剛三昧無作妙力，與十方三世六道一切眾生同一悲仰的緣故，故而能令一切眾生於我身心中，獲得十四種無畏功德。第一，由我不自去觀世間的聲音，卻返觀能觀者，返觀聞性而起無作妙力大用，故令十方世界的苦惱眾生，若一心稱念我名號，我觀其稱名聲音，妙應感通，尋聲救苦，使其即刻獲得解脫。第二，我既已旋復緣塵妄見，返觀聞性而起無作妙力，故令十方眾生即使入於大火，若一心稱念我名號，火就不能燒害他們。第三，我既已旋復緣塵觀聽妄聞，返觀聞性而起無作妙力，故令十方眾生即使被大水所漂，若一心稱念我名號，水就不能淹溺他們。

【注釋】

❶旋復：迴轉，迴還。

「四者，斷滅妄想，心無殺害，令諸眾生入諸鬼國，鬼不能害。五者，熏聞成聞，六根銷復，同於聲聽，能令眾生臨當被害，刀段段壞，使其兵戈，猶如割水，亦如吹光，性無搖動。六者，聞熏精明，明遍法界，則諸幽暗，性不能全，能令眾生，藥叉、羅剎、鳩槃茶鬼❶，及毗舍遮、富單那等❷，雖近其旁，目不能視。七者，音性圓銷，觀聽返入，離諸塵妄，能令眾生，禁繫枷鎖，所不能著。

【譯文】

「第四，我既已旋復緣塵妄想，返觀聞性而起無作妙力，心無殺害之念，全超鬼神心行，故令十方眾生即使誤入羅剎鬼國，若一心稱念我名號，鬼就不能加害他們。第五，我因返聞照性，熏彼妄聞而成就真聞性，六根同時消妄復真，全身泯於無形，同於聲聽之無形，以此所證金剛三昧之力，能令眾生臨當被殺害之時，若一心稱念我名號，刀杖觸身，忽然折斷為一段一段，不能傷身；縱使刀兵不自折斷，使其如同割水、砍光一樣，不能傷及身體絲毫，本性則毫無搖動。第六，我以返聞熏修，得復本精妙明，發本明耀，遍照法界，則諸幽隱暗昧之性不能自全，這樣，能令眾生，若一心稱念我名號，使藥叉、羅剎、鳩槃荼鬼，以及毗舍遮、富單那等，雖近在身旁，尚不能目視。第七，音聲之動靜二性悉皆消滅，觀照能聞之性，返入本覺聞性，脫離妄塵，根塵雙泯，內無繫縛，外絕拘束，我以此妙力加被眾生，能令眾生，若一心稱念我名號，任何禁繫枷鎖，不能著身。

【注釋】

❶ 鳩槃荼鬼：即厭魅鬼。

❷ 毗舍遮：啖精氣鬼，謂其啖人精氣及五穀之精氣。富單那：主熱病鬼。

「八者，滅音圓聞，遍生慈力，能令眾生，經過險路，賊不能劫。九者，熏聞離塵，色所不劫，能令一切多淫眾生，遠離貪欲。十者，純音無塵，根境圓融，無對、所對，能令一切忿恨眾生，離諸嗔恚。十一者，銷塵旋明，法界身心，猶如琉璃，朗徹無礙，能令一切昏鈍性障，諸阿顛迦，永離痴暗。十二者，融形復聞，不動道場，涉入世間，不壞世界，能遍十方供養微塵諸佛如來，各各佛邊為法王子，能令法界無子眾生，欲求男者，誕生福德智慧之男。

【譯文】

「第八，聲音寂滅而解脫根塵，圓滿證得聞性，外無敵對，咸歸一心，故能遍生慈力，我以此妙力加被眾生，能令眾生，經過危險之路時，若一心稱念我名號，盜賊就不敢劫奪他們。第九，返熏聞性，脫離塵染，色塵所不能劫奪，我以此妙力加被眾生，能令一切淫欲心重的眾生，若一心稱念我名號，就可遠離貪欲。第十，純一妙音聞性，絕離所對聲塵，根境圓融，沒有了能對與所對的對立差別，內外清淨一如，息滅差別紛爭，我以此妙力加被眾生，能令一切忿怒、嗔恨心重的眾生，若一心稱念我名號，就可脫離所有嗔恨和忿怒。第十一，消除所緣妄塵，旋復妙明真性，自性光明便顯現出來，外之法界、內之身心，猶如琉璃一樣，內外明徹，無有障礙，我以此妙力加被眾生，能令一切生性昏昧愚鈍的眾生，乃至諸阿顛伽，若一心稱念我名號，永遠脫離愚痴暗昧。第十二，消融四大幻形，旋復一真聞性，證入妙明真心之本有寂滅不動道場，成一圓融清淨寶覺，身相圓融，稱體起用，而能涉入世間，隨類現身，不壞世界之因果等相，並能遍至十方供養如微塵數的諸佛，於各佛座下作法王子，我以此妙力加被眾生，能令法界中沒有子嗣的眾生，欲求生男者，若一心稱念我名號，便誕生有福德智慧的男孩。

「十三者，六根圓通，明照無二，含十方界，立大圓鏡、空如來藏，承順十方微塵如來秘密法門，受領無失。能令法界無子眾生，欲求女者，誕生端正、福德、柔順、眾人愛敬、有相之女。十四者，此三千大千世界百億日月，現住世間諸法王子有六十二恆河沙數，修法垂範，教化眾生，隨順眾生，方便智慧，各各不同。由我所得圓通本根，發妙耳門，然後身心微妙含容，周遍法界。能令眾生，持我名號，與彼共持六十二恆河沙諸法王子，二人福德正等無異。世尊，我一名號，與彼眾多名號無異，由我修習得真圓通。是名十四施無畏力，福備眾生。

【譯文】

「第十三，六根圓通，互用無礙，成一清淨妙明寶覺，因其明覺與照用無二，立大圓鏡，因其含容十方世界，立空如來藏，能夠承順十方世界微塵數如來的一切秘密法門，受領無失。我以此妙力加被眾生，能令法界中沒有子嗣的眾生，欲求生女者，若一心稱念我名號，便誕生端正、福德、柔順、眾人愛敬、妙相具足的女孩。第十四，此三千大千世界、百億日月世界的範圍中，現在住於世間的法王子大菩薩有六十二恆河沙數之多，他們修行佛法，親作模範，教化眾生，隨順眾生，方便智慧各不同。由於我證得圓通本根，發明耳門自在妙用，能令一身應無量身，一心應無量心，微妙含容，周遍法界，自在無礙，具足萬聖法門。我以此妙力加被眾生，能令眾生，若持我名號，與另外一人同時持念六十二恆河沙數諸法王子大菩薩的名號，二人所得福德，完全等同，無二無別。世尊，單單持念我一名號，與同時持念眾多菩薩的名號，毫無差異，這是由於我修習耳根圓通法門，證得了真圓通。這就是十四種施無畏力，福德蔭庇周備普及一切眾生。

「世尊，我又獲是圓通，修證無上道故，又能善獲四不思議無作妙德。一者，由我初獲妙妙聞心，心精遺聞，見聞覺知不能分隔，成一圓融清淨寶覺，故我能現眾多妙容，能說無邊秘密神咒。其中，或現一首、三首、五首、七首、九首、十一首，如是乃至一百八首、千首、萬首、八萬四千爍迦羅首❶；二臂、四臂、六臂、八臂、十臂、十二臂、十四、十六、十八、二十至二十四，如是乃至一百八臂、千臂、萬臂、八萬四千母陀羅臂❷；二目、三目、四目、九目，如是乃至一百八目、千目、萬目、八萬四千清淨寶目。或慈，或威，或定，或慧，救護眾生，得大自在。二者，由我聞思脫出六塵，如聲度垣❸，不能為礙，故我妙能現一一形，誦一一咒，其形其咒能以無畏施諸眾生，是故十方微塵國土皆名我為施無畏者。三者，由我修習本妙圓通，清淨本根，所遊世界皆令眾生捨身珍寶，求我哀愍❹。四者，我得佛心，證於究竟，能以珍寶種種供養十方如來，傍及法界六道眾生，求妻得妻，求子得子，求三昧得三昧，求長壽得長壽，如是乃至求大涅槃得大涅槃。佛問圓通，我從耳門圓照三昧，緣心自在，因入流相，得三摩地，成就菩提，斯為第一。世尊，彼佛如來嘆我善得圓通法門，於大會中授記我為觀世音號。由我觀聽，十方圓明，故觀音名遍十方界。」

【譯文】

「世尊，我因獲得此真實圓通，修證無上聖道，故而又自然獲得四種不可思議、無功用行的神妙德用。第一，我因當初獲得妙妙聞性真如心，心精妙覺脫離了能聞所聞，見、聞、覺、知等功能不再被六根分隔，成為一圓融無礙的清淨寶覺，神通妙用不可思議，故我能示現無數的妙相容貌，能說無邊的秘密神咒。其中，或者示現一首、三首、五首、七首、九首、十一首，乃至一百零八首、千首、萬首、八萬四千金剛首；二臂、四臂、六臂、八臂、十臂、十二臂、十四臂、十六臂、十八臂、二十臂，至二十四臂，乃至一百零八臂、千臂、萬臂、八萬四千手印臂；二目、三目、四目、九目，乃至一百零八目、千目、萬目、八萬四千清淨寶目。這些化身妙相，或現慈悲，或現威武，或現禪定，或現智慧，為救護眾生，任運示現，得大自在。第二，由於我此聞、思、修入三摩地，而得脫出六塵，就如聲音能穿越垣牆而不被其所阻礙一樣，因此，我能現妙用，任運隨緣，能顯現種種不同的身形，能誦種種不同的神咒，所現身形、所說咒語能以無畏力將所有無畏施予眾生，因此，十方微塵數國土的眾生都稱我為施無畏者。第三，由於我修習本妙圓通，已得清淨本根，於六塵境，無有染著，悉能捨施，故於所遊化的世界，皆能令眾生破除慳貪無明，樂意施捨自身所有的珍寶，求我哀憫攝受度脫。第四，我得諸佛因地本心如來藏，依之修行，證於究竟，因而能以種種珍寶供養十方如來，並旁及法界中的六道眾生，求妻者得妻，求子者得子，求三昧者得三昧，求長壽者得長壽，這樣乃至求大涅槃者得大涅槃。佛問什麼法門最為圓通，我是從耳根法門返聞自性，圓照一心本源而得正定，並能發起妙力度生，隨緣應化，心得自在；因耳根入流照性，證得三摩地，成就菩提果，此為第一。世尊，當時觀世音如來讚嘆我善得圓通法門，並在大會中為我授記，號為觀世音。由我本覺妙心之不可思議的觀聽妙用，於十方世界都圓明自在，循聲救苦，普施無畏，因此，觀世音的名號遍聞於十方世界。」

【注釋】

❶ 爍迦羅：即金剛，堅固不壞。

❷ 母陀羅臂：以手顯示法印，因臂各有手，手各有印，故名之。

❸ 垣：指牆、城牆。

❹ 愍：憫也，憐憫，哀憐。

爾時世尊，於師子座，從其五體同放寶光，遠灌十方微塵如來及法王子諸菩薩頂；彼諸如來亦於五體同放寶光，從微塵方來灌佛頂，並灌會中諸大菩薩及阿羅漢。林木池沼皆演法音，交光相羅，如寶絲網。是諸大眾，得未曾有，一切普獲金剛三昧。即時天雨百寶蓮華，青黃赤白，間錯紛糅❶，十方虛空成七寶色。此娑婆界大地山河俱時不現，唯見十方微塵國土合成一界，梵唄詠歌❷，自然敷奏❸。

【譯文】

這時世尊，即於獅子座上，五體同時放出寶光，遠灌十方微塵數如來及法王子諸菩薩的頭頂；十方如來也於五體同放寶光，從微塵數方向來灌世尊的頭頂，同時也灌會中諸大菩薩及阿羅漢的頭頂。同時，林中的樹木、泉池皆演法音，光芒相互交織，如同寶絲網一般。此會中的大眾，感嘆驚喜，得未曾有，並於此時都得到了金剛三昧。就在這時，又有無數量的青、黃、赤、白等色的百寶蓮花，從天而降，繽紛間錯，一瞬間，十方虛空變成金、銀、琉璃、硨磲、赤珠、瑪瑙、琥珀七寶的顏色。此娑婆世界的山河大地忽然同時看不見了，唯見十方微塵數的國土合成一個世界，梵唄歌詠，自然敷奏。

【注釋】

❶糅：混雜，混和。

❷梵唄：指佛教歌贊或誦經聲。

❸敷：布也。

於是如來告文殊師利法王子：「汝今觀此二十五無學、諸大菩薩及阿羅漢，各說最初成道方便，皆言修習真實圓通。彼等修行，實無優劣、前後差別。我今欲令阿難開悟，二十五行，誰當其根；兼我滅後，此界眾生入菩薩乘，求無上道，何方便門得易成就？」

【譯文】

於是，佛告訴文殊師利法王子說：「你現在看這二十五位無學、諸大菩薩及阿羅漢，各自敘說了最初成道的方便法門，都言依此修習可獲真實圓通。他們的修行方法，實在沒有優劣之分或前後差別。我現在欲令阿難開悟，請你說一說在此二十五種修行方便中，哪一種最適合阿難的根機；同時，我滅度之後，此世界的眾生，欲入菩薩乘，發心求無上佛道，哪一個方便法門最容易成就？」

文殊師利法王子奉佛慈旨，即從座起，頂禮佛足，承佛威神，說偈對佛：

覺海性澄圓，圓澄覺元妙；
元明照生所❶，所立照性亡。
迷妄有虛空，依空立世界；
想澄成國土，知覺乃眾生。
空生大覺中，如海一漚發；
有漏微塵國，皆依空所生。
漚滅空本無，況復諸三有？
歸元性無二，方便有多門；
聖性無不通，順逆皆方便；
初心入三昧，遲速不同倫。
色想結成塵，精了不能徹；
如何不明徹，於是獲圓通。
音聲雜語言，但伊名句味；
一非含一切，云何獲圓通？
香以合中知，離則元無有；

不恆其所覺，云何獲圓通？
味性非本然，要以味時有；
其覺不恆一，云何獲圓通？
觸以所觸明，無所不明觸；
合離性非定，云何獲圓通？
法稱為內塵，憑塵必有所；
能所非遍涉，云何獲圓通？
見性雖洞然，明前不明後；
四維虧一半，云何獲圓通？
鼻息出入通，現前無交氣；
支離匪涉入，云何獲圓通？
舌非入無端，因味生覺了，
味亡了無有，云何獲圓通？
身與所觸同，各非圓覺觀；
涯量不冥會，云何獲圓通？
知根雜亂思，湛了終無見；

想念不可脫，云何獲圓通？
識見雜三和，詰本稱非相；
自體先無定，云何獲圓通？
心聞洞十方，生於大因力；
初心不能入，云何獲圓通？
鼻想本權機，只令攝心住；
住成心所住，云何獲圓通？
說法弄音文，開悟先成者；
名句非無漏，云何獲圓通？
持犯但束身，非身無所束；
元非遍一切，云何獲圓通？
神通本宿因，何關法分別？
念緣非離物，云何獲圓通？
若以地性觀，堅礙非通達；
有為非聖性，云何獲圓通？
若以水性觀，想念非真實，

如如非覺觀，云何獲圓通？
若以火性觀，厭有非真離；
非初心方便，云何獲圓通？
若以風性觀，動寂非無對；
對非無上覺，云何獲圓通？
若以空性觀，昏鈍先非覺；
無覺異菩提，云何獲圓通？
若以識性觀，觀識非常住；
存心乃虛妄，云何獲圓通？
諸行是無常，念性元生滅；
因果今殊感，云何獲圓通？
我今白世尊，佛出娑婆界，
此方真教體，清淨在音聞。
欲取三摩提，實以聞中入。
離苦得解脫，良哉觀世音！
於恆沙劫中，入微塵佛國，

得大自在力，無畏施眾生。
妙音觀世音，梵音海潮音，
救世悉安寧，出世獲常住。
我今啟如來，如觀音所說，
譬如人靜居，十方俱擊鼓，
十處一時聞，此則圓真實。
目非觀障外，口鼻亦復然，
身以合方知，心念紛無緒。
隔垣聽音響，遐邇俱可聞。
五根所不齊，是則通真實。
音聲性動靜，聞中為有無；
無聲號無聞，非實聞無性。
聲無既無滅，聲有亦非生；
生滅二圓離，是則常真實。
縱令在夢想，不為不思無；
覺觀出思惟，身心不能及。

今此娑婆國，聲論得宣明。
眾生迷本聞，循聲故流轉。
阿難縱強記，不免落邪思。
豈非隨所淪，旋流獲無妄？
阿難汝諦聽，我承佛威力，
宣說金剛王，如幻不思議，佛母真三昧。
汝聞微塵佛，一切秘密門，
欲漏不先除，畜聞成過誤。
將聞持佛佛，何不自聞聞？
聞非自然生，因聲有名字，
旋聞與聲脫，能脫欲誰名？
一根既返源，六根成解脫。
見聞如幻翳，三界若空華。
聞復翳根除，塵銷覺圓淨。
淨極光通達，寂照含虛空。
卻來觀世間，猶如夢中事。

摩登伽在夢，誰能留汝形？
如世巧幻師，幻作諸男女；
雖見諸根動，要以一機抽，
息機歸寂然，諸幻成無性。
六根亦如是，元依一精明，
分成六和合，一處成休復，
六用皆不成，塵垢應念銷，成圓明淨妙。
餘塵尚諸學，明極即如來。
大眾及阿難，旋汝倒聞機，
反聞聞自性，性成無上道，圓通實如是。
此是微塵佛，一路涅槃門，
過去諸如來，斯門已成就。
現在諸菩薩，今各入圓明。
未來修學人，當依如是法。
我亦從中證，非唯觀世音。
誠如佛世尊，詢我諸方便，

以救諸末劫，求出世間人。
成就涅槃心，觀世音為最。
自餘諸方便，皆是佛威神。
即事捨塵勞，非是長修學，淺深同說法。
頂禮如來藏，無漏不思議。
願加被未來，於此門無惑，方便易成就。
堪以教阿難，及末劫沉淪，
但以此根修，圓通超餘者。
真實心如是。

【譯文】

文殊師利法王子奉佛慈命，即從座而起，頂禮佛足，承佛的威神加持，說偈回答佛：（偈略）。

【注釋】

❶ 所：「能、所」二法對待之時，主動之法謂為「能」，被動之法謂為「所」；又某一動作之主體稱為「能」，其動作之客體（對象），稱為「所」。

於是，阿難及諸大眾，身心了然，得大開示，觀佛菩提及大涅槃，猶如有人因事遠遊，未得歸還，明了其家所歸道路。普會大眾，天龍八部、有學二乘、及諸一切新發心菩薩，其數凡有十恆河沙，皆得本心，遠塵離垢，獲法眼淨。性比丘尼聞說偈已，成阿羅漢。無量眾生皆發無等等阿耨多羅三藐三菩提心。

【譯文】

於是，聽了文殊師利菩薩的精妙開示，阿難及大眾身心了然明朗，再來觀察佛菩提及大涅槃的修證之路，猶如有人因事遠遊他鄉，雖然還未回家，可是已經明了回家的道路。會中所有大眾，天龍八部、有學的二乘人，以及一切初發心菩薩，其數量有十恆河沙之多，都悟得本有真心，遠塵離垢，獲得法眼淨。性比丘尼聽了偈語之後，證得阿羅漢果位。此外，無量的眾生同時皆發無等等的阿耨多羅三藐三菩提心。

阿難整衣服，於大眾中合掌頂禮，心跡圓明，悲欣交集，欲益未來諸眾生故，稽首白佛：「大悲世尊，我今已悟成佛法門，是中修行得無疑惑。常聞如來說如是言：『自未得度，先度人者，菩薩發心；自覺已圓，能覺他者，如來應世。』我雖未度，願度末劫一切眾生。世尊，此諸眾生去佛漸遠，邪師說法如恆河沙。欲攝其心，入三摩地，云何令其安立道場，遠諸魔事，於菩提心得無退屈？」

【譯文】

阿難整理好衣服，於大眾中合掌頂禮佛足，心跡圓明，悲喜交集，為了利益未來世的諸眾生，又稽首稟告佛：「大悲世尊，我今已悟成佛的修行法門，依此法門修行已無疑惑，決定信解。常聽如來說過這樣的話：『自己未得度，先度他人者，是菩薩發心；自覺悟已圓，能覺他人者，是如來應世。』我雖然還未得度，但願度脫末劫的一切眾生。世尊，末法中的眾生，距離佛在世的時間漸漸久遠，那時邪師說法，如恆河沙一樣多。如果末法時有修行人想要收攝身心，得入正定，怎樣讓他們如法安立道場，才能遠離各種魔障之事，而於菩提心不會退轉呢？」

爾時，世尊於大眾中稱讚阿難：「善哉！善哉！如汝所問，安立道場，救護眾生末劫沉溺。汝今諦聽，當為汝說。」阿難、大眾唯然奉教。

【譯文】

這時，世尊在大眾稱讚阿難：「善哉！善哉！如你所問，怎樣安立道場，以救護眾生末劫之時不沉溺苦海。你現在仔細聽，我即為你解說。」阿難及大眾，唯然應諾，恭敬地準備聆聽教言。

佛告阿難：「汝常聞我毗奈耶中❶，宣說修行三決定義，所謂：攝心為戒，因戒生定，因定發慧，是則名為三無漏學。

【譯文】

佛於是對阿難說：「你常聽我在律中，宣說修行的三種決定義，所謂：攝心為戒，因戒生定，因定發慧，這稱為三無漏學。

【注釋】

❶ 毗奈耶：梵文「Vinaya」之音譯，又譯「毗尼」，佛所說之戒律，意為「滅」、「調伏」。

「阿難，云何攝心，我名為戒？若諸世界六道眾生，其心不淫，則不隨其生死相續。汝修三昧，本出塵勞，淫心不除，塵不可出；縱有多智，禪定現前，如不斷淫，必落魔道，上品魔王，中品魔民，下品魔女。彼等諸魔亦有徒眾，各各自謂成無上道。我滅度後末法之中，多此魔民，熾盛世間，廣行貪淫，為善知識，令諸眾生落愛見坑，失菩提路。汝教世人，修三摩地，先斷心淫，是名如來先佛世尊第一決定清淨明誨。

【譯文】

「阿難，如何攝心，我稱之為戒呢？如果一切世界的六道眾生，其心沒有淫念，則不會隨著生死之流相續輪轉。你修習正定，本為出離塵勞煩惱，淫心不除，塵勞就不能出；縱然多有智慧，或者是禪定現前，若不斷除淫心，必定墮落於魔道，上品成為魔王，中品成為魔民，下品成為魔女。這些眾魔也有許多徒眾，各都說自己已成就無上道果。我滅度後的末法之中，這類魔民非常多，盛行世間，廣作淫欲之邪法而冒充善知識，宣揚其邪說而使眾生落入愛欲邪見的深坑之中，失掉了菩提正路。你將來教導世人，修學三摩地，必須先斷除淫心，這是現前如來及過去諸佛世尊所共說的第一決定清淨明誨。

「是故，阿難，若不斷淫，修禪定者，如蒸砂石欲其成飯，經百千劫只名熱砂。何以故？此非飯本，砂石成故。汝以淫身，求佛妙果，縱得妙悟，皆是淫根；根本成淫，輪轉三途，必不能出，如來涅槃，何路修證？必使淫機，身心俱斷，斷性亦無，於佛菩提斯可希冀。如我此說，名為佛說；不如此說，即波旬說。

【譯文】

「因此，阿難，如果不斷除淫念而去修禪定，就如蒸砂石想成為飯，即使經過百千劫，也只是熱砂而已，並不能成為飯。為什麼呢？因為砂石不是蒸飯的原料。你以淫欲之身，想求佛所證的妙果，縱然得到一些奇妙解悟，也都是以淫心為根本所發的解悟；修行本因之根本成為淫欲染汙心，則輪轉於畜生、餓鬼、地獄三途中，必定不能出離，更何況是如來涅槃佛果，什麼道路才能修證呢？必要使淫行發動在身之因緣、心之動機都斷除了，乃至最終能斷之念也斷除，斷性也無，求證佛果菩提才有希望。如我此說，稱為佛說；不如此說，即是魔說。

「阿難，又諸世界六道眾生，其心不殺，則不隨其生死相續。汝修三昧，本出塵勞，殺心不除，塵不可出；縱有多智，禪定現前，如不斷殺，必落神道，上品之人為大力鬼，中品則為飛行夜叉、諸鬼帥等，下品當為地行羅剎。彼諸鬼神亦有徒眾，各各自謂成無上道。我滅度後末法之中，多此鬼神，熾盛世間，自言食肉得菩提路。阿難，我令比丘食五淨肉，此肉皆我神力化生，本無命根。汝婆羅門，地多蒸濕，加以砂石，草菜不生；我以大悲神力所加，因大慈悲，假名為肉，汝得其味。奈何如來滅度之後，食眾生肉，名為釋子！汝等當知，是食肉人縱得心開，似三摩地，皆大羅剎，報終必沉生死苦海，非佛弟子。如是之人，相殺相吞，相食未已，云何是人得出三界？汝教世人修三摩地，次斷殺生，是名如來先佛世尊第二決定清淨明誨。

【譯文】

「阿難，又一切世界的六道眾生，其心沒有殺念，則不會隨著生死之流相續輪轉。你修習正定，本為出離塵勞煩惱，殺心不除，塵勞就不能出；縱然多有智慧，或者是禪定現前，若不斷除殺心，必定墮落於神道，上品之人成為大力鬼，中品則為飛行夜叉及各種鬼帥等，下品當為地行羅剎鬼。這些鬼神也有許多徒眾，各都說自己已成就無上道果。我滅度後的末法之中，這類鬼神非常多，盛行世間，自稱吃肉可得菩提正路。阿難，我許可比丘吃五淨肉，此肉都是我神力化生，本來沒有命根。由於你們婆羅門所居之地天氣潮濕，地多砂石，草木蔬菜不能生長；我以大悲神力加持、以大慈悲幻化，假名為肉，讓你們暫得滋味，滋養身命。奈何如來滅度之後，你們竟然食眾生肉而仍稱為釋子！

你們應當知道，這些食肉的人，縱然得到一些心開意解，也不過是相似三摩地，其實都成為大羅刹鬼，福報享盡後必定還沉淪於生死苦海之中，不是佛弟子。這些人互相殺害，互相吞食，沒有盡期，怎麼能說這些人得以解脫出離三界呢？你將來教導世人，修學三摩地，其次要斷除殺生，這是現前如來及過去諸佛世尊所共說的第二決定清淨明誨。

「是故，阿難，若不斷殺，修禪定者，譬如有人自塞其耳，高聲大叫，求人不聞，此等名為欲隱彌露。清淨比丘及諸菩薩，於歧路行，不踏生草，況以手拔？云何大悲，取諸眾生血肉充食？若諸比丘不服東方絲棉絹帛，及是此土靴履裘毳、乳酪醍醐❶，如是比丘於世真脫，酬還宿債，不遊三界。何以故？服其身分，皆為彼緣，如人食其地中百穀，足不離地。必使身心於諸眾生若身、身分，身心二途，不服不食，我說是人真解脫者。如我此說，名為佛說；不如此說，即波旬說。

【譯文】

「因此，阿難，如果不斷除殺生而去修禪定，就如有人自己將耳朵塞起來，高聲大叫卻想讓別人聽不到，這叫作欲蓋彌彰。持戒清淨的比丘及諸菩薩在小路上行走時，腳尚不踏生草，何況用手拔除呢？為何自稱心懷大悲，卻還要吃眾生的血肉呢？如果有比丘不穿東方的絲棉絹帛，以及此國土中的皮靴、狐裘、鳥獸細毛織就之衣和乳酪醍醐等，這樣的比丘在世間才能真得解脫，償還宿債，不再流轉三界。為什麼呢？因為穿著其身分，便與它們有了不解之緣，正如劫初的人吃了地中所生的百穀，足就不能離地了。因此，修行人必定要從身心兩方面對於眾生的身體和身分都不穿不吃，我說這樣的人是真正的解脫者。如我此說，稱為佛說；不如此說，即是魔說。

【注釋】

❶ 裘：皮毛衣。毳：毛皮或毛織品所製的衣服。

「阿難，又復世界六道眾生，其心不偷，則不隨其生死相續。汝修三昧，本出塵勞，偷心不除，塵不可出；縱有多智，禪定現前，如不斷偷，必落邪道，上品精靈，中品妖魅，下品邪人，諸魅所著。彼等群邪亦有徒眾，各各自謂成無上道。我滅度後，末法之中，多此妖邪，熾盛世間，潛匿奸欺，稱善知識，各自謂己，得上人法，炫惑無識，恐令失心，所過之處，其家耗散。

【譯文】

「阿難，又一切世界的六道眾生，其心沒有偷念，則不會隨著生死之流相續輪轉。你修習正定，本為出離塵勞煩惱，偷心不除，塵勞就不能出；縱然多有智慧，或者是禪定現前，若不斷除偷心，必定墮落於邪道，上品成為精靈，中品成為妖魅，下品成為邪人，心性邪僻，故被妖魅所附著。這些眾邪也有許多徒眾，各都說自己已成就無上道果。我滅度後的末法之中，這類妖邪非常多，盛行世間，居心險惡，潛藏奸詐欺騙，自稱為善知識，各自都說自己得到了無上大法，誘惑無知之人，故作恐慌妄言令人失去理智，所經過之處，使人家財耗散。

「我教比丘，循方乞食，令其捨貪，成菩提道。諸比丘等不自熟食，寄於殘生，旅泊三界，示一往還，去已無返。云何賊人，假我衣服，裨販如來，造種種業，皆言佛法，卻非出家具戒比丘為小乘道，由是疑誤無量眾生墮無間獄。若我滅後，其有比丘發心決定修三摩提，能於如來形像之前，身然一燈，燒一指節，及於身上爇一香炷，我說是人無始宿債一時酬畢，長揖世間，永脫諸漏，雖未即明無上覺路，是人於法已決定心。若不為此捨身微因，縱成無為，必還生人，酬其宿債，如我馬麥正等無異❶。汝教世人，修三摩地，後斷偷盜，是名如來先佛世尊第三決定清淨明誨。

【譯文】

「我教導比丘，隨方乞食，令他們捨棄貪心，成菩提道。諸比丘們不自己燒煮食物，以此知身是幻，悟世無常，不過聊寄此殘生旅行漂泊在三界之中而已，此生往還一次，猶如在旅舍停泊一下，若出離三界就不再返回。為何有些賊人，身著如來所製出家人的衣服，卻為了謀取利益而販賣佛法，造種種惡業，皆言這是最上一乘佛法；反過來卻毀謗真正出家受具足戒的比丘是小乘道，由此疑惑、誤導了無量眾生造作惡業，墮入無間地獄。我滅度後，如有比丘發心，決定要修三摩提，能在如來形像前，身中燃一燈，燒一手指節，以及在身上燃一炷香，我說此人無始劫來的宿債一時間酬還完畢，永辭世間，脫離有漏，而出生死，雖然未能即時明了無上覺路，但是此人對於佛法已具有決定信心。如果不做這一點點捨身的微小因，縱然證得一些無漏無為，必定還來生於人間，償還宿債，就如我在毗蘭邑中食馬麥的果報一樣。你將來教導世人，修學三摩地，後須斷除偷盜心，這是現前如來及過去諸佛世尊所共說的第三決定清淨明誨。

【注釋】

❶ 馬麥：據《興起經》記載，釋迦於過去毗婆尸佛時，曾為一外道。當時，有國王宴請毗婆尸佛及其僧眾，佛及僧食後回歸時，替一有病未出席的比丘帶一份飯菜。佛及僧眾經過此外道所居住的山林時，外道聞見香味而生嫉妒心，便說道：「禿頭沙門應吃馬料，不必吃香噴噴的飯菜。」釋

迦成佛後，舍衛國的阿耆達王請佛及五百比丘至其住所供齋三月。佛及眾僧抵達王宅後，魔鬼當即入宮迷惑國王，國王於是忘卻了供齋的事情。又適逢此城飢荒，無從乞食，恰有馬師將一半的馬料供養佛及眾僧。九十日後，王方才醒悟，向佛懺悔。舍利弗請問因緣，釋迦佛便講述了這一因果。

「是故阿難，若不斷偷，修禪定者，譬如有人水灌漏卮❶，欲求其滿，縱經塵劫，終無平復。若諸比丘，衣鉢之餘，分寸不蓄，乞食餘分，施餓眾生；於大集會合掌禮眾，有人捶詈❷，同於稱讚；必使身心二俱捐捨，身肉骨血與眾生共；不將如來不了義說回為己解，以誤初學，佛印是人得真三昧。如我所說，名為佛說；不如此說，即波旬說。

【譯文】

「因此，阿難，如果不斷除偷盜心而去修禪定，就如有人將水灌入一個漏瓶卻想讓瓶灌滿，縱然經過塵沙劫，終究沒有灌滿之時。如果諸比丘們，除了自己的三衣一鉢之外，分毫不蓄，乞食所剩餘也布施給飢餓的眾生；於大眾集會中，合掌禮拜大眾；有人打罵自己，看作等同於稱讚；必定要使自己的身心二者都能捐捨，身體的血肉、骨髓都可以與眾生共用；不以佛的不了義說來回護自己的錯誤見解，以免貽誤初學，如果有比丘這樣斷盡偷心，直心誠實，佛印可這人能得真三昧。如我所說，稱為佛說；不如此說，即是魔說。

【注釋】

❶ 漏卮：底部有孔的酒器。

❷ 詈：罵，責備。

「阿難，如是世界六道眾生，雖則身心無殺、盜、淫，三行已圓，若大妄語，即三摩提不得清淨，成愛見魔，失如來種。所謂未得謂得，未證言證。或求世間尊勝第一，謂前人言：我今已得須陀洹果、斯陀含果、阿那含果、阿羅漢道、辟支佛乘、十地地前諸位菩薩，求彼禮懺，貪其供養。是一顛迦❶，銷滅佛種，如人以刀斷多羅木❷，佛記是人永殞善根，無復知見，沉三苦海，不成三昧。

【譯文】

「阿難，如此一切世界的六道眾生，雖然身心都沒有殺、盜、淫三業，慈行、捨行、梵行三行都已圓滿，但若是犯大妄語，則於三摩地仍不得清淨，必定成為貪愛名利、妄生邪見的愛見魔，失掉如來種性。所謂大妄語是指：未得道而說已得道；未證果而說已證果。或者為了貪求世間的名聞，使眾生尊崇他為世間殊勝第一，對面前人說：我現在已證得須陀洹果、斯陀含果、阿那含果、阿羅漢道，辟支佛乘，十地及其地前諸位菩薩，以此求取別人向他禮拜、懺悔，貪圖別人供養。這類人乃是一顛迦，消滅了成佛之種，就如有人用刀砍斷了多羅木一樣，永不會再活，佛說這種人永遠斷除了善根，不會再有正知正見，要墮落三途苦海，絕對不能成就真實三昧。

【注釋】

❶ 一顛迦：見前「一闡提」。

❷ 多羅木：貝多羅樹，其葉可用來寫經，稱為「貝葉」。

「我滅度後，敕諸菩薩及阿羅漢，應身生彼末法之中，作種種形，度諸輪轉。或作沙門、白衣居士、人王、宰官、童男、童女，如是乃至淫女、寡婦、奸偷、屠販，與其同事，稱讚佛乘，令其身心入三摩地。終不自言『我真菩薩、真阿羅漢』，洩佛密因，輕言未學；唯除命終，陰有遺付。云何是人惑亂眾生，成大妄語？汝教世人，修三摩地，後復斷除諸大妄語，是名如來先佛世尊第四決定清淨明誨。

【譯文】

「我滅度後，命諸菩薩和阿羅漢以應化身而生於末法之中，現作種種身形，救度眾生出離輪迴流轉。他們隨類化作沙門、白衣居士、國王、宰官、童男、童女，如此乃至淫女、寡婦、奸偷、屠夫、小販等，與眾生同事，稱讚佛法，令眾生身心覺悟，入於正定。他們終不會自己說『我是真菩薩，我是真阿羅漢』，洩露佛之密因，輕易洩露密言於晚學之人；除非命終時，方才暗中有所遺囑。這些愛見魔人為何妖言惑眾而成大妄語呢？你將來教導世人，修學三摩地，又還要斷除各種大妄語，這是現前如來及過去諸佛世尊所共說的第四決定清淨明誨。

「是故，阿難，若不斷其大妄語者，如刻人糞為旃檀形，欲求香氣，無有是處。我教比丘直心道場，於四威儀一切行中，尚無虛假，云何自稱得上人法？譬如窮人妄號帝王，自取誅滅，況復法王，如何妄竊？因地不真，果招紆曲❶，求佛菩提，如噬臍人❷，欲誰成就？若諸比丘心如直弦，一切真實，入三摩提，永無魔事，我印是人成就菩薩無上知覺。如我所說，名為佛說；不如此說，即波旬說。」

【譯文】

「因此，阿難，如果不斷除大妄語而去修禪定，就如用人糞刻成檀香形狀，想求得香氣，無有是處。我常教比丘直心是道場，於行、住、坐、臥四種威儀等一切行為中，尚不能有絲毫虛假，怎麼能夠妄自尊大，說自己已得上人法呢？譬如窮人妄稱自己為帝王，自招誅族滅門的災禍，何況法王至尊，怎麼可以妄自竊居呢？因地不真，果招迂曲，以此因地不真之心而求證佛果菩提，如人用嘴來咬自己的肚臍一樣，誰能夠成就呢？如果有比丘心如弓弦之直，一切行為悉皆真實，這樣證入三摩地，永無魔事障礙，我印可此人成就菩薩道的無上正覺。如我所說，稱為佛說；不如此說，即是魔說。」

【注釋】

❶ 紆：屈曲，曲折。

❷ 噬：咬。

卷七

「楞嚴咒」是《楞嚴經》最重要的內容之一，是本經的正修法門。其宣說因緣在卷一就出現了，是為了解救阿難脫離魔難而由佛頂化佛宣說的。本卷則因阿難為了救度末世一切眾生能夠深入禪定，遠離魔事，於菩提心不退轉，而請問佛陀如何安立道場，修習「楞嚴咒」。佛特別指出如果持四種清淨律儀而仍有宿習未能滅除，可持誦「楞嚴咒」，並詳細講解了末世時期如何建立符合清淨軌則之專修道場以及行持儀軌。隨後，阿難又請佛重新宣說「楞嚴咒」，於是佛從頂髻湧出百寶光，光中湧出千葉寶蓮，有化身佛坐於其中，宣說了「楞嚴神咒」。又為會眾宣示了此神咒的持誦功德，以及對諸佛和諸眾生分別所具有的十種無上法力。會中無數金剛、梵王、天帝釋、四大天王、天龍八部、天神地祇以及金剛藏王菩薩等聽了佛的講述，紛紛表示願意護持誦持此咒的無量眾生。

「楞嚴咒」全稱「佛頂光明摩訶薩怛多般怛囉無上神咒」、「佛頂光聚悉怛多般怛囉秘密伽陀微妙章句」，簡稱「佛頂光聚般怛囉咒」、「楞嚴咒」，其中「摩訶薩怛多般怛囉」意為「大白傘蓋」。此咒長達四百三十九句，三千六百二十字，分為五會，在漢傳佛教中被稱為咒中之王。「楞嚴咒」歷來被認為對於除魔、護戒、禪定證果以及增益功德、種種成就等具有不可思議的功德利益。自唐末《楞嚴經》譯出之後，以持誦「楞嚴咒」為內容的楞嚴法會即開始流行，宋代之後尤盛。後來「楞嚴咒」被列入漢傳佛教日課，成為叢林早課的首要內容，其對漢傳佛教的重要性不言而喻。

本卷後部分中，阿難又請問從凡夫開始到大涅槃的菩薩行修證階位，佛講說了修此真三摩地應當先認識眾生和世界二種顛倒生起之因，顛倒滅除，即是真三摩地。由此二顛倒有十二類眾生（胎、卵、濕、化、有色、無色、有想、無想、非有色、非無色、非有想、非無想）顛倒之相。

「阿難，汝問攝心，我今先說入三摩地修學妙門。求菩薩道，要先持此四種律儀，皎如冰霜，自不能生一切枝葉，心三口四❶，生必無因。阿難，如是四事，若不遺失，心尚不緣色香味觸，一切魔事，云何發生？若有宿習，不能滅除，汝教是人一心誦我佛頂光明摩訶薩怛多般怛囉無上神咒。斯是如來無見頂相，無為心佛，從頂發輝，坐寶蓮華，所說心咒。且汝宿世與摩登伽歷劫因緣，恩愛習氣，非是一生及與一劫，我一宣揚，愛心永脫，成阿羅漢。彼尚淫女，無心修行，神力冥資，速證無學。云何汝等在會聲聞，求最上乘，決定成佛？譬如以塵，揚於順風，有何艱險？

【譯文】

「阿難，你問如何攝心，我現在先說入三摩地的修學妙門。求菩提道的人，要先持此四種律儀為根本，使身心皎潔如冰霜，自然就不會生出一切枝葉，諸如心三之貪嗔痴、口四之妄語、綺語、兩舌、惡口，就一定沒有生起之因了。阿難，此四種律儀若能持守，心尚不攀緣色、香、味、觸等塵境，一切魔事怎麼會發生呢？如果有宿世的習氣惑業種子不能一時滅除，你教這人一心誦念我所說的佛頂光明摩訶薩怛多般怛囉無上神咒。這是如來無見頂相、無為心佛從頂上發光，坐寶蓮花上所說的心咒。且如你在過去世與摩登伽女有歷劫的因緣，恩愛習氣不是一生一世及一劫的積累，即使這樣，我此神咒一宣揚，摩登伽女的愛心習氣永遠解脫，成就阿羅漢果位。摩登伽尚且是一個淫女，無心修行，但依神咒之力的暗中加持，速證無學果位。怎麼你們會中的聲聞，求最上乘佛法，依此神咒之力，難道還不能決心成佛嗎？宿世習氣遇到神咒，就如將微塵在順風中揚撒一樣，應時散盡，還有什麼艱險呢？

【注釋】

❶ 心三口四：心之貪、嗔、痴三惡業，口之妄語、綺語、兩舌、惡口四惡業。

「若有末世，欲坐道場，先持比丘清淨禁戒，要當選擇戒清淨者第一沙門，以為其師。若其不遇真清淨僧，汝戒律儀必不成就。戒成已後，著新淨衣，然香閑居，誦此心佛所說神咒一百八遍，然後結界，建立道場，求於十方現住國土無上如來，放大悲光，來灌其頂。阿難，如是末世清淨比丘，若比丘尼、白衣檀越❶，心滅貪淫，持佛淨戒，於道場中，發菩薩願，出入澡浴，六時行道。如是不寐，經三七日，我自現身，至其人前，摩頂安慰，令其開悟。」

【譯文】

「若有末世的修行者，欲坐道場修行大定，首先應當受持比丘清淨禁戒，並且要選擇持戒清淨的第一沙門作為授戒師。如果沒遇到真清淨僧，你所受戒律必定不能成就真實戒體。無漏戒體成就以後，穿上新淨衣服，燃香閑居靜坐，誦此心佛所說的神咒一百零八遍，然後結界，建立修道的壇場，祈求十方世界現住國土的無上如來都放大悲光，來灌他的頂。阿難，在末法之世，這樣的持戒清淨比丘以及比丘尼、白衣施主，心滅貪淫等念，持守佛制一切淨戒，於道場中發菩薩大願，出入道場必須沐浴潔身，晝夜六時行持道法。這樣不眠不休精進修行，經過三個七日，我自會現身，到其人面前，為其摩頂安慰，令他開悟。」

【注釋】

❶ 檀越：梵語音譯，施主。

阿難白佛言：「世尊，我蒙如來無上悲誨，心已開悟，自知修證無學道成。末法修行，建立道場，云何結界，合佛世尊清淨軌則？」佛告阿難：「若末世人願立道場，先取雪山大力白牛，食其山中肥膩香草，此牛唯飲雪山清水，其糞微細。可取其糞和合旃檀，以泥其地。若非雪山，其牛臭穢，不堪塗地。別於平原，穿去地皮，五尺以下取其黃土，和上旃檀、沉水、蘇合、熏陸、鬱金、白膠、青木、零陵、甘松及雞舌香❶，以此十種，細羅為粉，合土成泥，以塗場地。

【譯文】

阿難對佛說：「世尊，我蒙如來無上慈悲教誨，心已開悟，自知如此修證，無學道果定可成就。然而末法時期修行，如何結界以建立道場才符合世尊的清淨軌則？」佛告訴阿難：「如果末世之修行人，願意建立道場，先找雪山的大力白牛，此牛只吃山中的肥膩香草，只飲雪山的清水，其糞微細而無臭穢。可取此大力白牛的糞與旃檀和合成泥，以此塗抹地面。若不是雪山白牛，其糞臭穢，不能用來塗地。因在別處平原上，挖掘地面至五尺深，然後取五尺以下的黃土，把旃檀、沉水、蘇合、熏陸、鬱金、白膠、青木、零陵、甘松及雞舌香等十種香，合在一起細磨並細羅為粉，和上黃土合成泥，以塗抹地面。

【注釋】

❶ 沉水：即沉香。蘇合：即蘇合香。熏陸：即熏陸香。鬱金：即鬱金香。白膠：即楓香脂。青木：即青木香。甘松：能和合眾香。雞舌：即丁香。

「方圓丈六，為八角壇。壇心置一金、銀、銅、木所造蓮華，華中安鉢，鉢中先盛八月露水，水中隨安所有華葉。取八圓鏡，各安其方，圍繞華鉢。鏡外建立十六蓮華，十六香爐。間華鋪設，莊嚴香爐。純燒沉水，無令見火。取白牛乳，置十六器，乳為煎餅，並諸砂糖、油餅、乳糜、蘇合、蜜薑、純酥、純蜜，於蓮華外各各十六，圍繞華外，以奉諸佛及大菩薩。每以食時，若在中夜，取蜜半升，用酥三合，壇前別安一小火爐，以兜樓婆香煎取香水❶，沐浴其炭，然令猛熾，投是酥蜜於炎爐內，燒令煙盡，享佛菩薩。

【譯文】

「壇方圓一丈六尺，呈八角形。壇心放置一個用金、銀、銅、木所造的蓮花，在蓮花中安置一鉢，鉢中先盛上八月的露水，水中隨意安放所有花葉。再取八面圓鏡，安放在八角壇的八方，鏡子圍繞著花鉢。圓鏡之外，再放置十六個蓮花和十六個香爐，香爐與花交錯安置，莊嚴香爐。香爐內純燒沉水香，勿使見到火光。再取雪山白牛乳，安放十六個器皿，然後煎牛乳做成餅，並將餅和砂糖、油餅、乳糜、蘇合、蜜薑、純酥、純蜜等，各分盛於十六個器皿中，使其圍繞在蓮花外面，以供養諸佛及大菩薩。每日日中受食之時，以上述供品供養佛菩薩。如果受食在中夜，則取蜜半升，再加酥三合，壇前另外安置一個小火爐，以兜樓婆香煎成香水來洗所用木炭，待炭乾後，投於爐內使其猛烈燃燒，此時將酥和蜜也投入爐火中，燒至煙盡，用煙來供養佛、菩薩。

【注釋】

❶兜樓婆香：一種香名。或譯為「香草」、「白茅香」。

「令其四外，遍懸幡華，於壇室中四壁，敷設十方如來及諸菩薩所有形像。應於當陽張盧舍那、釋迦、彌勒、阿閦、彌陀❶，諸大變化觀音形像，兼金剛藏，安其左右；帝釋、梵王、烏芻瑟摩並藍地迦、諸軍荼利與毗俱胝、四天王等❷，頻那夜迦❸，張於門側，左右安置。又取八鏡覆懸虛空，與壇場中所安之鏡方面相對，使其形影重重相涉。

【譯文】

「八角壇外面的四周，懸掛滿各色幡、花，於壇室內四壁上，敷設十方如來及諸菩薩的聖像。在壁面的向陽正位處懸掛盧舍那佛、釋迦牟尼佛、彌勒佛、阿閦佛、阿彌陀佛，觀世音菩薩的諸多變化形像以及金剛藏菩薩，安置於左右兩邊；將帝釋天、大梵天王、烏芻瑟摩、藍地迦、諸軍荼利、毗俱胝、四大天王等像，以及頻那、夜迦，張貼於門兩側，左右分置。又取八面鏡子覆懸在虛空中，與壇中八面圓鏡彼此相對，使鏡中影形交相互照，重重無盡。

【注釋】

❶ 阿閦：即東方阿閦佛，譯義為「無動」或「不動佛」。《維摩經．阿閦佛品》中說「國名妙喜，佛號無動」。

❷ 梵王：即大梵天王。烏芻瑟摩：明王名，即火頭金剛。藍地迦：即青面金剛。軍荼利：即解怨結

金剛。毗俱胝：即毗俱胝菩薩，準提觀音。

❸ 頻那夜迦：又譯「毗那夜迦」，即大聖歡喜天，象頭人身。或以頻那、夜迦為豬頭、象鼻二使。

「於初七中，至誠頂禮十方如來、諸大菩薩、阿羅漢號，恆於六時，誦咒圍壇，至心行道。一時常行一百八遍。第二七中，一向專心發菩薩願，心無間斷。我毗奈耶先有願教。第三七中，於十二時，一向持佛般怛囉咒。至第七日，十方如來一時出現，鏡交光處，承佛摩頂，即於道場，修三摩地；能令如是末世修學，身心明淨，猶如琉璃。阿難，若此比丘本受戒師，及同會中十比丘等，其中有一不清淨者，如是道場，多不成就。從三七後，端坐安居，經一百日。有利根者，不起於座得須陀洹；縱其身心聖果未成，決定自知成佛不謬。汝問道場，建立如是。」

【譯文】

「在第一個七日中，至誠頂禮十方如來、諸大菩薩、阿羅漢的名號，六時之中，不間斷地誦咒繞壇，以至誠心經行誦咒。一個時辰持誦楞嚴心咒一百零八遍。第二個七日中，一意專心發菩薩願，心無間斷。我在毗奈耶中已先有關於發願的教言。第三個七日中，晝夜十二時一心持誦佛頂般怛囉神咒。至第七日，十方如來就會於鏡光交映處同時出現，此修行人親承佛摩頂，即在道場中修習三摩地；能使那些末法中的修行者，身心明淨，如同琉璃一樣。阿難，如果這位比丘原本的受戒師，或同入壇行道的十位比丘中，其中有一人持戒不清淨，這樣的道場就不能成就。從第三個七日之後，修行者端坐安居，經過一百日，如果是利根，不起座位就證得須陀洹果；縱然此人身心尚未證成聖果，但是其心明淨，自己知道決定能夠成佛，絕無錯謬。你問建立道場之事，如此就是。」

阿難頂禮佛足而白佛言：「自我出家，恃佛憍愛，求多聞故，未證無為。遭彼梵天邪術所禁，心雖明了，力不自由，賴遇文殊，令我解脫。雖蒙如來佛頂神咒，冥獲其力，尚未親聞。惟願大慈，重為宣說，悲救此會諸修行輩，末及當來在輪迴者，承佛密音，身意解脫。」於時會中一切大眾普皆作禮，佇聞如來秘密章句。

【譯文】

阿難頂禮佛足而對佛說：「自我出家以來，仗佛驕愛，只求多聞而未能實證無為聖果，因而道力微薄。遭受梵天邪術的控制後，心裡雖然明了清醒，但道力不全，不能自由，幸賴文殊密誦神咒，使我解脫魔難。我雖蒙如來佛頂神咒的解救，暗中獲其加持力，但尚未親耳聞聽。唯願大慈世尊，再為宣說此咒，大悲救拔此會的諸修行者，以及將來末法時在輪迴苦海中的眾生，承佛密咒音聲的加持，身心俱得解脫。」這時，會中的一切大眾，一齊向佛頂禮，恭聽佛陀宣說秘密章句。

爾時，世尊從肉髻中湧百寶光，光中湧出千葉寶蓮，有化如來坐寶華中，頂放十道百寶光明，一一光明皆遍示現十恆河沙，金剛密跡，擎山持杵，遍虛空界。大眾仰觀，畏愛兼抱，求佛哀佑，一心聽佛無見頂相，放光如來，宣說神咒：

南無薩怛他蘇伽多耶阿囉訶帝三藐三菩陀寫一薩怛他佛陀俱胝瑟尼釤二南無薩婆勃陀勃地薩跢鞞弊三南無薩多南三藐三菩陀俱知南四婆舍囉婆迦僧伽喃五南無盧雞阿羅漢跢喃六南無蘇盧多波那喃七南無娑羯唎陀伽彌喃八南無盧雞三藐伽跢喃九三藐伽波囉底波多那喃十南無提婆離瑟十一南無悉陀耶毗地耶陀囉離瑟十二舍波奴揭囉訶娑訶娑囉摩他喃十三南無跋囉訶摩泥十四南無因陀囉耶十五南無婆伽婆帝十六嚧陀囉耶十七烏摩般帝十八娑醯夜耶十九南無婆伽婆帝二十那囉野拏耶二十一槃遮摩訶三慕陀囉二十二南無悉羯唎多耶二十三南無婆伽婆帝二十四摩訶伽羅耶二十五地唎般剌那伽囉二十六毗陀囉波拏伽羅耶二十七阿地目帝二十八尸摩舍那泥婆悉泥二十九摩怛唎伽拏三十南無悉羯唎多耶三十一南無婆伽婆帝三十二

多他伽跢俱囉耶三十三南無般頭摩俱囉耶三十四南無跋闍囉俱囉耶三十五南無摩尼俱囉耶
三十六南無伽闍俱囉耶三十七南無婆伽婆帝三十八帝唎茶輸囉西那三十九波囉訶囉拏囉闍耶
四十跢他伽多耶四十一南無婆伽婆帝四十二南無阿彌多婆耶四十三哆他伽多耶四十四阿囉訶
帝四十五三藐三菩陀耶四十六南無婆伽婆帝四十七阿芻毗耶四十八跢他伽多耶四十九阿囉訶
帝五十三藐三菩陀耶五十一南無婆伽婆帝五十二鞞沙闍耶俱嚧吠柱唎耶五十三般囉婆囉闍耶
五十四跢他伽多耶五十五南無婆伽婆帝五十六三補師毖多五十七薩憐捺囉剌闍耶五十八跢他
伽多耶五十九阿囉訶帝六十三藐三菩陀耶六十一南無婆伽婆帝六十二舍雞野母那曳六十三跢
他伽多耶六十四阿囉訶帝六十五三藐三菩陀耶六十六南無婆伽婆帝六十七剌怛那雞都囉闍耶
六十八跢他伽多耶六十九阿囉訶帝七十三藐三菩陀耶七十一帝瓢南無薩羯唎多七十二翳曇婆
伽婆多七十三薩怛他伽都瑟尼釤七十四薩怛多般怛七十五南無阿婆囉視耽七十六般囉帝揚岐
囉七十七薩囉婆部多揭囉訶七十八尼羯囉訶揭迦囉訶尼七十九跋囉毖地耶叱陀你八十阿迦囉
蜜唎柱八十一般唎怛囉耶儜揭唎八十二薩囉婆槃陀那目叉尼八十三薩囉婆突瑟吒八十四突
悉乏般那你伐囉尼八十五赭都囉失帝南八十六羯囉訶娑訶薩囉若闍八十七毗多崩娑那羯唎
八十八阿瑟吒冰舍帝南八十九那叉剎怛囉若闍九十波囉薩陀那羯唎九十一阿瑟吒南九十二摩
訶揭囉訶若闍九十三毗多崩薩那羯唎九十四薩婆舍都嚧你婆囉若闍九十五呼藍突悉乏難遮那
舍尼九十六毖沙舍悉怛囉九十七阿吉尼烏陀迦囉若闍九十八阿般囉視多具囉九十九摩訶般

囉戰持一百摩訶疊多一百一摩訶帝闍二摩訶稅多闍婆囉三摩訶跋囉槃陀囉婆悉你四阿唎耶
多囉五毗唎俱知六誓婆毗闍耶七跋闍囉摩禮底八毗舍嚧多九勃騰罔迦十跋闍囉制喝那阿遮
一百十一摩囉制婆般囉質多十二跋闍囉擅持十三毗舍囉遮十四扇多舍鞞提婆補視多十五蘇摩
嚧波十六摩訶稅多十七阿唎耶多囉十八摩訶婆囉阿般囉十九跋闍囉商羯囉制婆二十跋闍囉俱
摩唎一百二十一俱藍陀唎二十二跋闍囉喝薩多遮二十三毗地耶乾遮那摩唎迦二十四啒蘇母婆
羯囉跢那二十五鞞嚧遮那俱唎耶二十六夜囉菟瑟尼釤二十七毗折藍婆摩尼遮二十八跋闍囉迦
那迦波囉婆二十九嚧闍那跋闍囉頓稚遮三十稅多遮迦摩囉一百三十一刹奢尸波囉婆三十二翳
帝夷帝三十三母陀囉羯拏三十四娑鞞囉懺三十五掘梵都三十六印兔那麼麼寫三十七誦咒者至
此句稱弟子某甲受持

烏三十八唎瑟揭拏三十九般剌舍悉多四十薩怛他伽都瑟尼釤一百四十一虎四十二都嚧雍
四十三瞻婆那四十四虎四十五都嚧雍四十六悉耽婆那四十七虎四十八都嚧雍四十九波囉瑟地
耶三般叉拏羯囉五十虎一百五十一都嚧雍五十二薩婆藥叉喝囉刹娑五十三揭囉訶若闍五十四
毗騰崩薩那羯囉五十五虎五十六都嚧雍五十七者都囉尸底南五十八揭囉訶娑訶薩囉南五十九
毗騰崩薩那囉六十虎一百六十一都嚧雍六十二囉叉六十三婆伽梵六十四薩怛他伽都瑟尼釤
六十五波囉點闍吉唎六十六摩訶娑訶薩囉六十七勃樹娑訶薩囉室唎沙六十八俱知娑訶薩泥帝
隸六十九阿弊提視婆唎多七十吒吒甖迦一百七十一摩訶跋闍嚧陀囉七十二帝唎菩婆那七十三

曼茶囉七十四烏七十五莎悉帝薄婆都七十六麼麼七十七印兔那麼麼寫七十八至此句准前稱名，若俗人稱弟子某甲

囉闍婆夜七十九主囉跋夜八十阿祇尼婆夜一百八十一烏陀迦婆夜八十二毗沙婆夜八十三舍薩多囉婆夜八十四婆囉斫羯囉婆夜八十五突瑟叉婆夜八十六阿舍你婆夜八十七阿迦囉蜜唎柱婆夜八十八陀囉尼部彌劍波伽波陀婆夜八十九烏囉迦婆多婆夜九十剌闍壇茶婆夜一百九十一那伽婆夜九十二毗條怛婆夜九十三蘇波囉拏婆夜九十四藥叉揭囉訶九十五囉叉私揭囉訶九十六畢唎多揭囉訶九十七毗舍遮揭囉訶九十八部多揭囉訶九十九鳩槃茶揭囉訶二百補丹那揭囉訶二百一迦吒補丹那揭囉訶二悉乾度揭囉訶三阿播悉摩囉揭囉訶四烏檀摩陀揭囉訶五車夜揭囉訶六醯唎婆帝揭囉訶七社多訶唎南八揭婆訶唎南九嚧地囉訶唎南十忙娑訶唎南二百十一謎陀訶唎南十二摩闍訶唎南十三闍多訶唎女十四視比多訶唎南十五毗多訶唎南十六婆多訶唎南十七阿輸遮訶唎女十八質多訶唎女十九帝釤薩鞞釤二十薩婆揭囉訶南二百二十一毗陀耶闍瞋陀夜彌二十二雞囉夜彌二十三波唎跋囉者迦訖唎擔二十四毗陀夜闍瞋陀夜彌二十五雞囉夜彌二十六茶演尼訖唎擔二十七毗陀夜闍瞋陀夜彌二十八雞囉夜彌二十九摩訶般輸般怛夜三十嚧陀囉訖唎擔二百三十一毗陀夜闍瞋陀夜彌三十二雞囉夜彌三十三那囉夜拏訖唎擔三十四毗陀夜闍瞋陀夜彌三十五雞囉夜彌三十六怛埵伽嚧茶西訖唎擔三十七毗陀夜闍瞋陀夜彌三十八雞囉夜彌三十九摩訶迦囉摩怛唎伽拏訖唎擔四十毗陀夜闍瞋陀夜彌二百四十一

雞囉夜彌四十二迦婆唎迦訖唎擔四十三毗陀夜闍瞋陀夜彌四十四雞囉夜彌四十五闍耶羯囉摩度羯囉四十六薩婆囉他娑達那訖唎擔四十七毗陀夜闍瞋陀夜彌四十八雞囉夜彌四十九赭咄囉婆耆你訖唎擔五十毗陀夜闍瞋陀夜彌二百五十一雞囉夜彌五十二毗唎羊訖唎知五十三難陀雞沙囉伽拏般帝五十四索醯夜訖唎擔五十五毗陀夜闍瞋陀夜彌五十六雞囉夜彌五十七那揭那舍囉婆拏訖唎擔五十八毗陀夜闍瞋陀夜彌五十九雞囉夜彌六十阿羅漢訖唎擔毗陀夜闍瞋陀夜彌二百六十一雞囉夜彌六十二毗多囉伽訖唎擔六十三毗陀夜闍瞋陀夜彌六十四雞囉夜彌跋闍囉波你六十五具醯夜具醯夜六十六迦地般帝訖唎擔六十七毗陀夜闍瞋陀夜彌六十八雞囉夜彌六十九囉叉罔七十婆伽梵二百七十一印兔那麼麼寫七十二至此依前稱弟子名

婆伽梵七十三薩怛多般怛囉七十四南無粹都帝七十五阿悉多那囉剌迦七十六波囉婆悉普吒七十七毗迦薩怛多鉢帝唎七十八什佛囉什佛囉七十九陀囉陀囉八十頻陀囉頻陀囉瞋陀瞋陀二百八十一虎八十二虎八十三泮吒八十四泮吒泮吒泮吒泮吒八十五娑訶八十六醯醯泮八十七阿牟迦耶泮八十八阿波囉提訶多泮八十九婆囉波囉陀泮九十阿素囉毗陀囉波迦泮二百九十一薩婆提鞞弊泮九十二薩婆那伽弊泮九十三薩婆藥叉弊泮九十四薩婆乾闥婆弊泮九十五薩婆補丹那弊泮九十六迦吒補丹那弊泮九十七薩婆突狼枳帝弊泮九十八薩婆突澀比訖瑟帝弊泮九十九薩婆什婆唎弊泮三百薩婆阿播悉摩弊泮三百一薩婆舍囉婆拏弊泮二薩婆地帝雞弊泮三薩婆怛摩陀繼弊泮四薩婆毗陀耶囉誓遮弊泮五闍夜羯囉摩度羯囉六薩婆囉他娑陀雞弊泮七毗

地夜遮唎弊泮八者都囉縛者你弊泮九跋闍囉俱摩唎十毗陀夜囉誓弊泮三百十一摩訶波囉丁羊乂耆唎弊泮十二跋闍囉商羯囉夜十三波囉丈耆囉闍耶泮十四摩訶迦囉夜十五摩訶末怛唎迦拏十六南無娑羯唎多夜泮十七毖瑟拏婢曳泮十八勃囉訶牟尼曳泮十九阿耆尼曳泮二十摩訶羯唎曳泮三百二十一羯囉檀遲曳泮二十二蔑怛唎曳泮二十三嘮怛唎曳泮二十四遮文茶曳泮二十五羯邏囉怛唎曳泮二十六迦般唎曳泮二十七阿地目質多迦尸摩舍那二十八婆私你曳泮二十九演吉質三十薩埵婆寫三百三十一麼麼印兔那麼麼寫三十二至此句依前稱弟子某人

突瑟吒質多三十三阿末怛唎質多三十四烏闍訶囉三十五伽婆訶囉三十六嚧地囉訶囉三十七婆娑訶囉三十八摩闍訶囉三十九闍多訶囉四十視毖多訶囉三百四十一跋略夜訶囉四十二乾陀訶囉四十三布史波訶囉四十四頗囉訶囉四十五婆寫訶囉四十六般波質多四十七突瑟吒質多四十八嘮陀囉質多四十九藥叉揭囉訶五十囉剎娑揭囉訶三百五十一閉隸多揭囉訶五十二毗舍遮揭囉訶五十三部多揭囉訶五十四鳩槃茶揭囉訶五十五悉乾陀揭囉訶五十六烏怛摩陀揭囉訶五十七車夜揭囉訶五十八阿播薩摩囉揭囉訶五十九宅袪革茶耆尼揭囉訶六十唎佛帝揭囉訶三百六十一闍彌迦揭囉訶六十二舍俱尼揭囉訶六十三姥陀囉難地迦揭囉訶六十四阿藍婆揭囉訶六十五乾度波尼揭囉訶六十六什伐囉堙迦醯迦六十七墜帝藥迦六十八怛隸帝藥迦六十九者突托迦七十暱提什伐囉毖釤摩什伐囉三百七十一薄底迦七十二鼻底迦七十三室隸毖蜜迦七十四娑你般底迦七十五薩婆什伐囉七十六室嚧吉底七十七末陀鞞達嚧制劍七十八阿綺

嚧鉗七十九目佉嚧鉗八十羯唎突嚧鉗三百八十一揭囉訶揭藍八十二羯拏輸藍八十三憚多輸藍八十四迄唎夜輸藍八十五末麼輸藍八十六跋唎室婆輸藍八十七毖栗瑟吒輸藍八十八烏陀囉輸藍八十九羯知輸藍九十跋悉帝輸藍三百九十一鄔嚧輸藍九十二常伽輸藍九十三喝悉多輸藍九十四跋陀輸藍九十五娑房盎伽般囉丈伽輸藍九十六部多毖跢茶九十七茶耆尼什婆囉九十八陀突嚧迦建咄嚧吉知婆路多毗九十九薩般嚧訶凌伽四百輸沙怛囉娑那羯囉四百一毗沙喻迦二阿耆尼烏陀迦三末囉鞞囉建跢囉四阿迦囉蜜唎咄怛斂部迦五地栗剌吒六毖唎瑟質迦七薩婆那俱囉八肆引伽弊揭囉唎藥叉怛囉芻九末囉視吠帝釤娑鞞釤十悉怛多鉢怛囉四百十一摩訶跋闍嚧瑟尼釤十二摩訶般賴丈耆藍十三夜波突陀舍喻闍那十四辮怛隸拏十五毗陀耶槃曇迦嚧彌十六帝殊槃曇迦嚧彌十七般囉毗陀槃曇迦嚧彌十八跢侄他十九唵二十阿那隸四百二十一毗舍提二十二鞞囉跋闍囉陀唎二十三槃陀槃陀你二十四跋闍囉謗尼泮二十五虎都嚧甕泮二十六娑婆訶二十七

【譯文】

這時，世尊從肉髻中湧出百寶光，光中又湧出千葉寶蓮，有化身如來坐於寶蓮花中，頂上放出十道百寶光明，一一光中皆普遍示現十恆河沙數的金剛密跡，擎山持杵，遍布於虛空界。大眾仰觀此景，既驚畏又歡愛，求佛哀憐護佑，一心恭聽佛無見頂相中放光如來宣說神咒：（咒語略）。

「阿難，是佛頂光聚悉怛多般怛囉秘密伽陀微妙章句，出生十方一切諸佛。十方如來因此咒心，得成無上正遍知覺。十方如來執此咒心，降伏諸魔，制諸外道。十方如來乘此咒心，坐寶蓮華，應微塵國。十方如來含此咒心，於微塵國轉大法輪。十方如來持此咒心，能於十方摩頂授記；自果未成，亦於十方蒙佛授記。

【譯文】

「阿難，這個佛頂光聚悉怛多般怛囉秘密伽陀微妙章句，能出生十方一切諸佛。十方如來因此咒心而成就無上正遍知正等覺。十方如來持此咒心，降伏一切魔，制伏一切外道。十方如來依此咒心，坐寶蓮花中，應化微塵數國土，隨類現身，救度眾生。十方如來含此咒心，能於微塵數國土轉大法輪，宣說佛法，教化眾生。十方如來持此咒心，能於十方國土，為菩薩及其他眾生摩頂授記，必定成佛；即使眾生自己未能成就果位，持此咒心，也會蒙十方如來為其授記，圓成佛果。

「十方如來依此咒心，能於十方拔濟群苦：所謂地獄、餓鬼、畜生、盲聾瘖啞，怨憎會苦、愛別離苦、求不得苦、五陰熾盛，大小諸横，同時解脱；賊難、兵難、王難、獄難，風、火、水難，飢渴、貧窮，應念銷散。十方如來隨此咒心，能於十方事善知識，四威儀中供養如意，恆沙如來會中推為大法王子。十方如來行此咒心，能於十方攝受親因，令諸小乘聞秘密藏不生驚怖。十方如來誦此咒心，成無上覺，坐菩提樹，入大涅槃。十方如來傳此咒心，於滅度後，付佛法事，究竟住持，嚴淨戒律，悉得清淨。若我說是佛頂光聚般怛囉咒，從旦至暮，音聲相聯，字句中間亦不重疊，經恆河沙劫終不能盡。亦說此咒名如來頂。

【譯文】

「十方如來依此咒心，能於十方世界拔濟各種苦難：所謂地獄、餓鬼、畜生、盲聾瘖啞等，怨憎會苦、愛別離苦、求不得苦、五陰熾盛苦等八苦，大、小一切橫災，都同時解脫；眾生所遇到的賊難、兵難、王法難、牢獄難，以及風、火、水難，飢渴無食、貧窮等，都應其所念咒心皆得消散。十方如來隨此咒心威力，能於十方世界承事諸善知識，並於行、住、坐、臥四威儀中能夠隨願供養善知識，於恆河沙數諸佛法會中被推為大法王子。十方如來行此咒心，能於十方世界攝受歷劫以來的同行眷屬，使諸小乘學人聽聞如來的秘密藏，不生驚怖。十方如來誦此咒心，得成無上正覺，從始坐菩提樹下成道，到終入大涅槃。十方如來傳此咒心，於滅度之後，所付囑佛法之事，得以究竟住持，嚴持戒律，悉得清淨。如果我完整地敘說此佛頂光聚般怛囉咒的密義及其功用威力，即使從早到晚聲音相續，字字句句皆不重複，經恆河沙劫，仍然不能窮盡。因此，此咒也可稱為至尊至勝的『如來頂咒』。

「汝等有學，未盡輪迴，發心至誠，取阿羅漢，不持此咒而坐道場，令其身心遠諸魔事，無有是處。阿難，若諸世界隨所國土所有眾生，隨國所生樺皮、貝葉、紙素、白氎書寫此咒❶，貯於香囊，是人心昏未能誦憶，或帶身上，或書宅中，當知是人盡其生年，一切諸毒所不能害。

【譯文】

「你們有學聲聞弟子，輪迴未盡，若發至誠心求證阿羅漢果位，如不誦持此咒而坐於道場修行，欲使身心遠離諸魔的擾亂，是不可能的。阿難，如果一切世界中，隨所在國土中的所有眾生，以其國中所生的樺樹皮、貝葉、白紙、白氎等書寫此咒，藏於香囊，即使這人心中昏昧，不能誦記此咒，只要將此咒帶在身上，或者書寫置於住宅中，當知此人盡有生之年，一切諸毒都不能加害於他。

【注釋】

❶ 貝葉：即貝多羅葉，印度人用來書寫經文。白氎：細毛布，色白。

「阿難，我今為汝更說此咒，救護世間，得大無畏，成就眾生出世間智。若我滅後，末世眾生有能自誦，若教他誦，當知如是誦持眾生，火不能燒，水不能溺，大毒、小毒所不能害。如是乃至龍天、鬼神、精祇、魔魅所有惡咒皆不能著，心得正受。一切咒詛、厭蠱、毒藥❶，金毒、銀毒，草木蟲蛇，萬物毒氣，入此人口成甘露味。一切惡星並諸鬼神、磣心毒人❷，於如是人不能起惡；頻那夜迦、諸惡鬼王並其眷屬，皆領深恩，常加守護。

【譯文】

「阿難，我現在再為你說此咒，能夠救護世間一切眾生，使其於厄難或魔擾時得大無畏，並使其斷盡迷惑，得到出世間智。若我滅度後，末世中的眾生若能自己誦持，或者教他人誦持此咒，當知這些誦持的人，火不能燒，水不能溺，一切大毒如瘟疫、小毒如毒蛇等，都不能侵害。這樣乃至龍天、鬼神、精祇、魔魅的所有惡咒都不能近其身，心得三昧正受。一切咒詛、厭蠱、毒藥，金毒、銀毒，以及草、木、蟲、蛇等萬物的一切毒氣，入此人口反而變為甘露妙味。一切惡星以及惡鬼惡神、狠毒的人，對這個誦咒的人不能生起惡念；頻那夜迦、諸惡鬼王及其眷屬，皆因領受佛化深恩，時常守護這些誦持此咒的眾生。

【注釋】

❶ 厭蠱：以巫術致災禍於人。厭，厭魅，以咒術驅使死屍去殺害怨敵，梵文為「毗陀羅」，其義為起屍鬼。蠱，傳說中一種人工培育的毒蟲。

❷ 磣：指混入異物。

「阿難，當知，是咒常有八萬四千那由他恆河沙俱胝金剛藏王菩薩種族❶，一一皆有諸金剛眾而為眷屬，晝夜隨侍。設有眾生於散亂心，非三摩地，心憶口持，是金剛王常隨從彼諸善男子，何況決定菩提心者！此諸金剛菩薩藏王，精心陰速，發彼神識，是人應時心能記憶八萬四千恆河沙劫，周遍了知，得無疑惑。從第一劫乃至後身，生生不生藥叉、羅剎及富單那、迦吒富單那、鳩槃荼、毗舍遮等❷，並諸餓鬼，有形、無形、有想、無想，如是惡處。是善男子，若讀若誦，若書若寫，若帶若藏，諸色供養，劫劫不生，貧窮下賤，不可樂處。此諸眾生，縱其自身不作福業，十方如來所有功德，悉與此人。由是得於恆河沙阿僧祇、不可說不可說劫，常與諸佛同生一處，無量功德，如惡叉聚，同處熏修，永無分散。

【譯文】

「阿難，你應當知道，此咒常有八萬四千那由他的恆河沙數俱胝的金剛藏王菩薩種族，其一一菩薩都有許多金剛眾眷屬，晝夜跟隨侍衛誦持此咒的眾生。假如有眾生，於散亂心而不是入於正定，心憶此咒，口念此咒，此金剛藏王菩薩就會常常跟隨護衛這些善男子，更何況那些發決定不疑菩提心的人呢！這些金剛藏王菩薩以同體如來藏精心，暗中加持行者，速疾開發眾生的神識慧根，使得這人應時心開，能記憶八萬四千恆河沙劫以來的事情，周遍了知，沒有任何疑惑。從初發心持咒的第一劫起，直至成佛之前的最後身，生生世世都不會生於藥叉、羅剎及富單那、迦吒富單那、鳩槃茶、毗舍遮等，以及所有的餓鬼，有形無形、有想無想之類，等等這些惡處。這些善男子，若能讀、能誦此咒，若能書、能寫此咒，或者佩帶身上，或者藏於家中，並用諸妙色香花燈等供養，則任何劫數時間都不會生於貧窮下賤等不可樂之處。這些誦持此咒的眾生，即使自己未修福業，十方如來的所有功德都會給予此人。因此，他們得以在恆河沙阿僧祇不可說不可說劫的時間之中，常與諸佛同生一處，無量功德也如惡叉聚果一樣不分離，常與諸佛同處熏修，永無分散。

【注釋】

❶那由他：萬億。俱胝：百億。

❷富單那：臭惡鬼。迦吒富單那：奇臭惡鬼。鳩槃荼：啖精氣鬼。毗舍遮：食血肉鬼。

「是故能令破戒之人，戒根清淨；未得戒者，令其得戒；未精進者，令得精進；無智慧者，令得智慧；不清淨者，速得清淨；不持齋戒，自成齋戒。阿難，是善男子持此咒時，設犯禁戒於未受時，持咒之後，眾破戒罪無問輕重，一時銷滅；縱經飲酒，食啖五辛種種不淨，一切諸佛、菩薩、金剛、天仙、鬼神不將為過。設著不淨破弊衣服，一行一住悉同清淨。縱不作壇，不入道場，亦不行道，誦持此咒，還同入壇行道功德，無有異也。若造五逆無間重罪❶，及諸比丘、比丘尼四棄、八棄❷，誦此咒已，如是重業，猶如猛風吹散沙聚，悉皆滅除，更無毫髮。阿難，若有眾生，從無量無數劫來，所有一切輕重罪障，從前世來未及懺悔，若能讀誦、書寫此咒，身上帶持，若安住處、莊宅、園館，如是積業，猶湯銷雪；不久皆得悟無生忍。

【譯文】

「所以，誦持此咒，能使破戒之人戒根恢復清淨；未得戒之人，使其得戒；未精進之人，使其精進；無有智慧之人，使得智慧；身心不清淨之人，速得清淨；不持齋戒之人，自然成就齋戒。阿難，這些善男子持此咒時，未受持之前所犯的一切破戒之罪，無論輕重，持咒之後，一時消滅；縱然曾經飲酒，吃過五辛等種種不淨的東西，因誦此咒，一切諸佛、菩薩、金剛、天仙、鬼神等都不以為過。假如他穿著不乾淨的破爛衣服，但他的一行一住皆同清淨。縱然他不作壇，不入道場，也沒有入壇場行道，誦持此咒後，所得功德仍與入壇行道相同，沒有任何差別。若誦持此咒以前造下了五逆無間重罪，以及比丘四棄、比丘尼八棄罪，誦此咒後，如此重罪業就如狂風吹散沙堆一樣，全部滅除，更無毫髮得留。阿難，若有眾生從無量無數劫以來所有一切輕重罪障，從前世以來還未能懺悔，若能讀誦、書寫此咒，將其帶在身上，或安放在住所、莊宅、園館之中，以此神咒之力，這些前世積業就如熱湯消融冰雪一樣，皆得消滅；不久，此持咒之人皆可得悟無生法忍。

【注釋】

❶ 五逆：指五種極惡之行為，即殺父、殺母、殺阿羅漢、出佛身血、破和合僧。

❷ 四棄：即殺、盜、淫、妄四重罪，若犯此即永棄於佛法外，故名為「棄罪」。八棄：為比丘尼八重罪，即於四棄外再加「觸棄、八棄、覆棄、隨棄」四者。

「復次，阿難，若有女人未生男女欲求孕者，若能至心憶念斯咒，或能身上帶此悉怛多般怛囉者，便生福德智慧男女；求長命者，即得長命；欲求果報速圓滿者，速得圓滿；身命色力，亦復如是。命終之後，隨願往生十方國土，必定不生邊地、下賤❶，何況雜形❷？

【譯文】

「其次，阿難，若有女人未生男女而欲求懷孕，若能以至誠心記誦此咒，或者能將此悉怛多般怛囉神咒帶在身上，便能生出福德、智慧雙全的男女；求長壽者，即得長壽；欲求果報速疾圓滿者，快速得到圓滿；若求身體健康、精力充沛者，也是如此。其人命終之後，隨自己的願力往生十方任何國土，必定不會轉生在邊地及下賤之處，更何況生於三惡道之雜形眾生呢？

【注釋】

❶ 邊地：指不能見聞佛法的邊隅之地。

❷ 雜形：指地獄、惡鬼、畜生三惡道。

「阿難，若諸國土州縣、聚落，飢荒、疫癘，或復刀兵、賊難、鬥諍，兼餘一切厄難之地，寫此神咒安城四門、並諸支提，或脫闍上，令其國土所有眾生奉迎斯咒，禮拜恭敬，一心供養；令其人民各各身佩，或各各安所居宅地，一切災厄悉皆銷滅。阿難，在在處處國土眾生，隨有此咒，天龍歡喜，風雨順時，五穀豐殷，兆庶安樂；亦復能鎮一切惡星隨方變怪，災障不起，人無橫夭，杻械枷鎖不著其身，晝夜安眠，常無惡夢。

【譯文】

「阿難，若諸國土的州、縣、村落，遭遇飢荒或瘟疫，或起戰爭刀兵災難、暴亂賊寇之難、相互鬥爭之難，以及其餘一切有厄難之地，只要書寫此咒安放在城的四門以及各支提上，或懸於幢幡上，讓國土中的所有眾生都迎奉此咒，恭敬禮拜，一心供養；讓每一個市民都佩帶此咒，或將其各自安放在所居的住宅中，所有一切災禍厄難就會全部消除。阿難，在在處處的所有國土及一切眾生，隨有此神咒之處，天龍八部便會歡喜，風雨順時，五穀豐殷，百姓安樂；同時，此咒也能鎮壓一切隨方變怪的惡星，使災害、障礙不起，人們沒有橫禍夭亡，杻械枷鎖不加於身，晝夜安睡，常無惡夢。

「阿難，是娑婆界有八萬四千災變惡星，二十八大惡星而為上首；復有八大惡星以為其主，作種種形，出現世時能生眾生種種災異；有此咒地，悉皆銷滅，十二由旬成結界地，諸惡災祥，永不能入。是故如來宣示此咒，於未來世保護初學諸修行者入三摩提，身心泰然，得大安穩；更無一切諸魔、鬼神，及無始來冤橫宿殃，舊業陳債，來相惱害。汝及眾中諸有學人及未來世諸修行者，依我壇場，如法持戒，所受戒主逢清淨僧，持此咒心，不生疑悔，是善男子於此父母所生之身，不得心通，十方如來，便為妄語。」

【譯文】

「阿難，這個娑婆世界有八萬四千災變惡星，其中以二十八大惡星而為上首統領；又有八大惡星為眾災星之主，能化作種種形狀，出現於世時給眾生帶來種種災異；若有此咒之地，一切災異悉皆消滅，十二由旬以內成為結界之地，所有惡象、災禍、妖祥永遠不能侵入。因此，如來宣示此咒，於未來世末法時代保護初學佛法的諸修行人能夠入三摩提，身心泰安，得大安穩；更不會有一切諸魔、鬼神，以及無始以來的冤家、橫禍、宿業、災殃等舊債陳債來惱害，使得三摩地不能成就。你和會中諸有學人及未來世諸修行人，若能依我所說建立壇場，如法持戒清淨，所受戒的戒師遇到了真實的清淨僧，一心誦持此咒心，於此法不生半點疑悔，這樣的善男子依其父母所生之身，若不能證得心地圓通，十方如來便是以妄語欺誑眾生。」

說是語已，會中無量百千金剛，一時佛前合掌頂禮而白佛言：「如佛所說，我當誠心保護如是修菩提者。」爾時，梵王並天帝釋、四天大王❶，亦於佛前同時頂禮而白佛言：「審有如是修學善人，我當盡心至誠保護，令其一生所作如願。」復有無量藥叉大將、諸羅剎王、富單那王、鳩槃茶王、毗舍遮王、頻那夜迦、諸大鬼王及諸鬼帥，亦於佛前合掌頂禮：「我亦誓願護持是人，令菩提心速得圓滿。」復有無量日月天子、風師、雨師、雲師、雷師並電伯等，年歲巡官、諸星眷屬，亦於會中頂禮佛足而白佛言：「我亦保護是修行人，安立道場，得無所畏。」復有無量山神、海神、一切土地，水、陸、空行，萬物精祇並風神王、無色界天，於如來前同時稽首而白佛言：「我亦保護是修行人，得成菩提，永無魔事。」

【譯文】

佛說完這段開示後，會中有無量百千金剛，同時在佛前合掌頂禮，然後對佛說：「如佛所說，我等當誠心保護這些修行菩提道的眾生。」這時，大梵天王和帝釋天、四大天王也在佛前同時頂禮，對佛說：「果然有這樣的修學善人，我等會盡心至誠保護，使他們一生中凡有所作都能如願。」又有無數藥叉大將、諸羅剎王、富單那王、鳩槃茶王、毗舍遮王、頻那夜迦、諸大鬼王及諸鬼帥等，也在佛前合掌頂禮，對佛說：「我等也發願護持這樣的修學人，使其菩提心速得圓滿。」又有無數日月天子、風師、雨師、雲師、雷師及電伯，以及年歲巡官、諸星眷屬等，也在會中頂禮佛足而對佛說：「我等也發願保護這樣的修學人，使其安置道場，得無所畏。」又有無數山神、海神、一切土地神，以及一切水居、陸居、空居之神，萬物精祇及風神王、無色界天等，也在佛前同時稽首而對佛說：「我等也發願保護這樣的修學人，使其得成菩提，永不遭受魔事。」

【注釋】

❶ 四天大王：有版本作「四大天王」。

爾時，八萬四千那由他恆河沙俱胝金剛藏王菩薩，在大會中即從座起，頂禮佛足而白佛言：「世尊，如我等輩所修功業，久成菩提，不取涅槃，常隨此咒，救護末世修三摩提正修行者。世尊，如是修心求正定人，若在道場及餘經行，乃至散心遊戲聚落，我等徒眾常當隨從，侍衛此人；縱令魔王、大自在天求其方便，終不可得；諸小鬼神去此善人十由旬外，除彼發心樂修禪者。世尊，如是惡魔、若魔眷屬，欲來侵擾是善人者，我以寶杵殞碎其首，猶如微塵，恆令此人所作如願。」

【譯文】

這時，八萬四千那由他恆河沙俱胝的金剛藏王菩薩，在大會中即從座而起，頂禮佛足而對佛說：「世尊，如我等所修得的功業，久已成就菩提，然而不入涅槃，常跟隨此咒，救護末世之中修三摩地、誦持此咒的正修行人。世尊，這樣誦持此咒而修心求證正定的人，若在道場專修或在別處經行，乃至以散亂心遊化村落，我及徒眾都會時常跟隨保護這人；即使魔王、大自在天想伺察這些修行人的漏洞而破壞修行，也終究不能得手；那些小鬼神遠離此修行善人十由旬之外，除非他也願意發心修習禪定。世尊，這些惡魔及其眷屬，若有敢來侵擾這些修行善人的，我就用寶杵打碎其頭顱，使成微塵，常使這些修行人所做如願成就。」

阿難即從座起，頂禮佛足而白佛言：「我輩愚鈍，好為多聞，於諸漏心未求出離；蒙佛慈誨，得正熏修，身心快然，獲大饒益。世尊，如是修證佛三摩提，未到涅槃，云何名為乾慧之地？四十四心，至何漸次，得修行目？詣何方所，名入地中？云何名為等覺菩薩？」作是語已，五體投地，大眾一心，佇佛慈音，瞪瞢瞻仰。爾時，世尊讚阿難言：「善哉！善哉！汝等乃能普為大眾及諸末世一切眾生，修三摩提、求大乘者，從於凡夫，終大涅槃，懸示無上正修行路。汝今諦聽，當為汝說。」阿難、大眾合掌刳心❶，默然受教。

【譯文】

阿難即從座而起，頂禮佛足而對佛說：「我輩愚鈍，喜好多聞廣學，對於諸微細煩惱有漏心未求出離；承蒙佛慈悲教誨，得熏修三摩地的正法，身心快然，得大利益。世尊，如此修證佛法三摩地，未到達涅槃果地之前，為什麼稱為乾慧地？四十四心，須經過怎樣的次第，才得到修行悟道的眼目？到什麼境地才叫作證入十地中？什麼境界叫作等覺菩薩？」說完這些話後，阿難五體投地禮佛，會中大眾一心期盼佛的慈音開示，眼睛瞻仰凝視著佛陀。這時，世尊稱讚阿難：「善哉！善哉！你等乃能普為大眾及末世時的一切修三摩地、求大乘佛法的眾生，指示始從凡夫發心，終至大涅槃果地的無上正修行路。你現在仔細聽，我將為你宣說。」阿難、大眾合掌淨心，靜聽教誨。

【注釋】

❶ 刳心：指摒棄雜念。刳，挖空。

佛言：「阿難，當知妙性圓明，離諸名相，本來無有世界、眾生；因妄有生，因生有滅，生滅名妄，滅妄名真，是稱如來無上菩提及大涅槃二轉依號。阿難，汝今欲修真三摩地，直詣如來大涅槃者，先當識此眾生、世界二顛倒因；顛倒不生，斯則如來真三摩地。

【譯文】

佛說：「阿難，你應當知道，妙性圓明，離一切名相，本來無有世界、眾生；因無明妄動而有世界、眾生的生起，因生而有滅，生、滅二相稱為虛妄，滅除虛妄就稱為真，這又稱作如來無上菩提和大涅槃二轉依果之名號。阿難，你現在想要修習真三摩地，直達如來大涅槃果位，首先應當識知這眾生和世界兩種顛倒生起的原因；顛倒不生起，這即是如來的真三摩地。

「阿難，云何名為眾生顛倒？阿難，由性明心，性明圓故，因明發性，性妄見生，從畢竟無，成究竟有。此有所有，非因所因；住所住相，了無根本。本此無住，建立世界及諸眾生。迷本圓明，是生虛妄；妄性無體，非有所依。將欲復真，欲真已非真真如性。非真求復，宛成非相。非生非住，非心非法，展轉發生，生力發明，熏以成業，同業相感；因有感業，相滅相生，由是故有眾生顛倒。

【譯文】

「阿難，什麼叫作眾生顛倒？阿難，由於性覺妙明之真心，其性明覺圓照之故，因為要在本明的覺體上妄有所明，於是發生了業識之性，識性妄動而能見之妄見發生，就這樣，從畢竟無相之真，轉成究竟有相之妄。此能有之妄識與所有之妄境，既非能因，也非所因；能住相與所住相，了無根本之自體，二皆虛妄。本於此虛妄無住的無明業識，而建立了世界以及各類眾生。眾生無始以來迷失了本然圓滿妙真如心，因此生起了虛妄的惑業；惑業之妄性本是虛妄而無自體，沒有所依之初始因。將欲離妄復真，但此捨妄復真之念本身就是妄想，而不是真實的真如性。以非真實的生滅妄心去求回復不生不滅的真如心，是妄上加妄，宛然成為非真實的、無常生滅的塵勞妄相。此非相中，無明非真有生相，業識非真有住相，見分非真心之相，相分非實法之相，本來皆是虛妄，因為無明力而輾轉發生，生力漸漸顯著，由惑以起業，相互熏習而成業相，同業相感潤生；因有相感之業，相滅相生，由此故有眾生顛倒。

「阿難，云何名為世界顛倒？是有所有，分段妄生❶，因此界立；非因所因，無住所住，遷流不住，因此世成。三世、四方和合相涉，變化眾生成十二類。是故世界因動有聲，因聲有色，因色有香，因香有觸，因觸有味，因味知法。六亂妄想成業性故，十二區分，由此輪轉。是故世間聲、香、味、觸，窮十二變，為一旋復。乘此輪轉顛倒相故，是有世界卵生、胎生、濕生、化生、有色、無色、有想、無想、若非有色、若非無色、若非有想、若非無想。

【譯文】

「阿難，什麼叫作世界顛倒呢？能有之無明與所有之眾生根身，由無明妄力攬塵結根，故有分段受生之妄身產生，因此內外之界相成立；無始無明本是虛妄，非是始因，卻執為妄有之所因，妄有本來虛妄無有能住之體，卻宛若有所住之相，遷流不住，因此虛妄之三世成就。因而有了過去、現在、未來三世與東、南、西、北四方的分別，三世與四方和合相涉，變化出十二類不同的眾生。因此，世界因無明風動而有聲塵生，因聲塵黏著湛明之體而有色塵生，因色塵而有香塵起，因香塵而有觸塵生，因觸塵而有味著生，因味著而有知覺生，於是諸識轉生。六亂妄想熏成業性之故，而有十二類眾生的區分，由此六道輪轉，無有停息。所以，世間眾生依於對於聲、色、香、味、觸、法六塵顛倒執著之輕重及其惑業成熟之先後，而次第感報，窮盡了十二類眾生之變遷，成為一個輪轉旋復。乘此輪轉的顛倒行相而有世界的十二類眾生：卵生、胎生、濕生、化生、有色、無色、有想、無想、若非有色、若非無色、若非有想、若非無想。

【注釋】

❶ 分段：即分段生死，指凡夫輪迴六道，受分分段段果報之身。

「阿難，由因世界虛妄輪迴，動顛倒故，和合氣成八萬四千飛沉亂想，如是故有卵羯邏藍❶，流轉國土，魚鳥龜蛇，其類充塞。

【譯文】

「阿難，由於世界中有虛妄之想輾轉不息而成輪迴性，以想動為顛倒惑因故，和合業氣而成八萬四千飛沉亂想，由此便有卵羯邏藍生成，流轉各處國土，形成如魚、鳥、龜、蛇等類生命，充塞世間。

【注釋】

❶ 羯邏藍：義為「凝滑」，為胎之初位，處胎初七日。

「由因世界雜染輪迴，欲顛倒故，和合滋成八萬四千橫豎亂想，如是故有胎遏蒲曇❶，流轉國土，人畜龍仙，其類充塞。

【譯文】

「由於世間中有情愛雜染輾轉不息而成輪迴性，以愛欲為顛倒惑因故，和合精血滋潤而成八萬四千橫豎亂想，由此便有胎遏蒲曇生成，流轉各處國土，形成如人、畜、龍、仙等類生命，充塞於世間。

【注釋】

❶ 遏蒲曇：胎匏，在胎第二個七日之相。

「由因世界執著輪迴，趣顛倒故，和合暖成八萬四千翻覆亂想，如是故有濕相蔽尸❶，流轉國土，含蠢蠕動，其類充塞。

【譯文】

「由於世間中有執著輾轉不息而成輪迴性，以趣奔塵境為顛倒惑因故，和合暖濕之氣而成八萬四千翻覆亂想，由此便有濕相蔽尸生成，流轉各處國土，形成含蠢蠕動等類生命，充塞世間。

【注釋】

❶ 蔽尸：軟骨、肉團等，原指為胎內五位之第三位，此指為濕生之初相。

「由因世界變易輪迴，假顛倒故，和合觸成八萬四千新故亂想，如是故有化相羯南❶，流轉國土，轉蛻飛行，其類充塞。

【譯文】

「由於世間中有變易輾轉不息而成輪迴性，以假托因依為顛倒惑因故，和合觸業而成八萬四千種新舊亂想，由此便有化相羯南生成，流轉各處國土，形成轉變蛻化身形而後飛行等類生命，充塞於世間。

【注釋】

❶ 羯南：硬肉，又為「眾」、「類」之義。

「由因世界留礙輪迴，障顛倒故，和合著成八萬四千精耀亂想，如是故有色相羯南，流轉國土，休咎精明❶，其類充塞。

【譯文】

「由於世間中的有色類眾生有超越色法質礙、求取光明色相之妄想，輾轉不息而成輪迴性，以障蔽妄想為顛倒惑因故，和合種種求明著之業而成八萬四千精耀亂想，由此便有色相羯南生成，流轉各處國土，形成如星辰吉凶形相以及日月之精、星辰之明形相等類生命，充塞世間。

【注釋】

❶休：吉。咎：凶。

「由因世界銷散輪迴，惑顛倒故，和合暗成八萬四千陰隱亂想，如是故有無色羯南，流轉國土，空散銷沉，其類充塞。

【譯文】

「由於世間中的無色類眾生有滅色歸空、消散其形之妄想，輾轉不息而成輪迴性，以迷惑妄想為惑因故，和合暗相而成八萬四千陰隱亂想，由此便有無色羯南生成，流轉各處國土，形成空、散、消、沉等類生命，充塞世間。

「由因世界罔相輪迴，影顛倒故，和合憶成八萬四千潛結亂想，如是故有想相羯南，流轉國土，神鬼精靈，其類充塞。

【譯文】

「由於世間的有想類眾生貪求靈通，妄執若有若無、彷彿不實之影像，緣想不息而成輪迴性，以謬執法塵之影妄想為惑因故，和合憶想而成八萬四千潛結亂想，由此便有想相羯南生成，流轉各處國土，形成神鬼精靈等類生命，充塞世間。

「由因世界愚鈍輪迴，痴顛倒故，和合頑成八萬四千枯槁亂想，如是故有無想相羯南，流轉國土，精神化為土、木、金、石，其類充塞。

【譯文】

「由於世間的無想類眾生摒除知識，貪求無想的愚昧暗鈍妄想，輾轉不息而成輪迴性，以痴昧顛倒為惑因故，和合冥頑而成八萬四千枯槁亂想，由此便有無想相羯南生成，流轉各處國土，其精神化為土、木、金、石等類，充塞世間。

「由因世界相待輪迴，偽顛倒故，和合染成八萬四千因依亂想，如是故有非有色相成色羯南，流轉國土，諸水母等以蝦為目，其類充塞。

【譯文】

「由於世間的非有色眾生，本非有色故須借物以成色，色與無色相待假借，輾轉不休而成輪迴性，以偽假為顛倒惑因故，和合耽染之業而成八萬四千因依亂想，由此便有非有色相而成色羯南生成，流轉各處國土，如水母等以水沫成身、以蝦為眼目，互相依託而生存，種種寄生物類，其類繁多，充塞世間。

「由因世界相引輪迴，性顛倒故，和合咒成八萬四千呼召亂想，由是故有非無色相無色羯南，流轉國土，咒詛厭生，其類充塞。

【譯文】

「由於世間的非無色類眾生，係以音聲呼召引發神識，引之不已而成輪迴性，以迷失自性為顛倒惑因故，和合咒術之業而有八萬四千呼召亂想，由此便有非無色相無色羯南生成，流轉各處國土，隨咒詛、厭禱而顯靈作祟等類，充塞世間。

「由因世界合妄輪迴，罔顛倒故，和合異成八萬四千回互亂想，如是故有非有想相成想羯南，流轉國土，彼蒲盧等異質相成❶，其類充塞。

【譯文】

「由於世間的非有想眾生將想與非想二種虛妄和合，輾轉不息而成輪迴性，以罔昧為顛倒惑因故，和合取異為同妄想之業而成八萬四千回互亂想，由此便有非有想相成想羯南生成，流轉各處國土，如細腰土蜂取異類形質之桑蟲而化為己命等生類，充塞世間。

【注釋】

❶ 蒲盧：一種細腰的土蜂，又稱為「果蠃」。蜾蠃（土蜂）作巢，將桑蟲（螟蛉）背進它的巢中，然後祝禱說「類我！類我！」，七天之後，這桑蟲真化成它的子女。

「由因世界怨害輪迴，殺顛倒故，和合怪成八萬四千食父母想，如是故有非無想相無想羯南，流轉國土，如土梟等附塊為兒❶，及破鏡鳥以毒樹果抱為其子❷，子成，父母皆遭其食，其類充塞。

「是名眾生十二種類。」

【譯文】

「由於世間的非無想眾生懷怨圖害，怨結不釋，輾轉相續而成輪迴性，以殺心為顛倒惑因故，和合怪誕之業而成八萬四千食父母的怪異亂想，由此便有非無想相無想羯南生成，流轉各處國土，如土梟鳥等抱土塊以為子，破鏡鳥抱毒樹果以為子，待子長成，父母卻皆遭吞食，諸如此類生命，充塞世間。

「這就是眾生的十二種類。」

【注釋】

❶ 土梟：本義作「不孝鳥」，以此鳥食母而後能飛。

❷ 破鏡鳥：為破鏡獸。鏡，又作「獍」，是一種獸。與梟相對，梟食其母，而獍食其父。

卷八

真如不變之體，依之而有染淨差別。隨染緣起則有二種顛倒十二類眾生，隨淨緣起則歷成修證解脫次第。本卷先立三種漸次，再歷五十七位修斷，共成六十位菩薩行修證階位。三種漸次為：一修習，除去助因，五辛為助惡之因，必先除去；二真修，刳其正性，殺盜淫妄是性業之罪，必要刳而空之，故要嚴持清淨戒律；三增進，違其現業，即心不外馳，返流照性。五十七位為：乾慧地、十信、十住、十行、十迴向、四加行、十地、等覺、妙覺。關於菩提道修證位次的名目及順序，諸經說法略有差別。本經所列菩薩行修證階位較通常所說更為細緻，十信位前的「三漸次」及「乾慧地」，以及地前的「四加行」，此為本經所特有，而五十七位的名稱義解，本經多從禪觀境界講說，故與別經頗有不同。

隨後，文殊菩薩請問經題，佛宣說了本經的五個經題名稱。至此，按照古德科判，本經正講修行妙定義理已經完備；經中後面部分則是「助道別講護定要法」，包括「談七趣報」和「辨五陰魔」兩部分內容。

因阿難問，佛陀詳細敘述了「七趣」的生因及其生存相狀。通常佛教言「六趣」，即地獄、餓鬼、畜生、人、天、阿修羅，本經又加「仙趣」而成「七趣」，涵蓋了欲界、色界、無色界三界共二十五類有情眾生。七趣因果，乃由不識妙明真心而隨妄想情想以受生，隨殺盜淫三惡業則成三惡道，修十善業則成四善道，七趣輪轉，隨業受報，不出因果輪迴理論。經中詳細敘述了十種習氣因（淫、貪、慢、嗔、詐、誑、怨、見、枉、訟），六交報（見報、聞報、嗅報、味報、觸報、思報），六識造業，所招惡報從六根出。又講述了鬼趣、畜生趣、人趣、仙趣每一趣各有十種因習果報，最後則是天趣之業報差別。

「阿難，如是眾生，一一類中亦各各具十二顛倒。猶如捏目，亂花發生；顛倒妙圓真淨明心，具足如斯虛妄亂想。汝今修證佛三摩提，於是本因元所亂想，立三漸次，方得除滅。如淨器中除去毒蜜，以諸湯水並雜灰香洗滌其器，後貯甘露。

【譯文】

「阿難，如此十二類眾生，每一類中又各具有十二種顛倒。猶如以手揑目，眼見虛空亂花狂飛；因顛倒迷失妙圓真淨明心，也會具有這樣的虛妄亂想。你現在修證佛法三摩地，應從這顛倒產生之根本因、虛妄亂想之發生處，建立修行的三種漸進，方得除滅這樣的顛倒亂想。就如於本來清淨的容器中除去所放置的毒蜜，要以滾沸的湯水加香灰洗滌此器之後，然後貯存甘露。

「云何名為三種漸次？一者修習，除其助因；二者真修，刳其正性；三者增進，違其現業。

【譯文】

「什麼是三種漸次呢？第一，修習位，除其障定之助因；第二，決定真修，刳空其正性罪之業；第三，增進聖位，違離其根塵偶對、流逸奔趣之現業。

「云何助因？阿難，如是世界十二類生不能自全，依四食住。所謂段食、觸食、思食、識食❶。是故佛說一切眾生皆依食住。阿難，一切眾生食甘故生，食毒故死。是諸眾生求三摩地，當斷世間五種辛菜❷。是五種辛，熟食發淫，生啖增恚。如是世界食辛之人，縱能宣說十二部經，十方天仙嫌其臭穢，咸皆遠離；諸餓鬼等因彼食次，舐其唇吻，常與鬼住，福德日銷，長無利益。是食辛人修三摩地，菩薩、天仙、十方善神不來守護。大力魔王得其方便，現作佛身來為說法，非毀禁戒，讚淫、怒、癡；命終自為魔王眷屬，受魔福盡，墮無間獄。阿難，修菩提者永斷五辛，是則名為第一增進修行漸次。

【譯文】

「什麼叫助因呢？阿難，這個世界的十二類眾生都不能自身保全形命，而依靠四食得以住世存在。所謂四食是：段食、觸食、思食、識食。所以佛說一切眾生都依食而住在。阿難，一切眾生食用甘美的食物而生存，食用有毒的東西就死亡。因此，這些眾生求證三摩地，應當斷絕食用世間五種辛菜。這五種辛菜，熟食會助發淫欲，生吃會增加嗔恚。這個世間食辛的人，即使能宣說十二部經，十方天仙嫌其臭穢也都遠離他；那些餓鬼則在其人食用辛菜後，暗中來舐其嘴唇，因而他常與鬼同住，福德日日消滅，增長無利益之事。這食辛之人欲修三摩地，菩薩、天仙及十方善神不會來守護他。而大力魔王就趁此機會化作佛身來為其說法，毀謗嚴持禁戒是小乘道，讚嘆淫、怒、痴等是染淨不二的大乘法；命終之後，自然成為魔王的眷屬，魔福享盡之後，墮無間地獄。阿難，修證菩提者應當永斷五辛，這就是第一增進修行漸次。

【注釋】

❶ 段食：又作「摶食」、「揣食」，指用口鼻分段飲啖，以滋養有情之身，故稱「段食」。觸食：指感覺對所取之境產生喜樂等覺受，而攝益心、心所，由之長養諸根大種，故稱之為食。思食：又作「念食」、「意食」、「意思食」、「意念食」、「業食」，指意業或意念。即此有漏的意業與欲望俱轉，而生希望之念，能招引當有之果，使有情滋長相續。識食：指六識。六識由段、觸、思三食之勢力而能起當有之果，執持身命而不壞，故稱為食。

❷ 五種辛菜：即蔥、蒜、韭、薤、興渠（中土無）五種辛菜。

「云何正性？阿難，如是眾生入三摩地，要先嚴持清淨戒律，永斷淫心，不餐酒肉❶，以火淨食，無啖生氣。阿難，是修行人若不斷淫及與殺生，出三界者，無有是處。當觀淫欲猶如毒蛇，如見怨賊。先持聲聞四棄、八棄，執身不動；後行菩薩清淨律儀，執心不起。禁戒成就，則於世間永無相生相殺之業；偷劫不行，無相負累，亦於世間不還宿債。是清淨人修三摩地，父母肉身，不須天眼，自然觀見十方世界，睹佛聞法，親奉聖旨，得大神通，遊十方界，宿命清淨，得無艱險。是則名為第二增進修行漸次。

【譯文】

「什麼叫正性呢？阿難，這些眾生欲證入三摩地，要先嚴持清淨戒律，永斷淫心，不食酒肉，以火蒸煮過的熟食方為淨食，不吃生氣之屬的生菜等。阿難，這些修行人如果不斷除淫心和殺生，想出離三界是不可能的。應當視淫欲如同毒蛇，也如同見了怨賊一樣。因此，修行人應當首先嚴持聲聞戒律的比丘四棄、比丘尼八棄等，執持身口不動不犯；進而行持菩薩清淨律儀，執持其心令惡念不起。禁戒成就，則於世間永遠不會再有因淫欲而相生、因嗔恚而相殺的業行；偷盜、劫奪之業不作，沒有互相負欠的負累，在這世間也就不用償還宿債了。這個持戒清淨之人若進而修行三摩地，便能發相似五通，僅以父母所生的肉身，不須借助天眼，自然可以觀見十方世界，親睹十方諸佛，親耳聞聽佛說法，親奉如來旨意，得到大神通，遊歷十方世界，宿命清淨，不得再墮入三惡道艱險之處。這就是第二增進修行漸次。

【注釋】

❶ 餐：有版本作「湌」、「飡」，皆同「餐」。

「云何現業？阿難，如是清淨持禁戒人，心無貪淫，於外六塵不多流逸。因不流逸，旋元自歸；塵既不緣，根無所偶，反流全一，六用不行。十方國土皎然清淨，譬如琉璃，內懸明月，身心快然，妙圓平等，獲大安隱；一切如來密、圓、淨、妙皆現其中；是人即獲無生法忍。從是漸修，隨所發行，安立聖位。是則名為第三增進修行漸次。

【譯文】

「什麼叫現業呢？阿難，如上清淨嚴持禁戒的人，心中沒有貪淫之念，對於外六塵也不多隨境奔流縱逸。因為不流逸外塵，即可返觀自性，旋復本元，自歸元明；既然不與外六塵相緣，內六根就沒有所緣對象與其相對，六根反流照性，全歸一聞性，六根的各自作用不復現行，達到入一亡六之境。這時，修行者得見十方國土皎然清淨，就像琉璃中內懸明月一樣，身心快然，妙應圓通，平等無礙，獲得大安穩；一切如來的秘密、圓滿、清淨、微妙的境界都呈現其中；此人即是獲證了無生法忍。由此證悟之境漸進修行，隨其所發起的行持，安立相應的修行聖位。這就是第三增進修行漸次。

「阿難，是善男子欲愛乾枯，根境不偶❶，現前殘質不復續生；執心虛明，純是智慧，慧性明圓，瑩十方界，乾有其慧，名乾慧地。欲習初乾，未與如來法流水接。

【譯文】

「阿難，此善男子欲愛的習氣已經乾枯，內根與外塵不相對待，現前的最後身永不再相續受生；其人持心虛明，純是智慧，慧性明圓，光照十方世界，此但觀慧圓明，因而名為乾慧地。欲愛的習氣剛剛乾枯，但俱生無明仍未完全斷除，還未能與如來的法性智流水相接。

【注釋】

❶ 偶：相合。

「即以此心，中中流入，圓妙開敷，從真妙圓，重發真妙，妙信常住，一切妄想滅盡無餘，中道純真，名信心住。

【譯文】

「即以此乾慧之心，以中道妙智觀中道妙理，流入本元心地，圓明妙性開敷，從真妙圓明之境，重發更進一層次的真妙圓明。這樣因親證真妙圓明之心而妙信生發，常住不退，一切我執、法執、空執之妄想滅盡無餘，中道純真之理彰顯，名為信心住。

「真信明了，一切圓通，陰、處、界三，不能為礙。如是乃至過去、未來無數劫中，捨身、受身，一切習氣皆現在前，是善男子皆能憶念，得無遺忘，名念心住。

【譯文】

「真信得證，智慧明了，一切圓通無礙，陰、處、界三者都不能成為障礙。這樣，乃至過去、未來無數劫中，輪迴中捨身、受身的一切習氣因由都顯現在前，這個善男子都能憶念，永不遺忘，名為念心住。

「妙圓純真，真精發化，無始習氣通一精明，唯以精明進趣真淨，名精進心。

【譯文】

「已得妙圓純真之真信，真實覺性發起鎔化妄習之大用，故將無始以來的習氣都銷鎔為一精明智體，進而以此精明之如如智體去契合真淨之如如理體，名為精進心。

「心精現前，純以智慧，名慧心住。

【譯文】「因為契入真淨理體，本心真覺得以現前，純以智慧用事，名為慧心住。

「執持智明，周遍寂湛，寂妙常凝，名定心住。

【譯文】「慧既純明，以定執持，智體凝明，身心內外周遍明湛，寂而常照，照而常寂，寂妙常凝，名為定心住。

「定光發明，明性深入，唯進無退，名不退心。

【譯文】

「定力既深，慧光發明，慧性明而定力愈深，定慧等持，唯進無退，名為不退心住。

「心進安然，保持不失，十方如來氣分交接，名護法心。

【譯文】

「由於定慧均等，覺心安然，保持不失，任運前進，不假用力，能與十方如來法身之氣分相交相接，內護心法，外護佛法，名為護法心住。

「覺明保持，能以妙力回佛慈光，向佛安住，猶如雙鏡光明相對，其中妙影重重相入，名迴向心。

【譯文】

「覺慧定明保持不失，所以能以慧光妙力迴轉諸佛慈光，迴向自己心佛光中安住，他佛、心佛，心光、佛光，互相迴向，猶如兩鏡相對，其光相互映照，其中妙影，相攝相入，重重無盡，名為迴向心住。

「心光密回，獲佛常凝無上妙淨，安住無為，得無遺失，名戒心住。

【譯文】「心光綿密回照，獲得佛之常凝無上妙淨戒體之力，安住於無作無為之境，得無一念遺失，而不落於有為，名為戒心住。

「住戒自在，能遊十方，所去隨願，名願心住。

【譯文】「安住妙淨戒體，自在成就，能遊化十方世界，所去隨願，名為願心住。

「阿難，是善男子以真方便發此十心，心精發輝❶，十用涉入，圓成一心，名發心住。

【譯文】

「阿難，修滿十信位的善男子，以真實方便法門發起信位十心，心精覺明發揮，十心妙用互相涉入，十心圓成一心，名為發心住。

【注釋】

❶輝：有版本作「暉」。

「心中發明，如淨琉璃內現精金，以前妙心，履以成地，名治地住。

【譯文】

「依此圓成一心發明妙智，就如淨琉璃內現出精金，清淨潔明；以前十用涉入之妙心，履治為地，智契於理，令理精明，出生無量德用，名為治地住。

「心地涉知，俱得明了，遊履十方，得無留礙，名修行住。

【譯文】
「由內外精瑩，治成心地，智照於境，境亦照智，所涉所知，俱得明了，境智互照，妙行普周，故能遊化十方世界，普遍修行，皆無留難障礙，名為修行住。

「行與佛同，受佛氣分，如中陰身自求父母，陰信冥通，入如來種，名生貴住。

【譯文】
「所修妙行與佛相同，領受佛之真如氣分，就好像中陰身尋找具有同業的父母投胎一樣；既然與佛行業相同，智行微妙，冥通果德，陰信暗通，自然入於如來種姓，名為生貴住。

「既遊道胎，親奉覺胤❶，如胎已成，人相不缺，名方便具足住。

【譯文】

「既然入於佛法正道之胎藏，親攬佛權實二智，則為大覺法王的真嗣，猶如胎已育成，人相不缺，名為方便具足住。

【注釋】

❶ 胤：嫡嗣，指得佛權實二智的親傳。

「容貌如佛，心相亦同，名正心住。

【譯文】

「權智外現，方便具足，容貌與佛相同；以權資實，內照真如，心相也與佛相同，成就正知見，名為正心住。

「身心合成，日益增長，名不退住。

【譯文】

「外之容貌，內之心相，權實不二，身心合成，道胎日益增長，名為不退住。

「十身靈相，一時具足，名童真住。

【譯文】

「佛之十身靈相，一時全部具足，名為童真住。

「形成出胎，親為佛子，名法王子住。

【譯文】

「身形長成，出胎現世，親為佛子，名為法王子住。

「表以成人，如國大王以諸國事分委太子，彼剎利王世子長成，陳列灌頂，名灌頂住。

【譯文】

「德相漸成，表以成人，如同世間的國王分出一些國事委任太子負責，那些剎帝利工世子長大成人以後，舉行灌頂儀式，以受王職位，名為灌頂住。

「阿難，是善男子成佛子已，具足無量如來妙德，十方隨順，名歡喜行。善能利益一切眾生，名饒益行。自覺、覺他，得無違拒，名無嗔恨行。種類出生，窮未來際，三世平等，十方通達，名無盡行。一切合同，種種法門，得無差誤，名離痴亂行。則於同中顯現群異，一一異相，各各見同，名善現行。如是乃至十方虛空滿足微塵，一一塵中現十方界，現塵、現界不相留礙，名無著行。種種現前，咸是第一波羅蜜多，名尊重行。如是圓融，能成十方諸佛軌則，名善法行。一一皆是，清淨無漏，一真無為，性本然故，名真實行。

【譯文】

「阿難，此善男子既然已經成為佛子，就具足無量如來的妙德，於十方世界隨順眾生而利益教化，令眾生悉皆歡喜，名為歡喜行。善能以戒德善法感化而利益一切眾生，名為饒益行。自己覺悟，並使一切眾生覺悟，常行忍辱而於順逆因緣皆能忍受而不違拒，名為無嗔恨行。在十二類眾生中隨類受生，以行教化，過去、現在乃至盡未來際，三世平等普入，十方通達無礙，菩薩行願，精進無盡，名為無盡行。以定心持一切法，悉皆會合，同為一體，以種種法門隨類說法，得無差誤，名為離痴亂行。進而於同一法性理體中，顯現各種不同的差別事相；於一一差別事相上，各見全理，理事無礙，隨應互顯，名為善現行。這樣乃至十方世界所有虛空都普遍顯現微塵，一一微塵中都顯現十方世界，顯現微塵與顯現世界不相妨礙，小大自在，不著事理，名為無著行。種種現同現異現塵現界等妙行現前，都是第一波羅蜜多般若觀照之力，最為尊重，名為尊重行。如此圓融無礙之智慧妙行，一一皆能成立十方諸佛的利生軌則，善巧說法，隨成模範法則，名為善法行。如此所有諸妙行，一一都是清淨無漏、一真無為的真如體性的本然妙用，全修即性，名為真實行。

「阿難，是善男子，滿足神通，成佛事已，純潔精真，遠諸留患。當度眾生，滅除度相，回無為心向涅槃路，名救護一切眾生離眾生相迴向❶。壞其可壞，遠離諸離，名不壞迴向。本覺湛然，覺齊佛覺，名等一切佛迴向。精真發明，地如佛地，名至一切處迴向。世界、如來互相涉入，得無罣礙，名無盡功德藏迴向。於同佛地，地中各各生清淨因，依因發揮取涅槃道，名隨順平等善根迴向。真根既成，十方眾生皆我本性，性圓成就，不失眾生，名隨順等觀一切眾生迴向。即一切法，離一切相，唯即與離二無所著，名真如相迴向。真得所如，十方無礙，名無縛解脫迴向。性德圓成，法界量滅，名法界無量迴向。

【譯文】

「阿難，此修滿十行的善男子，圓滿具足神通，成就諸佛利生事業軌則，達於純潔精真的清淨無為真如體性，遠離了一切著有滯空的過患。願當救度眾生而滅除能度所度之相，回一真無為心向無上涅槃之路，如此救護一切眾生，永無休息，名為救護一切眾生離眾生相迴向。壞滅其可壞滅之相，而不見有所壞之境；遠離一切能離與所離，能離之相也離，而不見有能離之智，善獲中道，名為不壞迴向。本覺湛然明現，其覺智等同於佛之妙覺，名為等一切佛迴向。因地心之始覺精真發明，本覺理地如同佛地，能含藏無邊境界，能現無量國土，名為至一切處迴向。此菩薩得世界身與如來身，互相涉入，無有罣礙，功德無盡，名為無盡功德藏迴向。在同於佛地的本覺理體之中，各生起清淨真因，依此真因發揮六度萬行，以取得究竟涅槃，名為隨順平等善根迴向。真根既已成就，則知十方眾生皆我本性所具，我的本性圓滿成就，也當使眾生同樣成就，而不遺失任一眾生，名為隨順等觀一切眾生迴向。即一切法而離一切相，並連『即』和『離』的念頭都不存在，空、有不著，二邊雙亡，名為真如相迴向。真實證得真如實際理地，體遍十方，一切無礙，名為無縛解脫迴向。本有自性妙德圓成，體用周遍，法界的邊際和數量的觀念也已滅除了，名為法界無量迴向。

【注釋】

❶ 迴向：指以自己所修之善根功德，迴轉給眾生，並使自己趨入菩提涅槃。

「阿難，是善男子盡是清淨四十一心，次成四種妙圓加行❶。即以佛覺用為己心，若出未出，猶如鑽火，欲然其木，名為暖地。又以己心成佛所履，若依非依，如登高山，身入虛空，下有微礙，名為頂地。心佛二同，善得中道，如忍事人，非懷非出，名為忍地。數量銷滅，迷覺中道，二無所目，名世第一地。

【譯文】

「阿難，此善男子圓滿成就了四十一清淨妙心，其次還要成就四種妙圓加行。即以如佛之本覺當作自己加行的因心，本覺智火欲出而未出，加行至此，猶如鑽木取火，火雖未燃，暖相已現，將要燃燒其木，名為暖地。又以自己加行的因心成為佛覺的所履之地，此時，心相未能全盡，尚有微細執礙，似乎完全依循本覺，又似未完全依循本覺，就如登上高山峰頂，身體已入虛空，腳下還著地，還有微小障礙，名為頂地。心、佛相同，善得中道妙義，心中自知卻傾吐不出，如同忍事之人，非欲懷之於心，又非能出之於口，名為忍地。不見自心，不見佛智，一切境界、數量完全消滅，迷覺與中道二者的對待也沒有了，高超世表，名為世第一地。

【注釋】

❶ 加行：即加功用行的意思，乃針對正行的預備行。

「阿難，是善男子於大菩提善得通達，覺通如來，盡佛境界，名歡喜地。異性入同，同性亦滅，名離垢地。淨極明生，名發光地。明極覺滿，名焰慧地。一切同異所不能至，名難勝地。無為真如，性淨明露，名現前地。盡真如際，名遠行地。一真如心，名不動地。發真如用，名善慧地。阿難，是諸菩薩從此已往，修習畢功，功德圓滿，亦目此地名修習位。慈陰妙雲❶，覆涅槃海，名法雲地。

【譯文】

「阿難，此善男子對於無上大菩提善得通達，已心本覺貫通如來妙覺，悟入佛所行境界，得大歡喜，名為歡喜地。地前諸位，總名異生性，初地證真如，與佛同體，名同生性。異性滅除得入同性，然對異說同，同性亦是垢，同性異性諸垢一齊滅除，名為離垢地。清淨至極，無邊妙慧光明生發，名為發光地。明淨至極，慧覺圓滿，名為焰慧地。地前智名異，地上智名同，理極圓融，無復同異之可見，非同非異，一切世、出世間智皆不能及，更無勝者，名為難勝地。有為功用至極，無為真如，性本清淨，照明顯露，名為現前地。極盡真如自體邊際，名為遠行地。純一真如，湛寂一心，名為不動地。發起真如的無礙妙用，名為善慧地。阿難，這些菩薩從此以後，修行之功已完畢，出世功德已圓滿，因而也稱此地為修習位。慈悲之雲普蔭眾生，妙智之雲覆蓋涅槃果海，此名為法雲地。

【注釋】

❶ 陰：通「蔭」，對偶「雲」。或云「覆蓋」，引申義。

「如來逆流，如是菩薩順行而至，覺際入交，名為等覺。阿難，從乾慧心至等覺已，是覺始獲金剛心中初乾慧地。如是重重，單複十二，方盡妙覺，成無上道。是種種地，皆以金剛觀察如幻十種深喻❶，奢摩他中❷，用諸如來毗婆舍那清淨修證❸，漸次深入。阿難，如是皆以三增進故，善能成就五十五位真菩提路。作是觀者，名為正觀；若他觀者，名為邪觀。」

【譯文】

「如來因圓果滿，證得涅槃而不捨眾生，倒駕慈航，逆涅槃流而出，而菩薩從初發心，入於金剛乾慧地，經過五十四位至十地菩薩，順法性流順行而至於無上菩提，佛與十地菩薩於『覺際』互相涉入相交，所證等同於佛之正覺，名為等覺。阿難，從初信位前的乾慧心，至等覺位，此時覺境才獲得金剛心中的初乾慧地。這樣，從初乾慧地金剛初心到妙覺位，經過重重階位，其中單數位有七個，複數位有五個，共十二位，方得究竟妙覺果位，成就無上佛道。這種種菩提道階位，菩薩都要以金剛三昧力去觀察一切法如幻的十種甚深比喻，於奢摩他禪定修持之中，依諸佛所教授的毗婆舍那慧觀而清淨修證，漸次深入。阿難，這樣的修證次第，皆以三種增進修行漸次而為初因方便，善能成就五十五階位的真菩提路。依照如此觀行，名為正觀；若依其他觀法，名為邪觀。」

【注釋】

❶ 十種深喻：即指如幻、陽炎、夢、影、乾闥婆城、響、水月、浮泡、虛空華、旋火輪等十喻。

❷ 奢摩他：譯為「止」，指對法義的專注思維，連續不斷，身起輕安乃至心起輕安。

❸ 毗婆舍那：譯為「觀」，是指在止即奢摩他基礎上，對由止所緣的法義影像進行觀察、思維、抉擇等深層的意識活動。

爾時，文殊師利法王子在大眾中，即從座起，頂禮佛足而白佛言：「當何名是經？我及眾生云何奉持？」佛告文殊師利：「是經名《大佛頂悉怛多般怛囉無上寶印十方如來清淨海眼》，亦名《救護親因度脫阿難及此會中性比丘尼得菩提心入遍知海》，亦名《如來密因修證了義》，亦名《大方廣妙蓮華王十方佛母陀羅尼咒》，亦名《灌頂章句諸菩薩萬行首楞嚴》。汝當奉持。」

【譯文】

這時，文殊師利法王子在大眾中，即從座而起，頂禮佛足而對佛說：「應當如何命名此經？我及眾生如何奉持？」佛告訴文殊師利菩薩：「此經名為《大佛頂、悉怛多般怛囉、無上寶印，十方如來清淨海眼》，也名為《救護親因、度脫阿難及此會中性比丘尼，得菩提心，入遍知海》，也名為《如來密因、修證了義》，也名為《大方廣妙蓮花王、十方佛母陀羅尼咒》，也名為《灌頂章句，諸菩薩萬行，首楞嚴》。你應當如此奉持。」

說是語已，即時阿難及諸大眾，得蒙如來開示密印、般怛囉義，兼聞此經了義名目，頓悟禪那，修進聖位，增上妙理，心慮虛凝，斷除三界修心六品微細煩惱❶。

【譯文】佛宣說這些教言後，這時阿難及會中諸大眾，得蒙如來開示秘密心印、悉怛多般怛囉神咒等深義，並且聽聞了此經的了義經題，頓悟禪那之法，修證上增進聖道位次，開解增上了玄妙之理，心念達於虛明凝定之境，斷除了三界中欲界的前六品思惑微細煩惱而證得了斯陀含果位。

【注釋】

❶ 六品微細煩惱：即六品思惑。因思惑微細，非凡夫所能見，所以稱為「微細煩惱」。

即從座起，頂禮佛足，合掌恭敬而白佛言：「大威德世尊，慈音無遮，善開眾生微細沉惑，令我今日身心快然，得大饒益。世尊，若此妙明真淨妙心，本來遍圓，如是乃至大地、草木、蠕動含靈，本元真如，即是如來成佛真體；佛體真實，云何復有地獄、餓鬼、畜生、修羅、人、天等道？世尊，此道為復本來自有？為是眾生妄習生起？世尊，如寶蓮香比丘尼，持菩薩戒，私行淫欲，妄言『行淫非殺非偷，無有業報』。發是語已，先於女根生大猛火，後於節節猛火燒燃，墮無間獄❶。琉璃大王、善星比丘❷，琉璃為誅瞿曇族姓❸，善星妄說一切法空，生身陷入阿鼻地獄。此諸地獄，為有定處？為復自然，彼彼發業，各各私受？惟垂大慈，發開童蒙，令諸一切持戒眾生聞決定義，歡喜頂戴，謹潔無犯。」

【譯文】

阿難此時即從座而起，頂禮佛足，合掌恭敬而對佛說：「大威德世尊，您的慈音廣宣，不分親疏，善巧開解眾生無始以來的微細、沉隱之思惑及無始無明，使我們身心喜悅快然，得到大利益。世尊，如果此妙明真淨妙心，本來圓滿周遍，這樣乃至山河大地草木，一切蠕動含靈有情眾生，本元皆是真如，也即是如來成佛之真體；佛體既然真實淨妙，為何又有地獄、餓鬼、畜生、修羅、人、天等道呢？世尊，此六道是真如體中本來自有的呢？還是眾生心中的虛妄習氣生起的呢？世尊，如寶蓮香比丘尼，受持菩薩大戒，卻與人偷偷行淫，並且妄說『行淫不是殺生，也不是偷盜，沒有業報』。她說完這話，首先即於女根生起大猛火，隨後全身骨節大火燃燒，墮入至無間地獄。又如琉璃大王和善星比丘，琉璃王興兵誅滅釋迦族姓，善星比丘妄說『一切法空』，墮斷滅空，二人以此惡見邪見因緣而生身墮入阿鼻地獄。這些地獄是有一確定處所呢？還是自然如此，由各自所造的業，各自去受報呢？唯願世尊垂示大慈，開導我等童蒙無知之人，使一切持戒眾生能聽聞到這些決定義理，歡喜頂戴，謹慎持守，潔身不犯。」

【注釋】

❶ 無間獄：即無間地獄，為八熱地獄之第八。

❷ 琉璃大王：滅亡迦毗羅衛國釋種的惡王名。善星比丘：佛的堂弟之子，隨佛出家，曾為佛侍者，獲證四禪，後親近惡友，退失道行而生惡邪見。

❸ 瞿曇：印度剎帝利種，是釋迦牟尼佛所屬的本姓。

佛告阿難：「快哉此問！令諸眾生不入邪見。汝今諦聽，當為汝說。阿難，一切眾生實本真淨，因彼妄見，有妄習生，因此分開內分、外分。阿難，內分即是眾生分內，因諸愛染，發起妄情，情積不休，能生愛水。是故眾生心憶珍羞❶，口中水出；心憶前人，或憐或恨，目中淚盈；貪求財寶，心發愛涎❷，舉體光潤；心著行淫，男女二根自然流液。阿難，諸愛雖別，流結是同，潤濕不升，自然從墜，此名內分。阿難，外分即是眾生分外，因諸渴仰，發明虛想，想積不休，能生勝氣。是故眾生心持禁戒，舉身輕清；心持咒印，顧盼雄毅；心欲生天，夢想飛舉；心存佛國，聖境冥現；事善知識，自輕身命。阿難，諸想雖別，輕舉是同，飛動不沉，自然超越，此名外分。

【譯文】

佛告訴阿難：「你此問真是快利啊！能夠使一切眾生不入邪見。你們現在仔細聽，我當為你們解說。阿難，一切眾生確實是本來真實清淨，只因一念無明妄動而成妄見，因妄見而有妄業習氣，因此分開為內分和外分。阿難，內分就是眾生身分之內，因六根覺受執著而有種種愛染，因為種種愛染而發起妄情，妄情積聚不休而能產生身內的愛水。所以，眾生心裡憶想珍饈妙味，就會流出口水；心中憶念已故之人，或憐愛或恨惱，眼中就會熱淚盈眶；貪求財寶，心中發生愛涎，甚至全身也變得更光潤；心裡貪著行淫，男女二根就會自然流出液體。阿難，種種愛染雖有差別，但流洩液體和業習縛結則是相同，因潤濕之性不能上升，自然就下墜，這稱為內分。阿難，外分就是眾生身分之外，因為對外境的種種渴望仰慕而發起清虛妄想念，想念積聚不休而能產生浮勝之氣。所以，眾生心中嚴持禁戒，全身就會輕快清淨；心中持念諸佛咒印，顧盼之間自然流露出雄毅氣概，無所畏懼；心中欲想生於諸天，夢裡就會覺得自己在飛升遠舉；心裡存念佛國，聖境就會暗中顯現；心中若想奉事善知識，就會不惜身命。阿難，種種想念雖有不同，但輕舉則是相同，因飛動性不會下沉，自然就超越，這稱為外分。

【注釋】

❶ 珍羞：指美味。

❷ 涎：貪羨，貪圖。

「阿難，一切世間生死相續，生從順習，死從變流。臨命終時，未捨暖觸，一生善惡俱時頓現，死逆生順，二習相交。純想即飛，必生天上。若飛心中，兼福兼慧及與淨願，自然心開，見十方佛，一切淨土隨願往生。情少想多，輕舉非遠，即為飛仙、大力鬼王、飛行夜叉、地行羅剎，遊於四天，所去無礙。其中，若有善願善心，護持我法，或護禁戒，隨持戒人，或護神咒，隨持咒者，或護禪定，保綏法忍❶，是等親住如來座下。情想均等，不飛不墜，生於人間，想明斯聰，情幽斯鈍。情多想少，流入橫生，重為毛群，輕為羽族。七情三想，沉下水輪，生於火際，受氣猛火，身為餓鬼，常被焚燒。水能害己，無食無飲，經百千劫。九情一想，下洞火輪，身入風火二交過地，輕生有間、重生無間二種地獄。純情即沉，入阿鼻獄。若沉心中，有謗大乘，毀佛禁戒，誑妄說法，虛貪信施，濫膺恭敬❷，五逆、十重❸，更生十方阿鼻地獄。循造惡業，雖則自招，眾同分中，兼有元地。

【譯文】

「阿難，一切有情世間的生死相續，生則隨順習氣而造善惡等業，死則從其業力而變遷流轉、受報為同類或異類之身。臨命終時，第八識尚未離體而暖相尚存之際，一生所造善惡之業會一齊顯現出來，以死乃逆其習氣、生乃順其習氣，二種習氣此時相交併發，故有種種變遷受報之相。此時心識若純為觀想而沒有情執，神識即得飛升，必生於天上。如果純想即飛的心中，還兼有平日修福、修慧以及發清淨誓願之善業，臨命終時自然心地開通，得見十方佛，一切淨土可以隨願往生。若是勝想不純，摻雜微情，雖可輕舉，但不會太遠，即成為飛仙、大力鬼王、飛行夜叉、地行羅剎，遊於四天王天下，來去無有阻礙。這其中，若有發善願或存善心來護持佛法，或是護持禁戒，跟隨保護持戒人；或是護持神咒，跟隨保護持咒人；或是護持禪定，保安修習無生法忍的人，這些護法善神即得親住於如來座下。情、想均等的，不飛升，也不下墜，而生於人間；想念清明的，受生為聰明的人；情意幽鬱的，受生為愚鈍的人。情多想少的，則流入橫生的畜生道；情又較重的，受生為走獸毛群；情稍輕的，受生為飛禽羽族。七分情三分想的，就沉到水輪之下，生於火輪之際，受猛火氣分以成身，身為餓鬼，常被焚燒。因為業力的緣故，見水卻變成火，水反而能傷害自己，故無食無飲，經百千劫，常在飢餓之中。九分情一分想的，則向下洞穿透過火輪，身子墜入風輪火輪二者的交界處，情稍輕的，生於有間地獄；情較重的，生於無間地獄。純情而無想的眾生，命終即沉入阿鼻地獄。如果純情者的心中又兼有毀謗大乘，或毀謗佛所制禁戒，或誑妄說法，或虛貪信眾所施財物，或無實德而濫受他人恭敬，乃至犯了五逆、十重罪，都沉入阿鼻地獄，此方世界劫壞之後，轉生他方世界阿鼻地獄，這樣轉生於十方阿鼻地獄，求出無期。這些都是循著自己所造的惡業而所招感的苦報，雖然是自業所招感，然而眾生同業所招感的同分地獄中，仍兼有各自本元因地別業所成之地的差別。

【注釋】

❶ 綏：安。

❷ 膺：承當，承受。

❸ 十重：即十重戒。

「阿難，此等皆是彼諸眾生自業所感，造十習因，受六交報。云何十因？

「阿難，一者，淫習交接，發於相磨，研磨不休，如是故有大猛火光於中發動。如人以手自相摩觸，暖相現前。二習相然，故有鐵床、銅柱諸事。是故十方一切如來，色目行淫，同名欲火；菩薩見欲，如避火坑。

【譯文】

「阿難，此等果報都是這些眾生自業所招感，以所造的十種業習為因，而受六交之果報。什麼是地獄果報的十因呢？

「阿難，第一種是淫欲習氣，男女交接，發於互相摩擦以求歡樂，摩擦不休，這樣就會有大猛火光於其心中發動。猶如有人以手自相摩觸，自然就有暖熱產生。宿生的淫習與現行的淫欲相互作用、相互燃燒，故臨命終時有鐵床、銅柱等地獄果報諸相。因此，十方一切如來觀察稱呼行淫，同名為欲火；菩薩見淫欲，如同躲避大火坑。

「二者，貪習交計，發於相吸，吸攬不止，如是故有積寒堅冰，於中凍冽。如人以口吸縮風氣，有冷觸生。二習相陵，故有吒吒、波波、羅羅、青、赤、白蓮寒冰等事❶。是故十方一切如來，色目多求，同名貪水；菩薩見貪，如避瘴海。

【譯文】

「第二種是貪婪習氣，互相營計，發於互相吸取以濟私欲，吸取收攬據為己有不止，這樣就有積寒堅冰之境，於其心中預現凍冽之相。猶如有人以口吸縮風氣，就有冷觸感覺產生。宿生的貪習與現行的貪欲相互凌駕，故臨命終時有吒吒、波波、羅羅、青、赤、白蓮地獄等八處寒冰地獄果報諸相。因此，十方一切如來觀察稱呼貪婪多求，同名為貪水；菩薩見貪求，如同躲避瘴癘之海。

【注釋】

❶ 吒吒、波波、羅羅：都是寒冰地獄之名字。為擬聲字，比喻這些地獄中寒逼罪人的苦聲。吒吒，有版本作「咤咤」。青、赤、白蓮：為這些地獄中的凍冽罪人的形色。

「三者，慢習交陵❶，發於相恃，馳流不息，如是故有騰逸奔波，積波為水。如人口舌自相綿味，因而水發。二習相鼓，故有血河、灰河、熱砂、毒海、融銅、灌吞諸事。是故十方一切如來，色目我慢，名飲痴水；菩薩見慢，如避巨溺。

【譯文】

「第三種是我慢習氣，交相凌越，發於倚恃己勢而凌慢他人，趾高氣揚而其心馳流不息，這樣就有騰逸奔波的情勢，其心中就有積波成水之相。猶如有人以舌自絞上顎、連綿品味，自然會有口水產生。宿世的慢習與現行的傲慢相互鼓動，故臨命終時有血河、灰河、熱砂、毒海、融銅、灌口等地獄果報諸相。因此，十方一切如來觀察稱呼我慢，同名為飲痴水；菩薩見我慢，如同躲避巨海洪濤之溺。

【注釋】

❶ 陵：凌越。

「四者，嗔習交衝，發於相忤，忤結不息，心熱發火，鑄氣為金，如是故有刀山、鐵橛、劍樹、劍輪、斧鉞、槍鋸❶；如人銜冤，殺氣飛動。二習相擊，故有宮割、斬斫、剉刺、槌擊諸事❷。是故十方一切如來，色目嗔恚，名利刀劍；菩薩見嗔，如避誅戮。

【譯文】

「第四種是嗔恚習氣，互相衝突，發於忤逆侵犯，嗔恨鬱結不息，心中熱惱而發火，火鑄肺氣而成金相忿堅的情勢，如此便於其心中預現刀山、鐵橛、劍樹、劍輪、斧鉞、槍鋸等殺相；猶如有人含怨莫解，面目便有騰騰殺氣飛動。宿世的嗔習與現行的嗔恨相互衝擊，故臨命終時有宮刑閹割男女根、斬首、斫骨、剉折身體、刺胸、槌打杖擊等地獄果報諸相。因此，十方一切如來觀察稱呼嗔恚，同名為利刀劍；菩薩見嗔恚，如同躲避誅戮。

【注釋】

❶ 鐵橛：鐵棍。

❷ 宮割：斷男根。斬斫：指砍頭。斫，用刀斧等砍。剉：鍘切，斬剁。槌：捶打。

「五者，詐習交誘，發於相調，引起不住，如是故有繩木絞校；如水浸田，草木生長。二習相延，故有杻械、枷鎖、鞭杖、檛棒諸事❶。是故十方一切如來，色目奸偽，同名饞賊；菩薩見詐，如畏豺狼。

【譯文】

「第五種是奸詐習氣，互相諂誘，發於相互調弄引誘，偽詐引起而不肯休止，如此故心中預有繩綰、木枷、絞索、杻械等地獄初萌相；如同以水浸田，草木於不知不覺間就生長起來。宿世的詐習與現行的欺詐相互延引，故臨命終時有杻械、枷鎖、鞭杖、檛棒等地獄果報諸相。因此，十方一切如來觀察稱呼奸偽，同名為讒賊；菩薩見奸詐，如同畏懼豺狼。

【注釋】

❶杻：手銬。械：枷杻、鐐銬之類的刑具。枷：加在犯人頸上的木製刑具。鎖：鐵鍊刑具。檛：馬杖，又說骨朵狀的兵器。

「六者，誑習交欺，發於相罔❶，誣罔不止，飛心造奸，如是故有塵土、屎尿穢汙不淨；如塵隨風，各無所見。二習相加，故有沒溺、騰擲、飛墜、漂淪諸事，是故十方一切如來，色目欺誑，同名劫殺；菩薩見誑，如踐蛇虺❷。

【譯文】

「第六種是欺誑習氣，相互欺瞞誑偽，發於相互誣罔欺誑，指無為有，以虛為實，誣罔不休，心念飛馳，造作奸謀，使人墮入奸計；如此其心中便有塵土、屎尿穢汙不淨等地獄初萌之相；如同塵土隨風飛揚，攪亂虛空，令人對面各無所見。宿世的誑習與現行的誣罔相互迭加，故臨命終時就有沒溺於沸屎地獄、騰擲於黑砂地獄、飛墜漂淪諸地獄等果報諸事，因此，十方一切如來觀察稱呼欺誑，同名為劫殺；菩薩見欺誑，如同踩踏到蛇虺，要盡快避開。

【注釋】

❶ 罔：蒙蔽，欺騙。以非道欺人謂之「罔」。

❷ 虺：一種毒蛇。

「七者，怨習交嫌，發於銜恨，如是故有飛石投礫、匣貯車檻、甕盛囊撲❶；如陰毒人，懷抱畜惡。二習相吞，故有投擲、擒捉、擊射、拋撮諸事❷。是故十方一切如來，色目怨家，名違害鬼；菩薩見怨，如飲鴆酒。

【譯文】

「第七種是怨恨習氣，互相嫌怨，發於相互嫌憎，含怨不捨，懷恨在心，如此累積不已，故心中便有飛石投礫、匣貯車檻、甕盛囊撲等地獄初萌之相；猶如陰毒之人，心懷奸謀，包藏禍心，蓄惡報復。宿世的怨習與現行的怨憎相互增進吞併習氣，故臨命終時就有石礫投擲、受人擒捉、遭受擊射、拋撲撮折身體等地獄果報諸事。因此，十方一切如來觀察稱呼怨家，同名為違害鬼；菩薩見怨恨，如同飲毒酒，須盡早避開。

【注釋】

❶ 匣：同「柙」，關犯人的籠子。車檻：車內有欄柵以囚禁。甕盛：將人裝在甕中，而以火炙。囊撲：將人裝在囊中，舉而撲打。

❷ 撮：抓取。

「八者，見習交明，如薩迦耶、見、戒禁取，邪悟諸業，發於違拒，出生相反。如是故有王使主吏，證執文籍；如行路人，來往相見。二習相交，故有勘問，權詐考訊，推鞫察訪❶，披究照明，善惡童子手執文簿辭辯諸事。是故十方一切如來，色目惡見，同名見坑；菩薩見諸虛妄偏執，如臨毒壑❷。

【譯文】

「第八種是惡見習氣，交相立破，欲明己見，如身見、邊見、邪見、見取見、禁戒取見，都是邪悟諸業，發於違背拒斥正理，而且生出自相違反之謬見，因此希望有人裁決。如此心中便有琰魔王之使者、主掌簿書之冥吏、考證其所執邪見之文籍等地獄初萌相出現；猶如行路人，來往相見，不能避免。宿生的見習與現行的惡見相互交對，故臨命終時就會有勘對審問、權詐考訊，進而推究察訪，乃至披究照明其所執邪見，善惡童子手執文簿，言辭辯別，使其業相無所逃遁，乃甘心領受地獄罪報。因此，十方一切如來觀察稱呼惡見，同名為見坑；菩薩見這些虛妄偏執邪見，如身臨有毒溝壑，會遠遠避開。

【注釋】

❶ 鞫：同「鞠」，審訊。

❷ 如臨毒壑：有版本作「如入毒壑」。壑，深溝。

「九者，枉習交加，發於誣謗，如是故有合山合石、碾磑耕磨❶；如讒賊人，逼枉良善。二習相排，故有押、捺、槌、按、蹙漉、衡度諸事❷。是故十方一切如來，色目怨謗，同名讒虎；菩薩見枉，如遭霹靂。

【譯文】

「第九種是枉讒習氣，交相加逼，發於誣陷誹謗，枉害不止，如此心中便有合山合石、碾磑耕磨等地獄初萌之相；如同讒枉賊害他人的奸人，壓迫良善，冤枉無辜。宿世的枉習與現行的誣陷相互增進排擠習氣，故臨命終時神識即感到有押、捺、槌、按、蹙壓其身而漉乾其血、拉長衡度其身等諸地獄果報諸相。因此，十方一切如來觀察稱呼怨謗，同名為讒虎；菩薩見枉讒，如遭霹靂，避而遠之。

【注釋】

❶碾：碌壓，碾軋。磑：切磨，磨碎。

❷蹙：逼迫，蹙壓。漉：使乾涸，擠乾，吸乾。

「十者，訟習交諠❶，發於藏覆，如是故有鑒見照燭；如於日中，不能藏影。二習相陳，故有惡友、業鏡、火珠，披露宿業，對驗諸事。是故十方一切如來，色目覆藏，同名陰賊；菩薩觀覆，如戴高山履於巨海。

【譯文】

「第十種是訴訟習氣，交相喧諍，發於隱藏己罪，覆蓋陰私，有此宿習者，喜歡遮掩其過錯，所以就有鑒鏡、燭明，使其不能覆藏遮蓋；如同於光天化日之下，不能掩藏任何影子。宿世的訟習與現行的諍訟相互增進陳訴習氣，故臨命終時就會見有昔日同造罪業的惡友指證罪行，業鏡顯現其所做罪業，火珠照穿心中覆藏的陰私，都顯明披露其宿業，對驗其所造的諸惡事，分毫不得隱藏，伏首受諸苦報。因此，十方一切如來觀察稱呼覆藏，同名為陰賊；菩薩觀覆藏罪業，如同頭頂高山而踏入巨海，只會愈陷愈深。

【注釋】

❶ 諠：聲音大而嘈雜，喧嚷，吵鬧。

「云何六報？阿難，一切眾生六識造業，所招惡報，從六根出。云何惡報從六根出？

「一者見報，招引惡果：此見業交，則臨終時，先見猛火滿十方界，亡者神識飛墜乘煙，入無間獄。發明二相：一者明見，則能遍見種種惡物，生無量畏。二者暗見，寂然不見，生無量恐。如是見火，燒聽，能為鑊湯、洋銅❶；燒息，能為黑煙、紫焰；燒味，能為焦丸、鐵糜❷；燒觸，能為熱灰、爐炭；燒心，能生星火、迸灑，煽鼓空界。

【譯文】

「什麼叫六報呢？阿難，一切眾生由六識造業所招感的惡報，都從六根產生。為什麼說惡報是從六根產生的呢？

「第一，見報，這是眼識與五俱意識造業，所招引的惡果從眼根出，餘根為從：此見業與餘業交互作用，故臨命終時，首先看見猛火遍滿十方世界，亡者的神識即飛墜煙火之中，乘此煙火墜入無間地獄。墜入地獄後，依其見業而發生兩種果報境相：一是明見，則能遍見種種凶惡之物，如鐵蛇、火狗、劍樹等，心中生起無量畏懼。二是暗見，這時天昏地暗，寂然不見一物，心中生起無量恐懼。如此見報之火，燒及見業，則為鐵床、銅柱之業報境；燒及聽業所感之交報，耳根能聽見鑊湯、洋銅的沸騰聲；燒及氣息，鼻根能嗅見黑煙、紫焰之氣；燒及味覺，舌根能感覺到焦丸、鐵糜之味；燒及觸覺，身根能感受到熱灰、爐炭之觸；燒及心，意根能感得星火四處迸散，布滿空間。

【注釋】

❶ 鑊：無足鼎，古時煮肉及魚、臘之器。洋銅：即烊銅，銅汁也。有版本作「烊銅」。

❷ 糜：粥。鐵糜即鐵汁。

「二者聞報，招引惡果：此聞業交，則臨終時，先見波濤沒溺天地，亡者神識降注乘流，入無間獄。發明二相：一者開聽，聽種種鬧，精神愗亂❶。二者閉聽，寂無所聞，幽魄沉沒。如是聞波，注聞，則能為責，為詰❷；注見，則能為雷，為吼，為惡毒氣；注息，則能為雨，為霧，灑諸毒蟲，周滿身體；注味，則能為膿，為血、種種雜穢；注觸，則能為畜，為鬼，為糞，為尿；注意，則能為電，為雹，摧碎心魄。

【譯文】

「第二，聞報，這是耳識與五俱意識造業，所招引的惡果從耳根出，餘根為從：此聞業與餘業交互作用，故臨命終時，首先看見波濤淹沒了天地，亡者的神識墜入洪水之中，乘流降下，墜入無間地獄。墜入地獄後，依其聞業而發生兩種報相：一是開聽，聽到種種憒鬧的聲音，使精神迷昧昏亂。二是閉聽，寂靜無聲，一無所聞，幽隱的魂魄如同沉沒在海底深淵，不知所依。如此聞報波濤，流注耳根聞覺則能聽見指責、詰罪之吼聲；流注於眼根見覺則能看見雷震、風吼、惡毒氣翻湧等；流注於鼻息，則能為雨、霧，飄灑毒蟲，周滿身體；流注於舌味，則能為膿、血及種種汙穢之物；流注於身觸，則能顯現畜生、鬼怪及糞、尿等不淨之相；流注於意根思覺，則能化為雷電、雹，摧碎心魄。

【注釋】

❶ 悉：通「瞀」，昏昧迷亂。

❷ 詰：追問，詢問。

「三者嗅報，招引惡果：此嗅業交，則臨終時，先見毒氣充塞遠近，亡者神識從地湧出，入無間獄。發明二相：一者通聞，被諸惡氣，熏極心擾。二者塞聞，氣掩不通，悶絕於地。如是嗅氣，衝息，則能為質❶，為履❷；衝見，則能為火，為炬；衝聽，則能為沒，為溺，為洋，為沸；衝味，則能為餒❸，為爽❹；衝觸，則能為綻，為爛，為大肉山，有百千眼，無量咂食；衝思，則能為灰，為瘴，為飛沙礰，擊碎身體。

【譯文】

「第三，嗅報，鼻根嗅業所招引的惡果：此嗅業與餘業交互作用，故臨命終時，首先看見遠近充滿了毒氣，亡者的神識從地下湧出，墮入無間地獄。墮入地獄後，依其嗅業而發生兩種報相：一是通聞，被這些惡毒之氣熏得心神擾亂，難以忍受。二是塞聞，氣塞不通，悶極暈絕於地。如此嗅報之氣，衝於鼻息，則能感報為質證其罪，為履踐其形；衝於眼見，則感為火炬、猛火；衝於耳聞，則感為沉沒，為陷溺於汪洋、沸尿之中；衝於舌味，則感為爛魚、臭湯；衝於身觸，則感為皮肉綻裂、爛壞，為全身成為一大肉山，有成百上千隻眼睛，受無數的蛆蟲咂食；衝於意根思覺，則能感為揚灰、潑瘴，被飛沙擲石擊碎身體。

【注釋】

❶ 質：質證其罪。

❷ 履：履踐其形。

❸ 餒：魚爛為「餒」。

❹ 爽：羹敗為「爽」。

「四者味報，招引惡果：此味業交，則臨終時，先見鐵網猛焰熾烈，周覆世界，亡者神識下透掛網，倒懸其頭，入無間獄。發明二相：一者吸氣，結成寒冰，凍裂身肉。二者吐氣，飛為猛火，焦爛骨髓。如是嘗味，歷嘗，則能為承，為忍；歷見，則能為然金石；歷聽，則能為利兵刃；歷息，則能為大鐵籠彌覆國土；歷觸，則能為弓，為箭，為弩，為射；歷思，則能為飛熱鐵，從空雨下。

【譯文】

「第四，味報，舌根味業所招引的惡果：此味業與餘業交互作用，故臨命終時，首先看見一個火焰熾然的大鐵網覆蓋了整個世界，亡者的神識下透火焰，被掛在鐵網上，倒懸其頭，直墮無間地獄。依其味業而發生兩種報相：一是吸氣，所吸之氣都結成寒冰，凍裂全身骨肉。二是吐氣，所吐之氣化為猛火，燒焦骨髓。如此味報之嘗，經歷舌根嘗覺時，則能感為承受忍耐、含冤莫訴之苦；經歷眼見，能感為看到燃燒著的金、石；經歷耳聞，能聽見鋒利兵刃的聲響；經歷鼻息，則感為大鐵籠，滿蓋國土；經歷身觸，則感為被弓弩矢箭所射擊穿身；經歷意根思覺，則感為空中飛馳的熱鐵像雨一樣落下。

「五者觸報，招引惡果：此觸業交，則臨終時，先見大山四面來合，無復出路，亡者神識見大鐵城，火蛇、火狗、虎、狼、師子，牛頭獄卒、馬頭羅剎，手執槍矟❶，驅入城門，向無間獄。發明二相：一者合觸，合山逼體，骨肉血潰。二者離觸，刀劍觸身，心肝屠裂。如是合觸，歷觸，則能為道，為觀，為聽，為案❷；歷見，則能為燒，為爇❸；歷聽，則能為撞，為擊，為倳❹，為射；歷息，則能為括❺，為袋，為考，為縛；歷嘗，則能為耕，為鉗，為斬，為截；歷思，則能為墜，為飛，為煎，為炙。

【譯文】

「第五，觸報，身根觸業所招引的惡果：此觸業與餘業交互作用，故臨命終時，首先看見大山從四面來合，無有逃逸出路，亡者的神識又看見一座大鐵城，城裡面有火蛇、火狗、火虎、火狼、火獅子等而不敢進入，又有牛頭獄卒、馬面羅剎手執槍矛，將罪人驅趕入城，由此進入無間地獄。依其觸業而發生兩種報相：一是合觸，合山夾迫身體，粉身碎骨，血肉潰爛。二是離觸，刀劍刺身，心肝碎裂。如此觸報之合，經歷身觸，則能感為身在地獄路上、在獄主宮觀、在理獄公廳、在判罪案前等治罪之處；經歷眼見，能感為火燒、為焚烤；經歷耳聞，能聽到遭受杵撞、杖擊、刀插、戟射等痛苦之聲；經歷鼻息，則感為布纏、囊閉、拷打、捆綁等；經歷舌嘗，則感為以犁耕舌，以鉗拔舌，斫斷舌根，截舌成半等；經歷意根思覺，則感為或下墜，或上升，或受煎熬，或受炙烤等苦罰。

【注釋】

❶ 矟：古代兵器。長矛，槊。

❷ 案：為判罪之據。

❸ 爇：燒，焚燒。

❹ 傳：插入，刺入。

❺ 括：以布纏之。

「六者思報，招引惡果：此思業交，則臨終時，先見惡風吹壞國土，亡者神識被吹上空，旋落乘風，墮無間獄。發明二相：一者不覺，迷極則荒，奔走不息。二者不迷，覺知則苦，無量煎燒，痛深難忍。如是邪思，結思，則能為方，為所；結見，則能為鑒，為證；結聽，則能為大合石，為冰，為霜，為土，為霧；結息，則能為大火車，火船，火檻；結嘗，則能為大叫喚，為悔，為泣；結觸，則能為大，為小，為一日中萬生萬死，為偃❶，為仰。

【譯文】

「第六，思報，意根思業所招引的惡果：此思業與餘業交互作用，故臨命終時，首先看見惡風吹壞國土，亡者的神識被大風吹上高空，旋轉落下，乘風直墮無間地獄。依其思業而發生兩種報相：一是不覺，迷悶至極則心神慌亂，四處奔走不停。二是不迷，覺知苦境，無量的煎燒，極度痛苦，難於忍受。如此思報之邪，結纏於意根思覺，則能感為受罪受苦之方域、處所；結縛於眼見，能感為業鏡鑒照其所造惡業，惡伴指證其所做惡業；結縛於耳聞，能感為大合石，為冰霜土霧之慘聲；結縛於鼻息，則能感為大火車、火船、火門坎等獄中苦具；結縛於舌嘗，則能感為發出大叫喚，為悔恨、哭泣之嘆語；結縛於身觸，則能感為被惡風吹脹吹小，一日之間萬死萬生，或面俯地，或面仰天，苦不堪受。

【注釋】

❶偃：面俯於地而臥。

「阿難，是名地獄十因、六果，皆是眾生迷妄所造。若諸眾生惡業同造，入阿鼻獄，受無量苦，經無量劫。六根各造，及彼所作兼境兼根，是人則入八無間獄。身、口、意三，作殺、盜、淫，是人則入十八地獄。三業不兼，中間或為一殺一盜，是人則入三十六地獄。見見一根，單犯一業，是人則入一百八地獄。由是眾生別作別造，於世界中入同分地；妄想發生，非本來有。

【譯文】

「阿難，這就是地獄的十種業習之因和六交果報，都是由於眾生不了自心，迷於妄見而起妄情所造。若有眾生以六根對十因同時俱造惡業，即入阿鼻地獄，受無量苦，經無量劫，不得出離。若有眾生六根各自造有十因之業，但不同時；以及他所造之業但於十因中兼有幾境、或六根中兼有幾根，此類人則墮入八無間地獄。若有眾生身、口、意三者都作了殺、盜、淫三業，此類人即墮入十八地獄。若有眾生身、口、意三業沒有一齊造罪，但有身口、身意、口意中之二業，三者中間或為一殺一盜，或一盜一淫，或一殺一淫，都是具二缺一，此類人即墮入三十六地獄。若有眾生以能見、所見之一根，且只單犯十因之一業，此類人則墮入一百零八地獄。因此，眾生六根各別作業、於十因各別造業，於世界中各自入同分地中受報；然此等諸業報，都由眾生的妄想而發生，不是本來就有。

「復次，阿難，是諸眾生非破律儀，犯菩薩戒，毀佛涅槃，諸餘雜業，歷劫燒然，後還罪畢，受諸鬼形。若於本因，貪物為罪，是人罪畢，遇物成形，名為怪鬼。貪色為罪，是人罪畢，遇風成形，名為魃鬼❶。貪惑為罪，是人罪畢，遇畜成形，名為魅鬼❷。貪恨為罪，是人罪畢，遇蟲成形，名蠱毒鬼。貪憶為罪，是人罪畢，遇衰成形，名為癘鬼。貪傲為罪，是人罪畢，遇氣成形，名為餓鬼。貪罔為罪，是人罪畢，遇幽為形，名為魘鬼❸。貪明為罪，是人罪畢，遇精為形，名魍魎鬼❹。貪成為罪，是人罪畢，遇明為形，名役使鬼。貪黨為罪，是人罪畢，遇人為形，名傳送鬼。阿難，是人皆以純情墜落，業火燒乾，上出為鬼。此等皆是自妄想業之所招引，若悟菩提，則妙圓明，本無所有。

【譯文】

「其次，阿難，這些地獄眾生誹謗違犯律儀，毀犯菩薩戒，毀謗佛所說涅槃至理，以及造了十習因、六交報等雜業，墮入地獄，歷經多劫燃燒，最後償還重罪完畢，還要受生各種鬼形。若於本來原因，以何種業習造罪，今依餘習，成為何種鬼形。若其本因是貪求財物而造罪，此人受罪報完畢，依其貪物習氣，遇到貪物依附成形，故有依草附木、成精作怪之類，名為怪鬼。若其本因是貪求美色而造罪，此人受罪報完畢，依其貪色好淫習氣，心愛遊蕩，遇風成形，名為魃鬼。若其本因是貪著誑惑而造罪，此人受罪報完畢，依其誑惑習氣，遇畜生而成形，名為魅鬼。若其本因是貪著嗔恨而造罪，此人受罪報完畢，依其嗔恨習氣，遇蟲成形，名為蠱毒鬼。若其本因是貪憶宿怨而造罪，此人受罪報完畢，依其憶怨習氣，遇陰陽衰敗之氣而成形，名為癘鬼。若其本因是貪懷傲慢而造罪，此人受罪報完畢，依其傲慢習氣，常懷高舉，附氣成形，名為餓鬼。若其本因是貪執誣罔而造罪，此人受罪報完畢，依其誣罔習氣，遇幽昧陰陽不分之氣而成形，名為魘鬼。若其本因是貪執聰明而造罪，此人受罪報完畢，依其邪見聰明習氣，附日月山川的精華而成形，名為魍魎鬼。若其本因是貪成己私、諂詐為罪，此人受罪報完畢，依其諂詐習氣，遇明咒而成形，名為役使鬼。若其本因是貪求朋黨而造罪，此人受罪報完畢，依其貪求結黨興訟習氣，遇巫祝之人附之成形，名為傳送鬼。阿難，這些眾生都是以純情而墮落地獄，罪業之火燒乾之後，方得上出成為鬼類。這些都是自心妄想顛倒、循業發現之所招引，如果了悟菩提，則本妙圓明之如來藏性中，本來就是空無所有。

【注釋】

❶魃：魃鬼長二三尺，其行如風，所現之處必大旱，故又稱「旱魃」。

❷魅：指精魅。

❸魇：鬼名。

❹魍魎：山川精怪。

「復次，阿難，鬼業既盡，則情與想二俱成空，方於世間與元負人怨對相值❶，身為畜生，酬其宿債。物怪之鬼，物銷報盡，生於世間，多為梟類。風魃之鬼，風銷報盡，生於世間，多為咎徵一切異類。畜魅之鬼，畜死報盡，生於世間，多為狐類。蟲蠱之鬼，蠱滅報盡，生於世間，多為毒類。衰癘之鬼，衰窮報盡，生於世間，多為蛔類。受氣之鬼，氣銷報盡，生於世間，多為食類。綿幽之鬼，幽銷報盡，生於世間，多為服類。和精之鬼，和銷報盡，生於世間，多為應類。明靈之鬼，明滅報盡，生於世間，多為休徵一切諸類。依人之鬼，人亡報盡，生於世間，多為循類。阿難，是等皆以業火乾枯，酬其宿債，旁為畜生。此等亦皆自虛妄業之所招引。若悟菩提，則此妄緣，本無所有。

【譯文】

「其次，阿難，鬼的業報受完之後，則從前的純情與妄想所發業報二者都成空，方才在世間與原來負欠財物的冤家對頭相遇，受生為畜生以酬還其宿債。依附草木的怪鬼，所附之物消亡後，所受報已盡，轉生於世間，以其貪物餘習之故，多為梟類。遇風成形的魃鬼，所附之風消亡而報盡之後，轉生於世間，以其貪淫餘習之故，多為表凶咎徵兆的一切特異之類，或為貪色貪淫之禽獸。遇畜成形的魅鬼，畜生死後而報盡，轉生於世間，以其貪誑餘習之故，多為狐狸類。遇蟲成形的蠱毒鬼，蟲死後而報盡，轉生於世間，以其貪嗔餘習之故，多為含毒之類。遇衰敗之氣而成形的癘鬼，所附衰氣盡散而報盡，轉生於世間，以其憶怨餘習之故，多為蛔蟲類。遇氣而依附成形的餓鬼，氣消散而報盡，轉生於世間，以其貪慢餘習之故，多為可被食用之食類。遇綿幽之氣而成形的魘鬼，幽昧之氣盡消而報盡，轉生於世間，以其貪枉餘習之故，多為替人乘服之服類。和合日月山川之精華而成形的魍魎鬼，精氣消散而報盡，轉生於世間，以其貪明餘習之故，多為能感應節氣的鳥獸之應類。依附明咒而顯靈的役使鬼，明咒力滅後而報盡，轉生於世間，以其貪詐餘習之故，多為表吉祥徵兆的一切諸類。依巫祝之人以成形的傳送鬼，所附之人死亡而報盡，轉生於世間，以其貪黨傳送餘習之故，多為循順傳送的鳥獸之循類。阿難，這些十類畜生都是因為業火乾枯，地獄、鬼趣業報受盡之後，轉生世間，酬償宿債，而為旁生。這些也都是自心虛妄顛倒、循業發現之所招引。如果了悟菩提，則本妙圓明之如來藏性中，如此業報的虛妄因緣本來就是空無所有。

【注釋】

❶ 怨對：有版本作「冤對」。

「如汝所言，寶蓮香等及琉璃王、善星比丘，如是惡業，本自發明，非從天降，亦非地出，亦非人與，自妄所招，還自來受。菩提心中，皆為浮虛妄想凝結。

【譯文】

「如你所說的，寶蓮香比丘尼、琉璃王以及善星比丘等生陷地獄，如此惡業本來都是自心妄業發起所造的，並非從天而降，也非從地而出，也非他人所加，全是自心妄惑妄業之所招感，果報還是自己來受。然而在本然清淨的菩提心中，如此業果之相不過都是浮虛妄想凝結而感招的妄境。

「復次，阿難，從是畜生酬償先債，若彼酬者分越所酬，此等眾生還復為人，反徵其剩。如彼有力，兼有福德，則於人中不捨人身，酬還彼力。若無福者，還為畜生，償彼餘直。阿難當知，若用錢物，或役其力，償足自停；如其中間殺彼身命，或食其肉，如是乃至經微塵劫，相食相誅，猶如轉輪，互為高下，無有休息。除奢摩他及佛出世，不可停寢。汝今應知：彼梟倫者，酬足復形，生人道中，參合頑類。彼咎徵者，酬足復形，生人道中，參合異類❶。彼狐倫者，酬足復形，生人道中，參於庸類❷。彼毒倫者，酬足復形，生人道中，參合狠類❸。彼蛔倫者，酬足復形，生人道中，參合微類。彼食倫者，酬足復形，生人道中，參合柔類。彼服倫者❹，酬足復形，生人道中，參合勞類。彼應倫者❺，酬足復形，生人道中，參於文類❻。彼休徵者❼，酬足復形，生人道中，參合明類。彼諸循倫❽，酬足復形，生人道中，參於達類❾。阿難，是等皆以宿債酬畢，復形人道，皆無始來業計顛倒，相生相殺，不遇如來，不聞正法，於塵勞中，法爾輪轉。此輩名為可憐愍者。

【譯文】

「其次，阿難，由作畜生來償還宿債，如果那個償債的畜生超過了所應償還的分額，此類眾生又會轉生人道，反過來討回其剩餘的償付。如果債主有善業之力，又有福德，就可在人道中不捨人身來償還多用的勞力。如果債主是無福之人，還要再轉生為畜生，以償還前世所超收的部分。阿難，你應當知道，如果多用了對方的錢物，或者多役使了對方的勞力，償還夠了之後，果報自然停止；但如果於償債期間殺害身命，或食其肉，這樣就會經無數劫仍然相殺相吞，猶如車輪旋轉，互有高下，無有停息的時候。除非修習奢摩他正定或者逢諸佛出世聞法悟解之外，否則相殺相食的業報不能停息。你現在應該知道，那些因貪習怪鬼轉作梟類的眾生，當其償清業債後恢復本形，雖得生於人道中，猶有貪物餘習尚存，所以摻雜混合於愚惡冥頑之人中。那些因淫習魃鬼轉作咎徵類的畜生，當其償清業債後恢復本形，雖得生於人道中，猶有貪淫餘習尚存，所以摻雜混合於愚昧之人中。那些因誑習魅鬼轉作狐類的眾生，當其償清業債後恢復本形，雖得生於人道中，猶有貪誑餘習尚存，所以摻雜混合於庸俗之人中。那些因嗔習蠱毒鬼轉作毒類畜生，當其償清業債後恢復本形，雖得生於人道中，猶有嗔習尚存，所以摻雜混合於凶狠、野蠻之人中。那些因怨習癘鬼轉作蛔蟲類的眾生，當其償清業債後恢復本形，雖得生於人道中，猶有憶怨餘習尚存，所以摻雜混合於卑微下賤之人中。那些因慢習餓鬼轉作食類的畜生，當其償清業債後恢復本形，雖得生於人道中，猶有我慢餘習尚存，所以摻雜混合於柔弱無能之人中。那些因枉習魘鬼轉作服類的畜生，當其償清業債後恢復本形，雖得生於人道中，猶有誣枉餘習尚存，所以摻雜混合於勞作辛苦之人中。那些因見習魍魎鬼轉作應類的鳥獸，當其償清業債後恢復本形，雖得生於人道中，猶有邪見餘習尚存，所以摻雜混合於文人之中。那些因詐習役使鬼轉作休徵類的畜生，當其償清業債後恢復本形，雖得生於人道中，猶有貪詐餘習尚存，所以摻雜混合於世智辯聰之人中。那些因訟習傳送鬼轉作循類的畜生，當其償清業債後恢復本形，雖得生於人道中，猶有貪黨餘習尚存，所以摻雜混合於明達人情世故之人中。阿難，這十類人都是以償清宿世的業債而復生人道，都是因無始以來惡業妄計的種種顛倒而相生相殺，未能遇到如來，也沒有聽聞佛法，因此於煩惱塵勞之中起惑造業受苦，輪轉不止。此輩人，實在是最可憐的人。

【注釋】

❶ 異類：有版本作「愚類」。
❷ 參於庸類：有版本作「參合狠類」。
❸ 狠類：有版本作「庸類」。
❹ 服：為人服飾之類。
❺ 應：應於時節，來去遷徙之類。
❻ 參於文類：有版本作「參合文類」。
❼ 休：吉祥。徵：徵兆。
❽ 循：循順傳送。
❾ 參於達類：有版本作「參合達類」。

「阿難，復有從人❶，不依正覺修三摩地，別修妄念，存想固形，遊於山林人不及處，有十種仙。阿難，彼諸眾生堅固服餌而不休息，食道圓成，名地行仙。堅固草木而不休息，藥道圓成，名飛行仙。堅固金石而不休息，化道圓成，名遊行仙。堅固動止而不休息，氣精圓成，名空行仙。堅固津液而不休息，潤德圓成，名天行仙。堅固精色而不休息，吸粹圓成，名通行仙。堅固咒禁而不休息，術法圓成，名道行仙。堅固思念而不休息，思憶圓成，名照行仙。堅固交遘而不休息，感應圓成，名精行仙。堅固變化而不休息，覺悟圓成，名絕行仙。阿難，是等皆於人中煉心，不修正覺，別得生理，壽千萬歲。休止深山或大海島，絕於人境。斯亦輪迴，妄想流轉，不修三昧，報盡還來散入諸趣。

【譯文】

「阿難，還有一類本從人趣來，雖好修行，但不依正覺修三摩地，而別修以妄念存想煉精而希求堅固身形、長生久視之法，遊住於山林中人蹤不到之處，如此則有十種仙道。阿難，這些人依服食餌藥而堅固身形，堅志恆行而不休息，食道圓成，名為地行仙。堅固草木而不休息，藥道圓成，名飛行仙。堅固金石而不休息，化道圓成，名遊行仙。堅固動止而不休息，氣精圓成，名空行仙。堅固津液而不休息，潤德圓成，名天行仙。堅固精色而不休息，吸粹圓成，名通行仙。堅固咒禁而不休息，術法圓成，名道行仙。堅固思念而不休息，思憶圓成，名照行仙。堅固交遘而不休息，感應圓成，名精行仙。堅固變化而不休息，覺悟圓成，名絕行仙。阿難，這些人都是於人道中煉心，畏懼無常生死而希求長生不死，妄心存想，不修正覺，另外尋得長生之理，可使其壽命維持上千、上萬歲。他們棲息於深山茂林，或者大海島中，與人境隔絕。這依然在輪迴之中，隨著妄想而流轉，由於不修三昧正定，仙報享盡之後，還各循其業而來散落入諸趣之中。

【注釋】

❶ 從人：久在人道中，不同於上述十種人之從他道中來，初得人身，猶帶十習之餘習。

「阿難，諸世間人，不求常住，未能捨諸妻妾恩愛，於邪淫中，心不流逸，澄瑩生明，命終之後，鄰於日月；如是一類，名四天王天。於己妻房，淫愛微薄，於淨居時，不得全味，命終之後，超日月明，居人間頂；如是一類，名忉利天。逢欲暫交，去無思憶，於人間世動少靜多，命終之後，於虛空中，朗然安住，日月光明，上照不及，是諸人等自有光明；如是一類，名須焰摩天。一切時靜，有應觸來，未能違戾❶，命終之後，上升精微，不接下界諸人天境，乃至劫壞，三災不及；如是一類，名兜率陀天。我無欲心，應汝行事，於橫陳時，味如嚼蠟，命終之後，生越化地；如是一類，名樂變化天。無世間心，同世行事，於行事交，了然超越，命終之後，遍能出超化無化境；如是一類，名他化自在天。阿難，如是六天，形雖出動，心跡尚交。自此已還，名為欲界。」

【譯文】

「阿難，諸世間人，不希求證得常住真性，未能捨棄妻妾恩愛，但如果對於邪淫之事，身心謹守，心不縱逸，澄瑩欲心，發生明性，則命終之後生於天界須彌山山腰，鄰近日月宮；這一類眾生，名為四天王天。如果對於自己妻室的淫欲愛念也十分微薄，但於清淨獨居時，偶有欲念生起，身心尚不能完全清淨，則命終之後，就感得超過日月光明之身，居於人間之頂，即須彌山頂；這一類眾生，名為忉利天。如果在夫妻欲愛境現前之時，只是暫時相交，事後毫不思念憶戀，在人世間動少靜多，沒有深染，則命終之後，就超過地居，而朗然安住於虛空中日月光明照不到的地方，因為這些人自身就有光明；這一類眾生，名為須焰摩天。如果一切時中常安住於清靜之中，沒有淫念，只是有時遇到應行欲觸之境，還不能嚴加拒絕而曲為順從，則命終之後，就上升至精細微妙之天境，不與下界的人天境界相接，乃至於劫之時，火、水、風三災也不能波及；這一類眾生，名為兜率陀天。如果有眾生已完全沒有欲心，但應妻妾之求而勉行房事，當玉體橫陳之時仍味同嚼蠟，全無興致，則命終之後，超越前四天，生於能隨願變化欲樂之化地，這一類眾生，名為樂變化天。如果已經沒有世俗的男女心念，雖權同世間而行夫婦之事，然行事之際，了然超越，則命終之後，就能超越一切能變化境及無變化境；這一類眾生，名為他化自在天。阿難，如上所說的六天，於身形方面雖然出離了愛欲之動，但在心跡上還有少許染念，並未完全清淨。自第六天以下，至阿鼻地獄，總名為欲界。」

【注釋】

❶ 違戾：抗拒，不順從。

卷九

本卷繼上卷講述「欲界六天」之後，接著講述了色界十八天（初禪三天、二禪三天、三禪三天、四禪四天、五不還天）、無色界四天的形成原因和相狀。又講述了三界中的四種阿修羅，因其造業不同而分別墮生鬼趣、人趣、天趣和畜生趣。最後總結「七趣」皆因眾生不識本心，只因妄想發生而隨業受生，流轉生死，其根源總在殺盜淫三業，若斷三業，除三惑，悟真心，則七趣皆如空花，本無所有。

就在法會將罷之時，佛無問自說，預為說明修習禪定中將會出現的種種微細魔事，並詳論五十種禪定中的魔境及其破除之法，這就是《楞嚴經》著名的「五十陰魔」。「無問自說」喻示著這是本經極為重要的內容。《楞嚴經》的宣說次第，可以說是「從破魔始，至破魔終」。最初阿難遭魔難而文殊持咒解救，此即破魔之始，阿難因而請問禪定之道，佛陀首先辨析正見以摧破邪見，然後抉擇禪修的圓通方便法門，開示四種清淨明誨，重說「楞嚴咒」及建立壇場軌則，講說菩提道六十階位及七趣，最後佛在沒有請問的情況下，主動為大眾詳細講說了五陰禪定境界的各種魔境，此即破魔之終。所謂「魔事」，即是破壞修行、擾亂正定之事，以種種偽裝誘使修行者毀戒、破見，使修行者不知不覺為魔所牽，偏離正道，走入魔境。然而，所謂「魔」，其實不完全是什麼外在的天魔、鬼神、精魅等，而恰恰是修行者自己內心的種種貪嗔痴習氣、不正見，因此招感外在的魔境，故「魔」的實質還是人的內心，此謂之「心魔」，而「心魔」之實質也不出妄想、分別、貪著；故本經所說的「五十陰魔」，其實代表了修行者的種種妄想、貪著和不正見，尤其對於末法時代的種種貪著之事，刻畫無餘。「五十陰魔」對於末法時代的修禪者來說極其重要，故有注家以為「五十陰魔」是《楞嚴經》最為稀有、最為寶貴的內容，此說不無道理。

「五十陰魔」，即禪定中破除五陰的過程中，於色、受、想、行、識五陰的每一個禪定境界中都舉出十種微細魔事。此卷中，佛宣說了色陰、受陰、想陰之禪定中易於出現的各十種魔境。

「阿難，世間一切所修心人，不假禪那，無有智慧，但能執身，不行淫欲。若行若坐，想念俱無，愛染不生，無留欲界，是人應念，身為梵侶；如是一類，名梵眾天。欲習既除，離欲心現，於諸律儀，愛樂隨順，是人應時，能行梵德；如是一類，名梵輔天。身心妙圓，威儀不缺，清淨禁戒，加以明悟，是人應時，能統梵眾，為大梵王；如是一類，名大梵天。阿難，此三勝流，一切苦惱所不能逼，雖非正修真三摩地，清淨心中諸漏不動，名為初禪。

【譯文】

「阿難，世間一切能修心的人，如果不透過禪定修習，就無有真實智慧，僅僅只能執守身儀，不行淫欲之事，而不能做到心中無淫欲之念。現在如果有人，不論在行住坐臥中，對於淫欲的憶想、念頭都沒有，身心清淨，愛染不生，這樣來世就不會再留住欲界，此人命終後，應念化生於色界初禪天中，身為梵天之侶；這一類眾生，名為梵眾天。淫欲習氣既然伏除，離欲的清淨心顯現，因此對於一切律儀都愛樂遵守，隨順不犯，此人命終後，應時生於色界初禪天中，自然能行梵天之德；這一類眾生，名為梵輔天。身心清淨，妙德圓滿，威儀不缺，不但禁戒清淨，而且智慧明達，此人命終後，應時生於色界初禪天中，自然能統領梵眾，作大梵王；這一類眾生，名為大梵天。阿難，此三種殊勝的天眾，一切欲界的苦惱都不能逼迫，雖然尚不是正修真實三摩地所證得的境界，但清淨心中已不為欲界諸煩惱所動搖，此名為初禪。

「阿難，其次梵天，統攝梵人，圓滿梵行，澄心不動，寂湛生光；如是一類，名少光天。光光相然，照耀無盡，映十方界遍成琉璃；如是一類，名無量光天。吸持圓光，成就教體，發化清淨，應用無盡；如是一類，名光音天。阿難，此三勝流，一切憂懸所不能逼，雖非正修真三摩地，清淨心中粗漏已伏，名為二禪。

【譯文】

「阿難，其次高於初禪的梵天，統攝梵眾，具戒定慧，梵行圓滿，定力加深，心淨不動，湛然生光；這一類眾生，名為少光天。定力轉深，光明增盛，心光與身光，光光相燃，照耀無盡，映照十方小千世界遍成琉璃；這一類眾生，名為無量光天。吸取執持圓滿光明而成就教體，以此圓光代替聲音宣揚梵行教化，所發教化清淨，應用無有窮盡；這一類眾生，名為光音天。阿難，此三種殊勝的天眾，一切初禪天眾對於還會退墮欲界的憂愁懸掛都不能逼迫，雖然尚不是正修真實三摩地所證得的境界，但清淨心中尋和伺的粗漏已伏，能以定力壓伏前五識不起現行，此名為二禪。

「阿難，如是天人，圓光成音，披音露妙，發成精行，通寂滅樂；如是一類，名少淨天。淨空現前，引發無際身心輕安，成寂滅樂；如是一類，名無量淨天。世界、身心一切圓淨，淨德成就，勝託現前，歸寂滅樂；如是一類，名遍淨天。阿難，此三勝流，具大隨順，身心安隱❶，得無量樂，雖非正得真三摩地，安隱心中歡喜畢具，名為三禪。

【譯文】

「阿難，如此光音天天人的圓妙光體已成教化之音，發出音聲，顯示妙理，進而發成精純妙行，通於喜心消滅、正念寂靜的妙樂之境；這一類眾生，名為少淨天。離於喜動而淨空妙樂現前，引發無邊際的身心輕安，成就喜心消滅、至極靜妙的妙樂之境；這一類眾生，名為無量淨天。世界和身心一切圓妙淨樂，淨德成就，殊勝依託現前，歸於至極靜妙的妙樂之境；這一類眾生，名為遍淨天。阿難，此三種殊勝的天眾，妙樂隨心，周遍無量，具有大隨順自在，身心至極寂靜安穩，得無量妙樂，雖然尚不是正修真實三摩地所證得的境界，但安穩心中妙樂歡喜圓滿具足，此名為三禪。

【注釋】

❶ 安隱：即安穩。隱，即「穩」，通假字。

「阿難，復次天人，不逼身心，苦因已盡，樂非常住，久必壞生，苦、樂二心，俱時頓捨，粗重相滅，淨福性生；如是一類，名福生天。捨心圓融，勝解清淨，福無遮中得妙隨順，窮未來際；如是一類，名福愛天。阿難，從是天中，有二歧路：若於先心無量淨光，福德圓明，修證而住；如是一類，名廣果天。若於先心雙厭苦樂，精研捨心，相續不斷，圓窮捨道，身心俱滅，心慮灰凝，經五百劫；是人既以生滅為因，不能發明不生滅性，初半劫滅，後半劫生；如是一類，名無想天。阿難，此四勝流，一切世間諸苦樂境所不能動，雖非無為真不動地，有所得心功用純熟，名為四禪。

【譯文】

「阿難，其次的天人，因為初禪、二禪離於苦惱和憂愁而身心不為逼迫，三禪妙樂無苦而苦因已盡，然三禪妙樂並非常住，久必壞滅，由此苦、樂二心一齊頓捨，苦、樂二受的粗重心念之相滅除，不苦不樂的捨受之心不動，淨福性產生；這一類眾生，名為福生天。唯一捨受，與定心圓融，了知捨定的勝解清淨，於福無遮限中得妙隨順捨定之心，窮未來際都能隨順捨定；這一類眾生，名為福愛天。阿難，從福愛天中分化出兩條路：如果從福愛天妙隨順捨定之心進修而得無量淨光，並以慈悲喜捨四無量心熏習禪定，福德智慧圓滿明淨，依此修證而住，以廣大福德而感果：這一類眾生，名為廣果天。如果於福愛天妙隨順捨定之心，同時厭棄苦、樂二受，精研捨定之心，連續不斷修習，圓滿窮究捨定之道，伏六識之現行不起，因而以為自己已證阿羅漢涅槃道，心思緣慮像寒灰般凝然不動，得無想定，持續達五百劫；這些人既然以六識起伏之生滅心為本修因，因而不能發明真如本有之不生滅性，在生於此天的初半劫中因習捨定而滅六識想，得無想定，接著住此定中四百九十九劫，於最後半劫時，六識又生起現行而出定；這一類眾生，名為無想天。阿難，此四種殊勝天眾，一切世間諸種苦樂境所不能動搖，雖然並非真正的無為不動地，希望能得涅槃果位，仍有所得心存在，所以只是有為功用純熟，此名為四禪。

「阿難，此中復有五不還天❶。於下界中九品習氣俱時滅盡❷，苦、樂雙亡，下無卜居，故於捨心眾同分中安立居處。阿難，苦、樂兩滅，鬥心不交，如是一類，名無煩天。機括獨行，研交無地，如是一類，名無熱天。十方世界妙見圓澄，更無塵象，一切沉垢，如是一類，名善見天。精見現前，陶鑄無礙，如是一類，名善現天。究竟群幾，窮色性性，入無邊際，如是一類，名色究竟天。阿難，此不還天，彼諸四禪四位天王獨有欽聞，不能知見，如今世間，曠野深山聖道場地，皆阿羅漢所住持故，世間粗人所不能見。阿難，是十八天獨行無交，未盡形累，自此以還，名為色界。

【譯文】

「阿難，此四禪天中還有五種不還天，乃不還果聖者所暫居之處。此五天之天人於下界中的所有九品思惑習氣同時滅盡，苦、樂之受雙亡，於下界已無安居之地，因此，在四禪捨念清淨地的眾同分中安立居處。阿難，苦、樂兩種覺受都已滅除，沒有欣樂上界與厭離下界的兩種爭鬥之心交橫於胸，這一類聖者，名為無煩天。唯一捨念，收放獨行，更無餘念間雜，無有第二念可作研求交對，心地清涼，這一類聖者，名為無熱天。唯一捨心，照了微妙，故能觀見一大千世界之十方世界周遍澄寂，更沒有外境塵象，也沒有內心的一切沉垢，這一類聖者，名為善見天。精妙之見現前，能以定慧力任運成就種種神通變化，如同陶鑄種種器像，變現自在，這一類聖者，名為善現天。究竟一切色法的微幾變化，窮究色法之性至於空性，入於空無邊處之中，這一類聖者，名為色究竟天。阿難，此聖者所居的五不還天，即使是四禪天中的四位天王也只是欽聞其事，而不能親知親見；就如同人世間曠野深山中聖道場地，都是阿羅漢所住持，而世間凡夫粗人則不能知見。阿難，此十八天之天人，都是離愛獨行，清淨無侶，與五欲無交涉，然尚有化生色質，沒有完全脫離身形的負累，自此五不還天以下，至梵眾天，總名為色界。

【注釋】

❶ 五不還天：即「五淨居天」，小乘三果聖人證得阿那含果後，託生於此天，在此天中證阿羅漢道。

❷ 下界中九品習氣：指欲界九品思惑。

「復次，阿難，從是有頂、色邊際中，其間復有二種歧路：若於捨心發明智慧，慧光圓通，便出塵界，成阿羅漢，入菩薩乘；如是一類，名為迴心大阿羅漢。若在捨心，捨厭成就，覺身為礙，銷礙入空；如是一類，名為空處。諸礙既銷，無礙無滅，其中唯留阿賴耶識，全於末那半分微細❶；如是一類，名為識處。空色既亡，識心都滅，十方寂然，迴無攸往；如是一類，名無所有處。識性不動，以滅窮研，於無盡中發宣盡性，如存不存，若盡非盡；如是一類，名為非想非非想處。此等窮空，不盡空理。從不還天聖道窮者，如是一類，名不迴心鈍阿羅漢。若從無想諸外道天窮空不歸，迷漏無聞，便入輪轉。阿難，是諸天上各各天人，則是凡夫業果酬答，答盡入輪。彼之天王即是菩薩，遊三摩地漸次增進，迴向聖倫所修行路。阿難，是四空天身心滅盡，定性現前，無業果色從此逮終，名無色界。

【譯文】

「其次，阿難，從色界之頂的有頂天與無色界相鄰的色界邊際處，其間又有兩條不同的路：如果修行者於第四禪捨定心中發明無漏人空智慧，斷盡思惑，慧光圓滿，便超越塵世境界，成就阿羅漢果，入菩薩乘；這一類聖者，名為迴心大阿羅漢。如果修行者在此捨定心中，捨棄厭離色界質礙身成就，覺得色身仍為障礙，於是修習空觀而入空處定，以消泯色礙之身而入於空境；這一類眾生，名為空處天。諸色礙既已消除，所依之無質礙之空也滅，其心中唯留阿賴耶識以及末那識中向內緣之半分微細猶存；這一類眾生，名為識處天。色與空既然都已消亡，進而將末那識半分識心也伏滅，唯有阿賴耶識獨存，十方世界寂然不動，再無所往；這一類眾生，名為無所有處天。阿賴耶識識性不動，修行者欲以定力窮究研求，於本來無盡之性中，以定力發宣而欲盡其性，雖見在而不起，故如存不存，雖見盡而識在，故若盡非盡；這一類眾生，名為非想非非想處天。此四天強以世間定欲令心境俱空，但並沒有窮盡如實空理。若從五不還天而轉生此天者，以修習聖道而窮究空理，在此天證人我空理，成阿羅漢，這一類聖者，名為不迴心鈍阿羅漢。若從無想天及四空處之諸外道天而轉生非想非非想處天者，窮究空理而不返歸於無漏正道之行，迷於有漏天而無有正聞無漏法，於其八萬大劫報盡之後，便會又墮入生死輪迴之中。阿難，以上除五不還天為聖者所居外，其他諸天的各位天人則是依於凡夫有漏善業的酬答果報而已，其所獲得的諸天勝福，不過是酬答其因地中所修善業之果報而已，酬答果報享盡，還入輪迴。然而各天的天王都是大乘菩薩，寄位修行，遊戲三摩地，漸次增進功德，迴向聖者所修行的成佛之路。阿難，此四空天，以其定力壓伏故得身心相似滅盡，定境現前時，已無四大質礙之業果色，唯有清淨四大之定果色，始從空處，終至非想非非想處，名為無色界。

【注釋】

❶ 末那：即八識中之第七識末那識；其恆審思量，執持第八阿賴耶識為我。

「此皆不了妙覺明心，積妄發生。妄有三界，中間妄隨七趣沉溺，補特迦羅各從其類。

【譯文】

「此三界諸天，都是由於不明了妙覺圓明真心，一念妄動後積聚妄業而發生諸依正苦報，妄有三界之相，眾生依其業報，各從其類，在三界中間隨虛妄之業沉淪、流轉於地獄、餓鬼、畜生、阿修羅、人、仙、天等七趣之中。

「復次，阿難，是三界中復有四種阿修羅類。若於鬼道，以護法力，乘通入空，此阿修羅從卵而生，鬼趣所攝。若於天中，降德貶墜，其所卜居，鄰於日月，此阿修羅從胎而出，人趣所攝。有修羅王執持世界，力洞無畏，能與梵王及天帝釋、四天爭權，此阿修羅因變化有，天趣所攝。阿難，別有一分下劣修羅，生大海心，沉水穴口，旦遊虛空，暮歸水宿。此阿修羅因濕氣有，畜生趣攝。

【譯文】

「其次，阿難，此三界中又有四種阿修羅類眾生。若於鬼道中，以護持佛法所得的功德力，乘神通入空界而居，此類阿修羅是從卵生，屬於鬼趣所攝。若於天道中，梵行稍虧而被貶離天道，墜落阿修羅道，其所居處與日月為鄰，此類阿修羅是從胎生，屬於人趣所攝。還有一類阿修羅王能執持世界，以神通力洞徹諸天，無所畏懼，能與梵王、天帝釋、四大天王爭奪權利，此類阿修羅福德力大，變化而生，屬於天趣所攝。阿難，此外另有一類下劣的阿修羅，出生於大海的中心，潛藏於水穴口，白天於虛空中遊行，晚上又返歸於水中。此類阿修羅是因濕氣而有的，屬於畜生趣所攝。

「阿難，如是地獄、餓鬼、畜生、人及神仙、天洎修羅，精研七趣，皆是昏沉諸有為相，妄想受生，妄想隨業；於妙圓明，無作本心，皆如空華，元無所著，但一虛妄，更無根緒。阿難，此等眾生不識本心，受此輪迴，經無量劫不得真淨，皆由隨順殺、盜、淫故；反此三種，又則出生無殺、盜、淫。有名鬼倫，無名天趣，有無相傾，起輪迴性。若得妙發三摩提者，則妙常寂，有、無二無，無二亦滅，尚無不殺、不偷、不淫，云何更隨殺、盜、淫事？阿難，不斷三業，各各有私，因各各私，眾私同分非無定處；自妄發生，生妄無因，無可尋究。汝勖修行❶，欲得菩提，要除三惑，不盡三惑，縱得神通，皆是世間有為功用；習氣不滅，落於魔道；雖欲除妄，倍加虛偽，如來說為可哀憐者。汝妄自造，非菩提咎。

「作是說者，名為正說；若他說者，即魔王說。」

【譯文】

「阿難，這就是地獄、餓鬼、畜生、人、仙、天及阿修羅七趣，精研此七趣，都是因自心昏沉之無明惑而生起的諸有為相，因妄想而受生，隨妄業而受報；對於妙覺圓明的無作本心來說，七趣就如同空中幻花一樣，原本無實體可以去執著，徹頭徹尾只是一個虛妄幻化之相，實在是沒有根本可依，沒有頭緒可尋。阿難，這些眾生因為不識妙明本心而受此輪迴之苦，經無量劫仍不得真淨，這都是他們隨順殺、盜、淫三惡行的緣故，則成三惡道；若與此三種相反，也就是能行不殺、不盜、不淫，則可受生善道。有三惡行則稱為鬼趣，無三惡行則稱為天趣，有無互相對待，善惡傾奪相代，便有了輪迴流轉。如果依妙理、修妙行而得三摩地妙定，妙明常寂之境現前，則有三惡行與無三惡行二者雙亡，即此『無二』之念也滅除，此時尚沒有不殺、不盜、不淫三善行，怎麼還會做殺、盜、淫三惡行之事呢？阿難，若不斷除殺、盜、淫三業，則眾生各有私造之別業，因為各私造別業中有相同之處，眾多私造別業之同分合成共業，而有眾同分地的受報之處，並非沒有因眾同分而共同受報的定處；然而，七趣果報都是因妄念而發生，而妄念之生實無所因，無可追究其根源。你勉力修行，要想證得無上菩提，首先要斷除殺、盜、淫三惑，不盡除此三惑，縱然獲得神通力，也不過是世間的有為功用；虛妄習氣不滅除，最終只會落入魔道；落入天魔，即使想消除虛妄，不過是以妄逐妄，倍加虛偽而已，所以，如來說他們是最可哀憐的人。這種種虛妄都是你自心妄造，並不是菩提自性中本來自有。

「如此說者，名為正說；若作別說，即魔王說。」

【注釋】

❶ 勖：勉勵。

即時如來，將罷法座，於師子床，攬七寶几，回紫金山，再來憑倚，普告大眾及阿難言：「汝等有學緣覺、聲聞，今日迴心趣大菩提無上妙覺，我今已說真修行法，汝猶未識修奢摩他、毗婆舍那微細魔事，魔境現前，汝不能識，洗心非正，落於邪見。或汝陰魔，或復天魔，或著鬼神，或遭魑魅，心中不明，認賊為子。又復於中，得少為足，如第四禪無聞比丘妄言證聖，天報已畢，衰相現前，謗阿羅漢身遭後有，墮阿鼻獄。汝應諦聽，吾今為汝仔細分別。」阿難起立，並其會中同有學者，歡喜頂禮，伏聽慈誨。

【譯文】

這時，如來將要離開法座，又於獅子座上，攬七寶桌几，迴轉如紫金山一般的佛身，再坐法席，不待請問而普告大眾及阿難說：「你們有學緣覺、聲聞眾，今日迴心趨向大菩提無上妙覺，我已宣說了真實的修行方法，但你們還未能識得修習奢摩他、修習毗婆舍那中的許多微細魔事，倘若魔境現前，你們不能認識，則以定洗心而不得其正，難免落入邪見。或者落入自身的五陰魔，或者落入天魔，或者附著於鬼神，或者遭遇魑魅，心中不明，認賊為子。又有於禪修中，得少為足，無有聞慧，例如已修得第四禪的無聞比丘，便妄言已經證得聖果阿羅漢，待其天報享盡之後，衰相現前將要墮落時，無聞比丘反而誹謗佛所說的阿羅漢不受後有是妄言，因此墮入阿鼻地獄。你們仔細聽，我現在為你們詳細解說禪定中的種種魔事。」阿難即從座位起立，與法會中的諸有學大眾一起向佛歡喜頂禮，專心傾聽佛陀的慈悲教誨。

佛告阿難及諸大眾：「汝等當知，有漏世界十二類生本覺妙明覺圓心體與十方佛無二無別。由汝妄想迷理為咎，痴愛發生，生發遍迷，故有空性；化迷不息，有世界生，則此十方微塵國土非無漏者，皆是迷頑妄想安立。當知虛空生汝心內，猶如片雲點太清裡，況諸世界在虛空耶！

【譯文】

佛告訴阿難及諸位大眾：「你們應當知道，有漏世界十二類眾生所具有的本覺妙明覺圓之心體，與十方諸佛無二無別。由於你們瞥然一念的無明妄想，迷此覺圓之理體而為過咎，致使無明痴昧、愛染發生，生發能所的分別而遍迷覺體，使得本覺真心完全迷為晦昧頑空；變化迷妄不息而有世界生成，則此十方微塵數國土都不是清淨無漏的真實世界，而是由迷頑妄想所安立的。應當知道，虛空生於你們的心內，就如同一片雲飄在無邊的太虛空中，是如此渺小不住，而何況十方世界還只是依住於太虛空中呢！

「汝等一人發真歸元，此十方空皆悉銷殞，云何空中所有國土而不振裂？汝輩修禪，飾三摩地，十方菩薩及諸無漏大阿羅漢，心精通吻，當處湛然；一切魔王及與鬼神、諸凡夫天見其宮殿無故崩裂，大地振坼，水陸飛騰，無不驚慴❶，凡夫昏暗，不覺遷訛❷。彼等咸得五種神通，唯除漏盡，戀此塵勞，如何令汝摧裂其處？是故鬼神及諸天魔、魍魎妖精，於三昧時，僉來惱汝❸。

【譯文】

「你們若有一人發明本有真心，返本歸元，則此十方虛空都將消泯，何況依空而立的所有國土，怎麼不會振裂呢？你們修習禪定，莊嚴三摩地，就能與十方菩薩及諸無漏的大阿羅漢，本心相通相合，不離當處而一心湛然；一切魔王、鬼神以及諸凡夫天，見到他們的宮殿無故崩裂，大地振開裂紋，水陸空三居的眾生，無不驚恐，只有凡夫昏昧不明，不能覺察這些變化，訛言此是大地陰陽失調所現的異象。那些魔王、鬼神等都已得五種神通，只是未得漏盡通，還留戀這個煩惱塵勞世界，怎麼能讓你們摧毀他們的住所呢？因此，鬼神及各種天魔、魍魎妖精等，在你們修習禪定三昧時，都會來惱亂你們。

【注釋】

❶ 慑：恐懼。

❷ 遷訛：謂輾轉流傳而失真。

❸ 僉：都，皆。

「然彼諸魔雖有大怒，彼塵勞內，汝妙覺中，如風吹光，如刀斷水，了不相觸。汝如沸湯，彼如堅冰，暖氣漸鄰，不日銷殞，徒恃神力，但為其客。成就破亂，由汝心中五陰主人，主人若迷，客得其便。當處禪那，覺悟無惑，則彼魔事，無奈汝何！陰銷入明，則彼群邪咸受幽氣，明能破暗，近自銷殞，如何敢留擾亂禪定！若不明悟，被陰所迷，則汝阿難必為魔子，成就魔人。如摩登伽，殊為眇劣，彼唯咒汝破佛律儀，八萬行中只毀一戒，心清淨故，尚未淪溺。此乃隳汝寶覺全身❶，如宰臣家忽逢籍沒❷，宛轉零落，無可哀救。

【譯文】

「然而這些諸魔鬼神雖然心中大怒而來擾害，但不過是處在塵勞生滅法中的邪妄行為，而你們所修習的是妙覺真常心中的本具正定，故他們若以生滅想來惱亂正定心，就如以風吹光、用刀斷水一樣，了不能害。你們的正定觀智如同沸湯，他們的嗔惱邪執如同堅冰，熱氣逐漸逼近，堅冰不時消融，他們徒恃神通力，但終為過路客而不能久留。諸魔鬼神之所以能破亂你的定心，完全由於你們心中的五陰主人，主人若迷昧失去正念，惱亂之客便會有機可乘。如果你們常處於正定之中，慧覺明悟，無有迷惑，那麼，那些魔事能奈汝何！你們修禪定達於五陰境消泯而證入大光明藏，明能破暗，則那些秉受幽暗之氣的諸邪魔，一經接近自然就消亡，又怎麼還敢停留下來擾亂你們的禪定呢！如果你們心中不能明悟，被五陰魔境所迷惑，則你阿難必然淪為魔子，成為魔人，墮入魔類。就如摩登伽女，實在是渺小卑劣，她僅用梵天咒語要使你毀破佛制律儀，在八萬細行中只是為了毀破你的一條戒行，因你心清淨的緣故，尚未毀戒而淪入魔境。但這些陰魔現前，卻乃是為了毀壞你們的寶覺圓明的全體法身，斷你們的慧命，如同宰相大臣之家忽然被削職沒收全部家產，輾轉飄零，無可哀憐挽救。

【注釋】

❶ 隳：毀壞，廢棄。

❷ 籍沒：謂登記所有的財產，加以沒收。籍，謂登記家財，予以沒收。

「阿難當知：汝坐道場，銷落諸念，其念若盡，則諸離念一切精明，動靜不移，憶忘如一；當住此處，入三摩提，如明目人處大幽暗，精性妙淨，心未發光，此則名為色陰區宇❶。若目明朗，十方洞開，無復幽暗，名色陰盡。是人則能超越劫濁。觀其所由，堅固妄想以為其本。

【譯文】

「阿難，你應當知道：你坐於道場修習禪定，脫離所緣塵象而消落妄念，若妄念消盡，則離諸妄念後之覺心於一切時處精而不雜、明而不昧，外境的若動若靜而精明不移，識心的若憶若忘而明覺如一；當安住此離念明覺處時，便進入正定，然初入理境，定力不深，如同明眼人處於一大幽暗之中，覺性極其清淨而定心顯露，然初入正定而慧光未發，此種定境名為色陰區宇。若定力加深而破除陰覆，則心光發明，慧目明朗，十方世界洞開明徹，再也沒有幽暗之相，這稱為色陰消盡。這時修行者就能超越劫濁。回觀色陰生起的因由，眾生的堅固妄想是其根本。

【注釋】

❶ 區宇：區，別也；宇，本義屋檐，引申為覆蔽、庇蔭。區宇，範圍、境域之義，即此定境尚處於為色法所遮蔽的一個範圍、境域之中。或以「覆蔽」解釋「宇」，當是別解，因為「陰」本身即是覆蔽之義。

「阿難，當在此中，精研妙明，四大不織，少選之間，身能出礙。此名精明流溢前境，斯但功用，暫得如是，非為聖證。不作聖心，名善境界；若作聖解，即受群邪。

【譯文】

「阿難，當在此禪定心中，精細研參妙明覺性，觀照功深則四大虛融，互不相織，頃刻之間，身體出於一切障礙，如行虛空，所謂穿牆透壁，了無所礙。此名為心精妙明虛融至極而流溢於現前根塵之境，這只是精研功夫逼拶之極而顯現的功用，暫得如此境界，不久退失，非是聖者所證境界，一得永得，不再退失。如果不作已得聖證之心想，名為善境界，可增信心，可導勝進；若作已得聖證理解，就會遭受群邪之惑害，魔得其便，漸成大害。

「阿難，復以此心，精研妙明，其身內徹，是人忽然於其身內拾出蟯蛔，身相宛然，亦無傷毀。此名精明流溢形體，斯但精行，暫得如是，非為聖證。不作聖心，名善境界；若作聖解，即受群邪。

【譯文】

「阿難，又於此禪定心中，精研妙明覺性，自見其身光明內徹，身形虛融，此人忽然看到身內的蛔蟲，並伸手入身撿出，而身體依然如故，也無任何損傷。此名為心精妙明流溢於身形，這只是定功行持精嚴而顯現，暫得如此境界，非是聖者所證境界。如果不作已得聖證之心想，名為善境界；若作已得聖證理解，就會遭受群邪之惑害。

「又以此心，內外精研，其時魂、魄、意、志、精、神，除執受身，餘皆涉入，互為賓主。忽於空中，聞說法聲，或聞十方同敷密義。此名精魄遞相離合，成就善種，暫得如是，非為聖證。不作聖心，名善境界；若作聖解，即受群邪。

【譯文】

「又於此禪定心中，對身心內外境都精細研參，觀照功深則內外根境虛融如一，這時身內的魂、魄、意、志、精、神等，除了能執受的身根之外，其餘都互出其位，互相涉入，互為賓主。又忽然聽到空中傳來說法的聲音，或者聽到十方虛空中同時演說微密妙義。此名為身內精魂等遞相離於本位、合於他位，此為往世修習成就的聞慧善種為定力激發而所現的境相，暫得如此境界，非是聖者所證境界。如果不作已得聖證之心想，名為善境界；若作已得聖證理解，就會遭受群邪之惑害。

「又以此心，澄露皎徹，內光發明，十方遍作閻浮檀色，一切種類化為如來；於時忽見毗盧遮那踞天光臺❶，千佛圍繞，百億國土及與蓮華俱時出現。此名心魂靈悟所染，心光研明，照諸世界，暫得如是，非為聖證。不作聖心，名善境界；若作聖解，即受群邪。

【譯文】

「又以此禪定心，精研功深，清澄顯露於內，內光發明，皎潔洞徹於外，外現其相，十方世界遍成閻浮檀紫金色，一切有情種都化為如來；這時，忽見毗盧遮那佛高坐於天光臺上，四周千佛圍繞，百億國土與蓮花同時出現。此名為心魂靈悟所熏染影像之顯現，如宿世曾聞《華嚴》、《梵網》、《維摩》等經，今於妙定之中，心光精研發明，照諸實報莊嚴世界之勝妙，暫得如此境界，非是聖者所證境界。如果不作已得聖證之心想，名為善境界；若作已得聖證理解，就會遭受群邪之惑害。

【注釋】

❶ 踞：坐。

「又以此心，精研妙明，觀察不停，抑按降伏，制止超越，於時忽然十方虛空成七寶色，或百寶色，同時遍滿，不相留礙，青黃赤白，各各純現。此名抑按功力逾分，暫得如是，非為聖證。不作聖心，名善境界；若作聖解，即受群邪。

【譯文】

「又以此禪定心，精細研參妙明元體，觀照綿密不停，抑按妄念，降伏自心，然制止之定力作用過大，超越常分，這時，十方虛空忽然變成七寶色或百寶色，同時遍滿虛空界，相涉相入，不相留滯隔礙，青、黃、赤、白各正色都各純一無雜地顯現。此名為抑按功力過分，致使定力作用勝於慧力作用而所現的境相，暫得如此境界，非是聖者所證境界。如果不作已得聖證之心想，名為善境界；若作已得聖證理解，就會遭受群邪之惑害。

「又以此心，研究澄徹，精光不亂，忽於夜半，在暗室內見種種物，不殊白晝，而暗室物亦不除滅。此名心細，密澄其見，所視洞幽，暫得如是，非為聖證。不作聖心，名善境界；若作聖解，即受群邪。

【譯文】

「又以此禪定心，精研參究妙明元體，其心清澄洞徹，精光凝定不亂，忽然於夜半在暗室內看見種種有情無情等物，了然分明，與白晝所見無異，而暗室內的物品也不消失，依然如故。此名為心光精細、密得澄清其見性功能，故所見洞察幽微，暫得如此境界，非是聖者所證境界。如果不作已得聖證之心想，名為善境界；若作已得聖證理解，就會遭受群邪之惑害。

「又以此心，圓入虛融，四體忽然同於草木，火燒刀斫，曾無所覺；又則火光不能燒爇，縱割其肉，猶如削木。此名塵並❶，排四大性，一向入純，暫得如是，非為聖證。不作聖心，名善境界；若作聖解，即受群邪。

【譯文】

「又以此禪定心，觀照功深，內身外境遍入虛融，四肢忽然如同草木，火燒、刀斫都無感覺；而且火光不能燒燃，縱使刀割其肉，也同削木一般。此名為諸塵並消，排遣了四大性，執受不行，得入純一覺性而忘身，暫得如此境界，非是聖者所證境界。如果不作已得聖證之心想，名為善境界；若作已得聖證理解，就會遭受群邪之惑害。

【注釋】

❶並：銷。

「又以此心，成就清淨，淨心功極，忽見大地十方山河皆成佛國，具足七寶，光明遍滿；又見恆沙諸佛如來遍滿空界，樓殿華麗，下見地獄，上觀天宮，得無障礙。此名欣厭凝想日深，想久化成，非為聖證。不作聖心，名善境界；若作聖解，即受群邪。

【譯文】

「又以此禪定心，精研妙明元體，成就清淨之心，淨心觀照功深至極，忽大地及十方山河都變成了佛國淨土，具足七寶，光明遍滿；又看見如恆沙數的諸佛遍滿虛空界，樓閣殿堂華麗，此時，下能觀見地獄，上可觀見天宮，無有障礙。此名為欣上界淨土、厭下界穢土的凝想日久結深，想久了幻化而成，非是聖者所證境界。如果不作已得聖證之心想，名為善境界；若作已得聖證理解，就會遭受群邪之惑害。

「又以此心，研究深遠，忽於中夜遙見遠方市井街巷、親族眷屬，或聞其語。此名迫心，逼極飛出，故多隔見，非為聖證。不作聖心，名善境界；若作聖解，即受群邪。

【譯文】

「又以此禪定心，研參窮究至極深遠之處，忽然於中夜遙見遠方的市井街巷以及親族眷屬，或者聽到他們說話。此名為迫心，定心逼迫識心，逼極而心光飛出，故多能於遙遠隔礙之處也能見能聞，非是聖者所證境界。如果不作已得聖證之心想，名為善境界；若作已得聖證理解，就會遭受群邪之惑害。

「又以此心，研究精極，見善知識形體變移，少選無端種種遷改。此名邪心，含受魑魅，或遭天魔入其心腹，無端說法，通達妙義，非為聖證。不作聖心，魔事銷歇；若作聖解，即受群邪。

【譯文】

「又以此禪定心，研參窮究至精至極，正與諸聖心精通合之時，色陰將破，魔心慌怒而來擾亂，所以修行者忽見自身成善知識，形體變化遷移，須臾之間無端作種種形貌上的改變，或變為佛身，或變為菩薩身，或變為天龍鬼神等身。此名為邪心，因為修習者防心不密，故含藏領受了魑魅精怪於心，或遭天魔暗中入其心腹，發其狂慧，使他無端說法，似為通達無上妙義，但這不是聖者所證境界。如果不作已得聖證之心想，則魔事自然消歇；若作已得聖證理解，就會遭受群邪之惑害。

「阿難，如是十種禪那現境，皆是色陰用心交互，故現斯事。眾生頑迷，不自忖量，逢此因緣，迷不自識，謂言登聖，大妄語成，墮無間獄。汝等當依，如來滅後，於末法中宣示斯義，無令天魔得其方便，保持覆護，成無上道。

【譯文】

「阿難，以上所說的十種禪定中所出現的境界，都是色陰將破而未破之時，正定禪觀與習氣妄想兩種用心交互陵替，故顯現如此境界。眾生頑迷無知，不自思量，逢此暫現的境界因緣，迷昧不能自識，便妄言已證得聖位，於是成為大妄語，墮入無間地獄。你們當依我教言，在如來滅度後的末法時期，宣說如此義理，不能讓天魔得其機會，乘虛而入，惱害行人，以保持禪心、覆護修行人得成無上道果。

「阿難，彼善男子修三摩提，奢摩他中色陰盡者，見諸佛心，如明鏡中顯現其像；若有所得而未能用。猶如魘人，手足宛然，見聞不惑，心觸客邪而不能動，此則名為受陰區宇。若魔咎歇，其心離身，返觀其面，去住自由，無復留礙，名受陰盡。是人則能超越見濁❶。觀其所由，虛明妄想以為其本❷。

【譯文】

「阿難，那些善男子修習三摩提，在奢摩他中色陰消盡之後，得見與諸佛同具的妙明覺心，就如明鏡中顯現影像一樣，清晰明白；然而還只是似有所得，而未能發起自在大用。如同睡中身被魘住的人，手足宛然存在，見聞也清楚而不迷惑，心中明明白白，但心受客邪附著而力不從心，動彈不得，此種定境名為受陰區宇。若魔魅停歇，其心便得離身，且能反觀自己的面貌，去住自由，不再有所留滯和障礙，這稱為受陰消盡。這時修行者就能超越見濁。回觀受陰生起的因由，眾生的虛明妄想是其根本。

【注釋】

❶ 按，四大性相織，攬色成根。大性不織，根見亦亡。

❷ 虛明妄想：即根大領受前境，生起虛妄覺受，發明諸顛倒相。

「阿難，彼善男子當在此中，得大光耀，其心發明，內抑過分，忽於其處發無窮悲，如是乃至觀見蚊虻，猶如赤子，心生憐愍，不覺流淚。此名功用抑摧過越，悟則無咎，非為聖證；覺了不迷，久自銷歇。若作聖解，則有悲魔入其心腑，見人則悲，啼泣無限，失於正受，當從淪墜。

【譯文】

「阿難，那些善男子在色陰已盡、受陰未破的禪觀中，已得大光明，其心顯發明了，知一切眾生本具妙心，內心抑責過分，責己不早發度眾生之心，忽然在心中發起無窮的悲心，這樣乃至看見蚊虻也如同看到赤子一樣，心生憐憫，不覺流淚。此名為有功用心抑制、摧責過分，若能速悟則無過咎，並不是聖者所證境界；如果覺了而不迷執，久之此境自然便消歇。若作已得聖證理解，就會有悲魔進入此修行者的心腑之中，使他見人就生悲而啼泣不止，失去三昧正受，當因此又沉淪墜落。

「阿難，又彼定中，諸善男子見色陰銷，受陰明白，勝相現前，感激過分，忽於其中生無限勇，其心猛利，志齊諸佛，謂三僧祇一念能越。此名功用陵率過越，悟則無咎，非為聖證；覺了不迷，久自銷歇。若作聖解，則有狂魔入其心腑，見人則誇，我慢無比，其心乃至上不見佛，下不見人，失於正受，當從淪墜。

【譯文】

「阿難，又在此禪定中，諸善男子見色陰消盡，受陰顯露，現出一種虛明的境界，殊勝境相現前，一時感激過分，忽於心中生起無限的勇猛，其心非常猛利，志於頓齊諸佛，以為三大阿僧祇劫之修行在一念之間就能超越。此名為有功用心凌跨佛乘、輕率自任過分，若能速悟則無過咎，並不是聖者所證境界；如果覺了而不迷執，久之此境自然便消歇。若作已得聖證理解，就會有狂魔進入此修行者的心腑之中，使他見人就矜誇己德，我慢無比，以至其心中上不見佛，下不見人，失去三昧正受，當因此又沉淪墜落。

「又彼定中，諸善男子見色陰銷，受陰明白，前無新證，歸失故居，智力衰微，入中隳地，迥無所見❶，心中忽然生大枯渴，於一切時沉憶不散，將此以為勤精進相。此名修心無慧自失，悟則無咎，非為聖證。若作聖解，則有憶魔入其心腑，旦夕撮心懸在一處，失於正受，當從淪墜。

【譯文】

「又在此禪定中，諸善男子見色陰消盡，受陰顯露，現出一種虛明的境界，向前修習沒有新的證境，退歸則又失去原來安住之境，此時修行者定力強而智力衰微，入於色、受二陰之間、進退二念俱壞的兩難境地，全無所見，其心中忽然生出大枯渴，於一切時中都沉靜其心、憶念中隳之境而不散亂，以為如此必有所得，將此當作勤勇精進之相。此名為修心沒有智慧相資而自失方便，若能速悟則無過咎，並不是聖者所證境界。若作已得聖證理解，就會有憶魔進入此修行者的心腑之中，日夜撮集心念懸止於一個觀境處，失去三昧正受，當因此又沉淪墜落。

【注釋】

❶ 迴：原義遙遠、僻遠，此義為「全」、「都」。

「又彼定中，諸善男子見色陰銷，受陰明白，慧力過定，失於猛利，以諸勝性懷於心中，自心已疑是盧舍那，得少為足。此名用心亡失恆審，溺於知見，悟則無咎，非為聖證。若作聖解，則有下劣易知足魔入其心腑，見人自言『我得無上第一義諦』，失於正受，當從淪墜。

【譯文】

「又在此禪定中，諸善男子見色陰消盡，受陰顯露，現出一種虛明的境界，慧力勝過定力，因而失於觀智過於猛利，以諸殊勝性之法懷於心中，如謂心即是佛，或謂佛性本來具足等，自己懷疑已身已是盧舍那佛，不假修成，得少為足。此名為用心偏差而失掉了恆常平等的審觀覺照力，陷溺於知見慧解一邊，若能速悟則無過咎，並不是聖者所證境界。若作已得聖證理解，就會有下劣的易知足魔進入此修行者的心腑之中，見人自說『我已證得無上第一義諦』，失去三昧正受，當因此又沉淪墜落。

「又彼定中，諸善男子見色陰銷，受陰明白，新證未獲，故心已亡，歷覽二際，自生艱險，於心忽然生無盡憂，如坐鐵床，如飲毒藥，心不欲活，常求於人令害其命，早取解脫。此名修行失於方便，悟則無咎，非為聖證。若作聖解，則有一分常憂愁魔入其心腑，手執刀劍自割其肉，欣其捨壽；或常憂愁走入山林，不耐見人，失於正受，當從淪墜。

【譯文】

「又在此禪定中，諸善男子見色陰消盡，受陰顯露，現出一種虛明的境界，破受陰之新證未獲得，破色陰之原有心境又亡失，遍觀前後二際，自生前路艱險怖畏之感，於心中忽然生起了無盡憂愁，睡則如坐鐵床，食則如飲毒藥，心中不想活命，常求他人幫助結束自己的生命，希望早得解脫。此名為修行失於智慧觀照的方便，若能速悟則無過咎，並不是聖者所證境界。若作已得聖證理解，就會有一分常憂愁魔進入此修行者的心腑之中，手執刀劍自割身肉，希望捨壽速死；或者常懷憂愁走入山林，不願見人，失去三昧正受，當因此又沉淪墜落。

「又彼定中，諸善男子見色陰銷，受陰明白，處清淨中，心安隱後，忽然自有無限喜生，心中歡悅，不能自止。此名輕安無慧自禁，悟則無咎，非為聖證。若作聖解，則有一分好喜樂魔入其心腑，見人則笑，於衢路旁自歌自舞，自謂已得無礙解脫，失於正受，當從淪墜。

【譯文】

「又在此禪定中，諸善男子見色陰消盡，受陰顯露，現出一種虛明的境界，處於清淨境界中，心安穩後，忽然自有無限的喜心生起，心中歡悅，不能自止。此名為輕安而沒有智慧自我控制，若能速悟則無過咎，並不是聖者所證境界。若作已得聖證理解，就會有一分好喜樂魔進入此修行者的心腑之中，見人則笑，於大街路旁自歌自舞，自稱已得無礙解脫，失去三昧正受，當因此又沉淪墜落。

「又彼定中，諸善男子見色陰銷，受陰明白，自謂已足，忽有無端大我慢起，如是乃至慢與過慢及慢過慢，或增上慢，或卑劣慢，一時俱發；心中尚輕十方如來，何況下位聲聞、緣覺。此名見勝無慧自救，悟則無咎，非為聖證。若作聖解，則有一分大我慢魔入其心腑，不禮塔廟，摧毀經像，謂檀越言『此是金銅，或是土木，經是樹葉，或是氎華，肉身真常，不自恭敬，卻崇土木，實為顛倒』；其深信者，從其毀碎，埋棄地中，疑誤眾生，入無間獄。失於正受，當從淪墜。

【譯文】

「又在此禪定中，諸善男子見色陰消盡，受陰顯露，現出一種虛明的境界，自我滿足，忽然無端生起大我慢心，乃至慢、過慢、慢過慢、增上慢及卑劣慢等同時生起；心中尚輕視十方如來，何況處於下位的聲聞、緣覺。此名為見己為勝而無智慧以自救，若能速悟則無過咎，並不是聖者所證境界。若作已得聖證理解，就會有一分大我慢魔進入此修行者的心腑之中，不禮塔廟，摧毀經書佛像，並對檀越說『佛像是金銅或是土木所製作，經只是樹葉或棉花所成，肉身才是真常佛體，而不去崇敬，卻去崇拜土木所成的佛像，實在是顛倒』；深信其語的人就跟著他毀壞經像，將經像遺棄埋於地下，如此疑誤眾生，落入無間地獄。這樣，失去三昧正受，當因此又沉淪墜落。

「又彼定中，諸善男子見色陰銷，受陰明白，於精明中，圓悟精理，得大隨順；其心忽生無量輕安，已言成聖，得大自在。此名因慧獲諸輕清，悟則無咎，非為聖證。若作聖解，則有一分好輕清魔入其心腑，自謂滿足，更不求進。此等多作無聞比丘疑誤眾生，墮阿鼻獄。失於正受，當從淪墜。

【譯文】

「又在此禪定中，諸善男子見色陰消盡，受陰顯露，現出一種虛明的境界，於自心識精元明之中，圓悟如來藏妙真如性精理，身心得大隨順自在；此時，其心忽然生起無量輕安，自稱已成聖果，得大自在。此名為因慧悟而獲得輕安清淨的境界，若能速悟則無過咎，並不是聖者所證境界。若作已得聖證理解，就會有一分輕清魔進入此修行者的心腑之中，自謂功行圓滿具足，更不求勝進。這類人多作無聞比丘而疑惑誤導眾生，必然落入阿鼻地獄。這樣，失去三昧正受，當因此又沉淪墜落。

「又彼定中，諸善男子見色陰銷，受陰明白，於明悟中得虛明性，其中忽然歸向永滅，撥無因果，一向入空，空心現前，乃至心生，長斷滅解。悟則無咎，非為聖證。若作聖解，則有空魔入其心腑，乃謗持戒名為小乘，菩薩悟空，有何持犯？其人常於信心檀越飲酒噉肉，廣行淫穢，因魔力故，攝其前人不生疑謗。鬼心久入，或食屎尿與酒肉等，一種俱空；破佛律儀，誤入人罪。失於正受，當從淪墜。

【譯文】

「又在此禪定中，諸善男子見色陰消盡，受陰顯露，現出一種虛明的境界，於明悟境界之中悟得虛明性空之理，其心中忽然歸向沉空永滅之境，妄言無因無果，一心歸向於空，斷空之心現前，乃至心中生出長遠斷滅的見解。若能速悟則無過咎，並不是聖者所證境界。若作已得聖證理解，就會有空魔進入此修行者的心腑之中，於是毀謗持戒是小乘法，菩薩悟一切法皆空，有何持犯之相可得？其人常於對三寶具有信心的檀越面前飲酒、吃肉，廣行淫穢之事，因魔力所加的緣故，能攝服跟隨他的人對其邪穢之行不生起疑謗之念。鬼心久入其心腑，又或食屎尿，與食酒肉看作等同，現出一種淨穢俱空之相；其人破壞佛制律儀，誤導他人陷入罪行之事。這樣，失去三昧正受，當因此又沉淪墜落。

「又彼定中，諸善男子見色陰銷，受陰明白，味其虛明，深入心骨，其心忽有無限愛生，愛極發狂，便為貪欲。此名定境安順入心，無慧自持，誤入諸欲。悟則無咎，非為聖證。若作聖解，則有欲魔入其心腑，一向說欲為菩提道，化諸白衣平等行欲，其行淫者，名持法子；神鬼力故，於末世中攝其凡愚，其數至百，如是乃至一百、二百或五、六百，多滿千萬。魔心生厭，離其身體，威德既無，陷於王難，疑誤眾生，入無間獄。失於正受，當從淪墜。

【譯文】

「又在此禪定中，諸善男子見色陰消盡，受陰顯露，現出一種虛明的境界，耽著愛樂虛明之境，以至深入心骨，其心中忽然有無限的愛念產生，愛極情動，引發狂亂，便成為貪欲。此名為定境輕安順適深入心骨，卻無智慧以自攝持，因而誤入諸貪欲。若能速悟則無過咎，並不是聖者所證境界。若作已得聖證理解，就會有欲魔進入此修行者的心腑之中，一向妄說淫欲就是菩提道，並且教化在家的白衣居士不分僧俗，與其平等恣行淫欲，將與其行淫的人稱為持法子；因有欲魔鬼神力的邪加持，於末法世中所攝受的凡愚之人，其數至一百，乃至二百或五百、六百，甚至多達上千上萬。等到魔心生厭，離開其人身體而去，魔力消失，威德失去之後，就陷於國法的制裁，惑亂誤導眾生，墮入無間地獄。這樣，失去三昧正受，當因此又沉淪墜落。

「阿難，如是十種禪那現境，皆是受陰用心交互，故現斯事。眾生頑迷，不自忖量，逢此因緣，迷不自識，謂言登聖，大妄語成，墮無間獄。汝等亦當，將如來語，於我滅後，傳示末法，遍令眾生開悟斯義，無令天魔得其方便，保持覆護，成無上道。

【譯文】

「阿難，以上所說的十種禪定中所出現的境界，都是受陰將破而未破之時，正定禪觀與習氣妄想兩種用心交互陵替，故顯現如此境界。眾生頑迷無知，不自思量，逢此暫現的境界因緣，迷昧不能自識，便妄言已證得聖位，於是成為大妄語，墮入無間地獄。你們也應當將如來宣說的法語，在如來滅度後的末法時期，傳承宣說，讓所有的眾生都能明白如此義理，不能讓天魔得其機會，乘虛而入，惱害行人，以保持禪心、覆護修行人得成無上道果。

「阿難，彼善男子修三摩提受陰盡者，雖未漏盡，心離其形，如鳥出籠，已能成就從是凡身上歷菩薩六十聖位，得意生身❶，隨往無礙。譬如有人熟寐囈言，是人雖則無別所知，其言已成音韻倫次，令不寐者咸悟其語，此則名為想陰區宇。若動念盡，浮想銷除，於覺明心，如去塵垢，一倫生死，首尾圓照，名想陰盡。是人則能超煩惱濁❷。觀其所由，融通妄想以為其本。

【譯文】

「阿難，那些善男子修習三摩提受陰已盡者，雖未得漏盡，但心已能離開身體，猶鳥出籠一樣，去住自由，已能成就以此凡夫身上歷菩薩六十聖位，獲得意生身，隨意而往一切剎土，無有障礙。譬如有人在熟睡中說夢話，此人雖然自己一無所知，但其夢話已構成有音節次序的語言，使清醒的人都能領悟其意，此種定境名為想陰區宇。若六識種子妄動之念消盡，六識現行虛浮之想消除，則於第八本識之覺明心體，如同明鏡除去了表面的塵垢，不再有想陰覆蓋，故一切倫類眾生的所有生死，從首至尾皆能圓照明了，這稱為想陰消盡。這時修行者就能超越煩惱濁。回觀想陰生起的因由，眾生的融通妄想是其根本。

【注釋】

❶ 意生身：非父母所生之身體，乃入聖位之菩薩為濟度眾生，依「意」所化生之身。

❷ 按，六識緣塵與本識覺性，相織妄成。

「阿難，彼善男子，受陰虛妙，不遭邪慮，圓定發明；三摩地中，心愛圓明，銳其精思，貪求善巧。爾時，天魔候得其便，飛精附人，口說經法。其人不覺是其魔著，自言謂得無上涅槃，來彼求巧善男子處敷座說法；其形斯須，或作比丘，令彼人見，或為帝釋，或為婦女，或比丘尼，或寢暗室，身有光明。是人愚迷，惑為菩薩，信其教化；搖蕩其心，破佛律儀，潛行貪欲。口中好言災祥變異，或言如來某處出世，或言劫火，或言刀兵，恐怖於人，令其家資無故耗散。此名怪鬼，年老成魔，惱亂是人；厭足心生，去彼人體，弟子與師俱陷王難。汝當先覺，不入輪迴，迷惑不知，墮無間獄。

【譯文】

「阿難，那些修禪定的善男子，受陰已破，正受虛妙，不再被受陰邪慮所惑，圓通妙定得以發明，離身無礙，見聞周遍；然而於此三摩地中，忽起一念，愛著圓明境界及其勝妙大用，故而銳力進行精研觀思，貪求獲得善巧方便。這時，天魔候得其人貪著愛求之便，飛遣精魅附在他人身上，口說經法。其人不知有魔附身，卻自言已證得無上涅槃，並來到這位貪求善巧的善男子處敷座說法；其人形貌須臾之間，或現比丘身，令這位修禪定者看見以生信，或現為天帝釋身，或為婦女身、比丘尼身等，或者寢於暗室而身有光明。這位修禪定者愚昧迷惑，以為是菩薩現身，相信他的教化；於是魔乃搖蕩這人的定心，使他毀破佛制律儀，並且潛行淫欲。那個被魔附身的人，口中好言災祥變異之事，或說如來在某處出世，或說將有劫火之災，或說又有戰爭之難，以此災異怪誕之事，使人恐怖，為求消災免難，令其家財無故耗散。此名為怪鬼，年老成魔，受魔王遣使來惱亂修行者；若達目的則漸生厭足之心，便離開所附之人，而貪求善巧之弟子與為魔附體之邪師都陷於國法的制裁。你當預先覺知此等魔事，才不至於墮入輪迴，如果迷惑不知，就會墮入無間地獄。

「阿難，又善男子受陰虛妙，不遭邪慮，圓定發明；三摩地中，心愛遊蕩，飛其精思，貪求經歷。爾時，天魔候得其便，飛精附人，口說經法。其人亦不覺知魔著，亦言自得無上涅槃，來彼求遊善男子處敷座說法；自形無變，其聽法者忽自見身坐寶蓮華，全體化成紫金光聚，一眾聽人各各如是，得未曾有。是人愚迷，惑為菩薩，淫逸其心，破佛律儀，潛行貪欲。口中好言諸佛應世，某處某人當是某佛化身來此；某人即是某菩薩等來化人間。其人見故，心生傾渴，邪見密興，種智銷滅。此名魃鬼，年老成魔，惱亂是人；厭足心生，去彼人體，弟子與師俱陷王難。汝當先覺，不入輪迴，迷惑不知，墮無間獄。

【譯文】

「阿難，那些修禪定的善男子，受陰已破，正受虛妙，不再被受陰邪慮所惑，圓通妙定得以發明，離身無礙，見聞周遍；然而於此三摩地中，忽起一念貪著，心愛神通遊戲，放蕩自在，故而飛速進行精研觀思，貪求經歷十方剎土。這時，天魔候得其人貪著愛求之便，飛遣精魅附在他人身上，口說經法。其人不知有魔附身，也自言已證得無上涅槃，並來到這位貪求遊歷的善男子處敷座說法；此附魔者說法之時，自己形貌並無變化，而那些聽法的人忽見自身坐於寶蓮花上，全身變成紫金光色，會中所有的聽眾各如此，得未曾有。這位修禪定者愚昧迷惑，以為是菩薩現身，相信他的教化；於是魔使這人放縱淫逸之心，毀破佛制律儀，並且潛行淫欲。此附魔人口中好言諸佛應世，說某處某人當是某佛化身來此世間；某人即是某菩薩等來教化人間。貪求經歷的修定者見此情景，就生出仰慕渴望之心，邪見暗自生起，菩提種智消滅。此名為魃鬼，年老成魔，受魔王遣使來惱亂修行者；若達目的則漸生厭足之心，便離開所附之人，而貪求經歷之弟子與為魔附體之邪師都陷於國法的制裁。你當預先覺知此等魔事，才不至於墮入輪迴，如果迷惑不知，就會墮入無間地獄。

「又善男子受陰虛妙，不遭邪慮，圓定發明；三摩地中，心愛綿湣❶，澄其精思，貪求契合。爾時，天魔候得其便，飛精附人，口說經法。其人實不覺知魔著，亦言自得無上涅槃，來彼求合善男子處敷座說法；其形及彼聽法之人，外無遷變，令其聽者未聞法前，心自開悟，念念移易；或得宿命，或有他心，或見地獄，或知人間好惡諸事，或口說偈，或自誦經，各各歡娛，得未曾有。是人愚迷，惑為菩薩，綿愛其心，破佛律儀，潛行貪欲。口中好言佛有大小，某佛先佛，某佛後佛，其中亦有真佛、假佛、男佛、女佛，菩薩亦然。其人見故，洗滌本心，易入邪悟。此名魅鬼，年老成魔，惱亂是人；厭足心生，去彼人體，弟子與師俱陷王難。汝當先覺，不入輪迴，迷惑不知，墮無間獄。

【譯文】

「又那些修禪定的善男子，受陰已破，正受虛妙，不再被受陰邪慮所惑，圓通妙定得以發明，離身無礙，見聞周遍；然而於此三摩地中，忽起一念貪著，心愛定力綿密不斷，吻合妙用，故而澄心進行精研觀思，貪求上契至理，下合妙用。這時，天魔候得其人貪著愛求之便，飛遣精魅附在他人身上，口說經法。其人實不知有魔附身，也自言已證得無上涅槃，並來到這位貪求契合的善男子處敷座說法；此附魔者說法之時，其形貌以及那些聽法人的形貌都沒有變化，但能使聽法者在未聞法之前，心自然開悟，且能念念變化妙用；或得相似宿命通，或得相似他心通，或見地獄，或能知曉人間善惡諸事，或者口說偈語，或者自誦經文，令聽法眾各歡喜快樂，得未曾有。這位修禪定者愚昧迷惑，以為是菩薩現身，纏綿親愛其心；乃至隨其所教，而毀破佛制律儀，並且潛行淫欲。此附魔人口中好言佛有大、小之分，說某佛是先佛，某佛是後佛，還說其中也有真佛、假佛、男佛、女佛，菩薩也是如此。貪求契合的修定者見此情景，就洗滌本所修心，改變本修而墮入邪悟了。此名為魅鬼，年老成魔，受魔王遣使來惱亂修行者；若達目的則漸生厭足之心，便離開所附之人，而貪求契合之弟子與為魔附體之邪師都陷於國法的制裁。你當預先覺知此等魔事，才不至於墮入輪迴，如果迷惑不知，就會墮入無間地獄。

【注釋】

❶ 淴：「吻」的異體字，意為「符合」。

「又善男子受陰虛妙，不遭邪慮，圓定發明；三摩地中，心愛根本，窮覽物化，性之終始，精爽其心，貪求辨析。爾時，天魔候得其便，飛精附人，口說經法。其人先不覺知魔著，亦言自得無上涅槃，來彼求元善男子處敷座說法；身有威神，摧伏求者，令其座下，雖未聞法，自然心伏。是諸人等，將佛涅槃、菩提、法身即是現前我肉身上，父父子子遞代相生即是法身常住不絕，都指現在即為佛國，無別淨居及金色相。其人信受，亡失先心，身命歸依，得未曾有。是等愚迷，惑為菩薩，推究其心，破佛律儀，潛行貪欲。口中好言眼、耳、鼻、舌皆為淨土，男女二根即是菩提、涅槃真處，彼無知者，信是穢言。此名蠱毒魇勝惡鬼，年老成魔，惱亂是人；厭足心生，去彼人體，弟子與師俱陷王難。汝當先覺，不入輪迴，迷惑不知，墮無間獄。

【譯文】

「又那些修禪定的善男子，受陰已破，正受虛妙，不再被受陰邪慮所惑，圓通妙定得以發明，離身無礙，見聞周遍；然而於此三摩地中，忽起一念貪著，心愛追究萬物之元始根本，窮研遍觀萬物變化、物性始終，故而精明其心，貪求辨析。這時，天魔候得其人貪著愛求之便，飛遣精魅附在他人身上，口說經法。此人先不知有魔附身，也自言已證得無上涅槃，並來到這位貪求辨析的善男子處敷座說法；因魔力的作用，此附魔者詐現身有威嚴神通之力，摧伏貪求辨析本元的修定人，使他在座下，雖未聞法，就已自然心服。這些人將佛所證的涅槃、菩提、法身，認為就是在現前我們的肉身上，父父子子遞代相生即是法身常住不絕，並指現在世界就是佛國，此外別無依報莊嚴之淨居土和正報莊嚴之金色佛身相。貪求辨析的修定者，信受此等邪說，亡失了先前定心，以身命歸依此邪師，還以為得未曾有。這些人愚昧迷惑，以為是菩薩現身，推究其心之所好而順承其教，毀破佛制律儀，並且潛行淫欲。此附魔人口中好言眼、耳、鼻、舌等根都是淨土，男、女二根即是菩提、涅槃的真處所，那些無知之人，相信了這些穢言。此名為蠱毒魇勝惡鬼，年老成魔，受魔王遣使來惱亂修行者；若達目的則漸生厭足之心，便離開所附之人，而貪求契合之弟子與為魔附體之邪師都陷於國法的制裁。你當預先覺知此等魔事，才不至於墮入輪迴，如果迷惑不知，就會墮入無間地獄。

「又善男子受陰虛妙，不遭邪慮，圓定發明；三摩地中，心愛懸應，周流精研，貪求冥感。爾時，天魔候得其便，飛精附人，口說經法。其人原不覺知魔著，亦言自得無上涅槃，來彼求應善男子處敷座說法；能令聽眾暫見其身如百千歲，心生愛染，不能捨離，身為奴僕，四事供養❶，不覺疲勞。各各令其座下人心知是先師、本善知識，別生法愛，黏如膠漆，得未曾有。是人愚迷，惑為菩薩，親近其心，破佛律儀，潛行貪欲。口中好言，我於前世於某生中先度某人，當時是我妻妾兄弟，今來相度，與汝相隨歸某世界，供養某佛；或言別有大光明天，佛於中住，一切如來所休居地。彼無知者，信是虛誑，遺失本心。此名癘鬼，年老成魔，惱亂是人；厭足心生，去彼人體，弟子與師俱陷王難。汝當先覺，不入輪迴，迷惑不知，墮無間獄。

【譯文】

「又那些修禪定的善男子，受陰已破，正受虛妙，不再被受陰邪慮所惑，圓通妙定得以發明，離身無礙，見聞周遍；然而於此三摩地中，忽起一念貪著，心愛懸遠感應，故而周遍流覽，精研觀思，貪求冥感。這時，天魔候得其人貪著愛求之便，飛遣精魅附在他人身上，口說經法。此人本不知有魔附身，也自言已證得無上涅槃，並來到這位貪求冥感的善男子處敷座說法；因魔力的作用，此附魔者能使聽眾一時見其身形像是上百上千歲的有道之人，從而使人心生愛慕，不能捨離，甘願以身作奴，四事供養，也不覺疲勞。同時，此附魔者又使座下的聽眾心裡相信他就是前世的師父、宿世的善知識，從而特別生出一種法眷情愛，如膠似漆，黏不可解，前所未有。這位修禪定者愚昧迷惑，以為是菩薩現身，親近其心，旦夕相染，乃至毀破佛制律儀，並且潛行淫欲。此附魔人口中好言，我於前世於某生中先度某人，當時是我的妻妾兄弟等，今天特來度化，與你們相隨一起歸於某一世界，供養某佛；或者說，別有一大光明天，佛居住其間，這是一切如來所休止居住的地方。那些無知之人，相信了這些虛誑之言，遺失了本修定心。此名為癘鬼，年老成魔，受魔王遣使來惱亂修行者；若達目的則漸生厭足之心，便離開所附之人，而貪求冥感之弟子與為魔附體之邪師都陷於國法的制裁。你當預先覺知此等魔事，才不至於墮入輪迴，如果迷惑不知，就會墮入無間地獄。

【注釋】

❶ 四事：供給資養佛、僧等日常生活所需的衣服、飲食、臥具、醫藥等。

「又善男子受陰虛妙，不遭邪慮，圓定發明；三摩地中，心愛深入，克己辛勤，樂處陰寂，貪求靜謐❶。爾時，天魔候得其便，飛精附人，口說經法。其人本不覺知魔著，亦言自得無上涅槃，來彼求陰善男子處敷座說法；令其聽人各知本業，或於其處語一人言『汝今未死，已作畜生』，勅使一人於後蹋尾，頓令其人起不能得，於是一眾傾心欽伏。有人起心，已知其肇；佛律儀外，重加精苦；誹謗比丘，罵詈徒眾，訐露人事❷，不避譏嫌。口中好言未然禍福，及至其時，毫髮無失。此大力鬼，年老成魔，惱亂是人；厭足心生，去彼人體，弟子與師俱陷王難。汝當先覺，不入輪迴，迷惑不知，墮無間獄。

【譯文】

「又那些修禪定的善男子，受陰已破，正受虛妙，不再被受陰邪慮所惑，圓通妙定得以發明，離身無礙，見聞周遍；然而於此三摩地中，忽起一念貪著，心愛窮極深入之禪寂，故而克已勤修，樂處陰隱寂靜之處，貪求靜謐。這時，天魔候得其人貪著愛求之便，飛遣精魅附在他人身上，口說經法。此人本不知有魔附身，也自言已證得無上涅槃，並來到這位貪求靜謐的善男子處敷座說法；因魔力的作用，此附魔者能使聽眾各自知道前世本業，或者在說法處對一聽眾說『你現在雖然沒有死，但已經成為畜生』，並讓另一人於其背後踏住其尾部，此人立刻就不能起身，於是一干聽眾無不誠心悅服。有人起一心念，他立刻知曉其起因；在佛制律儀之外，又增加許多精刻苦行；還誹謗比丘，責罵徒眾，披露別人的隱私，不避譏嫌。此附魔人口中好言未來的禍福之事，到時一一皆應驗，毫髮無差。此是大力鬼，年老成魔，受魔王遣使來惱亂修行者；若達目的則漸生厭足之心，便離開所附之人，而貪求靜謐之弟子與為魔附體之邪師都陷於國法的制裁。你當預先覺知此等魔事，才不至於墮入輪迴，如果迷惑不知，就會墮入無間地獄。

【注釋】

❶ 謐：寂靜。

❷ 訐：揭發、攻擊他人的隱私、過錯或短處。

「又善男子受陰虛妙，不遭邪慮，圓定發明；三摩地中，心愛知見，勤苦研尋，貪求宿命。爾時，天魔候得其便，飛精附人，口說經法。其人殊不覺知魔著，亦言自得無上涅槃，來彼求知善男子處敷座說法；是人無端於說法處得大寶珠。其魔或時化為畜生，口銜其珠及雜珍寶、簡冊符牘諸奇異物，先授彼人，後著其體。或誘聽人，藏於地下有明月珠，照耀其處，是諸聽者得未曾有。多食藥草，不餐嘉饌，或時日餐一麻一麥，其形肥充，魔力持故；誹謗比丘，罵詈徒眾，不避譏嫌。口中好言他方寶藏、十方聖賢潛匿之處，隨其後者，往往見有奇異之人。此名山林、土地、城隍、川嶽鬼神，年老成魔，或有宣淫，破佛戒律，與承事者，潛行五欲；或有精進，純食草木，無定行事，惱亂是人；厭足心生，去彼人體，弟子與師俱陷王難。汝當先覺，不入輪迴，迷惑不知，墮無間獄。

【譯文】

「又那些修禪定的善男子，受陰已破，正受虛妙，不再被受陰邪慮所惑，圓通妙定得以發明，離身無礙，見聞周遍；然而於此三摩地中，忽起一念貪著，心愛宿命知見，故而勤苦研究觀尋，貪求宿命。這時，天魔候得其人貪著愛求之便，飛遣精魅附在他人身上，口說經法。此人實不知有魔附身，也自言已證得無上涅槃，並來到這位貪求宿命的善男子處敷座說法；此附魔人無端於說法處得到大寶珠，顯其瑞應。此魔有時化作畜生，口中銜著寶珠以及雜色珍寶，或簡冊符牘等多種奇珍異物，此畜生先將珍寶授予那人，然後就附著在那人身體上。此附魔人有時又誘惑聽眾說，有明月珠藏於地下，其地果然就有珠光照耀，聽法的人眼見此事，大為嘆服，得未曾有。此附魔人多食草藥，不吃飯菜，有時一日只吃一麻一麥，其身體反而肥壯，這都是魔力所持的緣故；還誹謗比丘，責罵徒眾，不避譏嫌。此附魔人口中好言某地藏有寶藏，某地有聖賢在潛修，隨他去看，往往見到奇異之人。此名為山林、土地、城隍、川嶽鬼神，年老成魔，附體於人，或者宣講淫穢之行，毀破佛制律儀，並與承事他的弟子潛行世間五欲之事；或行無益的精進，純食草木，令人仿效，或者行事沒有定規，惱亂修行者；若達目的則漸生厭足之心，便離開所附之人，而貪求宿命之弟子與為魔附體之邪師都陷於國法的制裁。你當預先覺知此等魔事，才不至於墮入輪迴，如果迷惑不知，就會墮入無間地獄。

「又善男子受陰虛妙，不遭邪慮，圓定發明；三摩地中，心愛神通種種變化，研究化元，貪取神力。爾時，天魔候得其便，飛精附人，口說經法。其人誠不覺知魔著，亦言自得無上涅槃，來彼求通善男子處敷座說法；是人或復手執火光，手撮其光，分於所聽四眾頭上，是諸聽人頂上火光皆長數尺，亦無熱性，曾不焚燒；或水上行，如履平地；或於空中安坐不動；或入瓶內，或處囊中，越牖透垣，曾無障礙；惟於刀兵，不得自在。自言是佛，身著白衣，受比丘禮，誹謗禪律，罵詈徒眾，訐露人事，不避譏嫌。口中常說神通自在，或復令人旁見佛土，鬼力惑人，非有真實；讚嘆行淫，不毀粗行，將諸猥媟以為傳法。此名天地大力山精、海精、風精、河精、土精、一切草木積劫精魅，或復龍魅，或壽終仙再活為魅，或仙期終，計年應死，其形不化，他怪所附，年老成魔，惱亂是人；厭足心生，去彼人體，弟子與師多陷王難。汝當先覺，不入輪迴，迷惑不知，墮無間獄。

【譯文】

「又那些修禪定的善男子，受陰已破，正受虛妙，不再被受陰邪慮所惑，圓通妙定得以發明，離身無礙，見聞周遍；然而於此三摩地中，忽起一念貪著，心愛神通種種變化，故而研究變化之根元，貪取神力。這時，天魔候得其人貪著愛求之便，飛遣精魅附在他人身上，口說經法。此人誠不知有魔附身，也自言已證得無上涅槃，並來到這位貪求神通的善男子處敷座說法；此附魔人有時手拿火光，用手撮取火光分置於所有聽講的四眾頭上，所有聽眾頭頂上的火光都高數尺，卻沒有熱的感覺，也不焚燒頭頂；此人有時在水上走，如履平地；有時又安坐於空中不動；有時又進入瓶內，有時又進入袋中，有時又越壁穿牆，全無障礙；唯有對於刀兵之事還不得自在。他自稱是佛，身著俗家白衣，受出家人禮拜；又誹謗禪律，責罵徒眾，披露他人的隱私，不避譏嫌。此附魔人口中常說神通自在，有時又使人在旁觀見佛國淨土，這都是魔鬼之力迷惑眾人，並非真實的存在；他讚嘆行淫，不毀粗鄙之行，將種種猥褻邪淫的行為作為傳法。此名為天地大力山精、海精、風精、河精、土精及一切草木積劫所成的精魅，或者是龍魅，或者是壽終之仙再活為魅；或者仙壽將終，計算年限當死，但其形體不化，被其他精怪所附，如此等等，年老成魔，受魔王遣使來惱亂修行者；若達目的則漸生厭足之心，便離開所附之人，而貪求神通之弟子與為魔附體之邪師都陷於國法的制裁。你當預先覺知此等魔事，才不至於墮入輪迴，如果迷惑不知，就會墮入無間地獄。

「又善男子受陰虛妙，不遭邪慮，圓定發明；三摩地中，心愛入滅，研究化性，貪求深空。爾時，天魔候得其便，飛精附人，口說經法。其人終不覺知魔著，亦言自得無上涅槃，來彼求空善男子處敷座說法；於大眾內，其形忽空，眾無所見，還從虛空突然而出，存沒自在；或現其身洞如琉璃，或垂手足作旃檀氣，或大小便如厚石蜜，誹毀戒律，輕賤出家。口中常說『無因無果，一死永滅，無復後身及諸凡聖』；雖得空寂，潛行貪欲，受其欲者，亦得空心，撥無因果。此名日月薄蝕精氣，金玉、芝草、麟、鳳、龜、鶴，經千萬年不死為靈，出生國土，年老成魔，惱亂是人；厭足心生，去彼人體，弟子與師多陷王難。汝當先覺，不入輪迴，迷惑不知，墮無間獄。

【譯文】

「又那些修禪定的善男子，受陰已破，正受虛妙，不再被受陰邪慮所惑，圓通妙定得以發明，離身無礙，見聞周遍；然而於此三摩地中，忽起一念貪著，心愛進入滅色歸空之境，故而研究萬物變化之本性，貪求深空境界。這時，天魔候得其人貪著愛求之便，飛遣精魅附在他人身上，口說經法。此人終不知有魔附身，也自言已證得無上涅槃，並來到這位貪求神通的善男子處敷座說法；此附魔人大眾中，其身形忽空，眾人一無所見，其人又從虛空中突然而出，或現身或沒身都很自在；或者又顯現身體透明如同琉璃，又顯現手足發出旃檀香氣，或顯現大小便如同厚石蜜一樣甘甜；又誹謗佛制律儀，輕賤出家人。此附魔人口中常說『無因無果，人一死就永遠滅亡，並沒有再轉生的後身，也沒有凡聖迷悟的差別』；雖然獲得斷滅的空寂境界，卻潛行淫欲，受其貪欲法而與其一起行欲之人，也得到空心的體驗，也相信無因無果之邪說。此名為日月薄蝕精氣貫注，滋養於金玉、芝草以及麟、鳳、龜、鶴等，經過千萬年不死而變成精靈，出生於國土世間，年老成魔，受魔王遣使來惱亂修行者；若達目的則漸生厭足之心，便離開所附之人，而貪求深空之弟子與為魔附體之邪師都陷於國法的制裁。你當預先覺知此等魔事，才不致於墮入輪迴，如果迷惑不知，就會墮入無間地獄。

「又善男子受陰虛妙，不遭邪慮，圓定發明；三摩地中，心愛長壽，辛苦研幾，貪求永歲，棄分段生，頓希變易，細相常住。爾時，天魔候得其便，飛精附人，口說經法。其人竟不覺知魔著，亦言自得無上涅槃，來彼求生善男子處，敷座說法；好言他方往還無滯，或經萬里，瞬息再來，皆於彼方取得其物；或於一處、在一宅中，數步之間令其從東詣至西壁，是人急行，累年不到；因此心信，疑佛現前。口中常說『十方眾生皆是吾子，我生諸佛，我出世界，我是元佛，出世自然，不因修得』。此名住世自在天魔，使其眷屬，如遮文荼及四天王毗舍童子，未發心者，利其虛明，食彼精氣；或不因師，其修行人親自觀見，稱執金剛與汝長命，現美女身，盛行貪欲，未逾年歲，肝腦枯竭；口兼獨言，聽若妖魅。前人未詳，多陷王難，未及遇刑，先已乾死。惱亂彼人，以至殂殞。汝當先覺，不入輪迴，迷惑不知，墮無間獄。

【譯文】

「又那些修禪定的善男子，受陰已破，正受虛妙，不再被受陰邪慮所惑，圓通妙定得以發明，離身無礙，見聞周遍；然而於此三摩地中，忽起一念貪著，心愛長壽，故而辛苦研究身心氣脈之幾微動相，貪求永世壽歲，摒棄分段生死，立刻獲得變易生死，微細生相得以常住。這時，天魔候得其人貪著愛求之便，飛遣精魅附在他人身上，口說經法。此人竟不知有魔附身，也自言已證得無上涅槃，並來到這位貪求長壽的善男子處敷座說法；此附魔人好言他方往來無有阻礙，或去萬里之外，瞬息就可回來，且在他方取得物品作為證明；或者在某處的宅舍中，於不過數步長的屋中，讓一人從東壁走到西壁，此人急行，但累年也走不到；因為看到這些情景而對附魔人生起信心，懷疑是佛顯現於前。此附魔人口中常說『十方一切眾生都是我子，我生出諸佛，我創造出世界，我是最初的元佛，自然而然出現於世間，並非因修習而證得』。此名為住世自在天魔，遣使其眷屬如遮文茶及四天王所統屬的毗舍童子等未發護法心者，利用修行人定心之虛明，來吸食精氣；或者不因循師父教授，修行者親自觀見魔王現身，口稱執金剛菩薩賜予你長命之法，身同金剛，並現為美女身，與修行者廣行淫欲，未到一年，其行人精氣被吸啖而肝腦枯竭；口中又喃喃自語，別人聽之如妖魅聲。因為現前修定者未能詳察被魔迷惑，多會陷於國法的制裁，然而未及遭刑戮就已經先乾死。此魔如此惱亂修行人，直至其死亡為止。你當預先覺知此等魔事，才不至於墮入輪迴，如果迷惑不知，就會墮入無間地獄。

「阿難當知，是十種魔於末世時，在我法中出家修道，或附人體，或自現形，皆言已成正遍知覺；讚嘆淫欲，破佛律儀，先惡魔師與魔弟子淫淫相傳，如是邪精，魅其心腑，近則九生，多逾百世，令真修行總為魔眷，命終之後，必為魔民，失正遍知，墮無間獄。汝今未須先取寂滅，縱得無學，留願入彼末法之中，起大慈悲，救度正心深信眾生，令不著魔，得正知見。我今度汝已出生死，汝遵佛語，名報佛恩。阿難，如是十種禪那現境，皆是想陰用心交互，故現斯事。眾生頑迷，不自忖量，逢此因緣，迷不自識，謂言登聖，大妄語成，墮無間獄。汝等必須將如來語，於我滅後，傳示末法，遍令眾生開悟斯義，無令天魔得其方便，保持覆護，成無上道。」

【譯文】

「阿難，你應當知道，這十種魔於末法之世，將在我佛法中假示出家修道，或者附於別人身體上，或者自己現形，都自言已成正遍知正覺；稱讚淫欲，毀破佛制律儀，且自起初惡魔所附之師與魔弟子以淫法相授，淫淫相傳，如此則邪魔精靈迷魅了修行者的心腑，近則九生，多則百世，令真修行的人總是成為魔的眷屬，命終之後，又成為魔民，失去了正遍知的覺心，墮入無間地獄。你現在不須先取寂滅入涅槃，縱然證得無學聖道，也要發願留住世間進入末法世中，起大慈悲，救度具有正心、深信佛法的眾生，使他們不著於魔，獲得正知見。我現在度化你已經出離生死苦海，你當遵循佛之教言，此名報佛深恩。阿難，以上所說的十種禪定中所出現的境界，都是想陰將破而未破之時，正定禪觀與習氣妄想兩種用心交互陵替，故顯現如此境界。眾生頑迷無知，不自思量，逢此暫現的境界因緣，迷昧不能自識，便妄言已證得聖位，於是成為大妄語，墮入無間地獄。你們必須將如來宣說的法語，在如來滅度後的末法時期，傳承宣說，讓所有的眾生都能明白如此義理，不能讓天魔得其機會，乘虛而入，惱害行人，以保持禪心、覆護修行人得成無上道果。」

卷十

本卷內容首先是「五十陰魔」之行陰魔中的十種外道邪計（無因論、圓常論、一分常論、有邊論、四種顛倒不死矯亂遍計虛論、立五陰中死後有相心顛倒論、立五陰中死後無相心顛倒論、立五陰中死後俱非心顛倒論、立五陰中死後斷滅心顛倒論、立五陰中五現涅槃心顛倒論），以及識陰魔中的十種邪執（因所因執、能非能執、常非常執、知無知執、生無生執、歸無歸執、貪非貪執、真無真執、定性聲聞執、定性辟支佛執）。最後，佛告誡會中大眾應當多方教導末世眾生正確認識上述五陰諸魔的真相，重申末世修禪持誦楞嚴咒佛以除魔事的重要性。此時，阿難又提出了三個問題：一是五陰為何以妄想為本？二是五陰是一併消除，還是次第消盡？三是五陰的邊際界限？佛對此作了解答，特別指出五陰是次第生起，其生先從識陰開始次第而有，其滅則先從色陰開始次第消除，「理則頓悟，乘悟並消；事非頓除，因次第盡」。至此，本經「正宗分」圓滿。其後部分是全經的「流通分」，佛講述了弘揚、持誦《楞嚴經》和「楞嚴咒」所獲得的無量功德利益，告誡大眾要將此法門開示給末世眾生。

「阿難，彼善男子修三摩提想陰盡者，是人平常夢想銷滅，寤寐恆一，覺明虛靜，猶如晴空，無復粗重前塵影事，觀諸世間大地山河，如鏡鑒明，來無所黏，過無蹤跡，虛受照應，了罔陳習，唯一精真。生滅根元，從此披露，見諸十方十二眾生，畢殫其類；雖未通其各命由緒，見同生基，猶如野馬，熠熠清擾❶，為浮根塵究竟樞穴，此則名為行陰區宇。若此清擾熠熠元性，性入元澄，一澄元習，如波瀾滅，化為澄水，名行陰盡。是人則能超眾生濁❷。觀其所由，幽隱妄想以為其本。

【譯文】

「阿難，那些善男子修習三摩提想陰已盡者，此人平常睡時之夢和醒時之想都已消除滅盡，醒和睡時定心恆一，安住於覺明虛靜之境，猶如晴空之明淨，再也沒有粗重的前塵影事呈現，觀一切世間的山河大地，猶如明鏡照映物象，來無黏連，去無蹤跡，此時心之觸境不過是虛受照應而已，心識中了無陳舊習氣，唯是一識精真體，湛然獨存。由此，一切萬有的生滅根元——行陰之體從此披開顯露，得以觀見十方世界的十二類眾生，全部窮盡各類眾生的生滅根由；雖然還未通達眾生各別性命的因由端緒，但已見到他們同分生死的根基——行陰，就如同虛幻的野馬塵埃，在清虛中輕清擾動，熠熠閃爍，生滅不停，這是一切眾生浮根四塵遷流、轉依的究竟樞穴和關鍵，此種定境名為行陰區宇。如果此輕清擾動、熠熠生滅之根元體性，因定力轉深，其性入於本元澄湛之藏識，一旦澄淨了行陰本元之種子和習氣，就如波瀾平息，化為澄清的止水，這稱為行陰消盡。這時修行者就能超越眾生濁。回觀行陰生起的因由，眾生的幽隱妄想是其根本。

【注釋】

❶ 熠熠：光耀，閃耀。

❷ 按，想行相織，成眾生濁。

「阿難當知，是得正知奢摩他中，諸善男子，凝明正心，十類天魔不得其便，方得精研，窮生類本。於本類中，生元露者，觀彼幽清圓擾動元，於圓元中起計度者，是人墜入二無因論。一者，是人見本無因。何以故？是人既得生機全破，乘於眼根八百功德，見八萬劫所有眾生業流灣環，死此生彼，只見眾生輪迴其處，八萬劫外冥無所觀，便作是解：此等世間十方眾生，八萬劫來無因自有。由此計度，亡正遍知，墮落外道，惑菩提性。

【譯文】

「阿難，你應當知道，那些得到正知禪定的善男子，正心凝定，覺照常明，因為想陰已破、不遭邪慮，故十類天魔不得其可乘之便，方得精研窮究十二類眾生的生滅根本。於修行者本類中，想陰既破，行陰即現，則生滅根元得以顯露，這時修行者於禪定中觀彼行陰幽隱輕清之擾動，並圓遍觀察十二類眾生之擾動根元，於圓擾群動的根元生起計度心，誤執為勝性，此修行者便墮入二種無因論。第一，此人持本無因論。為什麼呢？此人既得將作為生機根本的浮根四塵全部破除，生滅根元行陰全然顯露，故於定中，依憑眼根的八百功德，得見八萬劫中的所有眾生，隨著業力之流而灣轉回環，死於此而又生於彼，但見眾生輪迴在其間，然而他對於八萬劫以外則冥然莫知，無所觀見，於是他就作這樣的理解：此等世間的十方眾生，自八萬劫以來都無因自有。此人由於這樣計度，就亡失了正遍知，墮入外道的無因論邪見，從而迷失了菩提真性。

「二者，是人見末無因。何以故？是人於生既見其根，知人生人，悟鳥生鳥，烏從來黑，鵠從來白，人天本豎，畜生本橫，白非洗成，黑非染造，從八萬劫無復改移。今盡此形，亦復如是，而我本來不見菩提，云何更有成菩提事？當知今日一切物象皆本無因。由此計度，亡正遍知，墮落外道，惑菩提性。是則名為第一外道立無因論。

【譯文】

「第二，此人持末無因論。為什麼呢？此人從諸類生命中，既見八萬劫前本來無根，無因而有，知道人自然生人，悟知鳥自然生鳥，烏鴉從來自然是黑的，鵠從來自然是白的，人和天人本來就豎著行走，畜生本來就橫著行走，白不是洗成的，黑也不是染造的，乃是自然而然，從八萬劫以來就未曾改變過。今盡未來際，此形也是如此，而我本來八萬劫前就不見十二類眾生從菩提性起，如何還有八萬劫之後成就菩提之事呢？由此應當知道，現在的一切物象都是本來無因而自有。此人由於如此計度，就亡失了正遍知，墮入外道的無因論邪見，從而迷失了菩提真性。這就是第一外道所創立的無因論。

「阿難，是三摩中諸善男子，凝明正心，魔不得便，窮生類本，觀彼幽清常擾動元，於圓常中起計度者，是人墜入四遍常論。一者，是人窮心境性，二處無因；修習能知二萬劫中十方眾生所有生滅，咸皆循環，不曾散失，計以為常。二者，是人窮四大元，四性常住；

修習能知四萬劫中十方眾生所有生滅，咸皆體恆，不曾散失，計以為常。三者，是人窮盡六根、末那、執受，心意識中，本元由處，性常恆故；修習能知八萬劫中一切眾生循環不失，本來常住，窮不失性，計以為常。四者，是人既盡想元，生理更無，流止運轉，生滅想心，今已永滅，理中自然成不生滅，因心所度，計以為常。由此計常，亡正遍知，墮落外道，惑菩提性。是則名為第二外道立圓常論。

【譯文】

「阿難，你應當知道，那些在禪定中的善男子，正心凝定，覺照常明，因為想陰已破、不遭邪慮，故十類天魔不得其可乘之便，修行者於禪定中窮究十二類眾生的生滅根本，觀彼行陰幽隱輕清之擾動，並圓遍觀察十二類眾生之擾動根元，於行陰之圓遍、相續常相中生起計度心，誤執為勝性，此修行者便墮入四種遍常論。第一，此人窮究心和境的根元之性，認為心和境二處都無生因；依此修習能知兩萬劫中十方眾生的所有生滅，都是循環往復，相續不斷，未曾散失，此人因此妄計心、境二性是遍常。第二，此人窮究四大為生滅變化之根元，認為四大之性常住不滅；依此修習能知四萬劫中十方眾生的所有生滅都從四大而來，而四大本身皆體性恆常，未曾散失，此人因此妄計四大之性是遍常。第三，此人窮究六根、第七末那識以及執受根身器界種子的第八識，以為此心、意、識中的本元生起之處，其性恆常不變；依此修習能知八萬劫中一切眾生之生滅循環往復，未曾散失，而循環之根元八識則本來常住，窮此循環也不失其性，此人因此妄計八識之性是遍常。第四，此人既然已盡想陰之根元，想陰生起之理更不復有流止運轉，生滅之想心現已永遠滅除，從理上說自然成就了不生滅性，因此妄心揣度，妄計此行陰的不生滅性是遍常。此人由於如此計度，就亡失了正遍知，墮入外道的遍常論邪見，從而迷失了菩提真性。這就是第二外道所創立的圓常論。

「又三摩中諸善男子，堅凝正心，魔不得便，窮生類本，觀彼幽清常擾動元，於自、他中起計度者，是人墜入四顛倒見，一分無常，一分常論。一者，是人觀妙明心遍十方界，湛然以為究竟神我；從是則計我遍十方，凝明不動，一切眾生於我心中自生自死，則我心性名之為常；彼生滅者，真無常性。二者，是人不觀其心，遍觀十方恆沙國土，見劫壞處，名為究竟無常種性，劫不壞處名究竟常。三者，是人別觀我心精細微密，猶如微塵，流轉十方，性無移改，能令此身即生即滅，其不壞性名我性常；一切死生從我流出，名無常性。四者，是人知想陰盡，見行陰流，行陰常流，計為常性；色、受、想等今已滅盡，名為無常。由此計度，一分無常、一分常故，墮落外道，惑菩提性。是則名為第三外道一分常論。

【譯文】

「又那些在禪定中的善男子，正心堅凝，因為想陰已破、不遭邪慮，故十類天魔不得其可乘之便，修行者於禪定中窮究十二類眾生的生滅根本，觀彼行陰幽隱輕清之擾動，並圓遍觀察十二類眾生之擾動根元，對於自、他生起計度心，此修行者便墮入四顛倒見，計執諸法是一部分無常，一部分恆常。第一，此人觀行陰之幽清境相而誤作是妙明真心，遍及十方世界而湛然不動，以為此即是最究竟的神我；由此而妄計神我遍及十方世界，凝常、明淨而不動，一切眾生都在我心中自生自死，這樣，則我的心性即是真常性，那些生滅的眾生則是真無常性。第二，此人不觀其自心，而遍觀十方恆河沙國土，但見被劫末三災所壞之處的國土眾生即認為是究竟無常種姓，而對於劫末三災所不能壞處的國土眾生即認為是究竟真常種姓。第三，此人又別為觀察自心，見行陰根本動相精細，行相微密，猶如極微塵，妄計為微細我，此微細我雖然流轉十方，不斷起惑、造業、受報，然其性並無移改，能令此身在流轉中即生即滅，而其不壞性名之為我性真常；而一切從『我性』流出的有生有死之身體，名之為無常性。第四，此人觀知想陰已盡，現見行陰遷流不息，便將此行陰之常流，妄計為常性；將已消盡的色、受、想三陰，妄計為無常。此人由於如此計度，妄認一分有常、一分無常之論，墮入外道邪見，從而迷失了菩提真性。這就是第三外道所創立的一分常論。

「又三摩中諸善男子，堅凝正心，魔不得便，窮生類本，觀彼幽清常擾動元，於分位中生計度者❶，是人墜入四有邊論。一者，是人心計生元流用不息，計過、未者，名為有邊；計相續心，名為無邊。二者，是人觀八萬劫，則見眾生；八萬劫前，寂無聞見。無聞見處，名為無邊；有眾生處，名為有邊。三者，是人計我遍知，得無邊性；彼一切人現我知中，我曾不知彼之知性，名彼不得無邊之心，但有邊性。四者，是人窮行陰空，以其所見心路籌度一切眾生，一身之中計其咸皆半生半滅；明其世界一切所有，一半有邊，一半無邊。由此計度有邊、無邊，墮落外道，惑菩提性。是則名為第四外道立有邊論。

【譯文】

「又那些在禪定中的善男子，正心堅凝，因為想陰已破、不遭邪慮，故十類天魔不得其可乘之便，修行者於禪定中窮究十二類眾生的生滅根本，觀彼行陰幽隱輕清之擾動，並圓遍觀察十二類眾生之擾動根元，於四種分位中生起計度心，此修行者便墮入四有邊論。第一，此人心中計執生滅本元之行陰相續遷流，業用不息，於是計度過去心已滅、未來心未至，名之為有邊；現在相續心從無間斷，名之為無邊。第二，此人定中觀察八萬劫之內，則眾生生滅不息；觀八萬劫之前，則寂然無有聞見。將此八萬劫前無聞見處，名之為無邊；八萬劫內有眾生處，名之為有邊。第三，此人計執行陰為真我，以為真我遍知一切，而得其無邊性；其他一切人都現於我的知性範圍之中，但我卻不能知道彼眾生的知性，可見他們的知性必定是有邊的，因其知性不能達於我之知性，因此當說彼眾生沒有得到無邊之心，僅只是有邊性。第四，此人窮究行陰，欲求滅除，於禪定中，覺得已將行陰滅除，但出定後，行陰又生起。此人即以其禪定所見之心路來籌量計度一切眾生，認為眾生的一生身之中，都是半生滅半不生滅；由此判定，世界中所有一切都是一半有邊、一半無邊。此人由於如此計度有邊、無邊，墮入外道邪見，從而迷失了菩提真性。這就是第四外道所創立的有邊論。

【注釋】

❶ 分位：指四種分位，即三際分位、見聞分位、彼我分位、生滅分位。

「又三摩中諸善男子，堅凝正心，魔不得便，窮生類本，觀彼幽清常擾動元，於知見中生計度者，是人墜入四種顛倒不死矯亂、遍計虛論。一者，是人觀變化元，見遷流處，名之為變；見相續處，名之為恆；見所見處，名之為生；不見見處，名之為滅；相續之因，性不斷處，名之為增；正相續中，中所離處，名之為滅；各各生處，名之為有；互互亡處，名之為無。以理都觀，用心別見。有求法人來問其義，答言『我今亦生亦滅，亦有亦無，亦增亦減』。於一切時皆亂其語，令彼前人遺失章句。二者，是人諦觀其心互互無處，因『無』

得證。有人來問，唯答一字，但言其『無』，除『無』之餘，無所言說。三者，是人諦觀其心各各有處，因『有』得證。有人來問，唯答一字，但言其『是』，除『是』之餘，無所言說。四者，是人有、無俱見，其境枝故，其心亦亂。有人來問，答言『亦有即是亦無，亦無之中不是亦有』。一切矯亂，無容窮詰。由此計度，矯亂虛無，墮落外道，惑菩提性。是則名為第五外道四顛倒性不死矯亂、遍計虛論。

【譯文】

「又那些在禪定中的善男子，正心堅凝，因為想陰已破、不遭邪慮，故十類天魔不得其可乘之便，修行者於禪定中窮究十二類眾生的生滅根本，觀彼行陰幽隱輕清之擾動，並圓遍觀察十二類眾生之擾動根元，於定中所得的知見中生起計度心，此修行者便墮入四種顛倒不死矯亂、遍計虛論。第一，此人於定中觀察變化本元之行陰，見其遷流相之處，名之為變；見其相續性之處，名之為恆；見八萬劫內能見之處，名之為生；八萬劫外不能見之處，名之為滅；行陰相續之因，其性不斷之處，名之為增；正相續時，中間的分開之處，名之為減；見眾生各有其生處，名之為有；見眾生各有其亡處，名之為無。雖然都以行陰之理總觀，以行者用心之別而有不同的知見。當有求法之人前來詢問修證之義，此人即回答『我今亦生亦滅，亦有亦無，亦增亦減』。無論什麼時候，此人的回答都是如此矯亂其語，使前來求法的人迷失言辭正理，知見淆亂，無所適從。第二，此人細緻觀察行陰各相續之無處，因觀『無』而有所證悟。有人前來問法，只回答一個『無』字，除了『無』字之外，什麼也不說。第三，此人細緻觀察行陰各相續之有處，因觀『有』而有所證悟。有人前來問法，只回答一個『是』字，除了『是』字之外，什麼也不說。第四，此人細緻觀察行陰之相續，雙觀其生處和滅處，有無俱見，因所觀之境既有分枝，能觀之心也昏亂不定。有人前來問法，他回答說：『亦有即是亦無，亦無之中不是亦有。』這完全是矯亂言語，使人無法追問清楚。此人由於如此計度，言語矯亂虛無，墮入外道邪見，從而迷失了菩提真性。這就是第五外道所創立的四顛倒性不死矯亂、遍計虛論。

「又三摩中諸善男子，堅凝正心，魔不得便，窮生類本，觀彼幽清常擾動元，於無盡流生計度者，是人墜入死後有相，發心顛倒。或自固身，云『色是我』；或見我圓，含遍國土，云『我有色』；或彼前緣，隨我回復，云『色屬我』；或復我依行中相續，云『我在色』。皆計度言死後有相，如是循環，有十六相。從此或計畢竟煩惱、畢竟菩提，兩性並驅，各不相觸。由此計度死後有故，墮落外道，惑菩提性。是則名為第六外道立五陰中死後有相、心顛倒論。

【譯文】

「又那些在禪定中的善男子，正心堅凝，因為想陰已破、不遭邪慮，故十類天魔不得其可乘之便，修行者於禪定中窮究十二類眾生的生滅根本，觀彼行陰幽隱輕清之擾動，並圓遍觀察十二類眾生之擾動根元，於行陰相續無盡流生起計度心，以為色、受、想諸陰雖然已經滅除，但死後還會再次生起。此修行者便墮入死後有相、發心顛倒論。或者堅持自己固守身形，說『四大之色都是我』；或者見我性圓融，遍含十方國土，說『我中包有一切色』；或者現前所緣之色法，都隨我回旋往復運用，說『色屬於我』；或者見我依行陰中相續遷流之相而存活，說『我在色中』。這些都是虛妄計度而說死後仍有我相，如此循環推展，於色、受、想、行四陰中，各計度有四種我，共有十六相。由此更轉深一層的計度，畢竟煩惱與畢竟菩提，皆如行陰之無盡流，兩種體性並駕齊驅，同時並存，各自不相抵觸、妨礙。此人由於如此計度死後有相，墮入外道邪見，從而迷失了菩提真性。這就是第六外道所創立的五陰中死後有相、心顛倒論。

「又三摩中諸善男子，堅凝正心，魔不得便，窮生類本，觀彼幽清常擾動元，於先除滅色、受、想中生計度者，是人墜入死後無相，發心顛倒。見其色滅，形無所因；觀其想滅，心無所繫；知其受滅，無復連綴。陰性銷散，縱有生理而無受、想，與草木同。此質現前，猶不可得，死後云何更有諸相？因之勘校，死後相無。如是循環，有八無相。從此或計涅槃、因果一切皆空，徒有名字，究竟斷滅。由此計度死後無故，墮落外道，惑菩提性。是則名為第七外道立五陰中死後無相、心顛倒論。

【譯文】

「又那些在禪定中的善男子，正心堅凝，因為想陰已破、不遭邪慮，故十類天魔不得其可乘之便，修行者於禪定中窮究十二類眾生的生滅根本，觀彼行陰幽隱輕清之擾動，並圓遍觀察十二類眾生之擾動根元，於先已滅除的色、受、想三陰中生起計度心，此修行者便墮入死後無相、發心顛倒論。此人於定中見其色陰滅除，則身形無所依託；觀其想陰滅除，則意識心無所繫；知其受陰滅除，則色與心之間便失去連綴。色、受、想三陰之性既已消散，縱有行陰能生之理，然而無有受、想，也只是與草木同類。色、受、想、行四陰之質體，即使現前定中皆無相可得，死後怎麼能更有諸體相呢？因此勘定，死後當是無相。如此循環推論，色、受、想、行四陰生前死後皆無相，共有八種無相。由此計度轉深，認為涅槃、因果等一切世間法、出世間法皆空，徒有名字，究竟歸於斷滅。由於如此計度死後無相，墮入外道邪見，從而迷失了菩提真性。這就是第七外道所創立的五陰中死後無相、心顛倒論。

「又三摩中諸善男子，堅凝正心，魔不得便，窮生類本，觀彼幽清常擾動元，於行存中，兼受、想滅，雙計有、無，自體相破，是人墜入死後俱非、起顛倒論。色受想中，見有非有；行遷流內，觀無不無。如是循環，窮盡陰界，八俱非相，隨得一緣，皆言死後有相、無相。又計諸行，性遷訛故，心發通悟，有、無俱非，虛實失措。由此計度死後俱非，後際昏瞢無可道故❶，墮落外道，惑菩提性。是則名為第八外道立五陰中死後俱非、心顛倒論。

【譯文】

「又那些在禪定中的善男子，正心堅凝，因為想陰已破、不遭邪慮，故十類天魔不得其可乘之便，修行者於禪定中窮究十二類眾生的生滅根本，觀彼行陰幽隱輕清之擾動，並圓遍觀察十二類眾生之擾動根元，於行陰尚存中，再兼以受、想滅除，對上述二者雙計亦有亦無，這樣自體相就相互破壞，此修行者便墮入死後俱非、起顛倒論。於色、受、想三陰之中，先前雖然是有，但滅除則為非有，行陰也是如此；從行陰遷流之中，在色、受、想三陰未破前，行陰未顯露，故是『無』，三陰滅除，行陰顯露，故說是『非無』，色、受、想三陰也是如此。如此循環觀察，窮盡色、受、想、行四陰界而衍成八種俱非相，隨舉一陰為緣，都說死後非有相、非無相。由此推演妄計一切法之性都是遷變淆訛，有亦非有，無亦非無；於是心中發起邪悟，以為世間一切法都是有、無俱非，這樣便失去了對有無虛實的合理抉擇。由於如此計度死後非有非無，後際未來昏懵，無有道理可言，墮入外道邪見，從而迷失了菩提真性。這就是第八外道所創立的五陰中死後俱非、心顛倒論。

【注釋】

❶ 瞢：晦暗無光貌，不明。

「又三摩中諸善男子，堅凝正心，魔不得便，窮生類本，觀彼幽清常擾動元，於後後無生計度者，是人墜入七斷滅論❶。或計身滅，或欲盡滅，或苦盡滅，或極樂滅，或極捨滅。如是循環，窮盡七際，現前銷滅，滅已無復。由此計度死後斷滅，墮落外道，惑菩提性。是則名為第九外道立五陰中死後斷滅、心顛倒論。

【譯文】

「又那些在禪定中的善男子，正心堅凝，因為想陰已破、不遭邪慮，故十類天魔不得其可乘之便，修行者於禪定中窮究十二類眾生的生滅根本，觀彼行陰幽隱輕清之擾動，並圓遍觀察十二類眾生之擾動根元，於行陰念念遷滅之無相，也就是『後後無』中生起計度心，以為人天七處眾生死後必然斷滅，此修行者便墮入七斷滅論。或者計度人道、六欲天處身滅，或者計度初禪天處欲盡滅，或者計度二禪天處苦盡滅，或者計度三禪天處極樂盡滅，或者計度四禪天和四空天處極捨盡滅。如此循環推論，窮盡七際，妄計現前的一切法都悉歸消滅，滅後不再生起。由於如此計度死後斷滅，墮入外道邪見，從而迷失了菩提真性。這就是第九外道所創立的五陰中死後斷滅、心顛倒論。

【注釋】

❶ 斷滅：主張眾生死後完全斷滅。

「又三摩中諸善男子，堅凝正心，魔不得便，窮生類本，觀彼幽清常擾動元，於後後有生計度者，是人墜入五涅槃論。或以欲界為正轉依，觀見圓明，生愛慕故；或以初禪，性無憂故；或以二禪，心無苦故；或以三禪，極悅隨故；或以四禪，苦樂二亡，不受輪迴生滅性故。迷有漏天，作無為解，五處安隱，為勝淨依，如是循環，五處究竟。由此計度五現涅槃，墮落外道，惑菩提性。是則名為第十外道立五陰中五現涅槃、心顛倒論。

【譯文】

「又那些在禪定中的善男子，正心堅凝，因為想陰已破、不遭邪慮，故十類天魔不得其可乘之便，修行者於禪定中窮究十二類眾生的生滅根本，觀彼行陰幽隱輕清之擾動，並圓遍觀察十二類眾生之擾動根元，於行陰念念遷滅而又相續不斷之有相，也就是『後後有』之中生起計度心，以為人、天眾生死後必然另有存在處，恆常不滅，此修行者便墮入五涅槃論。或者將欲界六欲天作為正轉依果，即不再轉生的涅槃界，這是由於修行者觀見欲界諸天天光圓明，而心生愛慕的緣故；或者以初禪天性無苦逼之憂，故妄計為涅槃界；或者以二禪天心中無憂愁之苦，故妄計為涅槃界；或者以三禪天極樂隨順，故妄計為涅槃界；或者以四禪天苦、樂俱亡，不受輪迴生滅性，故妄計為涅槃界。這樣，行者就將五處有漏諸天，妄計為無漏涅槃界，誤認為五處為究竟安穩之地，為最勝清淨的所依之處；如此循環，將五處都誤當作最究竟之處。由於如此計度五種現證涅槃，墮入外道邪見，從而迷失了菩提真性。這就是第十外道所創立的五現涅槃、心顛倒論。

「阿難，如是十種禪那狂解，皆是行陰用心交互，故現斯悟。眾生頑迷，不自忖量，逢此現前，以迷為解，自言登聖，大妄語成，墮無間獄。汝等必須將如來語，於我滅後，傳示末法，遍令眾生覺了斯義，無令心魔自起深孽，保持覆護，銷息邪見；教其身心開覺真義，於無上道不遭枝歧，勿令心祈得少為足，作大覺王清淨標指。

【譯文】

「阿難，如此十種禪那中的狂解，都是於想陰已破、行陰顯露之際，定慧與妄計兩種用心交互陵替，故顯現如此邪見悟解。眾生頑迷無知，不自思量，逢此狂悟境界現前，以迷妄計度作為勝解，便自言已證得聖位，於是成為大妄語，墮入無間地獄。你們必須將如來宣說的法語，在如來滅度後的末法時期，傳承宣說，讓所有的眾生都能覺悟如此義理，不能讓心魔自起狂解、造下邪見大妄語的深重罪孽，以保持禪心、覆護修行人，消除種種邪見；教導他們於身心中開顯覺悟真實義理，於無上菩提道不遭歧途，並且不要心生得少為足之念，應作大覺王菩提道的清淨正見標指。

「阿難，彼善男子修三摩提行陰盡者，諸世間性、幽清擾動、同分生機，倐然隳裂；沉細綱紐，補特伽羅，酬業深脈，感應懸絕。於涅槃天將大明悟，如雞後鳴，瞻顧東方已有精色。六根虛靜，無復馳逸，內外湛明，入無所入，深達十方十二種類受命元由。觀由執元，諸類不召，於十方界，已獲其同，精色不沉，發現幽秘，此則名為識陰區宇。若於群召已獲同中，銷磨六門，合開成就，見聞通鄰，互用清淨；十方世界及與身心，如吠琉璃❶，內外明徹，名識陰盡。是人則能超越命濁。觀其所由，罔象虛無❷，顛倒妄想以為其本。

【譯文】

「阿難，那些修習三摩地的善男子，當行陰消盡之後，諸世間生滅性以及幽隱輕清而擾動不息的十二類眾生之同分生命根元樞機，突然壞裂解散；第八識沉細業識種子綱網、補特伽羅酬答宿業的深細業報脈絡，如此因果業報感應就此斷絕。此時，修行者本所具有的涅槃佛性、第一義天將大明悟，如同雄雞清晨的最後一次啼鳴，瞻望東方，已經現出精明光色。修行者六根虛靜，不再隨著六塵而奔逸外馳，內根外塵湛然明徹，歸於一味，入於無所入之境，從而深達十方世界十二類眾生受命的根本元由。既觀其受命之由，又執守其受生本元，十二類眾生已不再受業報之牽召而去受生，修行者於十方世界已獲證其同一識性，識精元明常得現前，不再沉隱，故能發現識體之幽秘，此種定境名為識陰區宇。修行者若於十二類眾生的果報牽召已獲證同一唯識性之境界中，再加定慧功行，銷鎔六根隔別之相而融通為一體，六根一體，一體六根，開合自如，進而六根功用相通無礙，見聞覺知等如鄰舍相通，以六根為一根用，一根為六根用，六根互用清淨無礙；至此，定境中十方世界及其行者身心猶如吠琉璃一樣，內外明徹，這就是識陰消盡的境界。這時修行者就能超越命濁。回觀識陰生起的因由，眾生的罔象虛無、顛倒妄想是其根本。

【注釋】

❶ 吠琉璃：七寶之一，寶青色。

❷罔象：即虛無。

「阿難當知，是善男子窮諸行空，於識還元，已滅生滅，而於寂滅精妙未圓。能令己身根隔合開，亦與十方諸類通覺，覺知通㴇，能入圓元。若於所歸立真常因，生勝解者，是人則墮因所因執，娑毗迦羅所歸冥諦成其伴侶，迷佛菩提，亡失知見。是名第一立所得心成所歸果，違遠圓通，背涅槃城，生外道種。

【譯文】

「阿難，應當知道，此修習三摩地的善男子，窮盡行陰而達於空，識陰顯現，於八識返本還元，已經滅除七識遷流生滅行相，但寂滅精妙的識陰之體仍未圓滿。他能使自身的六根隔別銷鎔，六根開合自如，也能與十方十二類眾生通一覺性，見聞覺知相通吻合，故能證入圓妙根元之識陰體性。如果此人將所歸向之圓元不達是識陰，而妄立為真常因，並生起了此為究竟極果的殊勝義解，此人則墮入『因所因』之妄執中，這樣就與娑毗迦羅所歸向之冥諦見解成為伴侶，於是迷失了佛菩提真性，亡失了正知正見。此名為第一種以所證得之心而妄成立為所歸究竟極果，這樣就違背遠離了本修的圓通妙心，與涅槃城背道而馳，當生於外道種類之中。

「阿難，又善男子窮諸行空，已滅生滅，而於寂滅精妙未圓。若於所歸覽為自體，盡虛空界十二類內所有眾生，皆我身中一類流出，生勝解者，是人則墮能非能執，摩醯首羅現無邊身❶，成其伴侶，迷佛菩提，亡失知見。是名第二立能為心成能事果，違遠圓通，背涅槃城，生大慢天我遍圓種。

【譯文】

「阿難，又此修習三摩地的善男子，窮盡行陰而達於空，識陰顯現，已經滅除七識遷流生滅行相，但寂滅精妙的識陰之體仍未圓滿。此修行者如果對於所歸托之圓元識體觀為自體，觀識忘身，遂見盡虛空界十二類內的所有眾生都是從我身中一類流出，於此生起了殊勝義解，此人則墮入『能非能』之妄執中，摩醯首羅天就現無邊身成為其伴侶，於是迷失了佛菩提真性，亡失了正知正見。此名為第二種妄立能生眾生之識體為因心而成立能生眾生之事果，這樣就違背遠離了本修的圓通妙心，與涅槃城背道而馳，當生於妄計我遍攝一切眾生的大慢天外道種類之中。

【注釋】

❶ 摩醯首羅：即大自在天。

「又善男子窮諸行空，已滅生滅，而於寂滅精妙未圓。若於所歸有所歸依，自疑身心從彼流出，十方虛空咸其生起，即於都起所宣流地作真常身、無生滅解。在生滅中早計常住，既惑不生，亦迷生滅。安住沉迷，生勝解者，是人則墮常非常執，計自在天成其伴侶，迷佛菩提，亡失知見。是名第三立因依心成妄計果，違遠圓通，背涅槃城，生倒圓種。

【譯文】

「又此修習三摩地的善男子，窮盡行陰而達於空，識陰顯現，已經滅除七識遷流生滅行相，但寂滅精妙的識陰之體仍未圓滿。此修行者如果對於所歸託之圓元識體覺為有所究竟歸依之處，並且自疑身心是從此識體流出，十方虛空也都是此識生起，此人即於能生起一切法的宣流地——識陰，看作是真常之身、無生滅來理解。將仍處於生滅之中的識陰過早計執為常住真性，既迷惑於不生不滅之常住真性，也迷惑於猶屬微細生滅的識陰。安住此沉迷之法，並生起殊勝義解，此人則墮入『常非常』之妄執中，這樣就與自在天成為伴侶，於是迷失了佛菩提真性，亡失了正知正見。此名為第三種妄立識陰為能生身心之因心以及歸依處而成妄計的真常果，這就違背遠離了本修的圓通妙心，與涅槃城背道而馳，當生顛倒圓滿的外道種類之中。

「又善男子窮諸行空，已滅生滅，而於寂滅精妙未圓。若於所知，知遍圓故，因知立解，十方草木皆稱有情，與人無異；草木為人，人死還成十方草樹。無擇遍知，生勝解者，是人則墮知無知執，婆吒、霰尼執一切覺成其伴侶❶，迷佛菩提，亡失知見。是名第四計圓知心成虛謬果，違遠圓通，背涅槃城，生倒知種。

【譯文】

「又此修習三摩地的善男子，窮盡行陰而達於空，識陰顯現，已經滅除七識遷流生滅行相，但寂滅精妙的識陰之體仍未圓滿。此修行者如果對於所觀之知體識陰，以為其知圓遍一切法，即因此遍一切法之知而立邪解，認為十方世界的一切草木都應該當作有情看待，其知覺與人無異，草木可以成為人，人死後也可以成為十方草樹。不加揀擇地以一切有情無情普遍皆有覺知，並於此生起殊勝義解，此人則墮入『知無知』之妄執中，婆吒、霰尼二種外道計執一切有情無情都有知覺，就成為其伴侶，於是迷失了佛菩提真性，亡失了正知正見。此名為第四種妄立識陰之知圓遍一切而成虛謬果，這就違背遠離了本修的圓通妙心，與涅槃城背道而馳，當生顛倒知的外道種類之中。

【注釋】

❶ 婆吒、霰尼：兩種外道。

「又善男子窮諸行空，已滅生滅，而於寂滅精妙未圓。若於圓融根互用中，已得隨順，便於圓化，一切發生，求火光明，樂水清淨，愛風周流，觀塵成就，各各崇事，以此群塵發作本因，立常住解，是人則墮生無生執，諸迦葉波並婆羅門，勤心役身，事火崇水，求出生死，成其伴侶，迷佛菩提，亡失知見。是名第五計著崇事，迷心從物，立妄求因，求妄冀果，違遠圓通，背涅槃城，生顛化種。

【譯文】

「又此修習三摩地的善男子，窮盡行陰而達於空，識陰顯現，已經滅除七識遷流生滅行相，但寂滅精妙的識陰之體仍未圓滿。此修行者如果對於六根圓融互用中，已得隨心順意，便於此圓融化理妄生計度，認為一切諸法發生都由四大產生，於是求火的光明，樂水的清淨，愛風的周流，觀塵的成就諸事，各尊崇事奉，以此四大群塵當作發生造作萬物的本因，立四大為常住的邪解，此人則墮入『生無生』之妄執中，諸迦葉波以及婆羅門，精勤修行身心，事奉火而崇拜水，求出離生死，成為其伴侶，於是迷失了佛菩提真性，亡失了正知正見。此名為第五種計著四大為圓化之體並尊崇其事相，迷本心而逐外物，妄立四大生滅法作為求出生死之正因，妄求能生真常實果，這就違背遠離了本修的圓通妙心，與涅槃城背道而馳，當生顛倒圓化之理的外道種類之中。

「又善男子窮諸行空，已滅生滅，而於寂滅精妙未圓。若於圓明計明中虛，非滅群化，以永滅依為所歸依，生勝解者，是人則墮歸無歸執，無想天中諸舜若多成其伴侶❶，迷佛菩提，亡失知見。是名第六圓虛無心成空亡果，違遠圓通，背涅槃城，生斷滅種。」

【譯文】

「又此修習三摩地的善男子，窮盡行陰而達於空，識陰顯現，已經滅除七識遷流生滅行相，但寂滅精妙的識陰之體仍未圓滿。此修行者如果對於識陰之圓遍湛明妄計其明中的虛無之性，以此非毀滅除一切依報正報的生滅化相，以永滅群化之空作為究竟所歸依處，並於此生起殊勝義解，此人則墮入『歸無歸』之妄執中，無想天中的諸多虛空神就成為其伴侶，於是迷失了佛菩提真性，亡失了正知正見。此名為第六種於識陰圓明中以虛無心為因而成灰身滅智之頑空果，這就違背遠離了本修的圓通妙心，與涅槃城背道而馳，當生斷滅種的外道種。

【注釋】

❶ 舜若多：譯作「空性」，此為虛空之神。

「又善男子窮諸行空，已滅生滅，而於寂滅精妙未圓。若於圓常，固身常住，同於精圓，長不傾逝，生勝解者，是人則墮貪非貪執，諸阿斯陀求長命者成其伴侶❶，迷佛菩提，亡失知見。是名第七執著命元，立固妄因，趣長勞果，違遠圓通，背涅槃城，生妄延種。

【譯文】

「又此修習三摩地的善男子，窮盡行陰而達於空，識陰顯現，已經滅除七識遷流生滅行相，但寂滅精妙的識陰之體仍未圓滿。此修行者如果對於識陰妄計為圓滿常住，而生起了堅固色身使其常住，如同識精圓滿常住一樣，長生不死，並於此生起殊勝義解，此人則墮入『貪非貪』之妄執中，求取長命的諸阿斯陀就成為其伴侶，於是迷失了佛菩提真性，亡失了正知正見。此名為第七種執著於識陰是受命根元，而立堅固幻妄之色身同於圓常識陰的因心，趣向長戀塵勞之果，這就違背遠離了本修的圓通妙心，與涅槃城背道而馳，當生妄想延長壽命的外道種類之中。

【注釋】

❶ 阿斯陀：即長壽仙人。

「又善男子窮諸行空，已滅生滅，而於寂滅精妙未圓。觀命互通，卻留塵勞，恐其銷盡，便於此際坐蓮華宮，廣化七珍，多增寶媛❶，恣縱其心，生勝解者，是人則墮真無真執，吒枳迦羅成其伴侶❷，迷佛菩提，亡失知見。是名第八發邪思因立熾塵果，違遠圓通，背涅槃城，生天魔種。

【譯文】

「又此修習三摩地的善男子，窮盡行陰而達於空，識陰顯現，已經滅除七識遷流生滅行相，但寂滅精妙的識陰之體仍未圓滿。此修行者觀十二類眾生皆以識陰為受命根元，故受命互通無礙，卻妄想留住塵勞，恐怕塵勞消盡則我的身命便無依託，此人於是便以神通之力坐於蓮花宮內，廣為化現七寶以莊嚴宮殿，多增美女以恣縱其心，並於此生起殊勝義解，此人則墮入『真無真』之妄執中，吒枳迦羅成為其伴侶，於是迷失了佛菩提真性，亡失了正知正見。此名為第八種發邪思欲心為因而妄立熾盛塵勞愛染之果，這就違背遠離了本修的圓通妙心，與涅槃城背道而馳，當生天魔種的外道種類之中。

【注釋】

❶ 媛：美女。

❷ 吒枳迦羅：指愛染所作，是天魔的異名。

「又善男子窮諸行空，已滅生滅，而於寂滅精妙未圓。於命明中分別精粗，疏決真偽，因果相酬，唯求感應，背清淨道；所謂見苦、斷集、證滅、修道，居滅已休，更不前進，生勝解者，是人則墮定性聲聞❶，諸無聞僧增上慢者成其伴侶，迷佛菩提，亡失知見。是名第九圓精應心成趣寂果，違遠圓通，背涅槃城，生纏空種。

【譯文】

「又此修習三摩地的善男子，窮盡行陰而達於空，識陰顯現，已經滅除七識遷流生滅行相，但寂滅精妙的識陰之體仍未圓滿。此修行者對十二類眾生命元根由了然明白，便於其中分別諸法之精、粗，疏通抉擇聖道、外道之真、偽，並觀察世、出世間都是因果相應，於是唯求感聖道、應寂滅果，背離了一乘實相清淨之道；於所謂見苦諦、斷集諦、證滅諦、修道諦，一旦證居於滅諦涅槃就停止，以為所作已辦，中止化城，更不前進求大乘之道，並於此生起殊勝義解，此人則墮入定性聲聞之中，那些增上慢的無聞比丘成為其伴侶，於是迷失了佛菩提真性，亡失了正知正見。此名為第九種以圓滿專精求應之因心而成其趣向寂滅聲聞果，這就違背遠離了本修的圓通妙心，與涅槃城背道而馳，當生纏於偏空種類之中。

【注釋】

❶ 定性聲聞：唯修聲聞之因，證聲聞之果，不更進求佛道，稱為「定性聲聞」。

「又善男子窮諸行空，已滅生滅，而於寂滅精妙未圓。若於圓融清淨覺明，發研深妙，即立涅槃，而不前進，生勝解者，是人則墮定性辟支，諸緣、獨倫不迴心者成其伴侶，迷佛菩提，亡失知見。是名第十圓覺溜心成湛明果，違遠圓通，背涅槃城，生覺圓明、不化圓種。

【譯文】

「又此修習三摩地的善男子，窮盡行陰而達於空，識陰顯現，已經滅除七識遷流生滅行相，但寂滅精妙的識陰之體仍未圓滿。此修行者如果於圓融、清淨、覺明之觀境中，發心研參深妙之悟，即立此妙悟之境以為究竟涅槃，而不前進更求無上菩提，並於此生起殊勝義解，此人則墮入定性辟支佛之中，那些緣覺、獨覺中不肯迴心趣向大乘的一類成為其伴侶，於是迷失了佛菩提真性，亡失了正知正見。此名為第十種以圓融覺明、清淨通吻之因心而成其湛明寂滅之果，這就違背遠離了本修的圓通妙心，與涅槃城背道而馳，當生覺吻圓明而不能融化透悟空淨圓影種類之中。

「阿難，如是十種禪那，中途成狂，因依迷惑，於未足中生滿足證，皆是識陰用心交互，故生斯位。眾生頑迷，不自忖量，逢此現前，各以所愛先習迷心而自休息，將為畢竟所歸寧地，自言滿足無上菩提，大妄語成，外道、邪魔所感業終，墮無間獄；聲聞、緣覺不成增進。汝等存心秉如來道，將此法門於我滅後，傳示末世，普令眾生覺了斯義，無令見魔自作沉孽，保綏哀救，銷息邪緣；令其身心入佛知見，從始成就，不遭歧路。

【譯文】

「阿難，如此十種禪那中，識陰將盡未盡之中途成為狂解，乃是由於因心迷惑而起妄執，進而於未圓滿證悟之地妄生滿足證地想，保果不前，都是識陰將破未破之際，用心不正，正心與妄念交互陵替，故產生此十種謬執之境。眾生頑迷無知，不自思量，逢此妄執境界現前，各以所愛染的先世業習迷惑自心而自以為已到休止息心之境，並將此認為是究竟所歸依的安寧寂滅之地，便自言已圓滿具足了無上菩提，於是成為大妄語，當其外道、邪魔所感應的業報享盡之時，就會墮入無間地獄；而定性聲聞、定性緣覺則不會再增進，永閉化城，不達寶所。你們存心秉持如來大乘菩提道，必須將此辨魔法門，在如來滅度後的末法時期，傳承宣說，讓所有的眾生都能覺悟如此義理，不能讓自心邪見之魔自作沉淪的罪孽，以保安禪心、哀救修行人，消除邪見之緣；令他們身心入於佛之知見，從開始直至成就證果，中途都不遭邪見歧路。

「如是法門，先過去世恆沙劫中，微塵如來乘此心開，得無上道。識陰若盡，則汝現前諸根互用，從互用中能入菩薩金剛乾慧圓明精心，於中發化，如淨琉璃，內含寶月；如是乃超十信、十住、十行、十迴向、四加行心，菩薩所行金剛十地，等覺圓明，入於如來妙莊嚴海，圓滿菩提，歸無所得。此是過去先佛世尊奢摩他中，毗婆舍那覺明分析微細魔事。魔境現前，汝能諳識，心垢洗除，不落邪見。陰魔消滅，天魔摧碎，大力鬼神褫魄逃逝❶，魑魅魍魎無復出生，直至菩提無諸少乏；下劣增進，於大涅槃，心不迷悶。若諸末世愚鈍眾生未識禪那，不知說法，樂修三昧。汝恐同邪，一心勸令持我佛頂陀羅尼咒；若未能誦，寫於禪堂，或帶身上，一切諸魔所不能動，汝當恭欽十方如來究竟修進最後垂範。」

【譯文】

「如此五陰辨魔的法門，乃先前過去世恆河沙劫中的微塵數如來，都因此法門而破內外魔境，心得開悟，成就無上菩提。識陰如果除盡，則你現前六根即得融通互用，從根根互用之中，即能進入菩薩金剛三昧乾慧地之圓明精覺妙心，於中發起神通變化，其證悟境界就如同淨琉璃內含著寶月，內外明徹，法界一味；如此即超越十信、十住、十行、十迴向、四加行心，乃至超越菩薩所行金剛十地以及等覺圓明，直入如來妙莊嚴海，圓滿菩提真性，歸於無所得之一真法界。這是過去世先佛世尊於奢摩他中，以毗婆舍那覺明觀智來分析微細魔事。若能信解奉持如來所說，則當魔境現前時，你便能熟識辨知，於諸境界妄計勝解之心垢洗除，不會落於邪見。由此，內之陰魔消滅，外之天魔摧碎；大力鬼神也喪魄逃逝，魑魅魍魎也不再出生擾亂，直至無上菩提，一切功德具足成就而無所乏少；下劣二乘也迴小向大，增進菩薩道，於無上大涅槃聖果心中不再迷悶。如果那些末法時期的愚昧眾生未能認識禪定修行，也不知佛所說的辨魔法要，但是樂於修習三昧。你擔心他們誤入邪道，同於邪人，應當一心勸說他們持誦我所說的佛頂陀羅尼咒；如果未能持誦，就將其寫於禪堂，或將書寫好的神咒帶在身上，這樣，一切諸魔就不能擾動，你應當恭敬欽承十方如來究竟的修進之路以及最後的垂範。」

【注釋】

❶ 褫：奪去。

阿難即從座起，聞佛示誨，頂禮欽奉，憶持無失，於大眾中，重復白佛：「如佛所言，五陰相中，五種虛妄為本想心，我等平常未蒙如來微妙開示。又此五陰，為並消除？為次第盡？如是五重，詣何為界？惟願如來發宣大慈，為此大眾清淨心目，以為末世一切眾生作將來眼。」

【譯文】

阿難即從座位而起，向佛頂禮，欽奉佛的開示教誨，口持心憶，不敢忘失，並於大眾中再次向佛說：「如佛以上所說，五陰相中，以五種虛妄為根本想心，我們平常未蒙如來作如此微妙開示。其次，此五陰是一併消除，還是次第消盡？如此五重之五陰至於何處方為盡其邊際界限？唯願如來宣發大慈悲予以開示，使此會中的大眾心目清淨，並且為末法時期的一切眾生將來入道作正法眼。」

佛告阿難：「精真妙明，本覺圓淨，非留死生及諸塵垢，乃至虛空，皆因妄想之所生起。斯元本覺，妙明真精，妄以發生諸器世間，如演若達多迷頭認影。妄元無因，於妄想中立因緣性，迷因緣者稱為自然；彼虛空性猶實幻生，因緣、自然皆是眾生妄心計度。阿難，知妄所起，說妄因緣；若妄元無，說妄因緣元無所有，何況不知推自然者？是故如來與汝發明，五陰本因同是妄想。

【譯文】

佛告訴阿難：「精真妙明的本覺真心，本來是圓滿清淨，本來沒有有情的生死及業惑的塵垢、乃至虛空世界等留礙其中，這些都是因為自心妄想才得以生起。此五陰等法元是本覺妙明真精中，一念妄動遂發生了諸器世間及有情世間，這就如演若達多迷頭認影，迷失了自己本來就有的頭，妄認鏡中頭影為真而發狂。一切妄相本來沒有本因，卻於妄想中假立因緣性以說明妄相生起，立因緣法已是方便，更何況又有迷因緣法者撥無因果，又稱之為自然性；其實，即使是虛空性也實在是幻妄而生，更何況因緣、自然，都是因眾生的妄心計度而有。阿難，如果能知道妄想之所以生起的原因，尚可以說妄想是從因緣而生；如果妄想本來就沒有自體起因可得，則說妄想生起之『因緣』就更是本無所有，何況那些尚不知因緣法而謬推一切法因『自然』而生者？因此，如來為你闡明五陰之根本生因同是妄想，並有堅固妄想、虛明妄想、融通妄想、幽隱妄想、虛無妄想等五種差別。

「汝體先因父母想生，汝心非想，則不能來想中傳命。如我先言，心想醋味，口中涎生；心想登高，足心酸起。懸崖不有，醋物未來，汝體必非虛妄通倫，口水如何因談醋出？是故當知，汝現色身名為堅固第一妄想。

【譯文】

「你的身體首先是因父母的愛欲妄想而生起，但是，如果你的中陰身沒有欲愛之想，就不會來與父母想心會合而神識入胎傳續命根。如我先前所說，心中想到醋味，口中就會生出口水；心中想著登高，足心就會產生酸澀的感覺。懸崖並不曾有，醋物也並未拿來，而且你的身體也必定不是與虛妄之物同為一類，口水為何會因為談論醋而生出？因此，應當知道，你現在的色身即是第一重堅固妄想。

「即此所說臨高想心，能令汝形真受酸澀。由因受生，能動色體，汝今現前順益、違損，二現驅馳，名為虛明第二妄想。

【譯文】

「即如前所說，登臨高處的想心，能使你的身體真有酸澀的感受。由想心為因而有受陰生起，能動色陰形體而產生酸澀之妄受，如此則有你現前的順益性的快樂和違損性的痛苦兩種感受相互交替，驅役自心，馳流不息，即是第二重虛明妄想。

「由汝念慮，使汝色身，身非念倫，汝身何因隨念所使種種取像，心生形取，與念相應？寤即想心，寐為諸夢，則汝想念搖動妄情，名為融通第三妄想。

【譯文】

「由於你的念頭思慮，所以能役使你的色身，然而色身屬色法，念慮屬心法，色身與念慮不是同一類，你的色身為什麼隨著念慮的役使而攀緣前境、取著種種形像，心生念慮而後身形即隨念取境，所取境像與念慮相應？想陰於醒時即是想心，睡著時則是各種夢境，故此你的想心念慮搖動妄情，即是第三重融通妄想。

「化理不住，運運密移，甲長髮生，氣銷容皺，日夜相代，曾無覺悟。阿難，此若非汝，云何體遷？如必是真，汝何無覺？則汝諸行，念念不停，名為幽隱第四妄想。

【譯文】

「行陰變化之理是遷流不住，運行運遷密密推移，如指甲漸長，頭髮漸生，盛年之氣漸漸消退，面容漸漸生起皺紋，新陳代謝，日夜變化，你卻不曾覺察了悟。阿難，如果這些遷流變化的不是你自己，何以你的身體會變遷呢？如果此遷流實是你身中的變化，你為何又毫無覺知呢？故此你的一切行遷變化，念念不停，隱微難知，即是第四重幽隱妄想。

「又汝精明湛不搖處名恆常者，於身不出見聞覺知，若實精真，不容習妄；何因汝等曾於昔年睹一奇物，經歷年歲憶忘俱無，於後忽然覆睹前異，記憶宛然，曾不遺失？則此精了湛不搖中，念念受熏，有何籌算？阿難當知，此湛非真，如急流水，望如恬靜，流急不見，非是無流。若非想元，寧受妄習？非汝六根互用開合，此之妄想無時得滅。故汝現在見聞覺知，中串習幾，則湛了內，罔象虛無，第五顛倒微細精想。

「阿難，是五受陰，五妄想成。

【譯文】

「若你識陰之精明、湛然不動搖處，名之為恆常不動性，然此性於眾生身上不出見聞覺知等六用，如果此識實是精明真心，就不應容有習氣種子的染妄；那麼為何你們曾於以前看到一件奇物，經過數年後，對於它的記憶和遺忘都沒有了，但後來忽然又見到這些奇物，卻又記憶如新，並未忘失呢？則此精明、湛然不搖動的識精之中，念念受前六識的熏習，積習之多，無法籌算。阿難，你應當知道，此湛然不搖的識陰之體並不是真實的存在，如同急速流動的水，望去似乎十分恬靜，其實是因為流動太急而看不出其流動相狀，並不是水沒有流動。因此，識陰如果不是妄想的根元，怎麼會受妄習的熏染呢？除非你的六根能夠修得互用開合自如，否則，此妄想就沒有消滅之時。故此你現在的見、聞、覺、知、嗅、嘗等六根之性粗相顯現於外，而其中第八識念念受熏，有串習幾微生滅之相，則湛了精明之體內，但是罔象虛無，似有而非有，似無而非無，即是第五重顛倒的微細精想。

「阿難，色、受、想、行、識五種受陰，是由以上五種妄想所成。

「汝今欲知因界淺深，惟色與空是色邊際，惟觸及離是受邊際，惟記與忘是想邊際，惟滅與生是行邊際，湛入合湛歸識邊際。此五陰元重疊生起，生因識有，滅從色除。理則頓悟，乘悟並消；事非頓除，因次第盡。我已示汝劫波巾結，何所不明，再此詢問？汝應將此妄想根元心得開通，傳示將來末法之中諸修行者，令識虛妄，深厭自生，知有涅槃，不戀三界。」

【譯文】

「你現在想知道五陰邊際的深淺，唯有相之色與無相之空是色陰的邊際，色是淺界，空是深界；唯取著之觸及厭捨之離是受陰的邊際，觸是淺界，離是深界；唯有念之記與無念之忘是想陰的邊際，記是淺界，忘是深界；唯定心細行之滅與散心粗行之生是行陰的邊際，生相是淺界，滅相是深界；唯有所入之湛入境與無所入之合湛境是識陰的邊際，入湛是淺界，合湛是深界。此五陰根元是一重疊一重次第生起，其生先從識陰開始次第而有，其滅則先從色陰開始次第消除。此五陰妄想，就理體而言則頓悟可盡，乘此開悟之力，五重妄想可一併消除；然事相上則不能頓時消除，必須依次第而得除盡。我前面已經以劫波巾為例講解了結解之理，你為何仍不明白，又有這樣的詢問呢？你應將此五陰妄想的根本元由，參研深究，心得開悟，通達法義，將其傳示給末法時期的修行者，使他們都能夠認識五陰的虛妄，深切厭離生死之心自然生起，知道有不生不滅的涅槃境界而不再貪戀三界有漏雜染境界。

「阿難，若復有人遍滿十方所有虛空，盈滿七寶，持以奉上微塵諸佛，承事供養，心無虛度，於意云何？是人以此施佛因緣，得福多不？」

【譯文】

「阿難，如果有人用遍滿十方一切虛空的七寶，持以奉上微塵數之多的諸佛，並一一承事供養，心無片刻虛度，你以為如何？此人以此布施佛的殊勝因緣，所得的福報多不多？」

阿難答言：「虛空無盡，珍寶無邊。昔有眾生施佛七錢，捨身猶獲轉輪王位❶，況復現前虛空既窮，佛土充遍皆施珍寶，窮劫思議尚不能及，是福云何更有邊際？」

【譯文】

阿難回答說：「虛空之量無盡，珍寶之量無邊。過去有一眾生僅僅布施佛七錢，他在捨身去世後尚且獲得轉輪聖王位，何況現在窮盡虛空以及十方國土都充滿珍寶來布施供養如來，此人所獲福報即使窮劫思量計算尚不可及，這樣所得福報怎麼還有邊際呢？」

【注釋】

❶ 轉輪王：即轉輪聖王，即位時，由天感得輪寶，轉其輪寶，而降伏四方，故稱「轉輪王」。

佛告阿難：「諸佛如來語無虛妄。若復有人身具四重、十波羅夷，瞬息即經此方、他方阿鼻地獄，乃至窮盡十方無間，靡不經歷；能以一念將此法門於末劫中開示未學，是人罪障應念銷滅，變其所受地獄苦因成安樂國，得福超越前之施人百倍、千倍、千萬億倍，如是乃至算數、譬喻所不能及。阿難，若有眾生能誦此經，能持此咒，如我廣說，窮劫不盡；依我教言，如教行道，直成菩提，無復魔業。」

【譯文】

佛告訴阿難：「諸佛如來所說的話語絕無虛妄。如果有人犯了殺、盜、淫、妄四重戒，又犯了十波羅夷重罪，瞬息之間就經歷此方、他方的阿鼻地獄，乃至十方世界所有的無間地獄無不經歷；然而此人在將要墮落的時候，若能起一念，發心將此法門於末劫中傳示給末學之人，此人的罪障就會應念消滅，轉變其所遭受的地獄苦因成為安樂國土，此人所得的福報，超過前面所說的布施滿世界七寶之人百倍、千倍、千萬億倍，乃至於算術、譬喻都無法說明。阿難，如果有眾生能誦此經，能持此咒，所獲得的福報，如我廣說，窮無量劫也說不盡；又能依我的教言，如教奉行修道，就能直接成就菩提，不會再有一切魔業的擾亂。」

佛說此經已，比丘、比丘尼、優婆塞、優婆夷，一切世間天、人、阿修羅，及諸他方菩薩、二乘、聖仙童子，並初發心大力鬼神，皆大歡喜，作禮而去。

【譯文】

佛宣說此經後，在座的比丘、比丘尼、優婆塞、優婆夷，一切世間的天、人、阿修羅，以及諸他方的菩薩、聲聞、緣覺、聖仙童子和初發心的大力鬼神等，皆大歡喜，向佛致禮而去。

唐中天竺沙門般剌蜜帝譯，菩薩戒弟子前正諫大夫同中書門下平章事清河房融筆受，烏萇國沙門彌伽釋迦譯語，《大佛頂如來密因修證了義諸菩薩萬行首楞嚴經》十卷，又名《中印度那蘭陀大道場經於灌頂部錄出別行》十卷，《大正藏》第十九冊。

唐中天竺沙門般剌蜜帝譯，《大佛頂如來密因修證了義諸菩薩萬行首楞嚴經》，金陵刻經處本。

唐大興善寺三藏沙門不空譯，《大佛頂如來放光悉怛多鉢怛囉陀羅尼》一卷，《大正藏》第十九冊。

宋．長水子璿，《首楞嚴義疏注經》十卷，《大正藏》第十六冊。

明．交光真鑒，《楞嚴經正脈疏》十卷，《大正藏》第十八冊。

宋．長水懷遠，《楞嚴經義疏釋要鈔》六卷，《卍續藏經》第十一冊。

宋．桐洲思坦集注，《楞嚴經集注》十卷，《卍續藏經》第十一冊。

宋．可度，《楞嚴經箋》十卷，《卍續藏經》第十一冊。

宋．戒環，《楞嚴經要解》二十卷，《卍續藏經》第十七冊。

宋．仁岳，《楞嚴經熏聞記》五卷，《卍續藏經》第十七冊。

元．惟則會解，《首楞嚴經會解》（上海：上海古籍出版社，一九九一）。

明．憨山德清，《楞嚴經通議》十卷，《卍續藏經》第十二冊。

元．惟則會解，明．傳燈疏，《楞嚴經圓通疏》十卷，《卍續藏經》第十二冊。

明．蓮池袾宏，《楞嚴經摸象記》一卷，《卍續藏經》第十二冊。

明．蕅益智旭，《楞嚴經玄義》二卷，《卍續藏經》第十三冊。

明．蕅益智旭，《楞嚴經文句》十卷，《卍續藏經》第十三冊。

明．天臺傳燈疏，《楞嚴經玄義》四卷，《卍續藏經》第十三冊。

明．錢謙益，《楞嚴經疏解蒙鈔》十卷，《卍續藏經》第十三冊。

明．丹霞函昰，《楞嚴經直指》十卷，《卍續藏經》第十四冊。

清．劉道開，《楞嚴說通》（又名《楞嚴經貫攝》）十卷，《卍續藏經》第十五冊。

清．天臺靈耀，《楞嚴經觀心定解》十卷，《卍續藏經》第十五冊。

清．達天通理，《楞嚴經指掌疏》十卷，《卍續藏經》第十六冊。

清．溥畹，《楞嚴經寶鏡疏》十卷，《卍續藏經》第十六冊。

明．曾鳳儀，《楞嚴經宗通》十卷，《卍續藏經》第十六冊。

太虛撰，《大佛頂首楞嚴經攝論》，《太虛大師全集》第二十六冊。

太虛撰，《大佛頂首楞嚴經研究》，《太虛大師全集》第二十七冊。

圓瑛，《楞嚴經講義》（臺北：佛教慈濟文化服務中心，一九八八）。

圓香居士語譯，《〈大佛頂首楞嚴經〉釋譯》（高雄：佛光出版社，一九九七）。

王治平，《楞嚴經白話注釋》（上海：上海佛學書局）。

南懷瑾，《楞嚴大義今釋》（上海：復旦大學出版社，二〇〇一）。

智覺，《大佛頂首楞嚴經譯解》（上下冊）（廣州：《廣東佛教》編輯部，二〇〇四）。

成觀，《大佛頂首楞嚴經義貫》（上下冊）（高雄：臺灣文殊文教基金會，二〇〇六）。

程叔彪，《首楞嚴經行法釋要》（北京：宗教文化出版社，二〇〇六）。

釋見明，《圖解楞嚴經》（上海：百花洲文藝出版社，二〇〇九）。

張曼濤主編，《大乘起信論與楞嚴經考辨》，《現代佛教學術叢刊》第三十五冊（臺北：大乘文化出版社，一九七八）。

《呂澂佛學論著選集》（濟南：齊魯書社，一九九一）。

白話佛經
楞嚴經

2022年1月初版　　定價：新臺幣400元
2022年11月初版第二刷

著　　者	賴　永　海
譯注者	劉　鹿　鳴
叢書主編	陳　永　芬
內文排版	李　偉　涵
封面設計	廖　婉　茹

出　版　者	聯經出版事業股份有限公司
地　　址	新北市汐止區大同路一段369號1樓
叢書主編電話	(02)86925588轉5306
台北聯經書房	台北市新生南路三段94號
電　　話	(02)23620308
台中辦事處	(04)22312023
台中電子信箱	e-mail:linking2@ms42.hinet.net
郵政劃撥帳戶	第0100559-3號
郵撥電話	(02)23620308
印　刷　者	文聯彩色製版印刷有限公司
總　經　銷	聯合發行股份有限公司
發　行　所	新北市新店區寶橋路235巷6弄6號2樓
電　　話	(02)29178022

副總編輯	陳　逸　華
總編輯	涂　豐　恩
總經理	陳　芝　宇
社　　長	羅　國　俊
發行人	林　載　爵

行政院新聞局出版事業登記證局版臺業字第0130號

本書如有缺頁，破損，倒裝請寄回台北聯經書房更換。　ISBN 978-957-08-6125-9 (平裝)
聯經網址：www.linkingbooks.com.tw
電子信箱：linking@udngroup.com

本書繁體字版由中華書局（北京）授權出版

國家圖書館出版品預行編目資料

楞嚴經/賴永海著．劉鹿鳴譯注．初版．新北市．聯經．2022年1月．
544面．14.8×21公分（白話佛經）
ISBN 978-957-08-6125-9（平裝）
[2022年11月初版第二刷]

1.密教部

221.94　　110018796